KB056516

항균잉크란?

코로나19 바이러스
"친환경 99.9% 항균잉크 인쇄"
전격 도입

언제 끝날지 모를 코로나19 바이러스
99.9% 항균잉크(V-CLEAN99)를 도입하여 「안심도서」로
독자분들의 건강과 안전을 위해 노력하겠습니다.

SD에듀
(주)시대고시기획

Clean Zone

본 도서는 항균잉크로 인쇄하였습니다.

항균+
99.9%
안심도서

항균잉크(V-CLEAN99)의 특징

- 바이러스, 박테리아, 곰팡이 등에 항균효과가 있는 산화아연을 적용
- 산화아연은 한국의 식약처와 미국의 FDA에서 식품첨가물로 인증받아 **강력한 항균력을** 구현하는 소재
- 황색포도상구균과 대장균에 대한 테스트를 완료하여 **99.9%의 강력한 항균효과** 확인
- 잉크 내 중금속, 잔류성 오염물질 등 **유해 물질 저감**

TEST REPORT

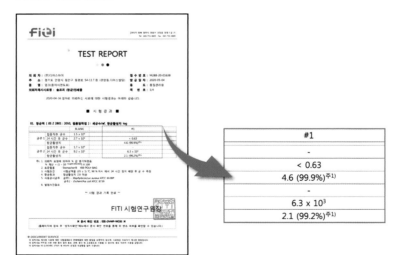

#1
-
< 0.63
4.6 (99.9%)[주1]
-
6.3 x 10³
2.1 (99.2%)[주1]

Clean Zone

SD에듀
(주)시대고시기획

전산직/계리직/군무원

컴퓨터일반
단원별 기출문제집

단원별 핵심이론 + 단원별 기출문제 + 최종모의고사

SD에듀
(주)시대고시기획

Always with you

사람이 길에서 우연하게 만나거나 함께 살아가는 것만이 인연은 아니라고 생각합니다.
책을 펴내는 출판사와 그 책을 읽는 독자의 만남도 소중한 인연입니다.
(주)시대고시기획은 항상 독자의 마음을 헤아리기 위해 노력하고 있습니다.
늘 독자와 함께하겠습니다.

공무원 시험을 시작 혹은 준비 중인 수험생 분들을 위한 『2022 전산직/계리직/군무원 컴퓨터일반 단원별 기출문제집』을 출간하게 되었습니다. 컴퓨터 관련 전공자·비전공자 여부에 상관없이 빠른 합격을 위해 가장 필수적인 전략은 해당 시험의 문제 패턴과 흐름을 이해하고 준비하는 것으로, 기초적인 이론 학습보다 기출풀이를 파악하는 것이 가장 선행되어야 합니다. 이 책은 이런 합격전략을 뒷받침하는 필수 도구 중 하나입니다.

9급 공무원 컴퓨터일반 시험은 컴퓨터 구조, 운영체제, 데이터통신, 정보보안, 소프트웨어 공학, 데이터베이스, 자료구조, 프로그래밍 언어 및 최신 기술 등 컴퓨터 공학 전반의 방대한 범위에서 출제가 되고 있습니다.
이 수험서는 전산직(국가직·지방직)·계리직 7개년 기출문제를 중심으로 총 6개의 챕터로 구성하여 과목별 핵심 이론부터 기출문제 및 해설, 출제경향을 반영한 최종모의고사 2회차를 수록하였습니다. 공부를 시작하는 수험자들에게 문제별 출제경향과 중요 빈출 문제를 파악할 수 있도록 3가지 단계별 심화학습을 제공하고 있습니다.

과목별 핵심 이론은 과목별 이해를 위해 기출 중심의 중요 이론을 수록하였으며 필수적으로 암기해야만 접근이 가능한 문제 대응을 위해 키워드를 중심으로 구성하였습니다. 기본개념을 통해서 해당 과목을 큰 흐름에서 이해할 수 있도록 돕고 암기가 필요한 부분을 습득하여 실전에서 빠르게 대응할 수 있는 실력을 키울 수 있는 단계입니다.

기출문제 및 해설은 이 수험서의 핵심으로 전산직(국가직·지방직)·계리직 7개년 기출문제를 챕터별로 분류하여 취약한 부분을 집중적으로 학습할 수 있도록 구성하였습니다. 또한 자세한 해설도 함께 수록하여 별도의 기본서가 필요 없이 시험 마지막까지 단권화된 학습을 할 수 있는 단계입니다.

최종모의고사는 컴퓨터일반 전체 과목을 실전처럼 구성하여 수험자가 마지막으로 학습 점검을 할 수 있도록 출제경향이 높은 문제들로 출제하였습니다. 2회차 모의고사를 수록하였으며 최대한 실전 감각을 익히고 대응할 수 있는 능력을 기르는 마지막 단계입니다.

9급 기술직 공무원 경쟁률은 매년 높아져 가는 만큼 많은 비전공자 수험생들이 컴퓨터일반 과목을 어려워하고 있습니다. 기초이론부터 제대로 된 학습을 위해 학부생들의 전공서적부터 보는 경향이 있는데, 이는 빠르게 시험을 합격하기 위한 올바른 전략이 될 수 없습니다. 공무원 시험도 결국 수많은 시험 중 하나이기에 기출문제 풀이를 중심으로 학습하고 자신이 취약한 부분을 점검하고 보완하는 학습을 하시길 추천드립니다.

마지막으로 이 도서는 어떻게 하면 공무원 합격을 갈망하는 많은 수험자들의 걱정을 덜어드릴 수 있을까 하는 고민을 시작으로 집필진을 결성하여 출간된 책입니다. 많은 고민과 수험자들의 공감을 최대한 담아내려고 노력한 만큼 이 책이 수험생 분들의 공무원 합격에 한 줄기 빛이 될 수 있기를 희망합니다. 그리고 책의 출간을 위해 커다란 도움을 주신 출판사의 모든 관계자분들께 감사의 말씀을 전합니다.

집필진 일동

전산직(국가직·지방직), 계리직 출제경향

- ● 컴퓨터 구조 및 운영체제론
- ● 데이터통신 및 정보보안론
- ● 소프트웨어공학론
- ● 데이터베이스론
- ● 자료구조론
- ● 프로그래밍 언어 및 최신 기술

국가직 출제경향

컴퓨터 구조 및 운영체제의 출제 비중이 높은 편이며, 핵심 키워드 위주로 개념을 먼저 정리하는 것이 유리하다. 다른 과목들은 기출문제 중심의 학습이 필수적이며, 최신 기출의 경우 인공지능, 블록체인, 클라우드의 동향을 파악하는 것이 필요하다.

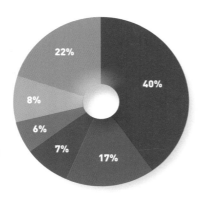

- ● 컴퓨터 구조 및 운영체제론
- ● 데이터통신 및 정보보안론
- ● 소프트웨어공학론
- ● 데이터베이스론
- ● 자료구조론
- ● 프로그래밍 언어 및 최신 기술

지방직 출제경향

국가직에 비해서 협소한 범위에서 많은 문제가 출제되고 있다. 자료구조론과 소프트웨어공학론, 데이터베이스는 빈출 위주로 학습하고 데이터통신 및 정보보안론의 OSI 7계층과 암호화 위주로 심화 학습이 요구된다.

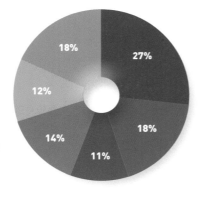

- ● 컴퓨터 구조 및 운영체제론
- ● 데이터통신 및 정보보안론
- ● 소프트웨어공학론
- ● 데이터베이스론
- ● 자료구조론
- ● 프로그래밍 언어 및 최신 기술

계리직 출제경향

전체 과목이 골고루 출제가 되고 있으며, 범위도 넓은 편이다. 컴퓨터 구조 및 운영체제론에서는 기본문제뿐만 아니라 심화문제를 추가로 준비해야 하며, 데이터베이스에서는 실무형 문제가 많이 출제되어 SQL문의 작성에 대한 준비가 필요하다.

CHAPTER	SECTION	출제비중	기출키워드
1. 컴퓨터 구조 및 운영체제론	1. 컴퓨터의 개요	15%	폰 노이만 구조, 하버드 구조, CPU, ALU, CU, 기억장치, 입/출력장치, 프로그램 계수기(PC), 명령어 레지스터(IR), 명령어 해독기(ID), 제어장치(CU), 범용 레지스터(GPR), 작업 레지스터(WR), 상태 레지스터(SR), 누산기(AC), 메모리 주소 레지스터(MAR), 메모리 버퍼 레지스터(MBR)
	2. 자료 표현과 컴퓨터 연산	10%	단위 표현, 진수, 보수, 부동 소수점
	3. 디지털 논리회로	11%	부울대수, 카르노 도표, 논리 게이트, 조합논리회로, 순서논리회로
	4. 중앙처리장치 구조	5%	컴퓨터 명령어 형식, 주소지정방식, CISC/RISC, 명령어 파이프라인, 파이프라인 해저드
	5. 기억장치	8%	메모리 계층구조, ROM, RAM, 캐시 메모리 쓰기 정책, 캐시 메모리 사상 기법, 캐시 교체 방식, 캐시 일관성, RAID 유형
	6. I/O 인터페이스와 시스템 버스	6%	입출력 제어 방식, 인터럽트 처리 우선순위, DMA 동자모드, Channel 연결방식, 시스템 버스
	7. 운영체제	8%	운영체제 운용기법, 운영체제 부팅과정, OS 커널, 번역기, 컴퓨터 시스템 성능 측정 척도
	8. 정규언어	2%	정규문법, 정규표현, 유한 오토마타, 유한 오토마타 상태 전이표, 유한 오토마타 유형(DFA, NFA)
	9. 프로세스 관리	11%	프로세스 상태 종류, 프로세스 상태 전이, 문맥교환, 쓰레드, 세마포어, 임계구역, 교착상태
	10. CPU 스케줄링	7%	선점 스케줄링, 비선점 스케줄링
	11. 가상 메모리 관리	9%	가상 메모리 관리정책, 페이징 기법, 세그먼테이션 기법, 페이지 교체 알고리즘, 쓰레싱, Working-Set Model, Page-Fault Frequency
	12. 디스크 스케줄링	4%	Disk I/O시간 구성, 디스크 스케줄링 알고리즘
2. 데이터통신 및 정보보안론	1. 데이터 통신	73%	OSI 7계층, 데이터 전송 단위, 전송 장비, 물리 계층, 장비(통신 케이블, 리피터), 데이터 링크 계층, FEC, BEC, 네트워크 계층, IPv4(32bit), IPv6(128bit), 전송 계층, 응용 계층, 이동통신
	2. 정보보안론	27%	암호화, 정보보호 위협기술, 네트워크 보안, 데이터 보안, 보안관리체계
3. 소프트웨어 공학론	1. 소프트웨어 개발방법론 및 개발모델	34%	SDLC, 폭포수, RAD, 나선형, 프로토타입, 객체지향, SOLID, 캡슐화, 추상화, 다형성, 정보은닉, 상속, 애자일, XP, 스크럼, LEAN, 칸반, 스프린트, 백로그, 번다운 차트, 애자일 매니페스토, 스크럼 마스터
	2. 소프트웨어 설계	34%	객체지향, UML, 유즈케이스 다이어그램, 모듈화, 결합도, 응집도, 디자인 패턴, 생성, 구현, 행위, 전략, 팩토리, 옵저버
	3. 소프트웨어 테스트	13%	블랙박스, 화이트박스, 경험기반, 소소코드 커버리지, 단위, 통합, 시스템, 인수, 설치, 동등분할, 경계값 분석, 원인-결과, 상태전이, Control-Flow, Decision-Tree, 조합테스팅, 유즈케이스, 문장, 조건, 결정, CDC, MCDC, MCC, Path
	4. 프로젝트 관리	19%	PMBOK, 범위관리, 일정관리, 원가관리, WBS, Function Point, CPM, CCM
4. 데이터베이스론	1. 데이터베이스 기본 및 관계형 데이터베이스	36%	데이터 독립성, 3단계 스미카, ANSI/SPARC, 외부/개념/내부, 무결성
	2. 데이터 모델링	8%	Entity, Relation, Attribute, 주제영역 도출 → 핵심데이터 집합도출 → 관계 설정, 핵심 속성 도출, 식별자 도출, 엔티티 타입 도출, 속성 도출, key 선정, 관계 도출, 통합/분할, 세부사항 도출, 정규화, 데이터 모델 검증
	3. 데이터 정규화	20%	1NF(중복 제거), 2NF(부분함수 종속 제거), 3NF(이행함수 종속 제거), BCNF(결정자 종속 제거), 4NF(다치 종속 제거), 5NF(후보키를 통하지 않은 종속 제거), 이상현상(삽입, 삭제, 갱신), 관계대수, 합집합(∪), 교집합(∩), 차집합(−), 카티션프로덕트(X)
	4. 데이터베이스 프로그래밍	23%	DML, DDL, DCL, SELECT, INSERT, DELETE, UPDATE, CREATE, ALTER, DROP, GRANT, REVOKE
	5. 데이터 회복과 병행제어	13%	로그기반, 즉시/지연, 체크포인트, 그림자 페이징, 2PC, Timestamp Ordering, 낙관, 다중버전 동시성 제어, isolation level(0, 1, 2, 3)
5. 자료구조론	1. 선형자료구조	37%	선형자료구조, 스택, 큐, 데크, 선형리스트, 연결리스트
	2. 비선형자료구조	29%	트리, 그래프, 1:N 또는 N:N 관계, 계층적 구조, 이진트리 운행, 경로 길이, 힙트리
	3. 알고리즘	34%	성능평가, 알고리즘 설계방법, 정렬 알고리즘, 탐색 알고리즘, 계산검색, 해싱 충돌 해결 유형, 최소신장트리, 최단경로탐색
6. 프로그래밍 언어 및 최신 기술	1. 프로그래밍 언어	68%	절차적언어, 객체지향언어, 캡슐화, 추상화, 다형성, 상속, 객체 지향 언어 5원칙, 프로그래밍 언어 문법, C 언어, JAVA 언어, Python 언어, Web 개발 언어
	2. Excel	10%	SUM, COUNT, COUNTA, COUNTIF, INDEX, VLOOKUP, HLOOKUP
	3. IT 신기술	22%	유비쿼터스, 텔레매틱스, 인공지능, 클라우드(Could), 빅데이터, 블록체인, IoT(Internet of Things), 가상세계(AR, VR, MR, XR, 메타버스)

구성과 특징

1 단원별 핵심이론

각 단원에서 꼭 알아야 할 필수이론만 담은
단원별 핵심이론 수록!

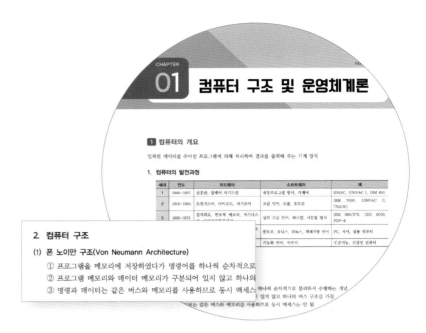

2 단원별 기출문제

2021~2015년 전산직(국가직·지방직), 계리직 기출문제를
철저히 분석해 최적화된 6개의 단원으로 재분류!

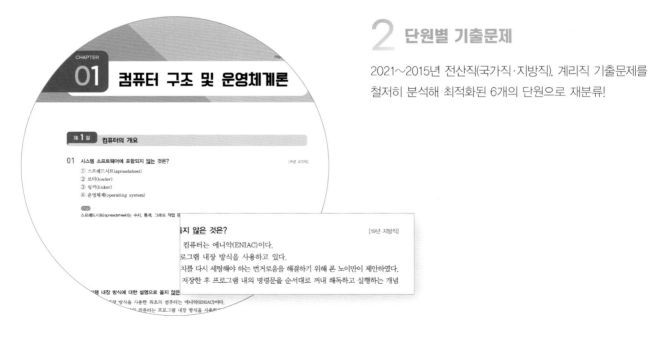

3 상세한 해설

혼자서도 학습할 수 있도록
자세하고 친절한 해설 수록!

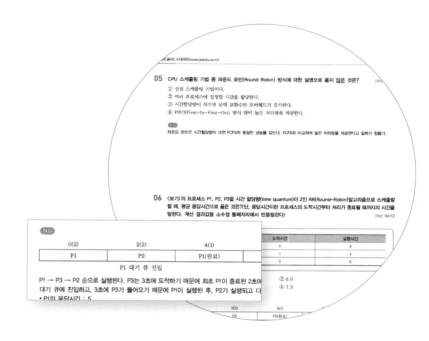

4 최종모의고사

최신 출제 경향에 맞추어
실전 연습 및 마무리 학습이 가능하도록
기출 동형 최종모의고사 2회분 수록!

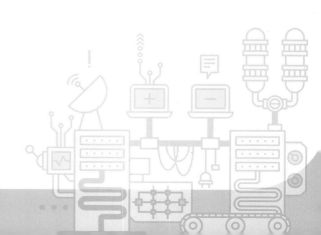

목차

PART 01   **이론편**

CHAPTER 01	컴퓨터 구조 및 운영체제론	003
CHAPTER 02	데이터통신 및 정보보안론	037
CHAPTER 03	소프트웨어공학론	061
CHAPTER 04	데이터베이스론	088
CHAPTER 05	자료구조론	114
CHAPTER 06	프로그래밍 언어 및 최신 기술	135

PART 02   **문제편**

CHAPTER 01	컴퓨터 구조 및 운영체제론	155
CHAPTER 02	데이터통신 및 정보보안론	229
CHAPTER 03	소프트웨어공학론	264
CHAPTER 04	데이터베이스론	283
CHAPTER 05	자료구조론	304
CHAPTER 06	프로그래밍 언어 및 최신 기술	333

부록   **최종모의고사**

제1회 최종모의고사	391
제2회 최종모의고사	396
정답 및 해설	401

PART

01

이론편

CHAPTER 01   컴퓨터 구조 및 운영체제론

CHAPTER 02   데이터통신 및 정보보안론

CHAPTER 03   소프트웨어공학론

CHAPTER 04   데이터베이스론

CHAPTER 05   자료구조론

CHAPTER 06   프로그래밍 언어 및 최신 기술

전산직/계리직/군무원 **컴퓨터일반**

컴퓨터 구조 및 운영체제론

1 컴퓨터의 개요

입력된 데이터를 주어진 프로그램에 의해 처리하여 결과를 출력해 주는 기계 장치

1. 컴퓨터의 발전과정

세대	연도	하드웨어	소프트웨어	예
1	1946~1957	진공관, 릴레이 자기드럼	내장프로그램 방식, 기계어	ENIAC, UNIVAC I, IBM 650
2	1958~1964	트랜지스터, 다이오드, 자기코어	고급 언어, 코볼, 포트란	IBM 7090, UINVAC II, TRADIC
3	1965~1971	집적회로, 반도체 메모리, 자기디스크, 마이크로프로세서	상위 고급 언어, 파스칼, 시분할 방식	IBM 360/370, CDC 6000, PDP-8
4	1972~현재	멀티프로세서, 램디스크, 초고밀도 집적회로	윈도우, 유닉스, 리눅스, 객체지향 언어	PC, 서버, 범용 컴퓨터
5	Next	광소자, 갈륨 비소소자	기능화 언어, 자연어	인공지능, 신경망 컴퓨터

2. 컴퓨터 구조

(1) 폰 노이만 구조(Von Neumann Architecture)
① 프로그램을 메모리에 저장하였다가 명령어를 하나씩 순차적으로 불러와서 수행하는 개념
② 프로그램 메모리와 데이터 메모리가 구분되어 있지 않고 하나의 버스 구조를 가짐
③ 명령과 데이터는 같은 버스와 메모리를 사용하므로 동시 액세스는 안 됨

(2) 하버드 구조(Harvard Architecture)
① 프로그램 메모리와 데이터 메모리가 구분되어 있고 별도의 버스 구조를 가짐
② CPU는 메모리로부터 명령어와 데이터를 동시 액세스 가능함
③ 빠른 속도의 우수한 성능을 보여줌. 대신 버스 시스템 설계가 복잡함

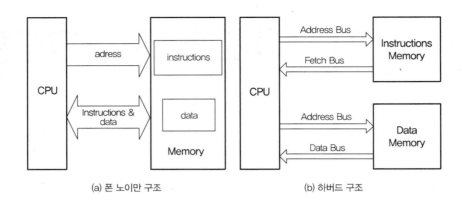

(a) 폰 노이만 구조   (b) 하버드 구조

3. 컴퓨터 시스템의 구성요소

컴퓨터 시스템은 하드웨어와 소프트웨어로 구성된다. 하드웨어는 물리적 장치이며, 소프트웨어는 물리적 장치를 제어하고 지시하는 모든 유형의 프로그램을 의미한다.

(1) 하드웨어 구성요소

요소	설명
중앙처리장치 (CPU; Central Processing Unit)	컴퓨터 시스템을 제어하며, 제어장치, 산술논리 연산 장치 및 레지스터로 구성되어 있다.
산술논리연산 장치(ALU)	산술연산(arithmetic operation)과 논리연산(logic operation)을 수행한다.
제어장치 (control device)	CPU 내부에서 일어나는 모든 작업을 통제하고 관리한다. 적절한 순서로 명령어를 인출하고 그 명령을 해석한 결과에 따라 제어신호를 전달한다.
기억장치	프로그램을 수행하는 데 필요한 데이터를 저장하기 위한 장치이며 CPU 내의 레지스터와 캐시기억장치, 주기억장치와 보조기억장치로 구분된다.
주기억장치	내부 기억장치로써 컴퓨터에서 수행하는 프로그램과 데이터를 기억하고, RAM(Random Access Memory)을 사용한다.
보조기억장치	외부 기억장치로써 비휘발성 데이터를 저장하고 보존한다. 자기디스크, 하드디스크, CD-ROM 등이 존재한다.
입력장치	컴퓨터에서 처리할 데이터와 정보를 외부에서 입력하는 장치(마우스, 키보드 등)이다.
출력장치	컴퓨터 내부에서 처리된 결과를 보여주는 출력 매체(모니터, 프린터 등)

(2) 소프트웨어

소프트웨어는 정보처리의 유형을 정하고, 일련의 동작을 제어하는 명령어 집합이며 시스템 소프트웨어와 응용 소프트웨어로 구분된다.
① **시스템 소프트웨어** : 여러 컴퓨터 시스템에서 공통적으로 필요한 프로그램으로 운영체제, 컴파일러, 입·출력 제어 프로그램이 존재
② **응용 소프트웨어** : 시스템 소프트웨어 기반으로 특수 목적을 위해 사용할 수 있는 프로그램

2 자료 표현과 컴퓨터 연산

1. 진수의 개념

수를 세는 방법 또는 단위를 말하며, 컴퓨터 내부에서는 데이터를 주로 2진수로 표현한다.

(1) 비트(bit), 바이트(byte), 워드(word) 단위 표현

① **비트(bit)** : 2진수에서 데이터를 표현하는 단위는 비트(bit)다. 비트당 사용 가능한 2진수의 조합은 2^n이고 n은 비트의 수다.

② **바이트(byte)** : 정보처리를 위해 사용되는 비트의 집합이며, 8비트를 1바이트로 규정한다. 대표적인 표준 코드인 ASCII코드는 한 문자가 8비트로 구성되어 있다.

③ **워드(word)** : 컴퓨터 유형에 따라 2바이트, 4바이트, n바이트로 구성되며, 일반적으로 32비트(4바이트)가 가장 많이 사용된다.

(2) 진수 표현

① **10진법(decimal notation)** : 우리가 사용하는 수의 체계로 각 자리에서 9 다음에 자리올림이 발생하며, 이때 자리올림으로 생성되는 각 자리의 단위는 10의 지수 승(10^n)이 된다.

→ $(528)_{10} = 5 \times 10^2 + 2 \times 10^1 + 8 \times 10^0$

② **2진법(binary notation)** : 0 또는 1로 수를 표현한다. 1 다음에 자리올림이 발생하며 이때 자리올림으로 생성되는 각 자리의 단위는 2의 지수 승(2^n)이 된다.

→ $(1101)_2 = 1 \times 2^3 + 1 \times 2^2 + 0 \times 2^1 + 1 \times 2^0$

③ **8진법(octal notation)** : 2진수의 표현을 조금 편하게 활용하기 위함이며 각 자리에서 7 다음에 자리올림이 발생한다. 자리올림을 생성되는 각 자리의 단위는 8의 지수 승(8^n)이 된다.

→ $(27)_8 = 2 \times 8^1 + 7 \times 8^0$

④ **16진법(hexadecimal notation)** : 0~9와 A~F의 기호를 사용하며 각 자리에서 15(F) 다음에 자리올림이 발생한다. 자리올림으로 생성되는 각 자리의 단위는 16의 지수 승(16^n)이 된다.

2. 보수의 개념

2진법을 사용하는 컴퓨터 특성상 0과 1 두 가지로 표현되기 때문에, 덧셈의 경우는 단순히 더하면 되지만 뺄셈은 보수를 이용하여 계산한다.

(1) 1의 보수

주어진 2진수와 자릿수가 같고 모든 자리가 1인 수에서 주어진 수를 빼서 얻은 수(주어진 2진수의 모든 자리의 숫자를 반전 0→1, 1→0)

(2) 2의 보수

1의 보수 결과값에 1을 더한 수

3. 부동 소수점의 표현

부동 소수점을 표현하는 방식은 IEEE에서 표준으로 제안한 IEEE 754 방식을 사용한다.

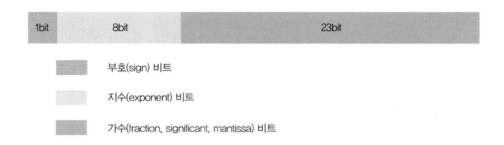

부동 소수점(floating point)은 실수를 표현할 때 소수점의 위치를 나타내는 지수와 유효숫자를 표현하는 가수로 나누어 표현한다.

$$(-1)^s \times c \times b^q$$

- s : 부호부(sign)를 표현하며 0인 경우 +, 1인 경우 –를 나타낸다.
- c : 가수부(significand, fraction, mantissa)를 나타내며 양의 정수로 표현된다. 정밀도에 따라 범위가 제한된다.
- b : 밑수(base)/기수(radix)를 나타내며 IEEE 754에서는 2 또는 10이 된다. 이는 각각 2진수, 10진수 표현이 되는 것을 의미한다.
- q : 지수부(exponent)를 나타내며 지수부는 소수점의 위치를 나타내게 된다.

  예 1.2345를 밑수가 10인 경우로 표현 → $1.2345 = (-1)^0 \times 12345 \times 10^{-4}$

  (s : 0, c : 12345, b : 10, q : -4)

3 디지털 논리회로

1. 디지털 논리회로의 개념

(1) 컴퓨터는 게이트(gate)라 불리는 논리회로의 집합체로, 컴퓨터를 설계한다는 것은 전자회로의 논리를 설계하는 것이다.

(2) 논리회로

2진 입력 정보를 이용해서 논리적인 값(0 또는 1)을 생성하는 기본적인 논리회로

논리곱(AND Gate)

진리표			기호	논리식
A	B	H		
0	0	0	A─┐ B─┘⊐─X	$X = A \cdot B$
0	1	0		
1	0	0		
1	1	1		

논리합(OR Gate)

진리표			기호	논리식
A	B	H		
0	0	0	A─┐ B─┘⊐─X	$X = A + B$
0	1	1		
1	0	1		
1	1	1		

논리부정(NOT Gate)

진리표		기호	논리식
A	B		
0	1	A─▷○─X	$X = \overline{A}$
1	0		

2. 부울 대수

논리회로를 수학적으로 해석하기 위해 영국 수학자 불(boolean)이 제안한 기본적인 수학 개념 부울 대수 법칙

(1) 기본 법칙

항등 법칙	$A+0=A,\ A+1=1$	$A \cdot 1=A,\ A \cdot 0=0$
동일 법칙	$A+A=A$	$A \cdot A=A$
보원 법칙	$A+\overline{A}=1$	$A \cdot \overline{A}=0$
다중 부정	$\overline{\overline{A}}=A,\ \overline{\overline{\overline{A}}}=\overline{A}$	
교환 법칙	$A+B=B+A$	$A \cdot B=B \cdot A$
결합 법칙	$A+(B+C)=(A+B)+C$	$A \cdot (B \cdot C)=(A \cdot B) \cdot C$
분배 법칙	$A \cdot (B+C)=AB+AC$	$A+B \cdot C=(A+B) \cdot (A+C)$
흡수 법칙	$A+A \cdot B=A$	$A \cdot (A+B)=A$
드모르간 정리	$\overline{A+B}=\overline{A} \cdot \overline{B}$	$\overline{A \cdot B}=\overline{A}+\overline{B}$

(2) 부울 대수의 간소화

부울 대수의 법칙을 이용하는 방법 : ABC + AC = AC(B + 1) = AC

(3) 카르노 도표를 이용하는 방법

B \ A	0	1
0	$\overline{A}\,\overline{B}$	$A\overline{B}$
1	$\overline{A}B$	AB

C \ AB	00	01	11	10
0	$\overline{A}\,\overline{B}\,\overline{C}$	$\overline{A}B\overline{C}$	$AB\overline{C}$	$A\overline{B}\,\overline{C}$
1	$\overline{A}\,\overline{B}C$	$\overline{A}BC$	ABC	$A\overline{B}C$

① 카르노 도표상에 논리적으로 '1'이 인접하고 있는 항을 서로 묶는다(2, 4, 8, 16개).
② 카르노 도표상에 묶을 수 없는 하나의 최소항이 1인 항은 각 변수를 AND로 나타낸다.
③ 카르노 도표상에서 묶을 수 없는 논리가 1인 항이 두 개 이상일 경우에는 이들 최소항을 OR로 나타낸다.

3. 논리회로의 유형

(1) 조합논리회로

논리게이트의 조합으로 구성된 논리회로에 입력신호가 공급되면 회로의 조합된 상태에 의해서만 출력값이 결정되도록 설계된 논리회로

<table>
<tr><th>유형</th><th>기호</th><th>진리표</th></tr>
<tr><td>반가산기
(Half Adder)</td><td>2bit의 합과 자리올림을 구하기 위한 회로
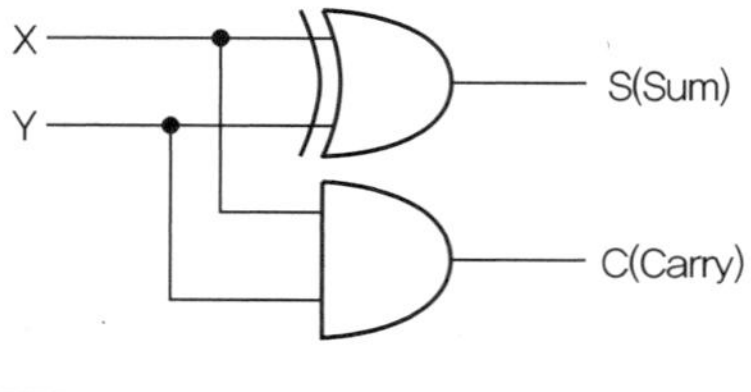
</td><td>∴ S(Sum, 2bit의 합)
∴ C(Carry, 자리올림)
<table>
<tr><th>x</th><th>y</th><th>C</th><th>S</th></tr>
<tr><td>0</td><td>0</td><td>0</td><td>0</td></tr>
<tr><td>0</td><td>1</td><td>0</td><td>1</td></tr>
<tr><td>1</td><td>0</td><td>0</td><td>1</td></tr>
<tr><td>1</td><td>1</td><td>1</td><td>0</td></tr>
</table></td></tr>
<tr><td>전가산기
(Full Adder)</td><td>3bit의 합과 자리올림을 구하기 위한 회로
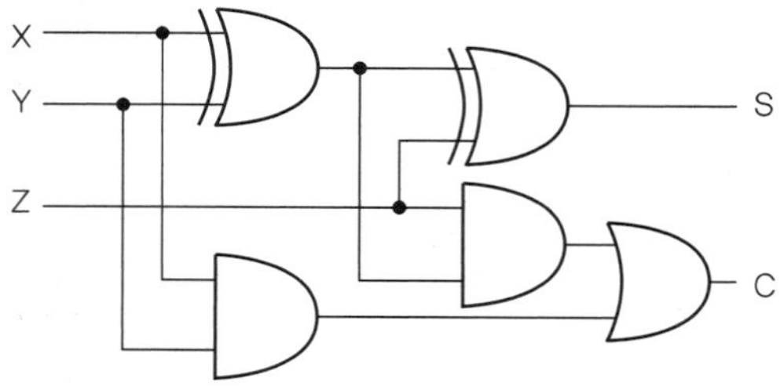
</td><td>∴ S(Sum, 3bit의 합)
∴ C(Carry, 자리올림)
<table>
<tr><th>x</th><th>y</th><th>z</th><th>C</th><th>S</th></tr>
<tr><td>0</td><td>0</td><td>0</td><td>0</td><td>0</td></tr>
<tr><td>0</td><td>0</td><td>1</td><td>0</td><td>1</td></tr>
<tr><td>0</td><td>1</td><td>0</td><td>0</td><td>1</td></tr>
<tr><td>0</td><td>1</td><td>1</td><td>1</td><td>0</td></tr>
<tr><td>1</td><td>0</td><td>0</td><td>0</td><td>1</td></tr>
<tr><td>1</td><td>0</td><td>1</td><td>1</td><td>0</td></tr>
<tr><td>1</td><td>1</td><td>0</td><td>1</td><td>0</td></tr>
<tr><td>1</td><td>1</td><td>1</td><td>1</td><td>1</td></tr>
</table></td></tr>
</table>

해석기 (Decoder)	출력에만 1을 출력하고 나머지 출력은 모두 0을 출력하는 회로 X → [2×4 Decoder] → D_0, D_1, D_2, D_3 Y → X=0, Y=0 → D_0 출력선에만 1 출력 X=0, Y=1 → D_1 출력선에만 1 출력 X=1, Y=0 → D_2 출력선에만 1 출력 X=1, Y=1 → D_3 출력선에만 1 출력		<table><tr><th>X</th><th>Y</th><th>D_0</th><th>D_1</th><th>D_2</th><th>D_3</th></tr><tr><td>0</td><td>0</td><td>0</td><td>0</td><td>0</td><td>1</td></tr><tr><td>0</td><td>1</td><td>0</td><td>0</td><td>1</td><td>0</td></tr><tr><td>1</td><td>0</td><td>0</td><td>1</td><td>0</td><td>0</td></tr><tr><td>1</td><td>1</td><td>1</td><td>0</td><td>0</td><td>0</td></tr></table>
부호기 (Encoder)	입력 신호에 대응되는 출력값을 2진 코드로 부호화하기 위한 회로 D_0, D_1, D_2, D_3 → [4×2 Encoder] → X, Y D_0=1, 나머지 입력선 0 → $(00)_2$ 출력 D_1=1, 나머지 입력선 0 → $(01)_2$ 출력 D_2=1, 나머지 입력선 0 → $(10)_2$ 출력 D_3=1, 나머지 입력선 0 → $(11)_2$ 출력		<table><tr><th>D_0</th><th>D_1</th><th>D_2</th><th>D_3</th><th>X</th><th>Y</th></tr><tr><td>1</td><td>0</td><td>0</td><td>0</td><td>0</td><td>0</td></tr><tr><td>0</td><td>1</td><td>0</td><td>0</td><td>0</td><td>1</td></tr><tr><td>0</td><td>0</td><td>1</td><td>0</td><td>1</td><td>0</td></tr><tr><td>0</td><td>0</td><td>0</td><td>1</td><td>1</td><td>1</td></tr></table>

(2) 순서논리회로

논리게이트의 조합으로 구성된 논리회로 내부에 기억소자를 추가하여 입력신호와 현재 기억된 값에 의해 다음 상태의 기억값이 순차적으로 결정되도록 설계된 회로

유형	설명
플립플롭 (Flip-Flop)	• 1bit의 신호를 기억할 수 있는 소자 • 순서논리회로의 기본 소자 • 플립플롭의 동작 타이밍은 클록펄스에 의해 유지됨
레지스터 (Register)	• 중앙처리장치를 구성하는 일시적인 기억 공간 • 기본 소자는 플립플롭 • 동작 타이밍은 마스터 클록에 의해 유지됨
2진 계수기 (Bynary Counter)	• 기억 상태의 값을 1씩 증가하거나 감소하는 회로 • 기본 소자는 플립플롭 • 2진 업 카운트와 2진 다운 카운트로 분류함

4 중앙처리장치 구조

1. CPU(Central Processing Unit)의 내부 구조

(1) 컴퓨터에서 데이터 처리 동작을 수행하는 부분을 중앙처리장치(CPU)라고 한다.

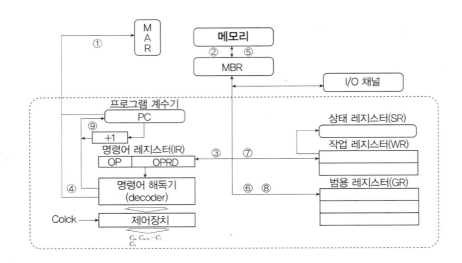

내부 구성	설명
프로그램 계수기(Program Counter)	다음에 수행될 명령이 들어있는 주기억장치의 주소를 기억하고 있는 레지스터
명령어 레지스터(Instruction Register)	PC가 지정하는 주소에 기억되어 있는 명령어를 해독하기 위해 존재하는 임시 기억 레지스터
명령어 해독기(Instruction Decoder)	명령어 레지스터에 있는 각종 명령 코드를 제어 신호화하여 기계 사이클로 변환 전송
제어장치(Control Unit)	명령어 해독기로부터 보내진 신호에 따라 명령어를 실행
범용 레지스터(General purpose Register)	작업 레지스터에서 데이터가 용이하게 처리되도록 임시로 자료를 저장하는 레지스터
작업 레지스터(Working Register)	산술논리연산을 실행할 수 있고 자료를 저장하여 그 결과를 저장하는 레지스터
상태 레지스터(Status Regiset)	CPU의 상태를 나타내는 특수 목적의 레지스터

(2) CPU 내부는 PC(Program Counter)에 의해 해당되는 코드를 해독하여 MAR(Memory Address Register)에 R/W를 위해 해당되는 기억장치 주소를 저장한다. 이후 MBR(Memory Buffer Register)에서 메모리 전달 직전 기억장치에 R/W에 활용될 데이터를 저장하는 데 사용한다.

2. 컴퓨터 명령어 종류 및 명령어 형식

CPU가 수행할 수 있는 명령어의 종류는 컴퓨터에 따라 매우 다양하며, 일반적으로 데이터 전송 명령어, 데이터 처리 명령어, 프로그램 제어 명령어 등으로 분류한다.

명령어 종류	내용	명령어 예
데이터 전송 명령어	레지스터와 레지스터 사이, 레지스터와 기억장치 사이 또는 기억장치와 기억장치 사이에서 데이터 전송	LDA, STA
데이터 처리 명령어	데이터에 대한 동작을 수행할 연산 능력을 컴퓨터에 부여해주는 것으로써 산술 및 논리 연산으로 분류	ADD, AND
프로그램 제어 명령어	명령어 실행 순서를 변경하는 연산	BUN

3. 컴퓨터 명령어 형식

구분	내용	형식
0-주소 명령어	연산 코드만으로 명령어가 구성되어 스택(stack) 구조의 컴퓨터에서 사용되고 연산 속도가 가장 빠름	op code
1-주소 명령어	연산 코드와 1개의 오퍼랜드(주소) 부분으로 명령어 구성되는데 모든 데이터의 처리가 누산기(AC)에 의해 이루어짐	op code | Address(operand)
2-주소 명령어	가장 일반적인 경우로써 연산 코드와 2개의 오퍼랜드 부분으로 구성되며 오퍼랜드 부분에는 레지스터나 기억장치 주소를 지정	op code | Address1 | Address2
3-주소 명령어	연산 코드와 3개의 오퍼랜드 부분으로 구성되며 오퍼랜드 부분에는 레지스터나 기억장치의 주소 연산 결과를 저장하기 위한 주소를 지정	op code | Address1 | Address2 | Address3

4. 주소 지정 방식

(1) 주소 지정 방식의 구성

① 프로그램 수행 시 오퍼랜드를 지정하는 방식으로써 오퍼랜드를 실제 참조하기 전에 명령어의 주소 필드를 변경하거나 해석하는 규칙을 지정하는 형식

② **유효 주소(EA; Effective Address)** : 데이터가 저장된 기억장치의 실제 주소를 지칭함

연산코드	주소 지정 방식	오퍼랜드
연산코드	수행할 연산의 종류를 지정	
주소 지정 방식	연산에 필요한 오퍼랜드의 주소를 알아내는 데 사용	
오퍼랜드	연산의 대상이 되는 기억장치 주소 혹은 레지스터	

(2) 주소 지정 방식의 종류

종류	개념
직접 주소 지정 방식	오퍼랜드 필드의 내용이 유효 주소가 되는 방식
간접 주소 지정 방식	오퍼랜드 필드에 기억장치 주소가 저장되어 있지만, 그 주소가 가리키는 기억 장소에 데이터의 유효 주소를 저장해 두는 방식
즉치 주소 지정 방식	데이터가 명령어에 포함되어 있는 방식(오퍼랜드 필드 내용이 연산에 사용할 실제 데이터)
레지스터 주소 지정 방식	연산에 사용될 데이터가 내부 레지스터에 저장되어 있는 경우, 명령어 오퍼랜드가 해당 레지스터를 가리키는 방식
레지스터 간접 주소 지정 방식	오퍼랜드 필드 레지스터 번호가 가리키는 레지스터의 내용을 유효 주소로 사용하여 실제 데이터를 인출
묵시적 주소 지정 방식	명령어 실행에 필요한 데이터 위치가 묵시적으로 지정
변위 주소 지정 방식	직접 주소 지정과 레지스터 간접 주소 지정 방식의 조합

5. 명령어 구성 방식에 따른 분류

(1) CISC와 RISC의 개념

구분	내용
CISC	• Complex Instruction Set Computer(복합형 명령어 집합 컴퓨터) • 하나의 명령은 하나의 특정 기능을 수행하는 많은 명령어 집합으로 구성
RISC	• Reduced Instruction Set Computer(축소형 명령어 집합 컴퓨터) • 자주 쓰이는 단순 고정 명령어 위주로 명령어 축소

(2) CISC와 RISC의 비교

구분	CISC	RISC
CPI	여러 Cycle을 갖는 명령어	1 Cycle을 갖는 명령어
주소 지정	많은 명령어가 메모리에 접근	LOAD, STORE만 메모리 접근
병렬성	복잡한 명령어로 인한 병렬 처리의 한계	고도의 파이프라이닝 용이
제어/구현	• 마이크로-프로그램 • 제어 메모리 이용	Hard-wire, 논리 회로로 구성
확장성	명령어 추가 기능(사용자 정의 가능)	명령어 추가 불가
명령어 형식	복잡 다양 → 하드웨어 복잡 → 발열 전력소모 높음	단순 고정 → 하드웨어 단순 → 발열 전력소모 낮음
명령어 개수	120개~350개 → 컴파일 과정 단순	최소 50여 개 → 컴파일 과정 복잡
프로세서	• 인텔 : 80386, 80486, 80586, 펜티엄(RISC 기능 포함) 등 • 모토로라 : MC6800, MC68000	• 썬 : Sparc • 인텔 : 80860 • 애플 : PowerPC

6. 명령어 파이프라인(Instruction Pipeline)

(1) 파이프라인의 개요

CPU의 프로그램 처리 속도를 높이기 위하여 CPU 내부 하드웨어를 여러 단계로 나누어 동시에 처리하는 기술

(2) 파이프라인 명령어 수행과정

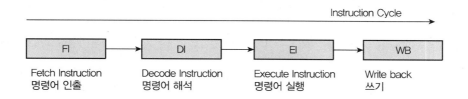

(3) 명령어 파이프라인의 유형

기법	설명	개념도
Pipelining	하드웨어 장치의 연속적 사용을 위해 몇 가지 동작을 중첩하는 기술	
Super Pipelining	• 파이프라이닝 단계를 더욱 세분화, 수행시간 단축 • 명령어를 중첩하되 엇갈리게 함	
Super Scalar	• 파이프라이닝 기능 유닛을 여러 개 포함, 한 사이클 당 여러 개의 명령어 처리 • 2세대 RISC 기법	
Super Pipelined Super Scalar	슈퍼 스칼라 기법에 슈퍼 파이프라이닝 기법을 적용하여 수행시간 더 단축	
VLIW	동시에 수행될 수 있는 명령어들을 컴파일러 수준에서 추출하여 하나의 명령어로 압축	

(4) 파이프라인 해저드

H/W 자원 충돌로 인한 구조적 해저드, 선행/후행 명령어 관계에 따른 데이터 해저드, 분기명령으로 인한 제어 해저드가 존재한다.

종류	세부설명
구조적 해저드	• 하드웨어가 여러 명령들의 수행을 지원하지 않기 때문에 발생 • 자원 충돌(resource conflicts)
데이터 해저드	명령의 값이 현재 파이프라인에서 수행 중인 이전 명령의 값에 종속(RAW, WAR, WAW 해저드가 있음, RAR은 해저드가 아님)
제어 해저드	분기(jump, branch 등) 명령어에 의해서 발생(분기를 결정된 시점에 잘못된 명령이 파이프라인에 있기 때문에 발생)

5 기억장치

1. 기억장치의 개요

실행 프로그램과 데이터의 임시적 또는 영구적 저장 기능을 수행하는 장치

(1) 기억장치 계층 구조

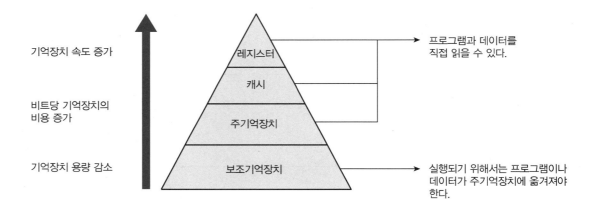

(2) 기억장치의 종류와 특징

구분	장치	접근 속도	용량에 따른 비용
주기억장치	동적 RAM	빠름	높음
캐시기억장치	캐시(정적 RAM)	가장 빠름	가장 높음
보조기억장치	하드디스크	보통	보통
	CD-ROM	느림	낮음
	백업 테이프	매우 느림	매우 낮음
	USB	비교적 빠름	가장 낮음
	SSD	매우 빠름	보통

2. 주기억장치의 개요

중앙처리장치와의 정보 교환을 위해 프로그램과 데이터를 기억하는 장치

(1) 주기억장치의 종류와 특성

종류	특성
ROM (Read only Memory)	• 기억된 내용을 자유롭게 읽을 수 있음 • 데이터를 임의로 기억시킬 수 없는 읽기 전용의 비휘발성(nonvolatile memory) 메모리로, 전원이 끊겨져도 내용을 보관
RAM (Random Access Memory)	• 임의의 메모리 주소에 기억되어 있는 데이터를 주소 지정에 의해 즉시 판독하고 기록할 수 있는 기억장치 • 전원이 끊어지면 기억된 내용이 모두 지워지는 휘발성(volatile memory) 메모리

(2) 정적 RAM과 동적 RAM의 비교

구분	정적 RAM	동적 RAM
구성	• 플립플롭으로 구성된 기억장치이다. • 전원만 있으면 계속 기억된다.	• 콘덴서로 구성된 기억장치이다. • 일정한 주기로 재기억시켜야 된다.
사용	고속 처리가 요구되는 기억장치에 사용한다.	주기억장치로 사용한다.
장점	• 고속이며, 원하는 내용에 즉시 접근이 가능하다. • 특수 목적 기억장치로 사용한다.	• 회로가 간단하고, 소비전력이 적다. • 집적도가 높다(LSI, VLSI, ULSI). • 가격이 저렴하다.
단점	• 소비전력이 크고 집적도가 낮다. • 고가이다.	• 처리속도가 느리다. • 일정한 주기로 재생하여야 한다.

3. 캐시(Cache) 기억장치

(1) 캐시 기억장치의 정의

CPU와 주기억장치의 속도 차이를 극복하기 위하여 CPU와 주기억장치 사이에 위치한 소형 고속 메모리(SRAM 사용)

(2) 캐시 기억장치 쓰기 정책

구분	Write Through	Write Back
구성도		
개념	쓰기 동작 시 캐시와 주기억장치에 동시에 쓰는 방식	캐시에만 쓰기를 하고 해당 데이터가 swap out될 때 주기억장치에 복사하는 방식
장점	• 구조가 단순함 • 캐시와 주기억장치의 일관성 유지	기억장치 쓰기 동작의 횟수 최소화 및 쓰기 시간 단축
단점	• 버스의 트래픽 양이 많아짐 • 주기억장치 쓰기 포함으로 쓰기 시간이 길어짐	• 캐시와 주기억장치 일관성 유지 어려움(Cache Coherency 문제) • 블록 교체 시 캐시의 상태 비트(dirty bit) 확인 절차 필요

(3) 캐시 기억장치 사상기법

① 주기억장치로부터 캐시 기억장치로 데이터를 전송하는 작업
② 캐시 기억장치 라인 수가 메인 메모리의 블록의 수보다 적기 때문에 Mapping이 필요

분류	내용
연관 사상 (Associative Mapping)	• 메모리의 각 블록이 캐시의 어느 라인에나 적재 가능 • Cache Hit Ratio는 높아지나 회로가 복잡해지고 처리속도가 느림
직접 사상 (Direct Mapping)	• 메모리 참조 요청 시 CPU 번지의 태그 필드와 캐시의 태그 필드 비교 • 메모리 각 블록이 캐시 특정 라인으로 적재 캐시와 메모리가 1:1 대응 • 회로 구현이 용이·간단, 처리속도가 빠름
집합 연관 사상 (Set Associative Mapping)	• 직접 사상과 연관 사상의 장점을 결합 • 캐시와 메모리의 대응이 N : 1(N way Set Associative)

(4) 캐시 교체 방식

구분	내용
LRU	• Least Recently Used • 사용되지 않은 채로 가장 오래 있었던 블록 교체
FIFO	• First In First Out • 캐시 내에 가장 오래 있었던 블록 교체
LFU	• Least Frequently Used • 사용빈도수가 가장 낮은 블록 교체
Random	• 후보 블록 중 한 블록을 임의로 선택
Optimal	• 향후 가장 참조되지 않을 블록을 교체 → 실현 불가능

(5) 캐시 일관성(Cache Coherence)

공유 메모리 시스템에서 각 클라이언트(혹은 프로세서)가 가진 로컬 캐시 간의 일관성

① 캐시 일관성 문제 발생원인

㉠ 공유 메모리 구조에서 다중 프로세서 통신에 의한 메모리 충돌로 성능 저하 발생
㉡ 저하되는 성능을 해결하기 위해 각 CPU에 로컬 캐시(L1, L2 캐시)를 탑재함
㉢ 로컬 캐시와 공유 메모리 간 데이터의 불일치가 발생

발생 범위	내용
CPU 관리 범위	Write through, write back에 따라 일관성 문제 발생
DMA 관리 범위	• I/O 장치 변경 시 DMA는 주기억장치만 변경. 캐시 미갱신 • Write back 정책 시 갱신 전 정보로 다시 변경 가능

② 캐시 일관성 유지방법

구분	방안	설명
SW적 방안	공유 변수 관리	공유 변수를 로컬 캐시에 저장하지 않음
HW적 방안	공유 캐시 사용	프로세스 간의 충돌 문제 발생
	버스 감지 메커니즘(스누피 제어기)	프로세서 동작 감시를 통한 캐시 감시
	디렉토리 기반 일관성 유지	캐시 정보 상태를 디렉토리에 저장, 일관성 유지

4. RAID(Redundant Array of Inexpensive/Independent Disks)

(1) RAID의 정의

여러 개의 디스크에 중복된 데이터 저장과 데이터의 동시 저장을 통한 성능 향상과 안정성 향상을 위한 솔루션

(2) RAID 유형

구분	구성도	설명
RAID 0		2개 이상의 디스크를 병렬 연결, Stripping 분산 저장
RAID 1		동일한 데이터를 두 개의 디스크로 구성, Mirroring 중복 저장
RAID 2		병렬접근기법, 데이터 동기화되며 여분의 디스크 사용, 비트 단위, 패리티 디스크
RAID 3		여분의 디스크는 한 개만 필요, 바이트 단위, 패리티 디스크
RAID 4		각 디스크는 독립된 액세스 기법 이용, 블록 단위, 패리티 디스크
RAID 5		모든 디스크에 패리티 분산 저장, 블록 단위, 패리티 블록 분산
RAID 6		서로 다른 디스크들의 각각 분리된 블록에 저장, 블록 단위, 2차 패리티 구성

6 I/O 인터페이스와 시스템 버스

1. 입·출력 제어 방식

컴퓨터와 입·출력장치 사이의 데이터 전송은 크게 CPU를 중간경로로 이용하여 데이터를 입·출력하는 것과 CPU를 거치지 않고 메모리와 직접 입·출력하는 것들로 구분된다.

제어 방식	CPU 관여 여부	특징
Polling에 의한 I/O	CPU 개입	가장 원시적인 방식
Interrupt에 의한 I/O	CPU 개입	
DMA에 의한 I/O	CPU 개입하지 않음	소형 컴퓨터에서 이용
Channel에 의한 I/O	CPU 개입하지 않음	대형 컴퓨터에서 이용

(1) 폴링(Polling)에 의한 I/O

① 하드웨어 장치의 상태를 수시로 체크하여 명령을 받을 수 있는지를 확인하는 것을 말한다.

② 폴링을 하는 동안에는 다른 프로세스에게 CPU를 양도하지 않고 하드웨어 장치가 동작을 완료하는 동안 계속 루프를 돌면서 하드웨어의 상태를 체크하게 된다.

③ 하드웨어 장치의 속도는 매우 느리기 때문에 CPU를 양도하지 않고 하드웨어 장치의 상태를 계속 확인하는 방식으로 CPU를 많이 낭비하는 문제점이 있다.

(2) 인터럽트–구동 입·출력

컴퓨터가 작업을 수행하던 도중 예기치 못한 특수한 상황이 발생하여 작업을 중단하고, 그 특수한 상황을 먼저 처리 후, 원래의 작업으로 되돌아가 나머지 작업을 계속 수행하게 된다.

① 인터럽트 처리 과정

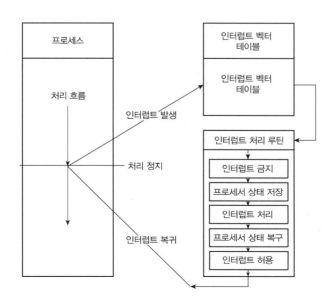

단계	설명
1	• 인터럽트 벡터 테이블의 해당 주소로 PC값 변경 • 외부 인터럽트가 발생한 경우, IRQ에 해당하는 주소로 PC값 변경(예 0x20번지)
2	인터럽트 벡터 테이블의 해당 주소에서 해당 인터럽트 핸들러로 분기
3	• 인터럽트 핸들러에서는 현재 상태를 저장하고, 해당하는 ISR을 찾아서 분기 • IRQ 핸들러에서 인터럽트 컨트롤러의 상태 레지스터를 확인 후, 해당 ISR 결정
4	ISR에서 해당 인터럽트에 대한 처리를 담당, 종료 후 인터럽트 핸들러로 복귀
5	인터럽트 핸들러로 돌아오면, 원래 상태를 복원하게 됨
6	• 인터럽트 핸들러 종료 후 리턴하게 되면, 원래 수행된 프로세스가 이어서 수행 • 인터럽트의 마스킹(masking), 수행 불가/가능(disable/enable) 등을 설정

② 인터럽트 처리 우선순위

순위	분류	종류	설명
높음	외부 인터럽트 (HW 인터럽트)	전원 이상 인터럽트	정전 또는 전원 이상에 의한 인터럽트 발생
		기계 착오 인터럽트	CPU의 기능적인 오류 동작 발생
		외부 신호 인터럽트	• 타이머에 의해 규정된 시간을 알리는 경우 • 키보드로 인터럽트를 발생시킨 경우 • 외부 장치로부터 인터럽트 요청 발생
		입·출력 인터럽트	• 입·출력 데이터의 오류나 이상현상이 발생한 경우 • 입·출력 장치가 데이터의 전송을 요구 또는 전송 완료 알림
	내부 인터럽트 (HW 인터럽트)	프로그램 검사 인터럽트	• 0으로 나누기가 발생한 경우 • Overflow, underflow가 발생한 경우 • 부당한 기억장소의 참조와 같은 프로그램상의 오류
낮음	SW 인터럽트	SVC 인터럽트	• 사용자가 SVC 명령을 써서 의도적으로 인터럽트를 발생 • 기억장치 할당 및 오퍼레이터와의 통신이 필요한 경우

(3) DMA(Direct Memory Access)를 이용한 입·출력 제어방식

대용량의 데이터를 이동시킬 때 효과적인 기술로 기억장치와 입·출력 모듈 간의 데이터 전송을 별도의 하드웨어인 DMA 제어기가 처리하고, 중앙처리장치는 개입하지 않도록 하는 방식

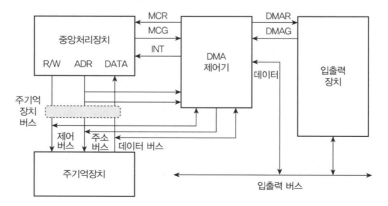

구분	항목	내용
동작 모드	Burst Transfer 모드	입·출력 모두 완료시까지 버스를 점유하는 동작 모드
	Cycle Stealing 모드	중앙처리장치와 번갈아 가며 입·출력 처리 동작 모드
동작 과정	입·출력 정보 전달	중앙처리장치가 DMA 제어기에 DMA 입·출력 정보 및 명령 전달
	MCR(Memory Cycle Request) 전송	DMA 제어기가 중앙처리장치에 버스 제어권을 요청
	MCG(Memory Cycle Grant) 전송	중앙처리장치가 DMA 제어기에 버스 제어권을 허용
	입·출력 수행	DMA 제어기는 주기억장치와 데이터 입·출력을 수행
	입·출력 반복 수행	데이터가 남아있으면 완료시까지 입·출력 반복 수행
	인터럽트 신호 전송	입·출력이 완료되면 DMA 제어기는 중앙처리장치에 인터럽트 전송

(4) 채널에 의한 I/O

채널은 신호를 보낼 수 있는 전송로로 여러 대의 주변장치가 연결되어 있는 채널 제어기에 입·출력 명령을 전달하여 중앙처리장치의 개입 없이 입·출력을 수행하는 방식

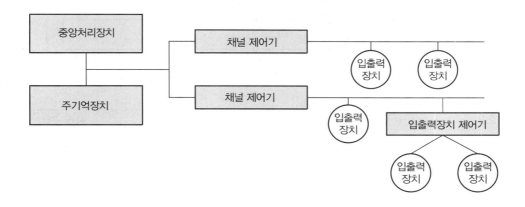

구분	제어 과정	내용
연결방식	고정연결 채널 제어기	여러 개의 입·출력장치가 하나의 채널 제어기에 고정으로 연결
	가변연결 채널 제어기	모든 입·출력장치는 여러 개의 채널 제어기에 접속, 동시작업 가능
동작과정	입·출력 정보 전달	중앙처리장치가 채널 제어기에 입·출력정보 및 명령 전달
	채널 제어기의 제어	채널 제어기는 입·출력장치를 선택하고 제어신호를 전달
	입·출력 수행	채널 제어기는 주기억장치와 입·출력장치 간 입·출력을 수행
	인터럽트 신호 전송	입·출력이 완료되면 채널 제어기는 중앙처리장치에 인터럽트 전송

2. 시스템 버스

(1) 시스템 버스의 개요

CPU, I/O 장치, 기억장치들을 상호 연결해주는 중심 통로를 시스템 버스라고 하며 주소 버스, 데이터 버스, 제어 버스로 구성되어 있다.

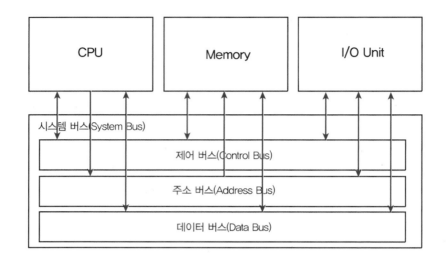

(2) 시스템 버스의 구성요소

구성요소	설명	세부 구성
주소 버스 (Address bus)	• 주소 지정 및 단방향 전송 • CPU가 외부로 발생하는 주소 정보를 전송하는 신호 선들의 집합	주소 비트들의 수를 주소 버스 폭으로 지정
데이터 버스 (Data bus)	• 데이터 전송 및 양방향 전송 • 기억장치 또는 I/O 장치와의 사이에 데이터를 전송하기 위한 신호 선들의 집합	데이터 버스가 32bit 시스템인 경우 32bit씩 읽어 올 수 있음
제어 버스 (Control bus)	CPU가 시스템 내의 각종 요소들의 동작을 제어하는 데 필요한 신호 선들의 집합	• 기억장치 읽기 쓰기 신호 • I/O 읽기 쓰기 신호

7 운영체제

1. 운영체제의 개요

컴퓨터에서 하드웨어 장치와 소프트웨어 장치의 중간에 위치하여 H/W를 직접 제어하고 관리하는 시스템 소프트웨어

2. 운영체제의 운용 기법

구분	내용
일괄 처리 시스템	• 초기 컴퓨터 시스템에서 사용된 형태 • 일정량 또는 일정 기간 동안 데이터를 모아서 한꺼번에 처리하는 방식
대화식 시스템	하나의 주기억장치에 두 개 이상의 프로그램을 기억시켜 놓고, 하나의 CPU와 대화하면서 동시에 처리
실시간 처리 시스템	• 데이터 발생 즉시, 또는 데이터 처리 요구가 있는 즉시 처리하여 결과를 산출하는 방식 • 처리 시간이 단축되고, 처리 비용이 절감
Hybrid 시스템	• 일괄처리 + 대화형 시스템 • 이용자는 터미널을 통한 접속, 빠른 응답시간 획득 • 시스템은 백그라운드로 프로그램 처리 • 대부분의 대형 컴퓨터 시스템

3. 운영체제의 부팅 과정

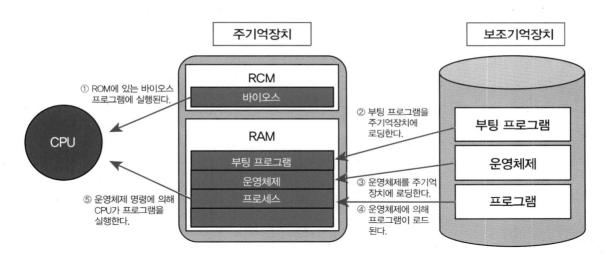

NO	부팅 과정	컴퓨터의 부팅 과정
1	바이오스(Bios) 실행	ROM에 있는 바이오스 프로그램이 실행된다.
2	부팅 프로그램 로딩	부팅 프로그램을 주기억장치에 로딩한다.
3	운영체제 로딩	운영체제를 주기억장치에 로딩한다.
4	프로그램 로드	운영체제에 의해 프로그램이 로드된다.
5	프로그램 실행	운영체제 명령에 의해 CPU가 프로그램을 실행한다.

8 정규 언어(regular language)

1. 정규 언어의 개요

토큰의 형태를 기술하는 데 사용하며 이를 표현하기 위한 방법으로는 정규 문법(regular grammar), 정규 표현(regular expression), 유한 오토마타(finite automata)가 있다.

(1) 정규 문법(regular grammar)

① 정규 문법의 개요

⊙ 생성 규칙에 따라 분류한 네 가지 문법 형태 중 가장 간단한 형태인 Type 3 문법이다.

ⓒ 어휘 분석 과정에서 인식되는 토큰 구조를 표현하는 데 이용된다.

ⓒ 정규 문법의 형태는 RLG(우선형 문법, right-linear grammer)와 LLG(좌선형 문법, left-linear grammer)으로 구분된다. RLG는 nonterminal symbol이 오른쪽에 나오고, LLG는 nonterminal symbol이 왼쪽에 나온다.

② 모든 RLG와 LLG는 그와 동일한 LLG, RLG T쌍을 만들 수 있다. 즉, 두 언어의 종류가 같다는 말이며 그 언어를 정규 언어라 부른다.

> - RLG : A → tB, A → t
> - LLG : A → Bt, A → t
>   where, A, B $\in$ V$_n$ and t $\in$ V$_T$*.

② 정규 문법을 만드는 법

⊙ 우선형 문법으로 시작(우선형과 좌선형 본질적으로 내용에 차이는 없고, 우선형 문법 형태가 언어의 구조를 자연스럽게 표현함) : S → abcA라는 우선형 문법일 때, S → aS1, S1 → bS2, S2 → cA로 나누는 것이 정규 문법이다.

ⓒ 문법의 형태가 정규 문법이면 그 문법이 나타내는 언어의 형태를 체계적으로 구하여 정규 표현으로 나타낼 수 있다.

(2) 정규 표현(regular expression)

① 정규 표현의 개요 : 정규 언어에 속해 있는 스트링의 모양을 직접 기술하는 방법

② 정규 표현의 기본 소자

> Basis : ϕ, ε, a $\in$ T
> - ϕ is a regular expression denoting the empty set.
> - ε is a regular expression denoting {ε}.
> - a where a $\in$ T is a regular expression denoting {a}.

③ 재귀 계산식

> Recurse : +, ·, *
>
> If P and Q are regular expressions denoting L_p and L_q respectively, then
> - (P + Q) is a regular expression denoting $L_p \cup L_q$. (union)
> - (P · Q) is a regular expression denoting $L_p · L_q$. (concatenation)
> - (P*) is a regular expression denoting (closure)
> $$\{e\} \cup L_p \cup L_p^2 \cup ... \cup L_p^n ...$$
> Note : precedence : + 〈 · 〈 *
>
> Nothing else is a regular expression.

(3) 유한 오토마타(finite automata)

① 문장을 입력받아 그 문장을 해당 문법에 대하여 yes or no를 판단하는 기능을 하는 인식기이며 가장 간단한 형태를 지니고 있다.

② FA(유한 오토마타)는 다음과 같이 다섯 개의 요소로 정의된다.

FA M = (Q, Σ, δ, q0, F),

(Q : 상태(state)들의 유한 집합, Σ : 입력 심벌의 유한 집합, δ : 사상 함수, q0 : 시작 상태, F : 종결 상태)

예 M = ({A,B,C}, {0,1}, δ, A, C)

δ : δ(A,0)=A, δ(A,1)=B, δ(B,1)=B, δ(B,0)=C, δ(C,1)=B

㉠ FA 상태 전이표 : 사상 함수 δ를 다음과 같이 보기 쉽도록 상태 전이표로 나타낸다.

δ	0	1
A	A	B
B	C	B
C	Ø	B

㉡ FA 상태 전이도 : FA Machine을 도식화시키면 다음과 같다.

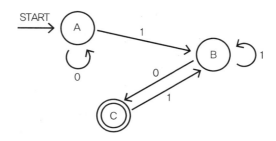

ⓒ 유한 오토마타의 유형

DFA : 한 상태에서 다른 상태로 넘어갈 때 입력값이 반드시 하나만 존재(프로그래밍 가능)

예 $\delta(A,1) = B$

NFA : 한 상태에서 다른 상태로 넘어갈 때 입력값이 하나 이상 존재(프로그래밍 불가)

예 $\delta(A,0) = B$, $\delta(A,1) = B$

9 프로세스(Process) 관리

1. 프로세스(Process)의 개요

(1) 프로그램 자체인 실행코드와 자료, 실행 제어 정보가 들어 있는 PCB가 합쳐진 단위

(2) 프로그램을 실행하는 능동적 단위로써, 프로그램에 입·출력 형태를 결합한 단위

2. 프로세스의 상태 전이도

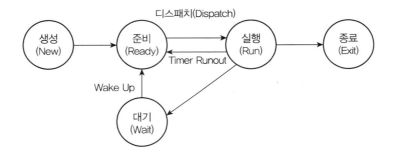

(1) 프로세스 상태 종류

상태	설명
생성(New)	프로세스가 막 생성된 상태
준비(Ready)	프로세스가 CPU에 실행되기 위해 대기하는 상태
실행(Running)	프로세스에 포함된 명령어가 실행되고 있는 상태
대기(Wait)	프로세스가 특정 자원이나 이벤트를 기다리는 상태
종료(Exit)	프로세스가 실행을 완료한 상태

(2) 프로세스 상태 전이

상태 전이	전이 과정	설명
디스패치 (Dispatch)	준비 → 실행	Process 생성 상태에서 프로세서만 할당받으면 실행 상태로 전이되는 과정
타임아웃 (Timer runout)	실행 → 준비	일정한 시간이 지나면 스케줄러에 의해 PCB 저장, 프로세서 반납 후 다시 준비 상태로 빠짐
블록 (Block)	실행 → 대기	I/O 등의 자원 요청 후 즉시 할당받을 수 없어 할당받을 때까지 기다리고 있는 상태로 전이
조건 만족 (Waker up)	대기 → 준비	필요한 자원이 할당되면 이 프로세스는 다시 준비 상태로 전이

3. 문맥 교환(Context switing)

(1) 문맥 교환의 개요

① 현재 실행중인 프로세스 정보를 PCB에 저장, 다른 프로세스 정보를 복구하는 작업
② PCB(Process Control Block) : OS가 프로그램 실행을 위해 필요한 자료를 담은 자료구조

(2) 문맥 교환 절차

단계	절차	설명
1	인터럽트/시스템 호출	OS에서 프로세스 스케줄러에 의해 인터럽트 발생
2	커널 모드 전환	프로세스가 실행되는 사용자 모드에서 커널 모드 전환
3	현재 프로세스 상태 PCB 저장	기존 실행되는 프로세스 정보를 PCB에 저장
4	다음 실행 프로세스 로드	PCB에 있는 다음 실행 프로세스 상태 정보 복구
5	사용자 모드 전환	커널 모드에서 사용자 모드로 전환 후 프로세스 실행

4. 스레드(Thread)

(1) 스레드의 개요

① 하나의 프로세스에 포함되어 프로세스의 특성 중 일부 기능만을 수행하도록 된 경량 프로세스(Light weight Process)

② 프로세스는 프로그램 수행과 필요한 자원을 하나의 개체에서 관리하기 위한 방법이지만 스레드는 프로그램 하나의 실행 흐름으로서 CPU의 실행을 위해 스케줄 되어야 하는 개체

(2) 스레드(Thread)와 프로세스(Process)의 비교

구분	Thread	Process
상호통신	• Library Call • 요청 Thread만 Blocking	• System Call • Call 종료 시 까지 전체 자원 Blocking
처리방식	CPU를 이용하는 기본 작업 단위로 구분	주로 자원 할당을 위한 기본 구분 단위
장점	• CPU 성능 향상 • 시스템 자원 활용 극대화	• 순차적 실행 • 실행 순서를 알 수 있음
단점	실행 순서를 모름	Context Switching으로 인한 부하

(3) 멀티 스레드(Multi Thread)

① 멀티 스레드의 개요

㉠ 멀티 스레드는 여러 개의 스레드를 사용해 하나의 수행 업무를 동시에 처리하자는 개념

㉡ 스레드는 실행에 필요한 최소한의 정보만을 갖고 있으며 프로세스의 실행 환경을 다른 스레드와 공유

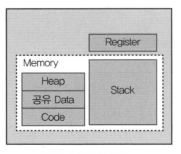
단일 스레드 시스템

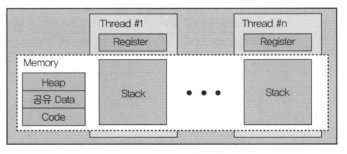
멀티 스레드 시스템

② 멀티 스레드 특징

㉠ 각각의 스레드가 힙(Heap)과 정적 자료, 코드 부분을 공유하는 반면 자기 자신만의 레지스터와 스택을 갖고 있음

㉡ 각 스레드는 서로 독립적인 수행이 가능해 멀티 프로세스 시스템에서는 물론 단일 프로세스 시스템에서도 실질적인 다중 처리가 가능함

10 CPU 스케줄링(CPU Scheduling)

1. CPU 스케줄링의 개요

(1) 프로세스 작업수행을 위해 언제, 어느 프로세스에 CPU를 배당할지를 결정하는 작업

(2) Multi Processor 환경에서 Processor 간의 우선순위를 지정해 CPU 활용을 극대화

2. 스케줄링(Scheduling) 기법

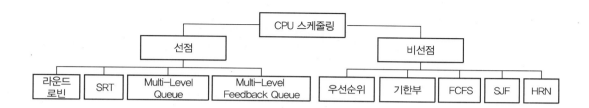

(1) 선점 스케줄링 알고리즘

알고리즘	처리방식
RR	• Round Robin • 준비 큐에 의해 보내진 각 프로세스는 같은 크기의 CPU 시간을 할당 받음 • 프로세스가 할당된 시간 내에 처리 완료 못하면 준비 큐 리스트의 가장 뒤로 보내지고 CPU는 대기 중인 다음 프로세스로 넘어감
SRT	• Short Remaining Time • 가장 짧은 시간이 소요된다고 판단되는 프로세스를 먼저 수행 • 남은 처리 시간이 더 짧다고 판단되는 프로세스가 준비 큐에 생기면 언제라도 프로세스가 선점됨
다단계 큐	• Multi level Queue • 여러 개의 큐를 이용, 상위 단계 작업에 의해 하위 단계 작업이 선점 당함 • 준비 상태 큐를 여러 종류로 분할하지만 다른 큐로 작업 이동 불가 • 각 큐는 자신만의 독자적인 스케줄링을 가짐
다단계 피드백 큐	• Multi level Feedback Queue • 입·출력 위주와 CPU 위주인 프로세스의 특성에 따라 큐마다 서로 다른 CPU Time Slice(Quantum)를 부여 • 새로운 프로세스는 높은 우선순위, 프로세스의 실행 시간이 길어질수록 점점 낮은 우선순위 큐로 이동 후, 맨 마지막 단계에서는 Round Robin 처리

(2) 비선점 스케줄링 알고리즘

알고리즘	처리방식
우선순위 스케줄링	• 각 프로세스에 우선순위가 주어지고 우선순위에 따라 CPU 할당 • 동일한 우선순위 간은 FCFS 처리 • 우선순위가 높은 작업이 계속적으로 들어오게 될 우선순위가 낮은 프로세스는 Starvation 발생 → Aging 기법 으로 해결 가능
기한부 스케줄링	• 작업들이 명시된 시간이나 기한 내에 완료되도록 계획 • 사용자는 사전에 작업이 요구하는 정확한 자원을 제시 • 작업시간이나 상황 등 정보를 미리 예측하기가 어려움
FCFS	• First Come First Service • 프로세스가 대기 큐(Ready Queue), 준비 큐(Waiting Queue)에 도착한 순서에 따라 CPU 할당 • 가장 간단한 스케줄링 알고리즘으로 FIFO(First Input First Out) 알고리즘이라고 함
SJF	• Shortest Job First • 준비 큐 내의 작업 중 수행시간이 가장 짧다고 판단되는 것을 먼저 수행 • CPU 요구 시간이 긴 작업과 짧은 작업 간의 불평등 심하여, CPU 요구 시간이 긴 프로세스는 Starvation 발생
HRN	• Highest Response Ratio Next • Response Ratio＝(대기시간+서비스 시간)/서비스 시간 • 대기 중인 프로세스 중 현재 Response Ratio가 가장 높은 것을 선택 • SJF의 약점을 보완한 기법으로 긴 작업과 짧은 작업 간의 불평등을 완화

11 가상 메모리(Virtual Memory) 관리

1. 가상 메모리(Virtual Memory)의 개요

(1) 사용자에게 주기억장치보다 더 큰 용량의 가상 기억공간을 제공하는 기억장치관리 기법

(2) 주기억장치 안의 프로그램 양이 많아질 때, 사용하지 않는 프로그램을 보조기억장치 안의 특별한 영역으로 옮겨서, 보조기억장치를 주기억장치처럼 사용할 수 있는데, 이때 사용하는 보조기억장치의 일부분을 가상 메모리라고 함

2. 가상 메모리 관리기법

관리정책	내용
할당 정책	• 각 프로세스에게 할당할 메모리의 양을 관리 • 프로세스 실행 중 메인 메모리 할당량 변화 알고리즘 • 고정할당기법과 가변 할당기법으로 구분
호출 정책	• 언제 어느 항목들을 보조기억장치에서 주기억장치로 가져올 것인지 결정 • 요구 호출(Demand Fetch)기법과 예측 호출(Pre Fetch)기법
배치 정책	• 프로그램의 한 블럭을 주기억장치의의 어디에 배치할 것인가에 대한 관리 • First, Best, Next, Worst Fit
교체 정책	• 주기억장치에 적재 공간이 없을 경우 무엇과 교체할 것인가에 대한 관리 • FIFO, LRU, LFU, NUR

3. 페이징(Paging) 기법과 세그먼테이션(Segmentation) 기법

(1) 페이징(Paging) 기법

① 페이징 기법의 개요

㉠ 메모리를 고정된 작은 크기의 프레임으로 미리 나누는 방식

㉡ 물리적 기억장치는 고정된 크기의 프레임(frame)으로 나누며 논리적 주소 공간도 프레임과 같은 크기의 페이지(page)로 나눔. 매핑 테이블[페이지번호, 프레임번호]

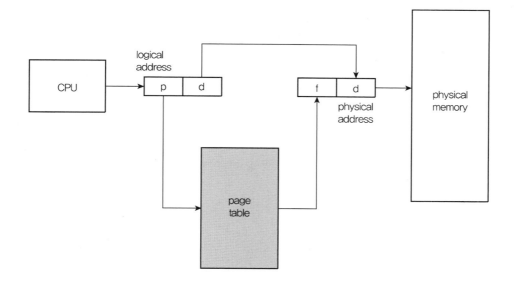

② 페이징 기법의 특징

    ㉠ 외부 단편화 해결 가능, 내부 단편화 발생

    ㉡ 프레임 크기에 따라 단편화 정도와 관리 오버헤드 간의 트레이드 오프 존재

    ㉢ 프로그램의 실제 주소와 주기억장치의 주소가 다름. PMT(Page Map Table)이 필요

(2) 세그먼테이션(Segmentation) 기법

  ① **세그먼테이션의 개요** : 블록의 크기가 다른 가변적인 크기로 가상기억장치를 구성하는 방법

  ② **세그먼테이션의 특징**

    ㉠ 내부 단편화 해결 가능, 외부 단편화 발생

    ㉡ 주기억장치는 각 세그먼트가 적재될 때마다 필요한 대로 분할하여 서로 다른 크기의 Segment로 분할. 매핑 테이블[세그먼트번호, 주소 + 크기]

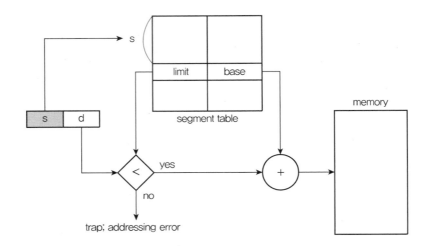

(3) 페이지화된 세그먼트(Paged Segmentation) 기법

  ① **페이지화된 세그먼트의 개요**

    ㉠ Page 기법과 Segment 기법의 장점을 수용한 기법(예 인텔 80386 등)

    ㉡ Page 기법은 메모리 관리 측면에서 유리하며, Segment 기법은 사용자 파일 관리 단위이므로 파일 관리 측면에서 유리

  ② **페이지화된 세그먼트의 특징**

    ㉠ 물리적 주소 처리는 페이징 기반

    ㉡ 주소 검색은 세그먼트 → 페이지 순으로

4. 페이지 교체 알고리즘

알고리즘	설명
Optimal Page Replacement	• 가장 오랫동안 사용되지 않을 페이지 교체 • 현실적으로 구현 어려움
FIFO(First In First Out) Page Replacement	• 메모리에 적재된 지 가장 오래된 페이지를 교체 • 이후 SCR 알고리즘에서 보완
LRU(Least Recently Used) Page Replacement	• 가장 오랜 기간 동안 사용되지 않은 페이지 교체 • 이후 NUR 알고리즘에서 보완
LFU(Least Frequently Used) Page Replacement	사용빈도 가장 낮은 페이지 교체
NUR(Not Used Recently) Page Replacement	• LRU의 시간 오버헤드 극복, 2개의 비트(참조, 변형)이용하여 교체 　– 참조비트 : 시스템에서 정해진 주기마다 0으로 Reset, 참조 시 1로 설정 　– 변형비트 : 적재 페이지 변경 시 1로 설정(디스크에 반영 표시)
SCR(Second Chance) Page Replacement	• FIFO 불합리 해결, 오랫동안 있었던 페이지는 참조 가능성 높음 • 참조비트 이용 교체

5. 스레싱(Thrashing)

(1) 스레싱(Thrashing)의 개요

① 기억장치의 페이지 부재가 비정상적으로 많이 발생하여 CPU가 프로그램 처리보다 페이지 교체에 더 많은 시간을 보내 성능이 급격히 줄어드는 현상

② 멀티 프로세싱 기능을 갖춘 시스템에서 가상 메모리의 페이지 부재(Page Fault)가 너무 많이 발생하여 프로세스 실행보다 페이지 교체에 더 많은 시간을 소모하는 현상

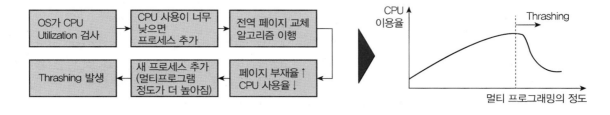

(2) 스레싱(Thrashing) 해결방안

① Working-Set Model

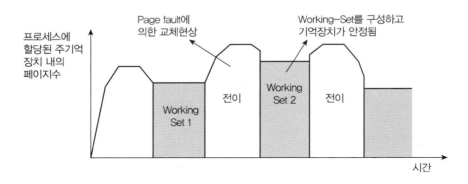

- 특정시간에 실행되는 프로그램에 Locality가 포함되는 페이지들의 집합
- 프로세스들은 주어진 시간 간격 동안 자신의 페이지들 중 일부를 더 자주 접근하려는 지역성(Locality)이 있으며, 이를 이용하면 페이지 부재율을 감소시킬 수 있음
- 프로그램이 효과적으로 실행되기 위해서는 활동 프로세스의 Working-Set가 메모리에 적재되어 있어야 함

② Page-Fault Frequency

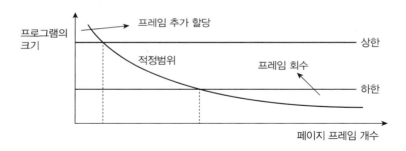

- 현재 페이지 부재와 바로 전의 페이지 부재 사이의 시간을 관찰해 지금까지의 최소시간보다 크면 그 사이에 호출되지 않았던 페이지들을 모두 제거하고, 최적시간보다 작다면 들어오려는 페이지를 그 프로세스의 상주 페이지 집합에 첨가하는 방법
- 페이지 부재율 > 상한 : 그 프로세스에게 Frame 추가 할당
- 페이지 부재율 < 하한 : 그 프로세스로부터 Frame 회수

12 디스크 스케줄링(Disk Scheduling)

1. 디스크 스케줄링(Disk Scheduling)의 개요

(1) 사용할 데이터가 디스크상의 여러 곳에 저장되어 있을 경우, 데이터를 액세스하기 위해 디스크 헤드가 움직이는 최적의 경로를 결정하는 기법

(2) Data Access를 위한 Disk I/O시간의 구성

유형	설명
탐색시간	헤드 지정된 트랙 도달시간
회전지연시간	원하는 섹터까지의 이동시간
전송시간	Data 전송 소요시간

2. 디스크 스케줄링 알고리즘

유형	개념도	특성
FCFS (First Come First Served)	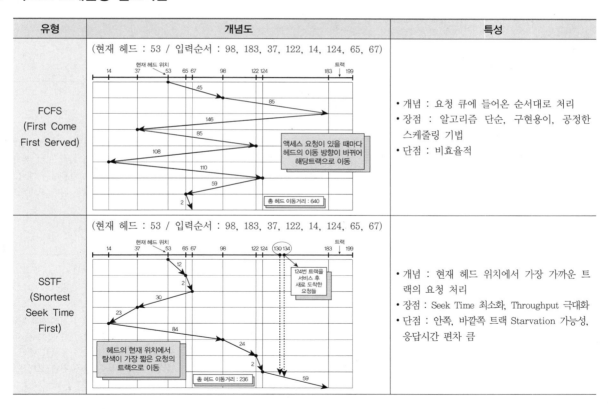	• 개념 : 요청 큐에 들어온 순서대로 처리 • 장점 : 알고리즘 단순, 구현용이, 공정한 스케줄링 기법 • 단점 : 비효율적
SSTF (Shortest Seek Time First)		• 개념 : 현재 헤드 위치에서 가장 가까운 트랙의 요청 처리 • 장점 : Seek Time 최소화, Throughput 극대화 • 단점 : 안쪽, 바깥쪽 트랙 Starvation 가능성, 응답시간 편차 큼

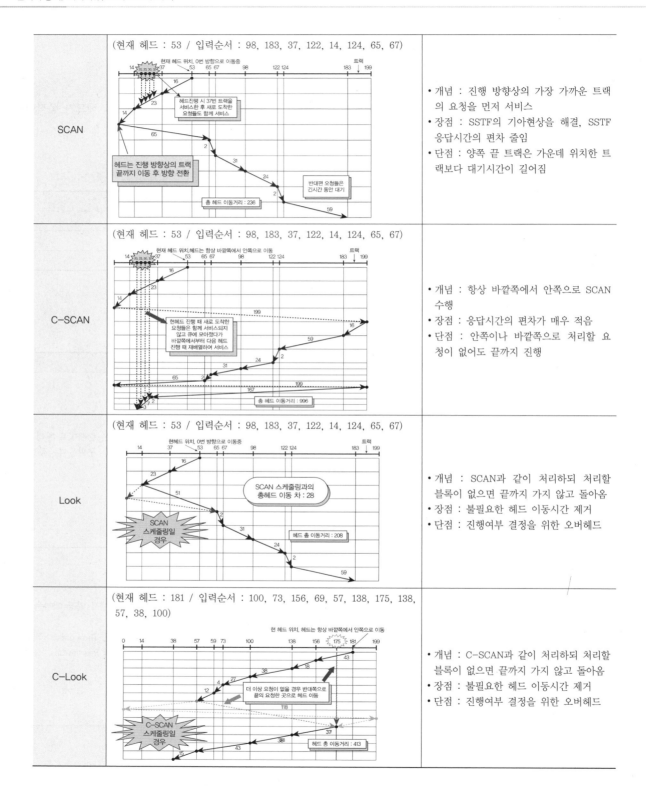

구분	설명	특징
SCAN	(현재 헤드 : 53 / 입력순서 : 98, 183, 37, 122, 14, 124, 65, 67)	• 개념 : 진행 방향상의 가장 가까운 트랙의 요청을 먼저 서비스 • 장점 : SSTF의 기아현상을 해결, SSTF 응답시간의 편차 줄임 • 단점 : 양쪽 끝 트랙은 가운데 위치한 트랙보다 대기시간이 길어짐
C-SCAN	(현재 헤드 : 53 / 입력순서 : 98, 183, 37, 122, 14, 124, 65, 67)	• 개념 : 항상 바깥쪽에서 안쪽으로 SCAN 수행 • 장점 : 응답시간의 편차가 매우 적음 • 단점 : 안쪽이나 바깥쪽으로 처리할 요청이 없어도 끝까지 진행
Look	(현재 헤드 : 53 / 입력순서 : 98, 183, 37, 122, 14, 124, 65, 67)	• 개념 : SCAN과 같이 처리하되 처리할 블록이 없으면 끝까지 가지 않고 돌아옴 • 장점 : 불필요한 헤드 이동시간 제거 • 단점 : 진행여부 결정을 위한 오버헤드
C-Look	(현재 헤드 : 181 / 입력순서 : 100, 73, 156, 69, 57, 138, 175, 138, 57, 38, 100)	• 개념 : C-SCAN과 같이 처리하되 처리할 블록이 없으면 끝까지 가지 않고 돌아옴 • 장점 : 불필요한 헤드 이동시간 제거 • 단점 : 진행여부 결정을 위한 오버헤드

CHAPTER 02 데이터통신 및 정보보안론

데이터통신 및 정보보안론은 OSI 7 Layer(계층)과 각 계층의 프로토콜을 통해 통신하는 데이터통신과 암호화, 인증, 접근통제 등의 보안기술, 정보보안 위협기술 및 보안관리체계에 대한 정보보안론으로 구성되어 있다.

1 데이터통신

1. 인터네트워킹의 개념과 유형

(1) 인터네트워킹의 개념
서로 다른 종류의 네트워크에 연결된 사용자 간 정보를 교환할 수 있도록 연결해주는 장비 및 네트워크 기술

(2) 인터네트워크의 유형

구분	설명	비고
LAN(Local Area Network)	통상 10km 이내의 지역을 연결한 네트워크	집, 사무실 단위
WAN(Wide Area Network)	수천 킬로미터를 커버하고 여러 지역, 도시 및 국가를 연결하고 심지어 여러 대륙을 연결하여 장거리 통신을 달성하는 넓은 범위	다른 지역의 LAN 또는 대도시 지역 네트워크를 연결
MAN(Metropolitan Area Network)	• 대단위 도심 지역 • 광케이블을 통해 같은 도시의 서로 다른 위치에 있는 호스트, 데이터베이스 및 LAN을 상호 연결하여 고속 연결 네트워크를 구축하는 백본 네트워크	같은 도시 내에 설치된 컴퓨터 네트워크

(3) 네트워크의 구성 형태(topology)

구분	설명	비고
성형(Star)	중앙의 교환기를 중심으로 모든 컴퓨터나 단말 장치가 일대일 방식으로 연결	• 네트워크 구현이 용이 • 교환기 장애 시 서비스 불가
버스형(Bus)	• 공통배선을 두고 이 배선에 모두 연결되어 동등한 권한으로 통신 • 버스의 거리가 길어지면 신호 증폭을 위한 리피터가 필요	• 기기의 추가, 변경, 제거 등이 용이 • 버스 장애 시 네트워크 전체 장애
링형(Ring)	닫힌 루프 형태로 각 호스트가 인접해 있는 장치와 연결	기기의 추가·변경·제거 어려움
트리형(Tree)	성형의 변형된 형태로 대부분의 장치는 중앙 허브에 연결된 2차 허브에 연결	복잡한 구성이지만 확장성이 높음
그물형(Mesh)	통신회선을 필요할 때마다 구성하여 복잡하고 회선의 총길이가 가장 긺	통신회선의 장애 시 다른 경로로 데이터 전송이 가능

안심Touch

2. OSI 7 계층

(1) OSI 7 계층의 개념

① 모든 네트워크 통신에서 생기는 여러 가지 충돌 문제를 완화하기 위하여, 국제 표준 기구에서 표준화된 네트워크 구조를 제시한 기본 모델
② 컴퓨터 네트워크 프로토콜 디자인과 통신을 계층으로 나누어 각 계층은 하위 계층의 기능만을 이용하고, 상위계층에게 기능을 제공

(2) OSI 7 계층의 구조

각 계층마다의 기능과 역할을 수행하고 서로 영향을 미치지 않는 상호 독립성을 제공

계층	설명	프로토콜
7. Application	응용 프로세스와 직접 관계하여 일반적인 응용 서비스를 수행	FTP, HTTP, DNS, SNMP
6. Presentaion	코드 간의 번역을 담당 응용 계층의 데이터 형식 차이 부담 감소	MPEG, JPG, AVI, MIME
5. Session	양 끝단의 응용 프로세스가 통신을 관리하기 위한 방법을 제공	RTP, SSL/TLS, SOCKS
4. Transport	종단 간 사용자들이 신뢰성 있는 데이터의 송수신 역할	TCP, UDP, SCTP, SPX, DCP
3. Network	여러 노드를 거칠 때 마다 경로를 찾아주는 역할을 하는 계층	IP, ARP, RARP, IPSec, ICMP, IPX
2. Data link	점대점 간 신뢰성 있는 전송을 보장하기 위한 계층	FEC, BEC, H-ARQ
1. Physical	네트워크의 기본 네트워크 하드웨어 전송 계층	X.25, RS-232-C, I2C, IEEE 802.3

(3) OSI 7 계층의 장비

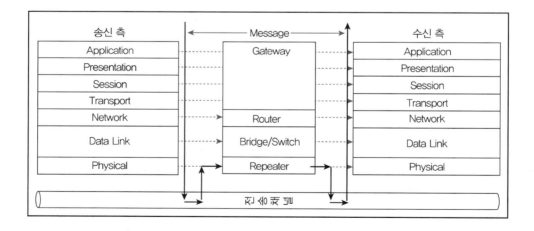

장비		주요 기능
Repeater		데이터 전송 거리 증가를 위한 신호 증폭기
Hub	Dummy	멀티 포트 리피터. 하나의 Collision Domain. 입력받은 신호를 모든 포트로 재전송
	Intelligent	허브의 상태를 원격에서 확인 및 관리 가능
	스택/단독	허브 상호 간에 연결 가능한 전용 Port의 유무로 구분
Bridge		• 허브에서 만들어진 collision domain을 나누고 연결시킴. MAC 주소 테이블 관리 – Learning : MAC 주소 학습 – Flooding : 송신자 제외 전체 전송 – Forwarding : 출발지와 다른 세그먼트로 전송 – Filtering : 출발지의 세그먼트에 신호 전송 – Aging : Mac 주소 테이블 entry time out
Switch		• 포트별로 collision domain 분리. 포트별로 다른 속도 지원(브리지와 차이) – 스토어-앤-포워드 : 프레임을 모두 수신 후 처리 – 컷스루 : 프레임 목적지 주소(처음 48bit)만 보고 처리 – 프래그먼트-프리 : 프레임의 처음 512bit를 보고 처리. 에러 감지력 우수
Router		• 스위치 기능에 브로드캐스트 영역 구분 가능, 패킷 필터링, 로드 분배, QoS • WAN 접속, 라우팅 프로토콜이용 경로 설정(routing)
Gateway		• 프로토콜 변환 역할을 수행, OSI 참조모델 전 계층에서 동작 • 하나의 장비가 아니라 라우터, 브리지, 허브 등의 다양한 장비를 이용해 구성

→ 최근에는 스위치에서 기능을 발전시킨 L3, L4, L7 스위치가 사용되고 있음

(4) OSI 7 계층과 TCP/IP 계층의 비교

구분	OSI 7 계층	TCP/IP 계층
개념	• 개방형 시스템의 상호접속을 위한 참조모델 • 여러 정보 통신업체 장비들 간 호환성 필요 • ISO단체에서 1984년 OSI 참조모델 발표	• 인터넷 표준 프로토콜 • TCP, IP 및 UDP, ARP, ICMP, SMTP 등 다양한 프로토콜의 집합체
특징	• 표현 계층, 세션 계층, 응용 계층을 별도 처리 • 데이터 링크 계층과 물리 계층을 별도로 취급 • de jure 표준	• 표현 계층이 아닌 세션 계층을 응용 계층이 같이 처리 • 데이터 링크 계층과 물리 계층을 하나로 취급 • de facto 표준
유사점	• 계층구조로 이루어짐 • 회선교환망이 아닌 패킷 교환망 방식	

→ 실제 인터넷에서 사용되는 TCP/IP는 OSI 7 계층을 기반으로 상업적이고 실무적으로 이용될 수 있도록 단순화된 현실화의 과정에서 채택된 모델

3. 물리 계층(Physical Layer)

(1) 물리 계층의 개념

① Data Link에서 전달된 프레임을 0과 1의 bit로 변환하여 보내는 역할을 수행하며, 비트 전송을 위한 기계적/전기적/기능적/순서적 특성을 제공하는 계층

② 통신 회선으로 Data를 나타내는 0과 1 비트의 정보를 회선에 내보내기 위한 전기적 변환이나 기계적 작업을 담당

③ **전송 단위** : Bit

④ **프로토콜** : RS-232C, RS 449/442/423, V24, X21

⑤ **장비** : 통신 케이블, 리피터, 허브

(2) 물리 계층의 프로토콜

프로토콜	설명
RS-232	• 1962년 EIA에서 표준화한 DTE 및 DCE 간 직렬(시리얼) 인터페이스 규격안을 말함 • 보통 15m 이하 단거리에서 38,400bps까지 전송을 위한 직렬 인터페이스 표준 규격으로써, 통상 컴퓨터와 터미널 또는 컴퓨터와 모뎀 등 다양한 기기와의 접속에 사용됨
X.25/X.21	• CCITT에서 DTE로 명명한 사용자 컴퓨터와 DCE로 명명된 통신 회사 장비 사이에서 신호들을 교환함으로써, 통신의 시작이나 종료 방법을 규정하고 있음 • X.25는 패킷 교환망, X.21은 회선 교환망에 대한 액세스 표준

4. 데이터 링크 계층(Data Link Layer)

(1) 데이터 링크 계층의 개념

① 상대방과 물리적인 통신을 위한 통신로를 확립

② Data가 오류와 흐름을 관리 및 재전송

③ **전송 단위** : Frame

④ **프로토콜** : HDLC, LAP-B, LLC, PPP

⑤ **장비** : 브릿지, 스위치

(2) 데이터 링크 계층의 프로토콜

프로토콜	설명
HDLC	• High-Level Data-Link Control • 고속 데이터 전송에 적합하고, 비트 전송을 기본으로 하는 범용의 데이터 링크 전송 제어 절차로써, 컴퓨터 간을 연결하는 컴퓨터 네트워크에도 적합한 전송 제어 방식을 말함 • ISO 3309, 4435에 기술되어 있음 • 비트 지향적 프로토콜
PPP	• Point-to-Point Protocol • 전화선 같이 양단간 비동기 직렬 링크를 사용하는 두 컴퓨터 간의 통신을 지원하는 프로토콜 • TCP/IP 기반 등의 데이터 서비스에 많이 이용됨 • 회선 링크 프로토콜

(3) 데이터 링크 계층의 전송방식

전송방식	설명
비동기식 (Asynchronous)	• 비트 스트림에 있는 각 문자를 독립적으로 다룬다. • 주로 모뎀에서 사용하며, 시작과 정지 비트, 문자 사이에 가변 길이 갭을 가진다. • 각 문자는 시작과 정지 비트스를 포함한다. 문자들은 간격(gap)으로 각자를 구분된다. 헤더는 2바이트(16비트)로 구분된다. 시퀀스 번호를 첨가한다. • 데이터가 바이트나 문자 형태로 송신된다. • 이 전송은 반이중 방식이다. • 비동기 전송방식에서는 시작 비트들(start bits)과 중지 비트들(stop bits)이 데이터에 첨가된다.
동기식 (Synchronous)	• 전체 비트 스트림을 같은 크기의 문자들로 나누어 처리한다. • 데이터가 블록 또는 프레임 형식으로 전송된다. • 전이중 방식이다. • 송신자와 수신사 사이에서 동기화가 필수이다. • 데이터 사이의 틈(gap)이 없다. 이 때문에 많은 양의 데이터를 전송할 때, 동기 전송보다 효율적이고 신뢰성이 높다. • 빠르고, 비용이 많이 드는 방식이다. • 비트 중심, 문자 중심 프로토콜이 있다.

(4) 데이터 링크 계층의 다중 접속 프로토콜(Multiple Access Protocol)의 유형

유형	프로토콜	설명
Random-acces protocols	ALOHA	• 다른 노드와 무관하게 프레임 전송, 충돌 허용 • 프레임 간 충돌 시 전송 실패 프레임 재전송
	CSMA/CD	• 프레임 전송 전 공유 매체 사용 여부 체크 • 프레임 전송 후 충돌 발생 여부 체크 • 충돌 시 Jamming 신호 전송, Backoff time 대기 • IEEE 802.3 표준, 유선 이더넷 환경에서 사용
	CSMA/CA	• 프레임 전송 전 공유 매체 사용 여부 체크 • IFS 이후 매체가 idle인 경우 프레임 전송 • 매체가 사용 중인 경우 Backoff time 대기 • IEEE 802.11 표준, 무선 이더넷 환경에서 사용
Controlled-access protocols	Reservation	• 예약 프레임에 노드 수만큼 예약 미니 슬롯 생성 • 프레임을 전송하기 전 미니 슬롯에 예약 • 해당 예약 프레임 뒤에 데이터 프레임 전송 가능 • 예약된 노드 외 데이터 프레임 전송 불가
	Polling	• 한 장치가 주 노드, 다른 장치가 부 노드로 지정 • 주 노드가 링크를 제어, 부 노드는 지시 이행 • select : 주 노드에서 일반 노드로 프레임 전송 • poll : 일반 노드에서 주 노드로 프레임 전송
	Token Passing	• 네트워크 내 노드가 고리 형태의 토폴로지로 구성 • 선행자(앞 노드)는 후행자(뒤 노드)로 프레임 전달 • 고리 내 토큰을 보유한 노드가 공유 매체 사용 • IEEE 802.5 표준, FDDI, CDDI는 TokenRing으로 사용
Channelizations protocols	FDMA	• 넓은 대역폭을 다수 좁은 대역폭으로 분할 • 전송 매체를 각 주파수 대역으로 전송 • 송신 측 : 링크 대역폭을 분할하여 신호 변조 • 수신 측 : 필터를 통해 부 채널 신호 구분, 복조
	TDMA	• 프레임을 일정한 시간 슬롯으로 분할 전송 • 하나의 회선을 복수 채널로 다중화 • 동기식 : 할당된 타임슬롯 위치 고정 방식 • 비동기식 : 할당된 타임슬롯 위치 조절 방식
	CDMA	• 여러 신호가 각기 다른 코드 시퀀스 부여 • 낮은 신호 스펙트럼으로 다경로 페이딩에 유리 • 도청이나 간섭에 강인하여 보안성 향상 • 수신부에서 인코딩 코드가 필요하며, 장치가 복잡

(5) 데이터 링크 계층의 오류 제어

구분	FEC(Forward Error Correction)	BEC(Backward Error Correction)
원리	수신 측에서 오류가 있음을 발견하면 오류를 검출 및 오류 자체 정정	오류가 발생하면 수신 측은 송신 측에 오류가 발생한 사실을 알리고 재전송 요청
장점	• 연속적인 데이터 전송 가능 • 전송 지연 없음 • 높은 효율성	• 단순한 구조의 장비 사용 • 높은 전송 신뢰성 • 채널 적응 능력 우수
단점	• 잉여 비트에 의한 전송 채널 대역 낭비 • 장비 구조 및 코드 방식이 복잡	• 역채널 구성 필요 • 송신 측은 프레임 저장을 위한 버퍼 필요
기법	• Block code • Convolution code	• Stop and Wait ARQ • Continuous ARQ • Adaptive ARQ

5. 네트워크(Network) 계층

(1) 네트워크 계층의 개념

① Logical address를 담당하고, packet 이동경로를 결정하는 계층
② 데이터를 목적지까지 안전하고 빠르게 전달
③ Data 전송을 위한 최선의 통신경로 선택을 제공
④ Hierarchical and Logical Address
⑤ Routers 네트워크 장비가 작동하는 계층
⑥ **전송 단위** : Packet

(2) 네트워크 계층의 라우팅 프로토콜

분류방법	구분	내용
라우팅 경로고정	Static Routing Protocol	• 수동식. 사람이 일일이 경로를 입력, 라우터 부하 경감, 고속 라우팅 • 관리자 관리부담 증가 및 정해진 경로 문제 발생 시 라우팅 불가능
	Dynamic Routing Protocol	• 라우터가 스스로 라우팅 경로를 동적으로 결정 • RIP, IGRP, OSPF, EIGRP
내외부 라우팅	Interior Gateway Protocol	• 같은 관리자의 권리하에 있는 라우터의 집합을 AS라고 정의 • AS 내에서의 라우팅을 담당하는 라우팅 프로토콜 • RIP, IGRP, OSPF, EIGRP
	Exterior Gateway Protocol	• 서로 다른 AS 사이에서 사용되는 프로토콜 • BGP, EGP
라우팅 테이블 관리	Distance Vector Algorithm	• 테이블에 목적지까지 가는 데 필요한 거리와 방향만을 기록(인접 라우터) • RIP, IGRP
	Link State Algorithm	• 라우터가 목적지까지 가는 경로를 SPF(Shortest Path First) • 알고리즘을 통해 모든 라우팅 테이블에 기록해 두는 것 • OSPF(Open Shortest Path First : 최단 경로 우선 프로토콜)

(3) IPv4와 IPv6의 비교

구분	IPv4	IPv6
주소 길이	32비트	128비트
표시 방법	8비트씩 4 부분으로 나뉜 10진수 예 192.168.10.120	16비트씩 8 부분으로 나뉜 16진수 예 2001:0:4137:9e76:1086:3ee3:2274:e11c
주소 개수	약 43억개	약 31조개
주소 할당	A, B, C, D 등 클래스 단위 비순차적 할당(비효율적)	네트워크 규모 및 단말기수에 따른 순차적 할당(효율적)
품질 제어	품질보장 곤란	등급별, 서비스별로 패킷 구분 가능해 품질 보장 용이
헤더 크기	고정	가변
QoS	Best Effort 방식/보장곤란	등급별, 서비스별 패킷구분/보장
보안기능	IPSec 프로토콜 별도 설치	확장기능에서 기본 제공
Plug&Play	지원 안함	지원
모바일IP	곤란	용이
웹캐스팅	곤란	용이
전송방식	Multi, Uni, Broad Cast	Multi, Uni, Any Cast

(4) IPv4의 클래스 기반 IP 정보

클래스	이진 표현	십진 표현
	00000000.00000000.00000000.00000000	0.0.0.0
A	00000000.00000000.00000000.00000000 ~ 01111111.11111111.11111111.11111111	0.0.0.0 ~ 127.255.255.255 서브넷마스크 : 255.0.0.0
B	10000000.00000000.00000000.00000000 ~ 10111111.11111111.11111111.11111111	128.0.0.0 ~ 191.255.255.255 서브넷마스크 : 255.255.0.0
C	11000000.00000000.00000000.00000000 ~ 11011111.11111111.11111111.11111111	192.0.0.0 ~ 233.255.255.255 서브넷마스크 : 255.255.255.0
D	11100000.00000000.00000000.00000000 ~ 11101111.11111111.11111111.11111111	224.0.0.0 ~ 239.255.255.255
E	11110000.00000000.00000000.00000000 ~ 11111111.11111111.11111111.11111111	240.0.0.0 ~ 255.255.255.255

6. 전송(Transport) 계층

(1) 전송 계층의 개념

① 정보를 분할하고 상대편에 도달하기 전에 다시 합치는 과정을 담당하는 계층(단위 : Segment)

② Establish Connections : Synchronize - Negotiate Connection - Synchronize Acknowledge

③ Flow Control

④ Packet의 처리를 그 장치의 어느 사용자 또는 어느 프로그램에 맡겨야 하는지를 식별하는 Port 번호를 사용

⑤ 신뢰성 기반의 통신에 사용

⑥ Three-Way Handshaking

⑦ **전송 단위** : Segment

⑧ **예** : TCP, UDP

(2) 전송계층의 역할

구분	역할
흐름제어	수신 측에서 설정한 윈도우 크기만큼 송신 측에서 응답(ACK) 없이 전송하여 흐름을 동적으로 조절하는 슬라이딩 윈도우 기법 활용 흐름제어
혼잡제어	• 네트워크로 유입되는 사용자 트래픽의 양이 네트워크 용량을 초과하지 않도록 유지시키기 위해 혼잡 윈도우의 크기를 제어 • Slow Start, Congestion Avoidance, Fast Retransmission, Fast Recovery 단계 수행
오류제어	시퀀스 넘버를 기반으로 세그먼트에 오류가 있는 경우 RTO Timer를 활용하여 체크, 세그먼트 재전송을 통해 오류 제어 수행

(3) TCP와 UDP의 비교

구분	TCP(Transmission Control Protocol)	UDP(User Datagram Protocol)
연결 방식	연결형 서비스	비연결형 서비스
패킷 교환 방식	가상 회선 방식	데이터그램 방식
에러 정정	에러 검사, 어레 시 재전송	에러 발생 시 재전송 안함
흐름 제어	stop-and-wait, sliding windows	흐름 제어 미수행
활용	성능보다 신뢰성이 중요한 경우	신뢰성보다 성능이 중요한 경우
프로토콜	http, https, ftp, smtp, ssh	dns, snmp, syslog, ntp

→ TCP와 UDP의 장점을 결합한 SCTP(Stream Control Transmission Protocol)/RFC 4960 활용

7. 응용(Application) 계층

(1) 응용 계층의 개념

① 사용자 인터페이스의 역할을 담당하는 계층

② 여러 가지 Application 업무에서 필요로 하는 통신 서비스를 제공

③ **사용 예** : Word Processor, Transfer, Electronic Mail 등

④ **프로토콜** : HTTP, FTP, TELNET, SMTP 등

(2) 응용 계층의 프로토콜

프로토콜	설명
HTTP	• Hyper Text Transfer Protocol • Client와 Server 사이에 이루어지는 요청/응답 프로토콜
SMTP	• Simple Mail Transfer Protocol • 인터넷에서 이메일을 보내고 받기 위해 이용되는 프로토콜 • Port Number 25 • 텍스트 기반의 프로토콜로서 요구/응답 메시지뿐만 아니라 모든 문자가 7Bit ASCII로 되어 있어야 함
SNMP	• Simple Network Management Protocol • 네트워크 장비를 관리·감시하기 위한 목적으로 TCP/IP상에 정의된 응용 계층 표준 프로토콜 • 네트워크 관리자가 네트워크 성능을 관리하고 네트워크 문제점을 찾아 수정하는 데 도움을 줌
FTP	• File Transfer Protocol • 컴퓨터 간 파일을 전송하는 데 사용되는 프로토콜 • 데이터 전달 : Port Number 20 • 제어 정보 전달 : Port Number 21
TELNET	• 인터넷이나 로컬 영역 네트워크 연결에 쓰이는 네트워크 프로토콜 • 보안 문제로 사용이 감소하고 있으며, 원격 제어를 위해 SSH로 대체되기도 함
IMAP	• Internet Message Access Protocol • 원격 파일 서버와 유사하게 작동 • POP3와 달리 메일을 받아 올릴 때 서버에서 메일을 삭제하지 않고 보관하는 프로토콜 • 다른 컴퓨터 환경에서 항상 같은 메일 내용을 메일 서버로부터 받아 올 수 있는 장점이 있음 • POP3에 비해 메일 서버와의 통신 traffic이 높다는 점이 단점
IRC	• Internet Relay Chat • 인터넷으로 실시간 대화를 나눌 수 있는 프로토콜 • 동시에 다중 대화가 가능한 채팅 프로토콜 • RFC 2810~2813이 주로 사용되며, TCP 6667과 6668 포트 사용
SIP	• Session Initiation Protocol • 인터넷상에서 통신하고자 하는 지능형 단말들이 서로를 식별하여 그 위치를 찾고, 그들 상호 간에 멀티미디어 통신 세션을 생성하거나 삭제 또는 변경하기 위한 절차를 명시한 Signaling Protocol • HTTP와 SMTP의 많은 부분을 그대로 사용하여 개발된 테스트 기반이므로 구현이 용이하고 유연성과 확장성이 있음

POP3	• Post Office Protocol Version 3 • 멀리 떨어져 있는 메일 서버에 지정된 사용자 ID로 접속해서 메일 박스 내에 도착한 메일을 자신(Client)에게 가져오기 위해 사용되는 비교적 간단한 Protocol • RFC 1939에 정의되어 있음
SSH	• 네트워크상의 다른 컴퓨터에 로그인하거나 원격 시스템에서 명령을 실행하고 다른 시스템으로 파일을 복사할 수 있도록 해주는 응용 프로그램 또는 그 프로토콜 • 기존 rsh, rlogin, telnet을 대체하기 위해 설계됨 • 강력한 인증 방법 제공, 안전성 우수 • Port Number 22
UUCP	• Unix to Unix Copy • 원격 명령 실행, 파일 전송, 이메일, 컴퓨터 간 네트 뉴스 등을 가능하게 하는 컴퓨터 프로그램과 프로토콜 스위트 또는 세트를 가리킴
DNS	• Domain Name System • 호스트에 대한 정보를 분산시켜서 관리하는 데이터베이스 • IP 주소와 Host들이 서로 연결되어 구조화된 역 트리 구조를 갖는 계층적이고 분산된 Client/Server 구조의 데이터베이스 시스템

8. 이동통신

(1) 4G의 개념과 핵심 기술

4G 시스템은 초광대역(100+ MiB/s와 같은 기가비트 속도) 인터넷 접속, IP 전화, 게임 서비스 및 스트리밍 멀티미디어를 사용자에게 제공하는 기능을 가진 포괄적이고 안정된 all-IP 기반의 솔루션

핵심 기술	설명
OFDMA	• 고속의 데이터를 낮은 전송률을 가진 다수의 부 반송파(Carrier)에 실어 병렬로 전송하는 방식 • 주파수 효율성이 높고 부 반송파 간 직교성을 유지
SC-FDMA	• 전체 대역을 하나의 반송파(Single Carrier)를 통해 전송하되 시간을 짧게 나누어 전송하는 기술 • OFDM의 단점인 높은 PAPR을 개선하고자 LTE Uplink에 적용
CA(Carrier Aggregation)	서로 다른 주파수 대역을 동시에 묶어서 광대역의 효과를 제공하는 통신 기술, 대역폭 확장
Relay	• 하나 이상의 Relay node를 두고 Relay가 통신을 돕는 협력 통신 기술 • 채널 용량을 증가, Cell 경계 지역에서의 전송률을 향상
Enhanced MIMO(Multiple Input Multiple Output)	Multiple signal path를 이용하여 수신단에서는 신호 간 간섭을 제거하고, 송신단에서는 한정된 주파수 자원에서 통신 용량을 증대시키는 다중 입출력 안테나 기술
eICIC(enhanced Inter Cell Interference Coordination)	• Macro-cell과 좁은 지역을 지원하는 Femto-cell이 혼재된 상태에서, 이기종 네트워크(Heterogeneous network)의 지리적 조건에서 Cell 간 주파수 간섭 현상을 조절하기 위한 기술 • ABS, CRE
CoMP(Cooperative Multi-Points Tx/Rx)	• 셀 경계지역에서 기지국 간의 협력을 통하여 간섭을 줄이는 기술 • CS/CB(간섭제거), JP 방식

(2) 5G의 개념과 핵심 기술

eMBB(enhanced Mobile Broadband), URLLC(Ultra-Reliable Low Latency Communication), mMTC(massive Machine Type Communication)를 위해 더 높은 데이터 속도, 더 짧은 지연 시간 및 더 많은 사용자, 디바이스, 서비스를 지원하는 동시에 네트워크 효율성이 향상된 5세대 무선 네트워크 기술

핵심기술	설명
NOMA (Non-Orthogonal Multiple Access)	• 모든 사용자들이 시간 자원과 주파수 자원을 공유하면서 신호를 송수신하는 기술 • 간섭을 최소화시키고, 용량을 향상시키기 위해서 순차적 간섭 제거 방식(successive interference cancellation, SIC)을 이용
Massive MIMO	• 수십 개 이상의 안테나에 MIMO 기술 적용으로 기지국 용량을 향상시킴으로써 대용량 데이터를 고속으로 전송 • 공간다중화, 공간다양화, 빔포밍
IBFD (In-Band Full Duplex)	• 동일 주파수 대역에서 같은 시간에 동시에 송신과 수신을 함으로써 스펙트럼 효율이 약 2배 향상 • 보호 구간이나 보호 대역을 사용하지 않고 하나의 대역을 완전하게 송수신 • 자기간섭 문제가 발생
네트워크 슬라이싱	• 공통의 물리적 네트워크 인프라에 소프트웨어(SW) 가상화 기술을 적용, 여러 개의 가상 네트워크를 만드는 기술 • 최적화된 서비스 제공 • SDN/NFV, 망중립성
모바일 엣지 컴퓨팅	• 엣지 컴퓨팅 서버를 기지국 근처에 위치시켜 근접한 지역에서 컴퓨팅 작업을 수행함으로써 초저지연 통신을 구현 • 초저지연과 대용량 대역폭 제공, 실시간 네트워크 정보 접근이 가능
Small Cell	• 10~수백m 정도의 소출력 커버리지를 갖는 기지국 • 단위 면적당 용량 증대와 음영지역이나 도심 핫스팟에서 사용자의 QoS(Quality of Service) 향상 • 폐쇄형, 개방형, 하이브리드형-SON 서버 연동
mmWave	• 30~300GHz의 초고주파를 이용하여 1GHz 이상의 대역폭 사용하며, 밀리미터(mm) 단위의 짧은 파장을 제어하여 대량의 정보를 실시간으로 전송 • 넓은 연속적인 대역폭, 증가된 전파 지향성 및 소형화된 안테나 지원 • 낮은 도달거리, 신호감쇄/손실, 전파방해/차단 발생

2 정보보안론

1. 정보보호의 개요

(1) 개념

정보의 수집, 가공, 저장, 검색, 송신, 수신 중에 발생할 수 있는 정보의 훼손, 변조, 유출 등을 방지하는 것과 더불어 정보의 훼손, 변조, 유출 등이 발생한 경우 이를 복구하는 것을 규정하고 있으며, 물리보안과 관련해서는 암호·인증·인식·감시 등의 보안기술을 활용하여 재난·재해·범죄 등에 대응하거나 관련 장비·시설을 안전하게 운영하는 것

(2) 정보보호의 목표

목표	설명
기밀성	정보가 노출되는 것을 방지하는 것으로 기밀성을 높이기 위해 정보를 암호화
가용성	• 권한이 있는 사람은 언제, 어디서든 정보에 접근 가능 • 가용성을 높이기 위해 권한을 세분화
무결성	정보의 변조나 파괴를 방지하는 것으로 무결성을 높이기 위해 권한 부여를 강화

2. 암호화

(1) 개념

일상적인 문자로 쓰이는 평문을 암호키를 소유하지 않은 사람이 알아볼 수 없도록 암호문으로 변환하는 것 (복호화 : 암호화된 데이터를 암호화되기 전의 형태로 바꾸는 처리)

(2) 암호화의 원리 및 특성

구분	내용	설명
원리	혼돈(Confusion)	• 키(key)와 암호문과의 관계를 감추는 성질 • 현대 블록암호는 혼돈을 위해 대치(치환, Substitution) 사용
	확산(Diffusion)	• 평문과 암호문과의 관계를 감추는 성질 • 현대 블록암호는 확산을 위해 전치(Transposition) 사용
특성	인증(Authentication)	PKI 사용자에 대한 신원 확인 기능
	기밀성(Confidentiality)	송수신자 이외에는 송신내용 인지불가
	무결성(Integrity)	정보의 조작 및 변경 여부 확인
	부인봉쇄(Non-repudiation)	송수신자의 송수신 사실 부인 봉쇄
	가용성(Availability)	정합한 요구 시 서비스 제공

(3) 암호화 기술의 분류

분류	세부분류	기법 유형	알고리즘
양방향	대칭키	스트림	OTPad, RC4(PPTP, WEB, TKIP)
		블록	DES, AES, IDEA
	비대칭키	인수분해	RSA, Robin
		이산대수	DH, ElGamal, DSA
		타원곡선방정식	ECC
단방향	변조 확인	MDC(키 없음)	SHA-1, MD5
	메시지 인증	MAC(키 있음)	HMAC, NMAC, CBC-MAC

(4) 키 형태에 따른 암호화 분류

구분	대칭키	비대칭키
키의 관계	암호키 = 복호키	암호키 ≠ 복호키
키의 종류	• 암호화 키 : Secret Key • 복호화 키 : Secret Key	• 암호화 키 : Public Key • 복호화 키 : Private Key
구현 방식	블록암호화, 스트림 암호화	소인수분해, 이산대수
부인 방지	부인 방지 어려움	부인 방지 가능
장점	구현 용이, 성능 좋음	암호 해독 어려움, 전자 서명
단점	키관리 어려움	복호화가 상대적으로 오래 걸림

(5) 암호화 정보 단위에 따른 암호화 분류

구분	블록(Block) 암호	스트림(Stream) 암호
개념	평문을 일정한 블록 단위로 나누어서 각 블록마다 암호화 과정을 수행하여 고정된 크기의 블록단위의 암호문을 생성	평문과 같은 길이의 키 스트림을 생성하여 평문과 키 이진 수열을 비트 단위로 배타적 논리합 이진연산으로 결합하여 암호문 생성
장점	기밀성, 해쉬함수 다양	• 암호 속도가 빠름 • 에러 전파 현상 없음
대상	일반 데이터 전송, 스토리지 저장	음성, 오디오/비디오 스트리밍

3. 인증 기술

(1) 개념

참이라는 근거가 있는 무언가를 확인하거나 확증하는 행위이다. 객체를 인증하는 것은 이에 대한 출처를 확인하는 것을 뜻하는 반면, 사람을 인증하는 것은 사람들의 신분을 구성하는 것을 뜻한다. 인증 방식은 사용자의 신원을 확인하는 사용자 인증 방식과 메시지의 내용이 변경이나 수정되지 않고 본래의 정보를 그대로 가지고 있는 것에 대해 증명하는 메시지 인증 방식이 있다.

(2) 사용자 인증 수단 유형

인증수단	특징	설명
지식	• 지식 기반 인증 • 낮은 보안성	• ID/PW, PIN, 질문 응답, 패턴 • 인증이 간단하지만 크래킹 등 보안성이 낮음
소유	• 소유 기반 인증 • 분실 시 도용 가능	• OTP, 공동인증서, 신분증, 보안카드 • 분실 대비해 2Factor 체계로 함께 사용
생체	• 생체 기반 인증 • 인증 편의성 • 훼손 취약성	• 지문, 홍채, 음성, 얼굴 • 항상 소유하는 인증 수단으로 편의성 증대 • 생체 정보 훼손 시 인증 정보 변경 한계
행동	• 행동 기반 인증 • 사생활 침해 취약	• 목소리, 필적, 타이핑 리듬 • 습관화된 행동 패턴으로 사생활 침해 가능

(3) 사용자 인증 체계

인증 체계	특징	설명
MFA (Multi Factor Authentication)	• 멀티팩터 보안 • 편의성 저하	• 지식/생체, 지식/소유, 소유/생체 조합으로 보안성 강화 • 복수의 인증 요구로 편의성 저하
PKI (Public Key Infrastructure)	• 공개키 기반 보안 • 인증서 유출 취약	• 공개키, 개인키 기반의 전자서명을 통한 강력한 보안성 • 외부저장장치에 저장된 인증서 유출 발생 가능
토큰 기반	• Stateless 보안 • 토큰 탈취 취약	• 사용자 무상태 유지로 시스템 확장성 부여 • expireDate, Refresh Token 등 사용 필수 • JWT, OAuth
FIDO (Fast IDentity Online)	• Passwordless 보안 • 서버 안전성 • 유출 취약성	• 생체인증 기반, 패스워드 불필요 • Device에 인증정보 저장, 서버에는 공개정보 저장 • 생체 정보 유출 시 보안 한계 • U2F, UAF, ASM
DID (Decentralized Identify)	블록체인 기반 탈중앙화 신원 증명	블록체인을 기반으로 이용자 스스로 자신의 신원정보를 관리하고 통제할 수 있도록 하는 디지털화된 신원관리 체계로 상용화

4. 접근통제 기술

(1) 접근통제의 개념

① 허가되지 않은 자원의 사용과 허가되지 않은 방법을 통한 자원 사용을 제어하는 것

② **요구사항** : 1) 입력의 신뢰성, 2) 최소 권한 부여, 3) 직무 분리, 4) 개방적 정책과 폐쇄적 정책, 5) 정책 결합과 충돌 해결, 6) 관리정책

(2) 접근통제 단계

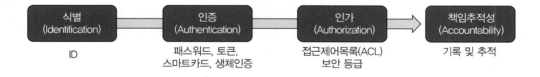

식별 (Identification)	인증 (Authentication)	인가 (Authorization)	책임추적성 (Accountability)
ID	패스워드, 토큰, 스마트카드, 생체인증	접근제어목록(ACL) 보안 등급	기록 및 추적

(3) 접근통제 유형

구분	강제적 접근통제(MAC)	임의적 접근통제(DAC)	역할기반 접근통제(RBAC)
개념	주체와 객체의 등급을 비교하여 접근 권한을 부여하는 접근통제	접근하고자 하는 주체의 신분에 따라 접근권한을 부여하는 접근통제	주체와 객체 사이에 역할을 부여하여 임의적, 강제적, 접근통제의 약점을 보완한 접근통제
권한부여	System	Data Owner	Central Authority
접근결정	Security Label	신분	역할(Role)
정책	경직	유연	유연
장점	중앙집중, 안정적	유연함, 구현, 용이	관리 용이
적용 사례	방화벽	• 접근행렬, 자격 목록 • 접근제어 목록(ACL)	HIPPA(미국 연방의료보험통상책임법)

(4) 접근통제 모델

인증체계	구분	설명
벨라파듈라 모델 (BLP, Bell-LaPadula Confidentiality Model)	개념	허가된 비밀정보에 허가되지 않은 방식의 접근을 금지하는 기밀성을 집행하는 상태머신 모델/정보흐름 모델
	보안규칙	• No Read Up(Simple security property) : 상향읽기 금지, 하향읽기 허용 • No Write Down(*-property) : 하향기록 금지, 상향기록 허용 • Strong *-property : 동일한 레벨에서만 읽기/쓰기 가능
	특징	• 장점 : 기밀성 유지에 매우 강함 • 단점 : 무결성 유지에 문제점 노출
비바 무결성 모델 (BIBA, Biba Integrity Model)	개념	비인가자에 대한 데이터 변조방지(무결성)를 위한 상업용 모델로, 상태머신 모델
	보안규칙	• Simple Integrity : 하향읽기 불가, 상향읽기 허용 • Integrity property : 상향쓰기 금지, 하향쓰기 허용 • Invocation property : 주체는 높은 무결성을 갖는 주체에게 서비스 요청을 할 수 없음
	특징	BLP의 단점인 무결성을 보장
클락-윌슨 모델 (Clark-Wilson Integrity Model)	개념	무결성의 3가지 목표를 제시함으로써 더 정교하고 실제적인 무결성을 제시하는 상업적 모델
	접근통제원칙	정확한 트랜잭션 : 데이터를 하나의 일치 상태에서 다른 일치상태로 변경하는 일련의 동작
	목표	• 비인가자 수정 방지 • 내·외부 일관성 유지(정확한 트랜잭션)(TP; Transform Procedure) • 합법적인 사람에 의한 불법적 수정 방지(직무분리)(CDI; Constrained Data Item)
만리장성 모델 (브루어-내시 모델)	개념	사용자의 이전 동작에 따라 변화할 수 있는 접근 통제를 제공하기 위한 모델
	특징	주체와 객체 사이에서 이해 충돌을 야기하는 방식으로 정보가 흐르지 않도록 함

5. 정보보호 위협기술

(1) 해킹(Hacking)

① 컴퓨터 네트워크의 보안 취약점을 찾아내어 이를 악의적으로 이용하는 행위

② 시스템 관리자가 구축해 놓은 보안 망을 무력화시키거나, 시스템 관리자 권한을 불법적으로 획득 및 악용해 다른 사용자에게 피해를 주는 일체의 행동

(2) DoS(Denial of Service)

① 프로세스 처리 능력 및 시스템 자원을 고갈시켜 정상적인 서비스를 불가능하게 만드는 네트워크 기반 공격

② **TCP SYN Flooding 공격** : TCP 프로토콜의 3 Way Handshake를 악용

③ **Smurfing(스머핑) DOS 공격** : Ping과 답변인 에코메시지로 인한 대량의 트래픽 발생 악용

(3) DDoS(Distributed Denial of Service)

① 서비스에 대한 정당한 접근을 방해하거나 차단하고자 네트워크에 분산되어 있는 많은 에이전트를 이용하여 공격 대상 서버에 동시에 과도한 서비스요청을 발생시키는 공격

항목	PPS 증가	웹서비스 지연	대용량 트래픽 전송
사용 프로토콜	TCP	HTTP	UDP/ICMP
공격사례	• Syn flooding • TCP Connection flooding	HTTP flooding	• UDP flooding • ICMP flooding
공격형태	64byte 이하 크기로 수십만~수백만 PPS 발생	동일 URL 접속 시도	1000~1500byte 패킷으로 수십 Gbyte 트래픽 발생
공격영향	네트워크 장비, 보안장비, 서버 등의 부하 발생	웹서버 부하 발생	회선 대역폭 고갈
피해범위	공격 대상 시스템, 동일 네트워크의 모든 시스템	공격 대상 웹서버	동일 네트워크에 사용 중인 모든 시스템
IP Spoofing	변조/실제 IP	실제 IP	변조/실제 IP

② DDoS(Distributed Denial of Service) 대응 기법

분류	대응 기법	설명
PPS 증가	비정상 IP 차단	• RFC1918에서 지정한 비공인 IP 차단 • 멀티캐스팅, 사설 IP등 특정 목적을 가진 IP 차단
	공격 IP 차단	공격 근원지 IP를 조사하여 IDC/ISP와 공조하여 트래픽의 Null routing(Ignored) 처리를 통한 공격 트래픽 차단
	Syn Proxy 사용	Syn Proxy/Cookie 기능을 제공하는 보안 장비 및 네트워크 장비를 이용하여 비정상적 TCP 패킷 차단
	장비 패치	취약한 네트워크 장비 및 서버에 대한 패치
웹서비스 지연	서버 설정변경	KeepAlive를 Off로 변경, Maxclient를 최대 수치로 조정
	웹서버 증설	서비스를 위한 웹서버의 추가를 통한 부하 분산
	공격 IP 차단	공격 근원지 IP에 대한 방화벽 또는 라우터에서 차단

대용량 트래픽 전송	불필요한 서비스 차단	가능한 네트워크 최상단에서 불필요한 UDP 및 ICMP 서비스 차단
	공격 IP 차단	공격 근원지 IP를 조사하여 IDC/ISP와 공조하여 트래픽의 Null routing 처리를 통한 공격 트래픽 차단
	DNS 서버 다중화	다중 DNS 서버를 운영하여 제3의 등록기관에 DNS 등록

(4) 피싱(Phishing)의 정의

① 개인정보를 불법으로 획득하려는 사람이 금융기관을 사칭하여, 다수의 이메일을 사용자에게 신용카드나 은행계좌 정보에 문제가 발생해 수정이 필요하다 등의 거짓 이메일을 발송, 금융기관의 카드정보나 계좌정보 등을 빼내 불법적으로 이용하는 범죄행위

② **스미싱(Smishing)** : SMS(문자메시지)와 피싱(Phising)의 합성어로써 문자메시지를 이용한 피싱이다. 신뢰할 수 있는 사람 또는 기업이 보낸 것처럼 가정하여 개인비밀정보를 요구하거나 휴대폰 소액 결제를 유도

(5) 파밍(Pharming)

① 합법적으로 소유하고 있는 도메인을 탈취하거나, 도메인네임시스템(DNS)을 속여 사용자들이 진짜 사이트로 오인하도록 유도, 개인정보를 훔치는 기법

② **파밍(Pharming)의 대응 방안**
   ㉠ 도메인 등록대행기관에 도메인 잠금 기능(Domain Lock) 신청
   ㉡ DNS 보안 강화 필요
   ㉢ DNS 레코드에 대한 전자서명 및 검증 방안 고려

(6) APT(Advanced Persistent Threat)

특수목적을 가진 조직이 기간 시설망 또는 핵심보안업체 등의 표적에 대해서 다양한 IT 기술을 이용해서 지속적으로 정보를 수집하고 취약점을 파악하여 이를 바탕으로 피해를 끼치는 공격(침투, 검색, 수집, 유출 순서로 진행)

(7) SQL Injection

데이터베이스로 전달되는 SQL Query를 변경시키기 위해 Web Application에서 입력 받은 파라메터를 변조 후 삽입하여 비정상적인 데이터베이스 접근을 시도하거나 쿼리를 재구성하여 원하는 정보를 열람하는 해킹 기법

(8) 크로스사이트 스크립트(XSS, Cross-Site Scripting)

① 게시판이나 웹 메일 등에 악의적인 스크립트를 삽입하여 비정상페이지를 보이도록 함으로써 사용방해나 쿠키 및 기타 정보를 특정사이트로 전송하는 해킹 기법

② 불특정 다수의 일반 사용자를 대상으로 공격이 행해지며, 공격방식으로는 Stored XSS, Reflected XSS, DOM XSS가 존재

(9) 익스플로잇(Exploit) 공격

소프트웨어, 하드웨어 등의 버그 혹은 제조, 프로그래밍 과정에서 발생한 취약한 부분을 이용하여 공격자가 의도한 동작이나 명령을 실행하도록 만든 명령어를 지칭하거나, 그러한 공격 행위(제로데이 공격 : 취약점에 대한 패치 이뤄지지 않은 상태에서의 공격 가능)

(10) 랜섬웨어(Ransomware)

몸값을 뜻하는 Ransom과 SW의 합성어로서 사용자의 중요 파일, 데이터 등을 암호화하고 이를 볼모로 금전적 댓가를 요구하는 악성프로그램

6. Application 보안

(1) Secure SDLC

① 개발 단계에서 발생하는 설계, 구현상의 보안 약점 극복을 위한 보안 개발 방법론
② **위협 모델링** : 설계 단계에서 구조화된 기법을 이용하여 각 자산에 피해를 줄 수 있는 위협과 위험도를 완화하기 위한 위험 분석, 추출 기법

1. 교육	2. 계획	3. 설계	4. 구현
소프트웨어 개발 보안 교육	보안/프라이버시 위험분석	• 공격 영역 분석 • 위협 모델링	• 도구 명세 • 정적 분석

5. 시험	6. 배포	7. 대응
• 동정 분석 • 퍼징 테스트 • 위협 모델 검증	• 사고 대응 계획 • 최종 보안 검토 • 기록 보관	사고대응

(2) 시큐어 코딩(Secure Coding)

서비스의 안정성과 신뢰성 확보를 위해 IT 시스템 개발 단계(구현 단계)에서 주요 보안취약점을 고려하여 소스 코드 레벨에서 사전에 제거하여 안전한 소프트웨어를 개발하는 기법

범위	설명	예제
입력 데이터 검증 및 표현	프로그램 입력값에 대한 검증 누락 또는 부적절한 검증, 데이터의 잘못된 형식지정으로 인해 발생할 수 있는 보안취약점	XSS, SQL 삽입, 버퍼 오버플로우, OS 명령어 삽입 공격 등
보안기능	보안기능(인증, 접근제어, 기밀성, 암호화, 권한관리 등)을 적절하지 않게 구현 시 발생할 수 있는 보안취약점	중요 정보 평문 저장, 하드코드된 패스워드 등
시간 및 상태	병렬 시스템, 프로세스나 스레드 환경에서 시간 및 상태를 부적절하게 관리하여 발생할 수 있는 보안취약점	DeadLock, 자원에 대한 경쟁 조건, 세션 고착
에러처리	에러를 처리하지 않거나, 불충분하게 처리하여 에러정보에 중요정보가 포함될 때 발생할 수 있는 보안취약점	에러처리 루틴 누락, 에러처리 통한 정보 노출 등

코드품질	복잡한 소스코드로 인해 관리성, 유지보수성, 가독성 저하가 발생하여 코딩 오류로 인해 유발되는 보안취약점	널 포인터 역참조, 부적절한 자원 해제 등
캡슐화	중요한 데이터 또는 기능성을 불충분하게 캡슐화하였을 때 인가되지 않은 사용자에게 데이터 누출이 가능해지는 보안취약점	제거되지 않고 남은 디버거 코드, 시스템 데이터 정보 노출 등
API 악용	의도된 사용에 반하는 방법으로 API를 사용하거나, 보안에 취약한 API를 사용하여 발생할 수 있는 보안취약점	DNS Lookup에 의존한 보안결정

7. 네트워크 보안

(1) 터널링(Tunneling)

송신자가 보내는 데이터를 캡슐화해서 수신자 이외에는 알아볼 수 없도록 데이터를 전송하는 기반 기술

계층	프로토콜	내용
2	L2F	• Layer 2 Forwarding • 하나의 터널에서 여러 개 지원
	PPTP	• MS사에서 개발하고, RFC 2637로 표준화 • 암호화를 위해 IPSec을 함께 사용
	L2TP	• PPTP 기능을 개선하여 표준화(RFC 2661, 3931) • 암호화를 위해 MS사의 MPPE를 함께 사용해야 함 • 초기 VPN 구현에 광범위하게 사용되었으나, 지금은 IPSec, SSL/TLS 등에 의해 대체
	MPLS	• Multi Protocol Label Switching • IP 패킷 앞에 Label을 붙여 Label 스위칭을 통해 전송
3	IPSec	• IP Security Protocol(RFC 2401~ 2410) • TCP/IP 3계층에서 이루어지는 Tunneling, IPv6의 보안 프로토콜
4	SSL	• Secure Socket Layer(RFC 1928, 1929, 1961) • Client와 Server 간 Handshake를 통한 암호화 프로토콜

(2) 방화벽(Firewall)

① 외부로부터의 불법침입과 내부의 불법정보 유출을 방지하고, 내・외부 네트워크의 상호 간 영향을 차단하기 위한 보안 시스템

② 네트워크를 통해 흐르는 Packet(데이터 단위)을 미리 정해놓은 구성에 따라 차단하거나 전달하는 기능을 수행하는 소프트웨어 또는 하드웨어를 의미함

(3) 침입탐지 시스템(Intrusion Detect System)

비인가된 사용자가 자원의 무결성(integrity), 기밀성(confidentiality), 가용성(availability)을 저해하는 일련의 행동들과 보안 정책을 위반하는 행위, 즉 침입(Intrusion)을 실시간으로 탐지하는 시스템

구분	설명
호스트기반(HIDS)	• 서버에 직접 설치됨에 따라 네트워크 환경과는 무관한 장점 • 감사자료가 다양해서 정확한 침입탐지가 가능함 • 개별 서버에 설치되므로 다소의 서버 부하 존재
네크워크기반(NIDS)	• 네트워크 세그먼트당 하나의 탐지기만 설치하면 되므로 설치가 용이함 • 독립적으로 네트워크에서 실행되어 운영 서버의 성능저하가 없음 • 네트워크 패킷이 암호화되어 전송될 경우 침입탐지가 불가능 • 네트워크 트래픽이 크게 증가함에 따라 성능 문제 야기

(4) 침입방지 시스템(Intrusion Prevention System)

침입탐지 시스템의 오판(False Positive)와 미탐(Miss Detection)의 문제 해결을 위해 등장한 정보시스템 네트워크에서의 침입탐지와 실시간 방어가 가능한 보안 솔루션

(5) 가상사설망(Virtual Private Network)

터널링(Tunneling)기법을 사용해 공중망에 접속해 있는 두 네트워크 사이의 연결을 마치 전용회선을 이용해 연결한 것과 같은 효과를 내는 가상 네트워크

구현기술	설명
인증	네트워크를 통해 데이터를 보낸 자가 누구인지 인증
터널링	• 인터넷상에서 가상의 정보흐름 통로 • 패킷을 사전에 암호화하는 방법을 규정한 IPSec이 업계표준
암호화	• 기밀성 보장을 위한 메커니즘 • 전송중인 정보의 공개 방지(DES, SEED 등 사용)
키 관리	• 사전에 공유한 암호화 키의 안전한 분배를 위한 키의 안전한 관리 메커니즘 • IKE(Internet Key Exchange; IPSec을 암호화하는 데 사용) 프로토콜을 사용

(6) SSL(Secure Socket Layer)

① TCP/IP상에서 웹 브라우저와 웹 서버 간에 데이터를 안전하게 주고받기 위하여 전자상거래 등의 보안을 위해 개발된 암호화 통신 프로토콜
② TLS(Transport Layer Security)로 표준화되었으며, 기본적으로 인증(Authentication), 암호화(Encryption), 무결성(Integrity)을 보장(1994년 Netsacpe사에 의해서 개발)

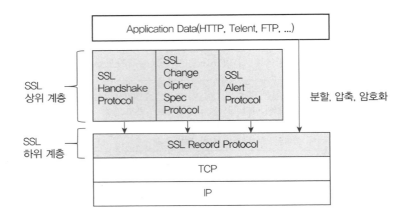

구성요소	내용
SSL Handshake Protocol	Secret Key 암호 알고리즘의 종류 및 키 설정을 담당, 세션 정보 공유
SSL Change Cipher Spec	SSL이 주고받는 메시지 구체 내용(알고리즘과 키 관련)

SSL Record Protocol	• 단편화, 암호화, MAC, 압축
	• 사용되는 알고리즘
	  − 비대칭 알고리즘 : RSA
	  − 대칭 알고리즘 : DES, RC2
	  − Hash 알고리즘 : MD5, SHA−1

(7) IPSec(IP Security)

TCP/IP 프로토콜의 IP 계층에서 무결성과 인증을 보장하는 인증헤더(AH)와 기밀성을 보장하는 암호화(ESP)를 이용한 IP 보안 프로토콜

구분	항목	상세설명
동작모드	Transport 모드	• Transport Layer에서 Network Layer로 오는 정보만 보호 • IP 헤더를 보호하지 않음 • Peer−to−peer
	Tunnel 모드	• 전체 IP 패킷을 보호 • 헤더를 포함한 IP 패킷을 취해서, 전체 패킷에 IPSec 보안을 적용한 다음 새로운 IP 헤더 추가, IP 헤더는 GW IP • site−to−site
프로토콜	AH	• Authentication Header • 데이터 무결성과 IP 패킷의 인증을 지원, 재생방지(anti−reply) 서비스
	ESP	• Encapsulation Payload • 암호화 기법을 사용하여 데이터의 무결성, 비밀성의 기능을 제공하는 프로토콜, 프라이버시 보호 제공

키 관리	IKE	• Internet Key Exchange • inbound와 outbound 보안 연관을 생성하기 위하여 설계된 프로토콜로 IPSec을 위한 SA(Security Association) 생성 • 키를 주고 받는 알고리즘, 공개된 네트워크를 통하여 키를 어떻게 할 것인가를 정의, IKE 교환을 위한 메시지를 전달하는 프로토콜 • ISAKMP(키 교환, 인증을 위한 프레임워크, 메시지 포맷), SKEME(인증을 위한 공개키 암호화 기법), Oakley(Mode-based 메커니즘) 3가지 방식 중 Oakley, SKEME를 모두 포함하는 ISAKMP를 주로 사용
IPSec 정책	SPD	• Security Policy Database • 패킷에 대한 보안 정책을 적용하며, 모든 트래픽 처리 시에 참조 • SAD를 이용하기 전에 호스트 패킷에 대해 규정된 정책을 결정 • 종류 : Drop(폐기), 통과(Bypass), 적용(Apply) 등
	SAD	• Security Authentication Database • 양단간의 비밀 데이터 교환을 위해 미리 설정되어야 할 보안 요소들에 대한 데이터 관리

8. 데이터 보안

(1) 디지털 컨텐츠 보호기술

구분	내용	관련기술
디지털 컨텐츠 추적기술	원 저작자 또는 소유권자 입증	Watermarking, Finger Printing
디지털 컨텐츠 관리기술	• 암호화된 콘텐츠를 유통 배포하여 사용권한, 규칙통제 및 과금 수행 • 불법 사용 원천적 방지	DRM(MS DRM, OMA DRM), MPEG-21, SRM, Scramble
디지털 컨텐츠 식별기술	콘텐츠 식별 구문구조, 메타데이터 관리, 권리표현 사양	DOI, INDECS, XrML, ODRL

(2) DRM(Digital Right Management)

디지털 콘텐츠에 대한 권리정보를 지정하고 암호화 기술을 이용하여 허가된 사용자의 허가된 권한 범위 내에서 콘텐츠의 이용이 가능하도록 통제하는 기술

(3) DLP(Data Loss Prevention)

기업 내부의 민감한 데이터, 지적재산/사업 정보 및 고객개인정보 등의 데이터 유출을 사전에 방지하기 위한 데이터 유출 방지 솔루션

9. 보안관리체계

(1) 정보보호 관리체계(ISMS-P)

기존 정보보호 관리체계 인증제도(ISMS)와 개인정보보호 관리체계 인증제도(PIMS)를 단일제도에서 체계적으로 보호할 수 있도록 통합한 인증제도

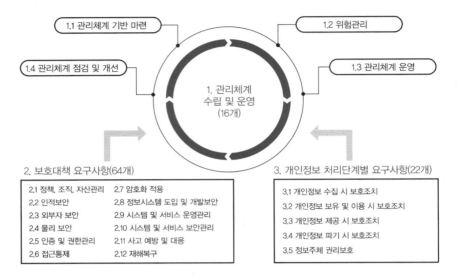

(2) 정보보호표준

① **ISO 27001** : 정보보안경영시스템(ISMS; Information Security Management System)에 대한 국제적인 표준 (전세계 선진기업이 합의한 Best Practice를 활용하여 해당 조직이 정보보호경영을 실행하기 위한 프레임워크)

② **ISO/IEC 27017** : 클라우드 서비스의 보안성 확보를 위한 ISO/IEC 27002 기반의 클라우드 서비스 정보보안 통제 가이드라인을 제공하는 국제 표준

③ **ISO/IEC 27018** : 클라우드 서비스 사용자 개인 식별 정보(PII)의 안전한 처리를 위한 통제와 관련된 가이드라인을 제공하는 국제 표준

(3) 법규

관련법	목적
「정보통신망 이용촉진 및 정보보호 등에 관한 법률(정보통신망법)」	정보통신망의 이용을 촉진하고 정보통신서비스를 이용하는 자의 개인정보를 보호함과 아울러 정보통신망을 건전하고 안전하게 이용할 수 있는 환경을 조성하여 국민생활의 향상과 공공복리 증진
「정보통신기반 보호법」	전자적 침해행위에 대비하여 주요 정보통신기반시설의 보호에 관한 대책을 수립, 시행함으로써 동 시설을 안정적으로 운용하도록 함
「정보통신산업 진흥법」	정보통신산업의 진흥을 위한 기반을 조성함으로써 정보통신산업의 경쟁력을 강화
「전자서명법」	전자문서의 안전성과 신뢰성을 확보하고 그 이용을 활성화하기 위하여 전자서명에 관한 기본적인 사항을 정함으로써 국가사회의 정보화를 촉진
「개인정보보호법」	개인정보의 처리 및 보호에 관한 사항을 정함으로써 개인의 자유와 권리를 보호

소프트웨어공학론

소프트웨어공학은 과학적 지식을 소프트웨어 설계와 제작에 응용하는 것이고 이를 개발, 운영, 유지보수하는 데 필요한 문서화 과정(Boehm)이며, 소프트웨어에 대한 개발, 운용, 유지보수에 대한 체계적이고 엄격하고 한정적인 방법으로 소프트웨어에 공학을 적용하는 접근 방법이다.

1 소프트웨어 개발방법론 및 개발모델

1. 소프트웨어 개발방법론

(1) 소프트웨어 개발방법론의 개요

① 소프트웨어 개발방법론의 정의

소프트웨어 개발에 관한 계획, 분석, 설계 및 구축에 관한 정형화된 방법과 절차, 도구 등이 공학적인 기법으로 체계적으로 정리하여 표준화한 이론

② 소프트웨어 개발방법론의 특징

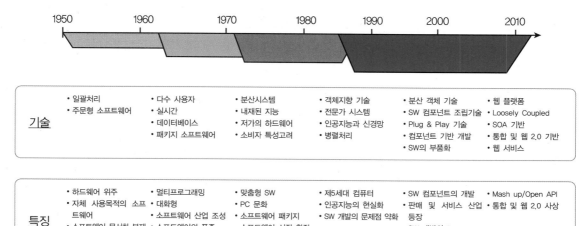

(2) 소프트웨어 개발방법론의 유형

① 구조적 방법론

㉠ 구조적 방법론의 정의 : 고전적인 폭포수 모델을 기반으로 한 순차적 개발방법론으로, 모듈화를 기반으로 기능이 시스템 분석 및 설계의 근간이고 모듈의 분할과 정복에 의한 하향식 설계 및 개발방법론

㉡ 구조적 방법론의 특징

특징	상세 내용
하향식 설계방식	모듈의 분할과 정복에 의한 폭포수 모델 기반의 하향식 설계방식의 적용
데이터 흐름지향	도형중심의 분석도구를 사용한 프로세스 위주의 분석과 설계방식
프로그램 모듈화	모듈화를 통한 추상화와 정보은닉을 통한 프로그램 구조의 단순성 제공
절차적 프로그램	순차(Sequencing), 선택(Selection), 반복(Iteration)의 알고리즘을 구현하며 단일 입구와 단일출구의 처리구조
프로세스와 산출물 위주	소프트웨어 개발을 목표로 하며 프로세스와 산출물을 중심으로 프로젝트 관리 및 조직, 역할 등의 방법론적 정의가 없음

㉢ 구조적 방법론의 단계

단계	구분	상세 내용
구조적 분석	정의	정보의 흐름과 정보의 변환을 그래프로 나타내는 기능 모델로 시스템과 외부와의 정보흐름에서 시작, 하향식으로 시스템 기능을 분할하는 방법
	원칙	분할과 정복, 추상화의 원칙, 정형화의 원칙, 하향식 기능 분해
	산출물	자료흐름도, 개체-관계도, 상태천이도, 소단위 명세서, 자료사전
구조적 설계	정의	소프트웨어 기능과 프로그램 구조, 모듈을 설계하기 위한 방법, 절차 및 산출물, 평가 방법, 문서화 도구 등을 제공하는 단계
	원칙	하향식 설계, 단계적인 전개, 모듈화
	산출물	어플리케이션 구조도, 데이터 흐름 다이어그램, 인터페이스 설계서, 데이터 사전, 데이터 테이블 기술서
구조적 프로그래밍	정의	순차구조, 선택구조, 반복구조를 이용하여 프로그램의 흐름을 구조화시키고 간결하게 만드는 프로그래밍 기법
	원칙	제한된 제어구조만 이용, 블록 단위, 하나의 시작점을 갖는 함수는 반드시 하나의 종료점을 가짐

② 정보공학 방법론

㉠ 정보공학 방법론의 정의 : 개별 소프트웨어가 아닌 기업에서 사용하는 업무 시스템 구축에 목표를 두어 기업이 전략적 경쟁우위를 확보할 수 있도록 데이터 중심 분석과 설계 관점의 개발방법론

ⓒ 정보공학 방법론의 특징

특징	상세설명
기업 중심	• 적용대상 : 기업의 비즈니스 시스템 • 기업의 전략경영을 지원하기 위해 SIS(Strategic Information System)에 초점
ISP 중심	• 계획 단계에 수행되는 활동으로 경영층의 요구와 견해를 시스템에 반영 • 기업의 경쟁우위를 달성하기 위한 정보화 전략 계획이 중요한 역할 수행
데이터 중심	• 자주 변동되는 업무 프로세스와 달리 데이터는 잘 변하지 않기 때문에 시스템 유지보수를 줄이고 잦은 변화에 적극 대응하고자 하는 접근 • 프로세스와 데이터를 분리하여 분석 및 설계를 진행하되 상관분석을 통해 상호 검증(CRUD 매트릭스)
분할과 정복	프로젝트 관리 가능 단위로 문제의 영역을 세분화 해가면서 완성해가는 방식으로 Top-Down 방식 적용
공학적 접근	• Case Tool, 소스코드 자동 생성, 모듈화, 다이어그램 사용 • 분석, 설계 등 초기단계에서 철저하게 작업 후 후속 단계에서는 소스코드를 자동으로 생성하는 방식을 활용
사용자 참여	초기 단계부터 사용자의 적극적 참여와 피드백 반영

ⓒ 정보공학 방법론의 프로세스

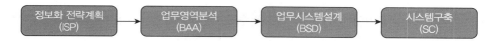

정보화 전략계획(ISP) → 업무영역분석(BAA) → 업무시스템설계(BSD) → 시스템구축(SC)

③ **객체지향 방법론**

ㄱ 객체지향의 정의 : 프로그램을 단순히 데이터와 처리 방법으로 나누는 것이 아니라 '객체'라는 기본 단위로 나누고 이 객체들의 상호작용으로 서술하는 방식을 지향하는 원리

ㄴ 객체지향의 기본원리

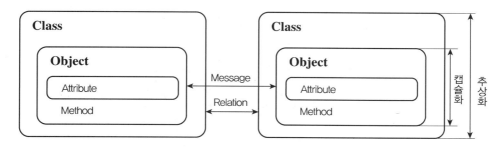

원리	개념	특징
추상화 (Abstraction)	• 불필요한 부분들을 생략하고 핵심적인 것에 집중하여 개략적으로 표현 • 문제의 중요한 측면을 주목하여 상세 내역을 없애 나가는 과정	클래스를 이용하여 데이터와 프로세스를 함께 추상화
캡슐화 (Encapsulation)	• 서로의 연관성이 많은 데이터들과 관련된 함수들을 한 묶음으로 처리 • SW의 재사용의 증대 및 정보은닉으로부터 내부 자료에 대한 일관성 유지	객체 간의 인터페이스를 이용하여 종속성의 최소화
정보은닉 (Information Hiding)	객체의 상세한 내용을 외부에 숨기고 메시지만으로 객체 간의 상호작용을 하는 것	클래스를 선언하고 객체에 대해 public과 private 선언을 통해 외부 사용 제어
상속성 (Inheritance)	• 상위 클래스의 속성과 메소드를 하위 클래스에서 재정의 없이 물려 받아 사용하는 것 • 상위 클래스의 성질을 하위 클래스에게 자동으로 부여하는 개념	클래스를 체계화할 수 있어 확장을 용이하게 함
다형성 (Polymorphism)	서로 다른 객체가 동일한 메시지에 대해 고유한 방식으로 응답하는 것	Overloading, Overriding

④ CBD 방법론

㉠ CBD 정의 : 독립적인 업무 또는 기능을 수행하는 소프트웨어 모듈인 컴포넌트를 개발하고 이를 기반으로 컴포넌트를 조립하여 새로운 어플리케이션을 구현하는 방법론

㉡ CBD 특징

특징	상세설명
생산성	• 부품조립을 통한 시간단축, 어플리케이션 개발 시간단축 • 개발자의 생산성 향상, 품질이 검증된 컴포넌트 사용
고품질	지속적인 컴포넌트 품질관리, 품질을 고려한 컴포넌트 설계 및 구현
재사용성	실행 기반의 재사용, 모델과 프레임워크 기반의 재사용
변경용이성	• 요구사항의 변화와 수용에 안정적, 신속한 변경 가능 • 업무변경에 따른 위험 감소
기술집약성	기술숙련에 대한 집중, 아키텍처, 분산기술, 프레임워크
관리용이성	• 독립적인 컴포넌트 단위의 관리로 복잡성 최소 • 제작주기 예측 가능, 제품 외주와 구매에 대한 여러 기회부여

© 컴포넌트 개발절차

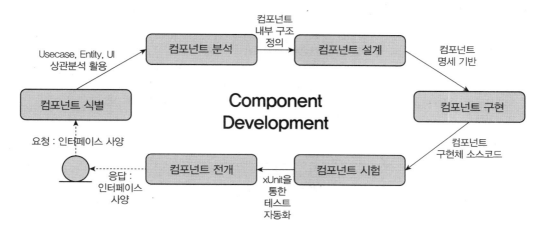

절차	설명	산출물
컴포넌트 식별	Usecase, Entity, UI 등이 사용되는 각종 상관분석 기법을 적용하여, 필요 컴포넌트를 식별	컴포넌트 목록
컴포넌트 분석	식별된 컴포넌트의 내부 구조와 제어흐름을 정의하고, 컴포넌트의 입출력 인터페이스를 명세	컴포넌트 인터페이스 명세
컴포넌트 설계	컴포넌트 인터페이스 명세를 바탕으로 컴포넌트 내부 구조를 구현 가능한 수준으로 설계	컴포넌트 내부 설계
컴포넌트 구현	컴포넌트 설계 내역을 바탕으로 컴포넌트 구현체 작성	컴포넌트 구현체 소스코드
컴포넌트 시험	xUnit 등의 자동화된 테스트 도구를 사용하여, 컴포넌트 입출력 인터페이스를 대상으로 테스트를 수행	컴포넌트 테스트 결과서
컴포넌트 전개	구현된 컴포넌트를 요구하는 시스템에 전개/전달	컴포넌트 전개 결과

⑤ **애자일(Agile) 방법론**

㉠ 애자일 방법론의 정의 : 설계와 문서화보다는 소프트웨어 자체에 초점을 맞춘 방법론으로써 소프트웨어 요구 분석, 개발, 인도를 위해 반복적인 접근법에 의존하고 시스템 요구 사항은 개발 프로세스 중 신속하게 변경될 수 있도록 지원하는 방법론

㉡ 애자일 방법론의 등장배경

프로젝트 관계자 상호작용 강조	잦은 프로젝트 점검 및 유연한 관리	테스트 강화를 통한 결함 조기 식별
• 고객이 애자일 프로젝트 팀 멤버로 적극적으로 참여 • 고객, 개발자, 테스터 간 커뮤니케이션 강화 • 협업 Tool 기반 커뮤니케이션 채널 일원화	• 짧은 개발 주기, 반복 개발을 통한 제품 완성도 향상 • 주기적인 고객 참여 리뷰를 통해 요구사항 조기 검증 • 비즈니스 우선순위 기반 요구사항 변경 허용 • 프로젝트 비효율 요소를 지속적 제거	• 자동화된 빌드/테스트/배포 환경 구축을 통한 지속적인 시스템 통합 및 테스트 수행 • 개발 초기부터 테스트를 수행 • 단위 테스트 및 소스코드 품질 보증 활동 강화

ⓒ 애자일 방법론의 종류

종류	내용
SCRUM	• 프로젝트 관리를 위한 애자일 방법론으로써 스프린트(Sprint)라는 통상 4~6주 정도의 잘 정의된 개발주기를 가지며 개발 효율성을 극대화할 수 있는 환경제공 • 투명성(Transparency), 타임박싱, 커뮤니케이션 중심, 경험주의 모델
ASD	• Adaptive Software Development(적응형 소프트웨어 개발방법론) • Speculate-Collaborate-Learn의 능동적 사이클을 통한 프로젝트 대응 • 사이클은 미션중심, 반복적, 타임박싱, 위험기반, 변화에 능동적 대응
FDD	• 2주정도 짧은 반복 주기와 5단계 프로세스의 반복·점증적 소프트웨어 개발방법 • UML을 이용한 설계 기법과도 밀접한 관련
DSDM	• 동적 시스템 개발방법론(Dynamic Systems Development Method) • 문서화가 잘 된 애자일 방법론(유럽에서 주로 사용) • 진정한 가치를 전달하는 작은 부분에 집중하여 우선순위를 결정하고 이를 엄격하게 관리하여 고객에게 큰 가치를 전달
Crystal Clear Family	• 사용자들이 고유 프로젝트의 상황에 맞게 조립하여 사용할 수 있는 방법론들을 구조화하고 조율하는 방법 • 프로젝트 규모에 따라 클리어(Clear), 옐로우(Yellow), 오렌지(Orange), 레드(Red) 구분
XP	• 개발조직이 기반이 되는 중소규모 팀에 적합한 경량화된 개발방식 • 협업, 빠른 소프트웨어 구현, 매우 기술적인 개발 방식을 강조하는 방법론

2. 소프트웨어 개발 모델

(1) SDLC(Software Development Life Cycle)의 개요

① 소프트웨어 개발 생명주기(SDLC) 정의

ㄱ 소프트웨어를 어떻게 개발할 것인가에 대한 전체적인 큰 흐름을 나타내는 추상적 표현으로 순차적 또는 병렬적인 단계로 구성

ㄴ 소프트웨어가 타당성 조사로부터 개발, 유지보수, 폐기까지의 전 과정을 하나의 주기로 보고, 전 과정을 단계별로 나눈 생명주기로 개발 모델 또는 소프트웨어 공학의 패러다임

② 소프트웨어 개발 생명주기(SDLC) 기능

ㄱ 전체 프로젝트 비용 산정과 개발 계획을 수립할 수 있는 기본 골격을 제시

ㄴ 참여자들 간에 의사소통의 기준과 용어의 표준화를 가능하게 함

③ 소프트웨어 개발 생명주기(SDLC) 단계

구성요소	내용
타당성 조사, 요구 명세화	고객과 사용자가 원하는 바를 명세화함. 타당성 조사, 소프트웨어의 기능과 제약 조건을 정의하는 명세서 작성 예 요구사항 정의서
분석	대상이 되는 문제 영역과 사용자가 원하는 Task를 이해하는 단계 예 개념 모델, 비즈니스 모델
설계	분석 모델을 가지고 이를 세분화함으로써 구현될 수 있는 형태로 전환시킴 예 개발 언어, 운영 체제 등에 종속적인 설계 모델
개발	실행 코드 생성
시험	발생 가능한 실행 프로그램의 오류를 발견하고 수정하는 단계 예 Alpha-testing(in-house), Beta-testing(by users) 등
유지보수	인수가 완료된 후 일어나는 모든 개발 활동. ISO 14764 예 Upgrades("perfective"), Fixes("corrective")

(2) SDLC(Software Development Life Cycle)의 유형

유형		내용
폭포수 모델 (Waterfall)		검토 및 승인을 거쳐 순차적·하향식으로 개발이 진행되는 생명주기 모델
	장점	이해하기 쉬움, 다음 단계 진행 전에 결과 검증, 관리 용이
	단점	요구사항 도출 어려움, 설계, 코딩, 테스트가 지연됨, 문제점 발견 지연
원형 모델 (Prototyping)		시스템의 핵심적인 기능을 먼저 만들어 평가한 후 구현하는 점진적 개발 방법
	장점	요구사항 도출 용이, 시스템 이해 용이, 의사소통 향상
	단점	사용자의 오해(완제품), 폐기되는 프로토타입 존재
나선형 모델 (Spiral)		폭포수 모델과 프로토타이핑 모델의 장점에 위험 분석을 추가한 모델(B. Boehm) • 계획수립(Planning) : 목표, 기능 선택, 제약조건 설정 • 위험분석(Risk analysis) : 기능 선택 우선순위, 위험요소의 분석과 제거 • 개발(Engineering) : 선택된 기능의 개발 • 평가(Evaluation) : 개발 결과의 평가
	장점	점증적으로 개발 → 실패 위험 감소, 테스트 용이, 피드백
	단점	관리 복잡하고 대규모 프로젝트에 적합
반복적 모델 (Iterative)		시스템을 여러 번 나누어 릴리스 하는 방법
	점증(Incremental)	기능을 분해한 뒤 릴리스마다 기능을 추가 개발
	진화(Evolutional)	전체 기능을 대상으로 하되 릴리스를 진행하면서 기능이 완벽해짐

① 폭포수 모델(Waterfall)

㉠ 폭포수 모델 정의

• 순차적으로 소프트웨어를 개발하는 전형적인 개발 모델로 대부분 소프트웨어 개발 프로젝트에 기본적으로 채택되는 모델

• 고전적 개발 사이클 패러다임으로 소프트웨어 개발의 전 과정을 요구사항 분석, 설계, 개발, 구현, 테스팅, 유지보수로 나누어 체계적이고 순차적으로 접근하는 방법

ⓒ 폭포수 모델 개발 단계 : 요구사항이 명확하게 정의되어 있는 경우 적용 가능하며, 관리가 상대적으로 쉬우나 요구사항의 변경에 대한 대응력이 낮음

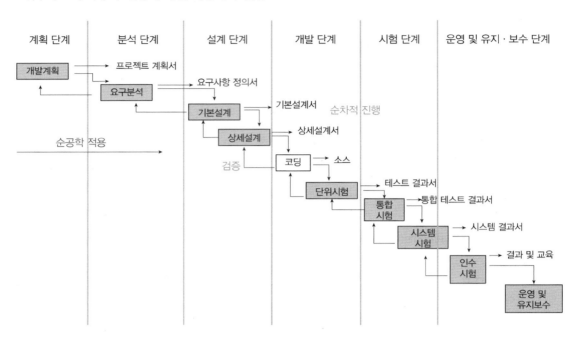

구성요소		내용
계획		• 문제를 정의한 후 프로젝트 영역을 결정 • 작업분할 구조도(WBS)를 이용하여 세부사항 결정 • CPM(Critical Path Method)을 이용해 작업 순서를 결정하고 간트차트를 이용하여 일정표 작성 • 기능점수(FP)를 이용해 프로젝트에 소요되는 비용 산정 • 계획 단계의 최종 산출물인 개발 계획서 작성
요구사항 분석		• 기존 시스템을 분석하고 인터뷰를 통해 사용자 요구사항 수집 • 사용자가 요구하는 기능적/비기능적 요구사항을 파악 • 각 방법론에 따른 표기법을 이용하여 정리된 요구사항 표현 • 객체지향 방법론에서는 유스케이스 다이어그램을 작성 • 요구분석 단계의 최종 산출물 요구분석 명세서를 작성
설계	상위설계	• 소프트웨어 아키텍처 설계 및 품질 속성 결정 • 아키텍처 스타일 결정 • 설계패턴을 결정
	하위설계	• 모듈 간 결합도와 모듈 내 응집도를 고려하여 모듈 세부내용 설계 • 객체지향 방법론에 따라 설계한다면 설계원리, 클래스 간의 관계, 설계 원칙을 고려
구현		코딩을 하는 단계로 표준 코딩 스타일을 지키고 시큐어 코딩 방법도 고려하여 보안에 취약하지 않도록 코딩 수행
테스트		테스트 방법은 다양한 방법으로 분류할 수 있으며 프로젝트 성격에 맞는 방법을 선택
유지보수		사용 중인 소프트웨어를 문제없이 잘 유지하고 문제가 있는 곳은 보수하면서 사용하는 단계로 수정, 적응, 기능 보강, 예방, 유지보수가 있음

② **V 모델(V Model)**

㉠ V 모델의 정의

- 폭포수 모델에 시스템 검증과 테스트 작업을 강조한 모델로 모듈의 상세 설계를 단위 테스트 과정에 검증하고 시스템 설계는 통합테스트 단계에 사용자 요구사항은 시스템 테스트 단계에 검증하는 모델
- 폭포수 모형에 감추어져 있는 반복과 재작업을 가시화한 것으로 폭포수 모델은 결과물에 중점을 두는 반면 V 모델은 작업과 결과의 검증에 초점을 맞추고 있음

㉡ V 모델 단계

- 모듈의 상세 설계는 단위테스트 단계에서, 시스템 설계는 통합테스트 단계에서, 사용자 요구분석은 시스템 테스팅 단계에서 검증

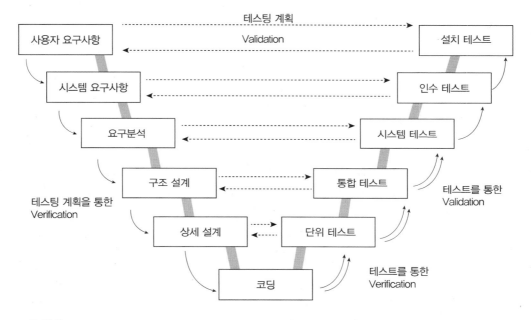

- V 모델 활동

구성요소	내용	관점
검증 (Verification)	소프트웨어의 올바른 구현을 보장하기 위해 정적분석(리뷰, 인스펙션 등)을 비롯한 단위, 통합, 시스템 테스트에서 수행되는 활동	개발자 중심
확인 (Validation)	최종 제품이 고객의 요구사항을 충족하는지 단위 테스트에서부터 사용자 인수 테스트까지의 단계를 통해 수행하는 활동	사용자 중심

③ **프로토타이핑 모델**

㉠ 프로토타이핑 모델의 정의

- 폭포수 모델의 단점을 보완하기 위한 것으로 점진적으로 시스템을 개발해 나가는 접근 방법
- 고객이 제공한 초기 요구사항으로부터 빠른 설계 과정을 거쳐 프로토타입(Prototype)을 만들어 이를 고객과 사용자가 함께 평가한 후 소프트웨어의 요구사항을 정제하여 보다 완전한 요구사항 명세서를 완성

ⓛ 프로토타이핑 모델 단계

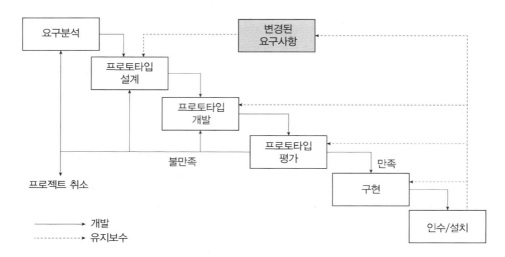

구성요소	내용	산출물
계획수립	• 시스템 개발 계획 수립 • 기본적인 시스템의 전체적인 요구 수집	시스템정의서, 프로젝트계획서
요구분석과 정의	• 고객의 요구사항을 정리하고 명세화 하는 단계 • 명세화 방법으로 프로토타입을 사용	요구분석서, 요구사항정의서, 프로토타입 식별서
프로토타입 개발/개선	• 핵심 기능 사항을 중심으로 구현 프로토타입 대상 선정 • 프로토타입에 대한 방향과 내용을 명세화한 설계 • 프로토타입을 개발하여 사전에 결함을 예방 활동 • 작동 가능한 초기 프로토타입 구축	프로토타입, 설계서, 프로토타입
프로토타입 평가	• 개발된 프로토타입에 대해 고객에 의한 평가 실시 • 고객 요구사항을 만족하는 경우 구현 단계 진행 • 사용자가 문제점 및 개선사항에 대해 피드백 • 개발된 프로토타입이 불만족한 경우 해당 프로토타입을 개선하거나 새로운 프로토타입 설계	프로토타입 평가서
구현	• 사용자로부터 기능이 확인된 프로토타입을 실제 시스템으로 구현하는 단계 • 단위 테스트, 통합 테스트, 시스템 테스트 등을 실시	실행파일, 테스트 계획서, 테스트 결과서
인수/설치	• 고객에게 산출물을 Delivery하는 단계 • 설치 테스트, 인수 테스트 종료 후 고객에게 산출물 인도	최종 산출물

④ **나선형 모델**
  ㉠ 나선형 모델 정의
    • 폭포수 모형과 원형 모형의 장점을 수용하고 위험 분석(risk analysis)을 추가한 점증적 개발 모델
    • 프로젝트 수행 시 발생하는 위험을 관리하고 최소화하려는 것이 목적으로 소프트웨어의 기능을 나누어 점증적으로 개발
  ㉡ 나선형 모델 단계

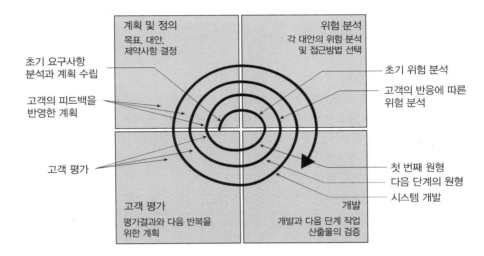

단계	내용
계획 및 정의 단계	• 고객의 요구사항을 수집하고 시스템의 성능, 기능을 비롯한 시스템의 목표를 규명하고 제약조건을 파악 • 목표와 제약조건에 대한 여러 대안들을 고려하고 평가함으로써 프로젝트 위험의 원인 규명 가능
위험 분석 단계	초기 요구사항을 기반으로 위험을 규명하고 위험에 대한 평가 후 프로젝트의 진행 여부를 결정
개발 단계	시스템에 대한 생명주기 모델을 선택하거나 원형 또는 최종적인 제품을 구현하는 단계
고객 평가 단계	• 구현된 소프트웨어(시뮬레이션 모형 또는 프로토타입, 실제 시스템)를 고객이나 사용자가 평가 • 고객의 피드백을 얻는 데 필요한 작업이 포함되고 다음 단계에서 고객의 평가를 반영할 수 있는 자료 획득 가능

2 소프트웨어 설계

- 사용자의 요구사항에 따라 정의된 요구 분석 명세서를 참조하여 분석 단계에서 고려하지 않았던 상세 내용을 충분히 반영하여 구체적인 설계서를 작성하는 활동
- 외부에서 관찰 가능한 행위 명세(요구사항)에 구현을 위한 방법을 명시하는 활동으로 요구분석 명세서와 설계원리, 제약 조건에 따라 상위설계와 하위설계로 나뉨

1. 모듈화(Modularity)

(1) 모듈화(Modularity)의 개요

① 모듈화(Modularity)의 정의
  ㉠ 프로그램이 효율적으로 관리될 수 있도록 하는 소프트웨어의 특성으로 모듈화를 수행하면 소프트웨어 복잡도가 감소하고 변경이 용이하며 프로그램 구현 편의성이 증대됨
  ㉡ 시스템을 분해하고 추상화를 통하여 소프트웨어 제품의 성능을 향상시키거나 시스템의 디버깅, 시험, 통합 및 수정을 용이하게 하는 설계 방법

② 모듈화(Modularity)의 주요 특성

구분	설명	특징
모듈성 (Modularity)	프로그램을 효율적으로 관리할 수 있도록 하는 소프트웨어의 특성으로 시스템 분해 및 추상화를 통해 소프트웨어 성능 향상을 위한 적합한 프로그램 단위	성능향상, 컴포넌트화, 재사용성
응집도 (Cohesion)	모듈의 독립성을 나타내는 개념으로 하나의 모듈 내부 처리 요소들 간에 기능적 연관도를 측정하는 척도	높을수록 좋음
결합도 (Coupling)	소프트웨어 구조에서 모듈간 연관성을 측정하는 척도	낮을수록 좋음

(2) 모듈화 기법의 종류

구분	기법	내용
설계	Module	설계 시 관련이 있는 기능을 한 부분에 모아놓고 Library 형태로 사용
	컴포넌트	바이너리 형태의 재사용 가능한 형태로 인터페이스에 의해 로직을 수행할 수 있는 모듈단위
	서비스	기존 컴포넌트보다는 Loosely-coupled한 형태의 기능을 제공하는 모듈단위
구현	Macro	프로그램 구현 시 반복되는 부분을 특정 이름을 부여하고 이름을 호출하여 실행할 수 있도록 하는 프로그래밍 기법. 단, 전 처리기는 Macro가 사용된 모든 곳에 코드를 대체해 놓음
	Function	프로그램 구현 시 대형 프로그램의 일부 코드로 특정한 작업을 수행하고 상대적으로 다른 코드에 비해 독립적인 모듈
	Inline	프로그램 구현 시 반복되는 부분을 특정 이름을 부여해 놓고 이름을 호출하여 실행할 수 있도록 하는 프로그램 기법. 단, 컴파일러는 이 Inline이 사용된 모든 곳에 코드를 복사해 놓음

(3) 응집도(Cohesion) 및 결합도(Coupling)

① 응집도(Cohesion)의 단계

응집도	설명
우연적	아무 관련성 없는 작업을 한 모듈에서 모음
논리적	유사한 성격의 작업들을 모음
시간적	같은 시간대에 처리되어야 하는 것들을 모음
절차적	모듈진행 요소들이 서로 관계되어지고 순서대로 진행
통신적	동일한 입·출력 자료를 이용하여 서로 다른 기능을 수행하는 기능
순차적	작업의 결과가 다른 모듈의 입력 자료로 사용
기능적	하나의 기능만 수행하는 모듈

낮음 / 높음

② 결합도(Coupling)의 단계

결합도	설명
우연적	아무 관련성 없는 작업을 한 모듈에서 모음
논리적	유사한 성격의 작업들을 모음
시간적	같은 시간대에 처리되어야 하는 것들을 모음
절차적	모듈진행 요소들이 서로 관계되어지고 순서대로 진행
통신적	동일한 입·출력 자료를 이용하여 서로 다른 기능을 수행하는 기능
순차적	작업의 결과가 다른 모듈의 입력 자료로 사용

낮음 / 높음

2. UML(Unified Modeling Language)

(1) UML(Unified Modeling Language)의 개요

① UML(Unified Modeling Language)의 정의

㉠ 객체지향 분석(Analysis)과 설계(Design)를 위한 모델링 언어로 Booth 방법론, Rumbough 등의 OMT, Jacobson의 OOSE 방법 등을 통합하여 만든 모델링 언어

㉡ OMG(Object Management Group)에서 객체 모델링 기술을 위해 표준화한 언어로 모델링 기술과 방법론을 표준화한 것

② UML(Unified Modeling Language)의 특징

특징	내용
가시화 언어	프로젝트 계획, 실행, 변경 통제
문서화 언어	요구사항 관리, 범위 정의, 산출물, 베이스라인 관리
구현 언어	WBS 승인, 일정 수행 및 평가 조정
명세화 언어	프로젝트 활동 완료를 위한 모든 비용, 예산 관리

(2) UML(Unified Modeling Language)의 다이어그램

구조	분류	내용
구조 다이어그램	Class Diagram	시스템 내 클래스들의 정적 구조를 표현하고 클래스는 객체들의 집합으로 속성(attribute)과 동작(behavior)으로 구성
	Object Diagram	• 클래스의 여러 Object 인스턴스(instance)를 나타내는 대신에 실제 클래스를 사용 • 클래스 다이어그램에서 2가지 예외를 제외하고 동일 표기법 사용 • 관계있는 모든 인스턴스를 표현
	Component Diagram	• 코드 컴포넌트(code component)에 바탕을 둔 코드의 물리적 구조를 표현 • 컴포넌트(component)는 논리적 클래스 혹은 클래스 자신의 구현에 대한 정보 포함 • 실질적인 프로그래밍 작업에 사용
	Deployment Diagram	• 시스템 H/W와 S/W 간의 물리적 구조를 표현하며, 컴퓨터와 Device 간의 관계를 표현 • 컴포넌트(component) 사이의 종속성을 표현
행위 다이어그램	Activity Diagram	• 행위(activity)의 순서적 흐름을 표시 • 순서도나 병렬적인 처리를 요하는 행위를 표현할 때 사용
	Use Case Diagram	• 사용자의 입장에서 본 시스템의 기능적인 요구 행동을 표현 • Use Case는 시스템의 기능적인 요구사항 정의
	State chart Diagram	• 클래스의 객체가 가질 수 있는 모든 가능한 상태와 상태 간의 전이를 표현 • 진입·탈출 조건, 상태전이에 필요한 사건 등 자세한 사항 기술 • 설계 단계에서 클래스 객체의 동적인 행동을 표현하는 데 사용
상호작용 다이어그램	Sequence Diagram	• 객체와 객체 간의 상호작용을 메시지 흐름으로 표현 • Object 사이에 메시지를 보내는 시간 또는 순서를 보여주기 위해 사용
	Collaboration Diagram	Object 간의 연관성을 표현하며, 내용이 중요한 경우에 이용

3. UML(Unified Modeling Language) 2.0

(1) UML(Unified Modeling Language) 2.0의 개요

① UML(Unified Modeling Language) 2.0의 정의 : 웹 기반 어플리케이션과 SOA 등 신기술의 등장으로 수준 높은 자동화를 지원하는 UML 기반의 도구의 필요성이 증가함에 따라 원래 표준보다 더 명확한 방식으로 UML 정의

② UML(Unified Modeling Language) 2.0의 등장배경

한계	내용
복잡성	규모가 크고 복잡하여 배우기 어려움, 적용이나 구현을 위한 접근이 어려움
이해하기 어려움	UML 규격의 Semantics나 Notation의 상세 내용에 대해 이를 정확하게 이해하기 어려움
간결성 부족	• 언어의 간결성 부족 • 서로 다른 도메인과 서로 다른 플랫폼에 효과적 대처 어려움
모델 공유 어려움	서로 다른 모델링 도구들 사이의 모델을 효과적으로 공유하기 어려움
아키텍처 설계 지원 부족	아키텍처 설계를 위한 다이어그램 지원 없음
모델-코드 간 불일치	• 실질적으로 모델의 behavior 부분을 기술할 수 없음 • 모델과 코드 간의 불일치 발생

(2) UML(Unified Modeling Language) 2.0 다이어그램

다이어그램	목적	계통
Activity	절차적이고 병렬적인 행위 기술	UML 1
Class	클래스와 클래스 간의 관계 기술	UML 1
Communication	객체들 간의 상호작용 연결에 초점을 맞춰 기술	collaboration diagram
Component	컴포넌트의 구조와 연관관계 기술	UML 1
Composite structure	하나의 클래스 실행 시 내부구조 기술	New to UML 2
Deployment	시스템의 물리적 배치 기술	UML 1
Interaction overview	Sequence와 Activity diagram의 결합	New to UML 2
Object	특정 시점 객체의 snapshot 기술	UML 1에서 비공식적
Package	시스템의 컴파일 시의 계층적 구조 기술	New to UML 2
Sequence	객체들 간의 상호작용을 순서에 맞춰 기술	UML 1
State machine	객체 상태에 따른 작업과 event에 따른 상태 변화 기술	State diagram
Timing	객체들 간의 상호작용을 시간 제약에 초점을 맞춰 기술	New to UML 2
Use Case	사용자가 상호작용하는 시스템의 모습을 기술	UML 1

4. 유스케이스 다이어그램(Usecase Diagram)

(1) 유스케이스 다이어그램(Usecase Diagram)의 개요

① 유스케이스 다이어그램(Usecase Diagram)의 정의

    ㉠ 사용자와 시스템의 상호작용을 표현한 그림으로 시스템 전체 혹은 일부분과의 상호작용을 도식화한 그림

    ㉡ 시스템이 제공하는 기본적인 기능을 설명하고 사용자와 대화 수단 파악 및 내부 기능을 예측할 목적으로 활용

② 유스케이스 다이어그램(Usecase Diagram)의 특징

특징	설명
기능 요구사항 정의	사용자의 기능적 요구사항에 대한 직관적 표현
의사소통 용이	분석단계에서 수행하여 개발자와 고객 간의 의사소통 용이성 향상
관계 표현	Usecase와 Actor 간의 관계를 표현

(2) 유스케이스 다이어그램의 구성요소 및 관계

① 유스케이스 다이어그램의 구성요소

구성요소	내용	표기법
유스케이스 (UseCase)	• 시스템이 제공해야 하는 서비스 • Actor가 시스템을 통한 일련의 행위	(수강신청을 한다)
액터 (Actor)	• 시스템을 제외한 모든 외부요인 • 사람, 기계, 외부 시스템	학생 교수
시스템 (System)	• 전체시스템의 영역을 표현 • 특별한 의미를 가지지 못함	학생 — 수강신청을 한다 / 성적조회를 한다

② 유스케이스 다이어그램의 관계

관계	설명	표기법
연관관계 (Association)	• 유스케이스와 액터간의 상호작용이 있음을 표현 • 유스케이스와 액터를 실선으로 연결	────────
확장관계 (Extend)	• 어떤 유스케이스로부터 다른 유스케이스가 특정 조건에 의해 생성되는 경우 • 확장 기능 유스케이스는 특정 조건이나 액터의 선택에 따라 발생	《《extend》》 ┈┈┈▶
포함관계 (Include)	• 유스케이스가 다른 유스케이스를 포함하는 경우 • 포함되는 유스케이스는 포함하는 유스케이스를 실행하기 위해 반드시 실행되어야 하는 유스케이스	《《include》》 ┈┈┈▶
일반화관계 (Generalization)	액터나 유스케이스가 구체화된 다른 여러 액터나 유스케이스로 구성될 경우	───────▽

(3) 유스케이스 다이어그램 사례

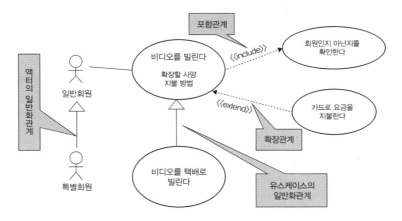

3 소프트웨어 테스트

사용자가 컴퓨터를 쉽고 효율적으로 사용하도록 도와주거나 컴퓨터를 이용하여 주어진 문제를 해결하기 위한 컴퓨터 활용 및 운용 기술을 의미한다.

1. 소프트웨어 테스트

(1) 소프트웨어 테스트의 개요

① 소프트웨어 테스트의 정의
   - ㉠ 노출되지 않은 숨어 있는 결함(fault)을 찾기 위해 소프트웨어를 작동시키는 일련의 행위와 절차
   - ㉡ 시스템이 정해진 요구를 만족하는지 예상과 실제 경과가 어떤 차이를 보이는지 수동 또는 자동방법을 동원하여 검사하고 평가하는 일련의 과정
   - ㉢ 요구된 상태와 현재 개발된 상태 사이의 차이점(즉, 결함/에러/버그)을 발견하기 위하여 소프트웨어를 분석하고 평가하는 프로세스(IEEE 829)

② 소프트웨어 테스트의 목표 및 필요성
   - ㉠ 소프트웨어 테스트의 목표 : 에러가 없다는 것을 보여주는 게 아니라 결함이 존재한다는 것을 보여줌으로써 제품이 인도되기 전에 수정할 수 있는 기회를 제공해야 함
   - ㉡ 소프트웨어 테스트의 필요성

구조측면	시스템 구조의 복잡도 증가에 따라, 잠재된 발견되지 않은 오류의 증가
비용측면	시스템 오류 증가에 따른 재작업은 시스템 구축의 시간 및 비용 증가를 초래
품질측면	테스트를 통한 시스템 신뢰도 확보 및 고객 만족의 필요

→ 조기 검증을 통해 안정성과 신뢰성을 보장하는 시스템 구축

③ 소프트웨어 테스트의 7가지 원리

원리	설명	원인
결함 존재 증명	테스트는 결함이 존재함을 밝히는 행위로 발견 결함 미존재라도 완전성 증명 불가능함	테스트 본연의 역할
불완전성	무한 경로, 무한 입력값, 무한 타이밍 등의 이유로 완벽한 테스팅은 불가능함	자원의 한계
초기 테스팅 집중	테스트 활동은 소프트웨어나 시스템 개발 수명주기에서 가능한 초기에 시작되어야 하며 설정한 테스트 목표에 집중	품질비용 감소
결함 집중	출시 전 대다수의 결함들이 소수의 특정 모듈에 집중되어 발생하는 경향을 보임(20% 모듈에서 80%의 결함 존재)	파레토 법칙
살충제 패러독스	• 동일 테스트 케이스로의 반복 테스트로는 신규 결함 발견 가능성이 지속적으로 낮아짐 • 테스트 케이스를 정기적으로 리뷰하고 개선 필요	테스터의 수동적 자세
정황 의존성	테스트를 많이 하는 것이 좋은 것이 아니며, 소프트웨어 성격(의료용, 상거래용)에 따라 테스트 수행 방법/절차 상이함	외부요소, 심리요소
오류-부재 궤변	소프트웨어가 사용자 요구사항을 충족시키지 못하는 경우, 결함을 모두 제거했다 해도 품질이 높다고 할 수 없음	SW 요구사항 불만족

(2) 소프트웨어 테스트의 유형

구분	유형	설명
테스트 기법	화이트박스 테스트	• 프로그램 내부 로직을 보면서 테스트(구조 테스트) • 구조 : 프로그램의 논리적 복잡도 측정 후 수행경로들의 집합 정의 • 루프 : 프로그램 루프구조를 대상(초기/경계/증가값 등)
	블랙박스 테스트	• 프로그램 외부 명세를 보면서 테스트(기능 테스트) • 동등분할, 경계값 분석, Cause-Effect 그래프, 오류예측 기법 등 • Data Driven Test
프로그램 실행여부	동적 테스트	• 프로그램 실행을 요구하는 테스트 • 화이트박스, 블랙박스
	정적 테스트	• 프로그램 실행 없이 구조를 분석하여 논리성 검증 • 코드검사 : 오류유형 체크리스트 및 역할에 의한 공식적인 검사방법 • 워크스루 : 역할 및 체크리스트가 없는 비공식적 검사방법
테스트에 대한 시각	검증 (Verification)	• 과정을 테스트(Are we building the product right?) • 올바른 제품을 생산하고 있는지 검증
	확인 (Validation)	• 결과를 테스트(Are we building the right product?) • 만들어진 제품이 제대로 동작하는지 확인
테스트 단계	단위 테스트	모듈의 독립성 평가, White Box 테스트
	통합 테스트	모듈 간 인터페이스 테스트(결함 테스트)
	시스템 테스트	전체 시스템의 기능수행 테스트(회복, 안전, 강도, 성능, 구조)
	인수 테스트	사용자 요구사항 만족도 평가(확인, 알파, 베타)
	설치 테스트	사용자 환경
테스트 목적	회복 테스트	Recovery, 고의적 실패 유도
	안전 테스트	Security, 불법적인 소프트웨어
	강도 테스트	Stress, 과다 정보량 부과
	성능 테스트	Performance, 응답시간, 처리량, 속도
	구조 테스트	Structure, 내부논리 경로, 복잡도 평가
	회귀 테스트	Regression, 변경 또는 교정이 새로운 오류를 발생시키지 않음 확인
	병행 테스트	변경 시스템과 기존 시스템에 동등한 데이터로 결과 비교

① 화이트박스 테스트

ⓐ 화이트박스 테스트의 정의 : 소프트웨어 코드나 설계 등 구조 정보를 기반으로 테스트 케이스를 도출하는 방법

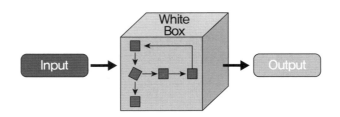

ⓛ 화이트박스 테스트의 특징
- 개발 완료된 테스트 케이스를 실행하여 소프트웨어의 커버리지 측정 가능
- 테스트 커버리지를 높이기 위해 테스트 케이스를 추가 작성하여 목표 달성 가능

ⓒ 화이트박스 테스트의 유형

종류	설명
구문 테스팅 (Statement testing)	• 테스트 케이스가 구문을 실행하도록 설계하는 테스트 설계 기법 • 모든 소스의 구문을 커버하는 테스트 케이스를 작성(Statement coverage testing 100%)
분기 테스팅 (Branch testing) / 결정 테스팅 (Decision testing)	• 분기문을 실행하도록 테스트 케이스를 작성하는 테스트 설계 기법 • 컴포넌트나 시스템 안에 포함된 분기점의 참과 거짓을 포함하는 모든 분기를 적어도 한 번씩 테스트하는 기법 (branch coverage testing 100%) 〈Decision Coverage〉 표 (A, B, A OR B): 1 1 1 / 1 0 1 / 0 1 1 / 0 0 0
조건 테스팅 (Condition testing)	• 조건 결과값을 테스트하도록 테스트 케이스를 작성하는 테스트 설계 기법 • 100% 조건 커버리지는 모든 결정 구문 내 각 개별 조건식(single condition)이 참과 거짓 값을 갖도록 테스트되는 것 〈Condition Coverage〉 표 (A, B, A OR B): 1 1 1 / 1 0 1 / 0 1 1 / 0 0 0
결정 조건 테스팅 (Decision condition testing)	테스트 케이스가 조건 결과값(condition outcomes)과 결정 결과값(decision outcomes) 모두를 테스트하도록 설계하는 테스트 설계 기법 〈Condition/Decision Coverage〉 표 (A, B, A OR B): 1 1 1 / 1 0 1 / 0 1 1 / 0 0 0
MCDC 테스팅 (Modified Condition/Decision Coverage testing)	테스트 케이스가 결정 결과값에 독립적으로 영향을 주는 개별 조건 결과값을 테스트하도록 설계하는 테스트 설계 기법 IF (type of car＝delivery van AND first use ≥ 1 July 2006) OR entrepreneur＝r THEN Tax liable 표: R=A(A AND B) OR C | 1 | 0 A | 1 1 0 | 0 1 0 B | 1 1 0 | 1 0 0 C | 1 0 1 | 1 0 0
다중 조건 테스팅 (Multiple condition testing)	(한 개의 구문 내에서) 테스트 케이스가 개별 조건식 결과값의 모든 조합을 수행하도록 설계하는 테스트 설계 기법 〈Multiple Condition Coverage〉 표 (A, B, A OR B): 1 1 1 / 1 0 1 / 0 1 1 / 0 0 0

기본 경로 테스팅
(Basis path
testing)
	• 소스 코드의 순환 복잡도(CC, Cyclomatic Complexity)를 기반으로 기본 경로를 도출하여 테스트 케이스 작성
	• 기본 경로의 수 = 순환 복잡도
	  – 공식1 : 영역의 개수
	  – 공식2 : Edge의 수 - Node의 수 + 2
	  – 분기 노드의 개수 + 1 ← 가장 구하기 쉬움

경로 테스팅 (Path testing)	• 실행 경로를 수행하도록 테스트 케이스를 설계하는 테스트 설계 기법 • 컴포넌트나 시스템에 존재하는 모든 경로를 유한 클래스의 집합으로 구분한 후, 시스템에 내재하는 논리적인 경로를 한 번 이상 수행하여 테스트하는 기법(path coverage test)
제어 흐름 테스팅 (Control flow testing)	• 컴포넌트나 시스템의 동적 이벤트 흐름(제어 경로)을 기반으로 테스트 경로를 도출하여 테스트 케이스를 설계하는 테스트 설계 기법 • 테스트 강도의 조절이 가능함 Test Path : 1,2,3,4 or 1,2,4
데이터 흐름 테스팅 (Data flow testing)	테스트 케이스가 변수들의 정의-사용 쌍(definition-use pairs)을 이행하도록 설계하는 테스트 설계 기법
루프 테스팅 (Loop testing)	• 루프 구조의 검증에 집중하는 테스트 설계 기법 • 루프 구조의 초기화 문제, 루프 반복(인덱스 증가) 이슈, 루프의 병목 현상, 루프 종료 기준 확인 등의 목적으로 수행함

② **블랙박스 테스트**

　㉠ 블랙박스 테스트의 정의

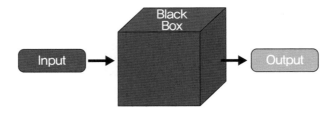

• 프로그램 구조를 고려하지 않고 시스템의 명세서를 기반으로 테스트 케이스를 설계하여 테스트하는 기법
• 주어진 명세(일반적으로 개발 설계 모델 형태)를 바탕으로 테스트 케이스를 도출하는 것을 의미하며, 해당 테스트 케이스를 실행해 중요한 결함이 없음을 보장

ⓛ 블랙박스 테스트의 특징

특징	설명
블랙박스 테스트	시스템 내부를 참조하지 않고 테스트 수행
데이터 중식	입출력 데이터에 초점
테스트 케이스 도출	초기 테스트 설계 적용으로 테스트 케이스 도출 가능

ⓒ 블랙박스 테스트의 유형

기법	구분	설명
동등 분할 기법 (Equivalence Partitioning)	정의	입력 정보를 유사한 특징을 가진 클래스로 분류하고, 각 클래스의 대표 테스트 케이스를 작성하는 방법
	특징	• 각 클래스는 유한개의 상호 독립적인 집합으로 분리함 • 동일한 입력에 대해서는 항상 동일한 결과를 가져오도록 클래스 구분 • 출력 결과에 대해서도 동등 분할하여 모든 결과가 포함되도록 테스트 케이스에 추가
경계값 분석 (Boundary Value Analysis)	정의	입력 조건의 중간값보다 경계값에서 에러가 발생될 확률이 높다는 점을 이용하여 이를 실행하는 테스트 케이스를 만드는 방법
	특징	• 경계치에 치중하여 출력 유형도 고려하는 특성 • 동등 분할 후 분할된 클래스의 경계값에 근거하여 테스트 케이스 작성 예 X값이 0~100 사이여야 한다면 (X=0), (X=100), (X=0.01), (X=100.01)을 시험 사례 유형으로 적용
원인-결과 그래프 (Cause Effect Graph)	정의	입력 데이터 간의 관계가 출력에 미치는 영향을 그래프로 표현하여 오류를 발견하도록 함
	테스트 순서	• 프로그램의 외부 명세를 기능적으로 분할 • 입력 조건(원인)과 출력 조건(결과)로 나누어 열거 후 일련번호를 붙임 • 원인-결과 그래프 기술
상태 전이 테스팅 (State transition testing)	정의	상태 전이 다이어그램(State Machine) 기반으로 상태-이벤트 기반의 시스템 동작을 확인하는 테스트 방법
	특징	• 상태 전이 테스팅 기법은 이벤트, 액션, 활동, 상태, 상태 전이 사이의 관계를 검증하는 테스팅 기법 • Embedded 소프트웨어 테스트 시 유용함
결정 테이블 테스팅 (Decision Table Testing)	정의	명세서가 논리적인 관계(binary, if ~ then)를 가지고 있는 경우, 테스트 대상을 조건(원인)과 결과로 구분하여 테스트 조건들 간의 조합 관계를 고려하여 테스트 케이스를 작성하는 기법
	특징	주요한 의사 결정 요소들을 표로 만들고, 요소들 간의 결합에 의한 Test Case 설계, 각 의사 결정 요소들의 조합을 통해 다양한 형태의 Test Scenario를 도출
페어와이즈 테스팅 (Pairwise Testing)	정의	입력 데이터의 각 파라미터의 값들이 다른 파라미터의 값과 최소 한 번씩은 조합을 이루도록 구성하여 테스트하는 방법
	특징	• 조합 테스팅 기법의 하나로 테스트 조합의 개수를 보장성 있게 줄일 수 있음 • 대부분 결함이 2개의 요소(Pair)의 상호 작용에 기인한다는 것에 착안 • 모든 조합을 포함하지 않으므로 결함을 찾지 못하는 경우 발생 가능 • 조합 생성 결과의 수동 리뷰 및 경험적으로 중요하다고 판단하는 조합의 보완이 필요함 • 페어와이즈 조합 생성 도구를 사용하여 작성함(오픈 소스, 유료)
유스케이스 테스팅 (Use Case Testing)	정의	유스케이스 명세서를 기반으로 테스트 시나리오를 구성하여 테스트하는 방법
	특징	• 고객의 기능적 요구사항대로 시스템이 개발되었는지 검증 가능 • 이벤트 흐름의 기본 경로와 대체 경로를 기반으로 테스트 케이스를 작성 • 개발 초기부터 테스트 케이스 작성 가능

4 프로젝트 관리

프로젝트란 유일한 제품, 결과, 서비스를 생산하기 위해 수행되는 일시적인 노력[PMBoK]

1. 프로젝트 관리(Project Management)

(1) 프로젝트 관리(Project Management)의 개요

① 프로젝트 관리(Project Management)의 정의 : 프로젝트를 성공적으로 관리하는 데 필수적인 일정, 조직, 인력, 지휘, 통제를 제공하는 절차와 실행 기술/지식 등의 체계

② 프로젝트 관리(Project Management)의 관리 프로세스

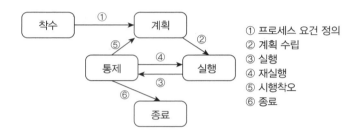

① 프로세스 요건 정의
② 계획 수립
③ 실행
④ 재실행
⑤ 시행착오
⑥ 종료

단계	내용
착수 단계	프로젝트나 프로젝트 단계를 정의
계획 단계	• 목표를 정의하고 수정·보완하며, 프로젝트가 수행해야 할 목표 및 범위를 달성하기 위해 필요한 활동 및 지침을 계획 • 범위 정의, 활동 정의, 원가 설정, 예산, 품질, 조직, 인적 자원계획 등에 관련된 계획
실행 단계	프로젝트에 소요되는 인력과 자원을 갖추고 프로젝트 관리계획을 수행
통제 단계	• 프로젝트의 진행을 정기적으로 측정하고 감시하여 프로젝트 관리 계획과의 차이를 식별 • 프로젝트 목표를 달성하는데 필요하면 시정 조치를 할 수 있도록 강제할 수 있음
종료 단계	• 제품, 서비스 또는 결과물을 공식화하고 프로젝트 또는 프로젝트 단계를 순서에 따라 종료 • 현장종료 : 프로젝트 종료를 위한 업무 수행 • 계약종료 : 공급자의 계약을 종료

③ 프로젝트 관리(Project Management)의 영역

관리 분야	관리 내용	기법
프로젝트 통합관리 (Integration)	여러 관리 분야의 계획과 활동이 유기적으로 결합되도록 조정하고 총괄 관리하는 기능	변경통제, 차터
프로젝트 범위관리 (Scope)	프로젝트의 기획, 업무범위의 설정 및 승인을 받아 프로젝트의 목표에 맞도록 관리하는 기능(WBS 생산)	WBS
프로젝트 일정관리 (Time)	프로젝트를 단위작업으로 분할한 후 각 단위 작업 별로 일정을 메기고 관리하는 기능	PERT/CPM, 마일스톤

프로젝트 비용관리 (Cost)	프로젝트 수행에 필요한 비용을 각 작업단위 별로 할당하고 부대비용(간접비) 및 직접재료비를 관리하는 기능	EVM
프로젝트 품질관리 (Quality)	SW 생명주기 과정에서 발행하는 산출물이 요구사항을 충족시키도록 기준을 설정하고 적합성 여부를 관리	형상관리
인적자원관리 (Human Resource)	프로젝트 수행요원들의 활동을 조직하고 조정	조직도
프로젝트 의사소통 관리 (Communication)	프로젝트의 이해당사자(Stakeholder) 간에 효율적인 정보전달체계를 계획, 조직, 관리하는 기능	보고, 회의, 메일
프로젝트 리스크 관리 (Risk)	프로젝트 수행과정에서 일어날 수 있는 위험요인을 발견하고 분석하여 대책을 수립하는 기능	위험관리기법
이해관계자 관리 (Stakeholder)	프로젝트에 영향을 주거나 받을 수 있는 사람, 그룹, 조직을 식별하고 이해관계자의 기대사항과 영향력을 파악하며 프로젝트의 의사결정과 실행에 영향력 있는 이해관계자에 대한 관리전략을 포함한 프로세스	이해관계자 관리계획

2. 주공정법(CPM, Critical Path Method)

(1) CPM(Critical Path Method)의 개요

① CPM(Critical Path Method)의 정의

ㄱ 프로젝트의 최소 기간을 결정하는 데 사용되는 일정 네트워크 기법으로 활동 간의 선후관계, 추정기간을 반영하여 각 활동의 착수 예정일과 종료 예정일을 계산하는 기법

ㄴ 일정 모델의 논리 네트워크 경로에서 일정계획에 유연성이 허용되는 기간을 설정하고 프로젝트 최소 기간을 산정하는 데 사용되는 방법 : 모든 자원 제한사항을 배제하고 일정 네트워크상에서 전진계산과 후진계산 분석을 수행하여 빠른 개시일(ES)과 빠른 종료일(EF), 늦은 개시일(LS)과 늦은 종료일(LF)을 계산

② 전진계산과 후진계산

ㄱ 전진계산

- 프로젝트 시작일을 기준으로 작업의 기간, 작업 간의 연관관계를 통해 예상 종료일을 도출해내는 방식으로, 빠른 개시일(ES), 빠른 종료일(EF)을 산출
- 모든 활동은 자신이 시작할 수 있는 가장 빠른 날짜에 시작하고 가장 빠른 날짜에 종료하는 ASAPs 속성을 가짐

ㄴ 후진계산

- 프로젝트 시작일을 기준으로 작업의 기간, 작업 간의 연관관계를 통해 시작일을 도출해내는 방식으로, 늦은 개시일(LS), 늦은 종료일(LF)을 산출
- 전체 납기를 준수하기 위해 프로젝트 종료일로부터 거꾸로 계산하여 APAP 속성을 가짐

③ **활동일자 유형 및 표기방법**

㉠ 활동일자 유형

일자유형	설명
빠른 개시일 (ES, Early Start Date)	주어진 활동을 가장 먼저 시작하는 날
빠른 종료일 (EF, Early Finish Date)	주어진 활동이 가장 빨리 끝날 수 있는 날
늦은 개시일 (LS, Late Start Date)	주어진 활동이 프로젝트 종료일에 영향을 주지 않으면서 가장 늦게 시작해도 되는 날
늦은 종료일 (LF, Late Finish Date)	주어진 활동일 프로젝트 종료일에 영향을 주기 않으면서 가장 늦게 종료할 수 있는 날

㉡ 활동표기 방법 : 중앙에는 작업이름을 표시하고 중앙상단에는 기간, 좌측 상단에는 빠른 개시일(ES), 우측 상단에는 빠른 종료일(EF)을 표시하고 좌측 하단에는 늦은 개시일(LS), 우측 하단에는 늦은 종료일(LF), 중앙 하단에는 여유시간을 기록하는 표기법

ES	기간	EF
활동이름		
LS	여유시간	LF

④ **여유시간 및 예제**

㉠ 여유시간(Float)

- 플롯은 프로젝트 납기에 영향을 주지 않고 해당 활동이 가지는 여유시간으로 LS-ES 또는 LF-EF로 계산하여 구함
- 주공정(Critical Path)은 플롯이 0인 활동을 연결한 경로로 주공정상의 활동은 플롯이 0이기 때문에 활동이 지연되면 프로젝트 전체 종료일이 지연되어 반드시 관리해야 함

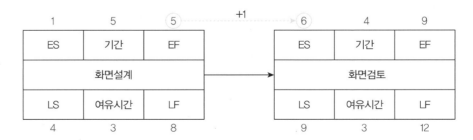

㉡ CPM 예제 : Total Float은 6, Free Float은 0이고 C 활동이 1일 지연되면 F의 ES는 5에서 6이 되지만 전체 수행기간 13일은 변하지 않음

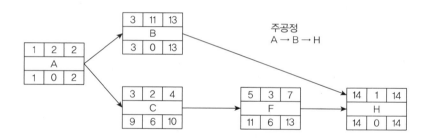

주공정
A → B → H

3. 기능점수(Function Point)

(1) 소프트웨어 기능점수의 개요

① 소프트웨어 기능점수의 정의

㉠ 소프트웨어 크기를 결정하는 소프트웨어 기능 유형별 수량과 성능 및 품질 요인들의 영향도를 고려하여 계산되는 SW 규모 산정 방식

㉡ 정보처리의 규모와 기능의 복잡도 요인에 의거한 SW 규모 산정 방법으로 개발자 중심의 물리적 접근 방식에서 벗어나, 사용자 관점에서 소프트웨어 규모 측정 모델

② 소프트웨어 기능점수의 등장배경

등장배경	설명
추정의 어려움	소프트웨어 개발 초기에 프로그램 LOC를 추정하기 어려움
환경의 영향	동일한 기능을 하는 소프트웨어라도 개발 언어에 따라 소프트웨어 라인 수는 크게 다른 문제 발생
파라메터 영향	기능은 동일하여도 3단계 CS 방식, 1단계 CS 방식, 웹 환경 등에 따라 비용 산정의 어려움

③ 소프트웨어 기능점수의 장점 및 단점

㉠ 소프트웨어 기능점수의 장점

장점	설명
사용자 요구사항 기반	사용자의 요구사항만으로 기능을 추출하여 측정. 구현 기술, 구현 언어, 개발도구, 개발자의 능력과 상관없이 규모를 일관성 있게 제공
객관적 요구사항만으로 측정	개발방법이나 개발 팀과 무관하므로 소프트웨어 규모 산정에 일관성 제공
모든 개발 단계에서 사용	계획 단계뿐만 아니라 분석, 설계, 구현 단계에서도 사용할 수 있고 단계가 진행됨에 따라 더 정확한 기능점수 산정 가능

㉡ 소프트웨어 기능점수의 단점

단점	설명
높은 분석 능력 요구	요구 사항으로부터 기능을 도출하려면 상당한 분석 능력이 요구
FP 전문가 필요	기능점수를 잘 사용할 수 있는 기능점수 전문가 필요
내부 로직 위주 소프트웨어 부적합	사용자가 알 수 있는 기능으로 측정하기 때문에 내부 로직 위주의 소프트웨어를 측정하는 데는 다소 부적합
개발 규모 측정에만 적합	실제 개발 공수를 직접 나타내는 것은 아니기 때문에 개발 규모를 예측하는 데만 적합

(2) 기능점수 구성요소 및 산정방법

① 기능점수 구성요소

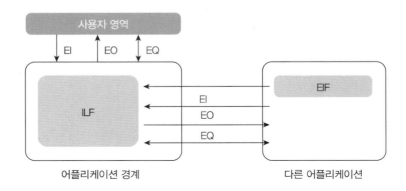

어플리케이션 경계   다른 어플리케이션

유형	기능	설명
트랜잭션 기능	외부입력(EI)	• 외부 입력값(입력 트랜잭션, 입력 화면) • 어플리케이션 외부로부터 데이터 또는 제어 정보를 받아들여, 내부논리 파일의 유지(추가/수정/삭제 등)나, 어플리케이션의 상태에 변경을 요구하는 단위 프로세스
	외부 출력(EO)	• 외부 출력값(출력 트랜잭션, 출력보고서) • 어플리케이션 내부에서 데이터 또는 제어 정보를 경계 밖으로 내보낼 것을 요구하는 단위 프로세스
	외부 조회(EQ)	• External inQuery. 데이터 가공 없는 입출력 • 어플리케이션 내부에서 데이터 또는 제어 정보를 경계 밖으로 내보낼 것을 요구하는 단위 프로세스
데이터 기능	내부논리 파일(ILF)	측정 범위 내에서 유지되는 논리적 데이터 그룹 또는 제어 정보(Control Information)
	외부연계 파일(EIF)	• 측정 시스템 참조 데이터 집합 • 측정범위 밖의 다른 어플리케이션에서 참조하는 논리적 데이터 그룹 또는 제어 정보 (단, 다른 어플리케이션에서 내에서 반드시 ILF로 유지)

② **기능점수 산정방법** : SW 사업 대가 산정에서 제시하는 기능점수 산정 방법은 정규법과 간이법 2가지로 구분됨

소프트웨어 개발 생명주기에서 설계 단계 이후에 사용하면 유용
소프트웨어 기능을 도출한 각 기능의 유형별 복잡도를 구해
정확한 기능점수 산정

기획 및 발주 단계에서 사용할 수 있으며 소프트웨어 기능을 도출
한 후 각 기능에 평균 복잡도를 적용하여 기능점수를 산정

구분	정규법	간이법
개념	논리적인 설계를 바탕으로 각 기능의 속성을 정의하여 기능별 복잡도 매트릭에 의한 기능점수 산정 방식	개략적 사용자 요구사항 바탕 기능 점수를 도출하여 평균 복잡도에 의한 기능점수 산정 방식
적용시점	• 개발요건 및 요건별 상세 설계 정보가 제공되는 시점 • 일반적으로 설계 공정 이후부터 폐기까지 적용	개발요건만 정의되면 예산수립, 사업발주, 개발, 운영 및 유지보수, 폐기까지 모든 단계에서 적용 가능
사용목적	SW 분석/설계, 개발, 유지보수 범위, 일정 및 원가 산정	예산수립, 제안서견적 및 계약 SW 사업대가 산정
측정항목	• 데이터 기능 및 DET, RET수 도출 • 트랜잭션 기능 및 DET, FTR 식별	데이터 기능, 트랜잭션 기능
복잡도	기능별 복잡도 매트릭(Low, Average, High)	평균 복잡도

(3) 기능점수 프로세스 및 상세활동

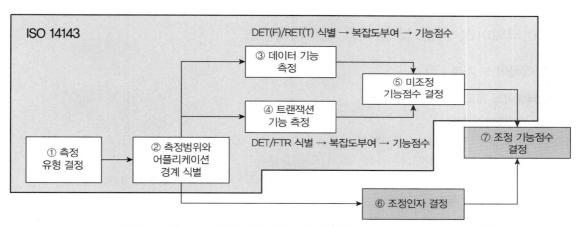

보정계수 : 규모, 어플리케이션 유형, 언어, 품질 및 특성(분산, 성능, 신뢰성, 다수 사이트)

① 측정유형(개발, 개선, 어플리케이션) 결정
② 개발하려는 소프트웨어의 측정범위와 어플리케이션 경계 설정
③ **데이터 기능점수 계산** : 데이터 기능(ILF, EIF) 도출 → 도출된 데이터 기능의 개수 × 복잡도 가중치
④ **트랜잭션 기능점수 계산** : 트랜잭션 기능(EI, EO, EQ) 도출 → 도출된 트랜잭션 기능의 개수 × 복잡도 가중치
⑤ **보정 전 개발 원가 계산** : (데이터 기능점수 + 트랜잭션 기능점수) × 기능점수당 단가
⑥ **보정 후 개발 원가 계산** : 보정 전 개발 원가 × 4가지 보정계수(규모, 어플리케이션 유형, 언어, 품질 및 특성)

데이터베이스론

데이터베이스란 다수 사용자의 정보 요구사항을 충족시키기 위하여, 서로 관계 있는 데이터를 최소한의 중복으로 통합해 놓은 데이터의 집합체로 특정 조직의 여러 사용자가 공유하여 사용할 수 있도록 통합해서 저장한 운영 데이터의 집합이다.

1 데이터베이스 기본 및 관계형 데이터베이스

1. 데이터베이스 기본

(1) 데이터베이스 개요

① 데이터베이스 정의

㉠ 다수 사용자의 정보 요구사항을 충족시키기 위하여 서로 관계있는 데이터를 최소한의 중복으로 통합해 놓은 데이터의 집합체

㉡ 특정 조직의 여러 사용자가 공유하여 사용할 수 있도록 통합해서 저장한 운영 데이터의 집합

② 데이터베이스의 특징

특징	설명
실시간 접근(real-time accessibility)	• 수시적이고 비정형적인 질의(query)에 대하여 실시간 응답 • 사용자의 데이터 요구에 실시간으로 응답
계속적인 변화(continuous evolution)	새로운 데이터의 삽입, 기존 데이터의 삭제, 갱신으로 항상 그 내용이 변할 뿐만 아니라 이러한 변화 속에 항상 현재의 정확한 데이터 유지
동시 공유(concurrent sharing)	여러 사용자가 동시에 원하는 데이터에 접근하여 이용할 수 있어야 하고 동일한 내용의 데이터를 여러 사람이 동시에 공용할 수 있도록 지원
내용기반 참조(contents reference)	데이터 레코드들의 주소나 위치에 의해서가 아니라 사용자가 요구하는 데이터의 내용, 즉 값(Value)에 따라 참조

③ 데이터베이스의 장점

장점	설명
중복성 감소	개별적 파일이 갖는 중복성을 데이터베이스를 통해 감소시켜 기억장소 감소와 전반적 통제권 강화의 효과를 가져올 수 있음
데이터 공유	응용 프로그램이 처리하기 위한 데이터가 서로 공유되어 제공받을 수 있는 환경 제공
표준화	데이터베이스를 중앙에 통제함으로써 데이터를 표현하는 데 모든 적용 가능한 표준을 확립할 수 있음
무결성	• 데이터베이스에 데이터가 정확하다는 것을 보증하는 것 • 데이터베이스 중앙통제를 통해 무결성 통제를 한층 더 쉽게 할 수 있음
불일치 최소화	데이터 수정이 필요한 경우 한 번에 일관성 있는 수정이 가능하게 해 줌

(2) 데이터 독립성

① 데이터 독립성(Data Independency)의 정의

㉠ 데이터베이스 내의 데이터와 이들을 사용하는 응용 프로그램 및 저장구조가 서로 영향을 받지 않는 성질

㉡ 데이터의 논리적 구조나 물리적 구조가 변경되더라도 응용 프로그램이 영향을 받지 않도록 하는 데이터베이스 성질

② 데이터 독립성(Data Independency)의 종류

종류	설명	사례
논리적 데이터 독립성	• 개념 스키마가 변경되더라도 외부 스키마에 영향을 주지 않음 • 외부 스키마가 변경되더라도 개념 스키마에는 영향을 주지 않음	UI의 변경은 Entity 또는 Table의 구조에 영향을 미치지 않음(이미 관리되고 있는 속성의 경우)
물리적 데이터 독립성	• 내부 스키마가 변경되더라도 개념 스키마에 영향을 주지 않음 • 개념 스키마가 변경되더라도 내부 스키마에는 영향을 주지 않음	Table이 저장되는 Disk를 HDD1에서 HDD2로 변경하는 경우 Table의 구조와 활용 방법에 영향을 미치지 않음

③ 데이터 구조 간의 사상과 데이터 독립성

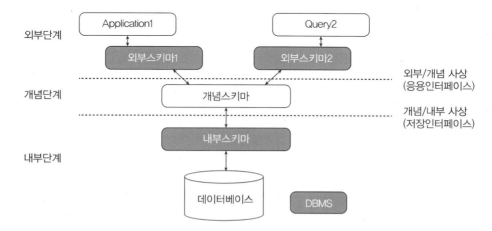

논리적 구조 사상은 논리적 데이터 독립성을 지원하고, 물리적 구조 사상은 물리적 데이터 독립성을 지원

사상	설명
외부/개념 사상(External/Conceptual schema)	• 특정 외부 스키마와 개념 스키마 간 대응 관계 정의 • 응용인터페이스라 하고 개념 스키마의 어떤 개체의 변경이나 삭제가 되어도 실제 이용하지 않은 외부 스키마에는 영향이 없도록 정의하여 논리적 독립성의 제공해 줌
개념/내부 사상(Conceptual/Internal schema)	• 개념 스키마와 내부 스키마 간 대응관계를 정의 • 저장인터페이스라 하고 개체 간의 각 속성이 내부 필드와 어떻게 대응 되는가를 정의. 내부 스키마 변경 시 개념/내부 사상만 정확히 변경시켜주면 개념 스키마는 영향이 없도록 정의하여 물리적 독립성을 제공

(3) 데이터 무결성(Data Integrity)

① 데이터 무결성(Data Integrity)의 정의

ⓖ 데이터의 중복이나 누락이 없는 정확성과 원인과 결과 의미의 연속성이 보장되는 일관성이 확보된 상태

ⓛ 허가를 받은 사용자가 수행하는 모든 작업에 있어 데이터베이스에 저장된 데이터의 일관성(Consistency) 과 정확성(Correctness)을 유지하기 위한 데이터베이스 성질

ⓒ 인가되지 않은 무효 갱신으로부터 데이터를 안전하게 보호하기 위한 DB설계 규칙

② 데이터 무결성(Data Integrity)의 필요성

ⓖ 데이터의 정확성 확보로 신뢰할 수 있는 정보 제공 가능

ⓛ 데이터의 일관성 유지를 통해 자료의 효율적인 관리 가능

ⓒ 사용자 및 어플리케이션 개발자들의 생산성 향상

ⓔ 데이터 무결성 규칙의 강제로 약간의 성능 저하를 가져 오지만 데이터 신뢰도 증가

③ 데이터 무결성(Data Integrity)의 종류

무결성	설명	제약조건 예
개체 무결성 (Entity Integrity)	• 기본키는 반드시 값을 가져야 함 • 기본키는 유일성을 보장하는 최소한의 집합	Primary Key, NOT NULL
참조 무결성 (Referential Integrity)	• 외래키 속성은 참조할 수 없는 값을 지닐 수 없음 • 외래키 값은 그 외래키가 기본키로 사용된 릴레이션의 기본키 값이거나 NULL만 허용	Foreign Key
속성 무결성 (Attribute Integrity)	컬럼은 지정된 데이터 형식을 반드시 만족하는 값만 포함	Character, Date, LONG 등
키 무결성 (Key Integrity)	한 릴레이션에 같은 키값을 가진 투플들은 허용 안 됨	Primary Key + Unique Index
사용자 정의 무결성 (User Define Integrity)	모든 데이터는 업무 규칙(Business Rule)을 준수해야 함	Trigger, CHECK, DEFAULT Value
도메인 무결성 (Domain Integrity)	특정 속성값이 미리 정의된 도메인 범위에 속해야 함	CHECK, Default

2. 관계형 데이터베이스

(1) 릴레이션(Relation)

① **정의** : 하나의 개체에 관한 데이터를 2차원 테이블의 구조로 저장한 것으로 파일 관리 시스템 관점에 파일(File)에 대응되는 개념

② **릴레이션의 특성**

특성	설명
투플의 유일성	하나의 릴레이션에는 동일한 투플이 존재할 수 없음
투플의 무순서	하나의 릴레이션에서 투플 사이의 순서는 무의미
속성의 무순서	하나의 릴레이션에서 속성 사이의 순서는 무의미 함
속성의 원자성	속성 값으로 원자 값만 사용 가능

③ **릴레이션의 스키마(Relation)와 인스턴스(Instance)**

　㉠ 릴레이션 스키마(Relation)

　　• 릴레이션의 논리적 구조로 릴레이션의 이름과 릴레이션에 포함된 모든 속성 이름으로 정의

　　• 릴레이션을 내포(Relation intension)라고 하기도 하고 정적인 특징을 포함

　㉡ 릴레이션 인스턴스(Relation Instance)

　　• 어느 한 시점의 릴레이션에 존재하는 투플들의 집합으로 릴레이션 외연(relation extension)이라하며 동적인 특징을 가짐

(2) 데이터베이스 키(Database Key)

① **데이터베이스 키(Database Key)의 정의**

　㉠ 릴레이션에서 투플을 유일하게 구별하는 속성 또는 속성들의 집합

　㉡ 릴레이션은 중복된 투플을 허용하지 않기 때문에 각 투플에 포함된 속성 중 하나는 반드시 값이 달라야 함

　㉢ 키가 되는 속성은 반드시 값이 달라 투플들을 서로 구별을 할 수 있어야 함

② 데이터베이스 키(Database Key)의 특성

특성	설명
유일성(uniqueness)	하나의 릴레이션에서 모든 투플은 서로 다른 키값을 가져야 함
최소성(minimality)	꼭 필요한 최소한의 속성들로만 키를 구성

③ 데이터베이스 키(Database Key)의 종류

종류	설명
수퍼키(super key)	• 투플을 유일하게 식별할 수 있는 하나의 속성 혹은 속성의 집합 • 유일성은 만족하나 최소성을 만족하지 않는 키
후보키(candidate key)	• 투플을 유일하게 식별할 수 있는 속성의 최소 집합 • 키의 특성인 유일성과 최소성(Not Null)을 만족하는 키
기본키(primary key)	• 여러 개의 후보키 중에서 하나를 선정하여 테이블을 대표하는 키 • 후보키가 여러 개라면 릴레이션의 특성을 반영하여 하나를 선택
대체키(alternate key)	• 여러 개의 후보키 중에서 기본키로 선정되고 남은 나머지 키 • 기본키를 대체할 수 있는 키
외래키(Foreign Key)	다른 릴레이션의 기본키를 참조하는 속성 또는 속성들의 집합

④ 데이터베이스 키(Database Key)의 포함관계

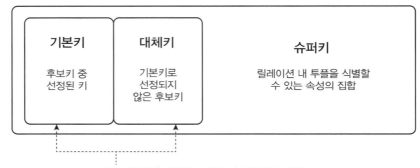

후보키(투플을 식별할 수 있는 속성의 최소 집합)

(3) 관계대수(Relational algebra)

① 관계대수(Relational algebra) 정의

릴레이션에서 원하는 결과를 얻기 위해 수학의 대수와 같은 연산을 이용하여 질의하는 방법을 기술하는 언어

② 관계대수(Relational algebra) 연산자

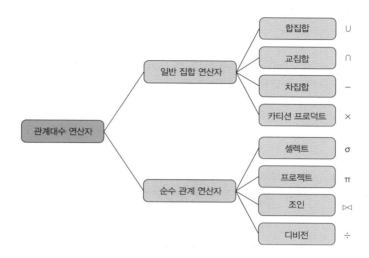

㉠ 일반 집합 연산자

연산자	설명
합집합 (UNION, ∪)	이항 연산으로 관계성이 있는 두 개의 릴레이션을 합집합하여 하나의 릴레이션을 만들어 내는 연산
교집합 (INTERSECT, ∩)	이항 연산으로 관계성이 있는 두 개의 릴레이션에서 중복되어 있는 내용을 선택하여 새로운 릴레이션을 만들어 내는 연산
차집합 (DIFFERENCE, −)	이항 연산으로 관계성이 있는 두 개의 릴레이션이 있을 때 그중 하나의 릴레이션에서 또 다른 릴레이션의 내용과 겹치는 내용을 제거해서 새로운 릴레이션을 생성하는 연산
카티션 프로덕트 (CARTESIAN PRODUCT, X)	이항 연산으로 두 릴레이션의 현재 투플로 구성 가능한 모든 조합을 만드는 연산 • 결과 릴레이션의 차수 = R의 차수 + S의 차수 • 결과 릴레이션의 카디널리티 = R의 카디널리티 * S의 카디널리티

㉡ 순수 관계 연산자

연사자	설명
셀렉트 (SELECT, s)	• 단항 연산으로 릴레이션에서 조건에 맞는 레코드를 분리해내는 연산 • 하나의 릴레이션에서 수평적 부분집합을 취하는 방법
프로젝트 (PROJECT, ℘)	• 단항 연산으로 릴레이션에서 참조하고자 하는 어트리뷰트를 선택하여 분리해 내는 연산 • 하나의 릴레이션에서 수직적 부분집합을 취하는 방법 • 결과에서 중복된 투플은 제거됨
조인 (JOIN, ⋈)	두 개 이상의 릴레이션에서 조건에 맞는 투플이나 어트리뷰트를 조합하여 새로운 릴레이션을 생성하는 연산 • 세타조인 : =, ◇, 〉, 〉=, 〈, 〈= • 동일조인(Equi-Join) : =, 중복속성 허용 • 자연조인(Natural Join) : =, 중복속성 제거
디비전 (DIVISION, ÷)	두 개의 릴레이션 A와 B가 있을 때 B 릴레이션의 모든 조건을 만족하는 경우의 투플들을 릴레이션 A에서 분리해 내어 프로젝션하는 연산

③ 관계대수 질의의 사례

㉠ 셀렉션, 프로젝션

> [질의] 2번 부서나 3번 부서에 근무하는 모든 사원들의 이름과 급여를 조회하라.
>   EMPLOYEE(EMPNO, EMPNAME, TITLE, MANAGER, SALARY, DNO)
>   DEPARTMENT(DEPTNO, DEPTNAME, FLOOR)
> [관계대수] πEMPNAME, SALARY(σDNO=2 OR DNO=3(EMPLOYEE))

㉡ 셀렉션, 프로젝션, 조인

> [질의] 개발 부서에서 근무하는 모든 사원들의 이름을 검색하여라.
> [관계대수] πEMPNAME(EMPLOYEE ⋈ DNO=DEPTNO (σDEPTNAME='개발'(DEPARTMENT)))

④ 관계대수의 한계

㉠ 관계대수는 산술연산을 할 수 없음

㉡ 집단 함수(aggregate function)를 지원하지 않음

㉢ 정렬을 나타낼 수 없음

㉣ 데이터베이스를 수정할 수 없음

㉤ 프로젝션 연산의 결과에 중복된 투플을 나타내는 것이 필요할 때가 있는데 이를 명시하지 못함

2 데이터 모델링

1. 데이터 모델링의 개요

(1) 데이터 모델링의 정의

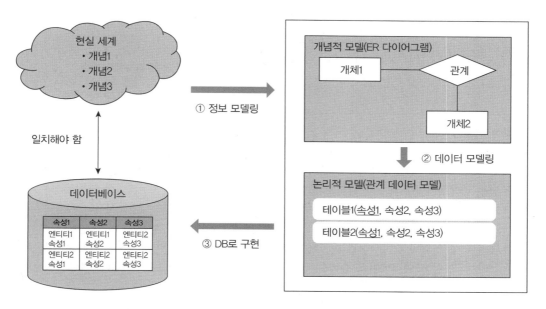

① 데이터베이스 설계 과정에서의 핵심 기법으로 사용자 요구 사항을 분석하고 필요한 데이터 요소를 도출하여 적절한 데이터 구조를 정의

② 업무 프로세스를 추상화하여 데이터베이스의 데이터로 표현하기 위한 설계 과정

(2) 데이터 모델링 3단계

① 개념적 모델링

 ㉠ 개념적 모델링의 정의

  • 주제영역과 핵심 데이터 집합, 데이터 집합 간의 관계를 정의하는 개략적 데이터 설계 작업

  • DBMS 클래스나 특정 DBMS와 독립적인 개념적 스키마를 기술하는 과정

 ㉡ 개념적 모델링 절차

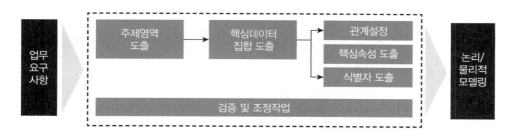

절차	설명	기법
주제영역 선정	• 하위 주제 영역 또는 데이터 집합들로 구성 • 업무 기능과 대응	상향식, 하향식, Inside-out, 혼합식 설계방식
핵심데이터 집합 선정 (Entity)	데이터의 보관 단위로써 주제영역에서 중심이 되는 데이터 집합을 정의	독립중심, 의존중심, 의존특성, 의존연관데이터
관계 설정 (Cardinality)	업무적 연관성에 따라 개체 간 갖는 relationship 설정	1:1, 1:N, M:N, 순환관계
핵심속성 정의 (Attribute)	데이터 집합의 특성을 나타내는 항목	원자단위검증, 유일값 존재검증, 가공값 유무판단, 관리수준 상세화 판단
식별자 정의 (Identifier)	데이터 집합을 유일하게 식별해 주는 속성 (PK로 구현)	PK, CK, AK, FK로 구분

② **논리적 모델링**

㉠ 논리적 모델링의 정의
- 업무의 모습을 사람이 이해하기 쉽게 표현함
- 업무 중심적이면서 데이터 관점의 모델링
- 개념적 모델링 단계에서 추출된 관계를 논리적 데이터베이스 구조로 변환시키는 과정

㉡ 논리적 모델링의 특징
- 개념적 설계 과정에서 생성된 데이터 모델을 데이터베이스 종류의 특성에 따른 논리적인 모델로 변환
- 논리설계에서 데이터베이스 종류를 관계형 데이터베이스로 설계 했다면 RDB에 부합하는 릴레이션 관계를 설정하고 정규화를 거쳐 논리 모델을 완성
- 저장구조나 인덱스 설계와 같은 물리적인 세부사항은 고려하지 않음

㉢ 논리적 모델링의 주요 Task

주요 Task		설명
속성 상세화		• 개념 데이터 모델링에서 추출된 핵심 속성 외에 필요한 모든 속성 도출 • 최소 단위까지 분할(분할 및 통합의 기준은 업무의 요구사항에 준함) • 하나의 값만(Single Value)를 가지는지 검증 • 추출 속성(Derived Attribute)아닌지 검증
개체 상세화	식별자 확정	• 엔티티를 유일하게 결정짓는 식별자를 확정함 • 각 인스턴스를 유일하게 식별하여야 하고 NULL이 될 수 없음 • 자주 변경되지 않는 것이어야 함 • 인조 식별자를 사용하는 경우에도 그 개체의 의미상의 주어가 되는 본질 식별자 구분
	정규화	• 논리적 데이터 모델을 일관성 있고 중복을 제거하여 데이터 무결성을 유지하기 위한 바람직한 자료 구조로 만들기 위한 과정 • 대체로 적절하고 일관성을 유지하면서 중복이 없는 논리 데이터 모델 도출을 위해 3차 정규형이 사용됨
	M:M 관계 해소	M:M 관계는 교차 엔티티(Interaction Entity)를 도출하여 1:M 관계로 해소
	이력관리 결정	• 이력으로 관리할 대상 엔티티 결정 • 이력관리 형태를 결정

ⓔ 논리적 모델링의 전환 과정

절차	설명
Relation 전환	개념 모델링에서의 Entity를 유일성을 보장하는 기본키를 지정하여 실제 데이터가 저장될 논리적 Relation으로 전환
Relationship(관계)	Entity 간에 연결고리를 1:1 또는 1:M 형태로 전환
정규화 수행	데이터 중복 저장, 이상 현상 방지를 위해 1NF~BCNF 정규형까지 모두 만족하는지를 검사하고, 오류 발생 시 이전 단계를 재검토
사용자 트랜잭션 검증	도출된 논리적 데이터 모델이 사용자가 원하는 트랜잭션을 모두 만족시키는지를 확인함
ERD 검증	수정 및 보완해야 될 사항에 대해서 ERD에 재반영
무결성 제약 정의	관계형 DB에서 무결성을 만족하기 위한 제약조건을 설정

③ **물리적 모델링**

ⓐ 물리적 모델링의 정의
- 논리 데이터 모델을 특정 DBMS에 맞는 물리적인 스키마를 만드는 일련의 과정
- 작성된 논리적 모델을 실제 컴퓨터의 저장 장치에 저장하기 위한 물리적 구조를 정의하고 구현하는 과정
- 테이블 관계 이외의 데이터베이스와 관련된 사항, 즉 오브젝트, 접근방법, 트랜잭션, 분석, 저장방법에 대해 설계

ⓑ 물리적 모델링의 특징
- 하나의 릴레이션이 물리적으로 하나 이상의 테이블이 될 수 있음
- 논리적 모델링을 기초로 시스템 환경(하드웨어, 운영체제, 디스크 용량, 네트워크, DBMS 제품 등)을 고려하여 성능 향상을 목적으로 물리적 모델링 수행
- 시스템 환경이 변경되면 물리적 모델링도 변경
- 성능을 고려하여 통계 테이블이 추가되거나 백업이나 복제 용도의 테이블이 추가 가능

ⓒ 물리적 모델링의 프로세스

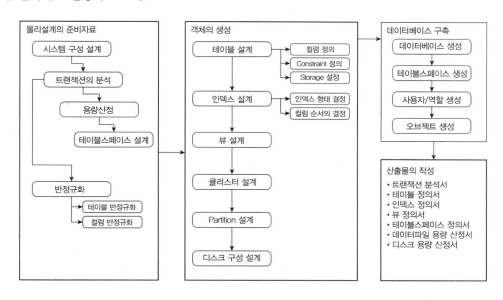

3 데이터 정규화

1. 함수적 종속성(Functional Dependency)

(1) 함수적 종속성(Functional Dependency)의 개요

① 함수적 종속성(Functional Dependency)의 정의

함수 종속성		
결정자(DETERMINANT)	→	종속자(DEPENDENT)
종속자는 근본적으로 결정자에 함수적으로 종속성을 가지고 있음		

주민등록번호 → (이름, 출생지, 주소)
이름, 출생지 주소는 주민등록번호에 함수 종속성을 가지고 있음

⊙ 데이터들이 어떤 기준값에 의해 항상 종속되는 현상

⊙ 속성집합 X의 값이 Y의 값을 유일하게 결정한다면 'Y는 X에 함수적으로 종속된다'며 X → Y로 표기

② 함수적 종속성(Functional Dependency)의 중요성

⊙ 갱신 이상과 중복을 제거하기 위해 DB 스키마를 설계하는데 있어 필수적인 제약조건

⊙ 정규화 작업 시 가장 중요한 작업으로 제2정규형에서부터 BCNF까지 적용

(2) 함수적 종속성(Functional Dependency)의 종류 및 문제점

① 함수적 종속성(Functional Dependency)의 종류

종류	설명	사례
완전함수 종속성	XY→Z일 때, X→Z와 Y→Z가 모두 성립하지 않는 경우	학번, 과목번호→성적
부분함수 종속성	• XY→Z일 때, X→Z와 Y→Z 중 하나만 성립 • 제2정규화 필요	학번→학과
이행함수 종속성	• X→Y이고, Y→Z일 때 X→Z가 성립 • 제3정규화 필요	지도교수→학과
결정자함수 종속성	• 릴레이션이 모든 결정자가 후보키인 경우 결정자함수 종속임 • BCNF 필요	교수→과목

② 함수적 종속성(Functional Dependency)의 문제점
  ㉠ 정보의 중복 발생으로 인한 이상현상(Anomaly)이 발생하며, 정보의 부정확 발생으로 분해 후 Join 시 데이터 불일치가 발생함
  ㉡ 가능한 제2정규화/제3정규화/BCNF 수행을 통하여 제거해야 함

2. 정규화(Normalization)

(1) 정규화(Normalization)의 개요

① 정규화(Normalization)의 정의
  ㉠ 이상현상을 야기하는 속성 간의 종속관계를 제거하기 위해 릴레이션을 작은 여러 릴레이션으로 무손실 분해하는 과정
  ㉡ 데이터의 이상현상(Anomaly)을 제거하기 위해 데이터의 함수적 종속성이나 조인 속성을 이용하여 분리, 통합하는 방법

② 정규화(Normalization)의 목적

목적	내용
데이터의 중복 최소화	데이터 저장공간의 최소화
이상현상(Anomaly) 발생 방지	정보의 불일치 및 손실의 위험 최소화
데이터 구조의 안정성 유지	향후 새로운 요구에 유연하게 대처
종속성 제거	데이터의 일관성과 무결성 보장

③ 정규화(Normalization)의 원칙

구분	내용
정보의 무손실	분해된 릴레이션이 표현하는 정보는 분해되기 전의 정보를 모두 포함하고 있어야 하며, 보다 더 바람직한 구조여야 함
데이터 중복성 감소	중복으로 인한 이상현상(Anomaly)의 제거
분리의 원칙	하나의 독립된 관계성은 하나의 독립된 릴레이션으로 분리하여 표현하는 것

④ 정규화(Normalization)의 절차

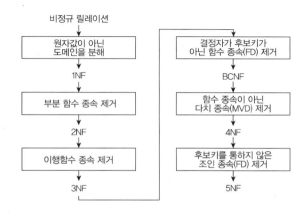

⑤ 정규화(Normalization)의 유형

구분	단계	설명
기초적 정규화	제1차 정규화(1NF)	• 반복되는 속성 제거 • 릴레이션 R에 속한 모든 도메인이 원자값(atomic value)만으로 되어 있는 경우
	제2차 정규화(2NF)	• 부분함수 종속성 제거 • 릴레이션 R이 1NF이고 릴레이션의 기본키가 아닌 속성들이 기본키에 완전히 함수적으로 종속할 경우 • 결정자가 2개 이상일 때, 2개 중에서 하나의 결정자에 의해서만 함수 종속성인 경우
	제3차 정규화(3NF)	• 이행함수 종속성 제거 • 릴레이션 R이 2NF이고 기본키가 아닌 모든 속성들이 기본키에 대하여 이행적 함수 종속성(Transitive FD)의 관계를 가지지 않는 경우, 즉 기본키 외의 속성들간에 함수적 종속적을 가지지 않는 경우 • 종속자들 간의 함수 종속성이 있는 경우
	BCNF(Boyce/Codd NF)	• 결정자함수 종속성 제거 • 릴레이션 R의 모든 결정자가 후보키일 경우 • 결정자들 간의 함수적 종속이 있는 경우
진보적 정규화	제4차 정규화(4NF)	• 다중값 종속성 제거 • 릴레이션 R에 MVD A→B가 존재할 때 R의 모든 어트리뷰트들이 A에 함수종속(즉, R의 모든 어트리뷰트 X에 대해 A→X이고 A가 후보키)이면 릴레이션 R은 제4정규형(4NF)에 속함 • BCNF를 만족시키면서 다중값 종속을 포함하지 않는 경우
	제5차 정규화(5NF)	• 결합 종속성 제거 • 릴레이션 R에 존재하는 모든 조인 종속(JD)이 릴레이션 R의 후보키를 통해서만 성립된다면 릴레이션 R은 제5정규형(5NF) 또는 PJ/NF(Project-Join Normal Form)에 속한다. • 4NF를 만족시키면서 후보키를 통해서만 조인 종속이 성립되는 경우

2. 정규형(Normal Form)

(1) 릴레이션이 정규화된 정도로 각 정규형마다 제약 조건이 존재

(2) 정규형의 차수가 높아질수록 요구되는 제약 조건이 많아지고 엄격해짐

(3) 예를 들어 제2정규화과정이 완료되면 제2정규형이 됨

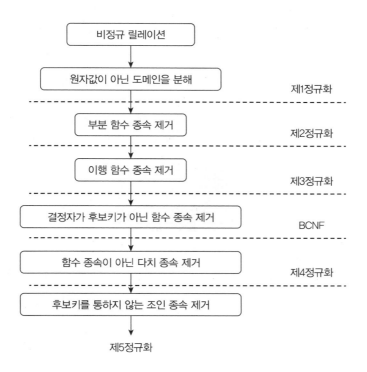

3. 정규화의 고려사항

(1) 정규화의 문제점

① 빈번한 Join 연산의 증가로 시스템 성능 저하
② 부자연스러운 DB Semantic 초래
③ 조회/검색 위주의 응용시스템에 부적합

(2) 정규화의 해결방안

① 규화 완료 후 업무 특성과 성능 향상을 위해 Denormalization 수행으로 유연성 확보
② 업무 특성별 정규화 수준(온라인 처리 : 소규모 정규화, 단순 조회용 데이터 : 비정규화, 배치처리 : 비정규화)
③ 응답시간이 요구되는 온라인, 실시간 시스템에는 제한적인 정규화 실시

4 데이터베이스 프로그래밍

1. SQL(Structured Query Language)

(1) SQL(Structured Query Language)의 개요

① **SQL(Structured Query Language)의 정의** : 데이터베이스와 통신할 수 있는 유일한 언어로 1974년 IBM 연구소에서 발표한 SEQUEL(Structured English QUery Language)에서 유래

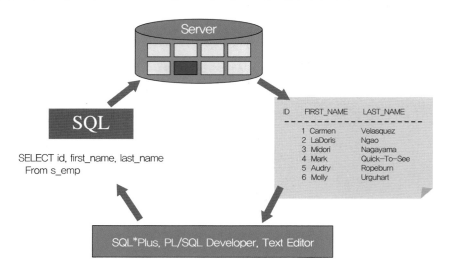

② **관계형 데이터베이스 오브젝트**

오브젝트	설명
TABLE	ROW와 COLUMN으로 구성된 기본적인 저장 단위
VIEW	하나 이상의 TABLE로부터 논리적으로 데이터를 분류한 부분집합
INDEX	포인터를 사용하여 행의 검색 속도를 향상
SEQUENCE	자동적으로 ORACLE SERVER이 유일 번호를 생성
SYNONYM	객체에 대체 이름을 부여
PROGRAM UNIT	SQL 또는 PL/SQL문으로 작성한 PROCEDURE, FUNCTION, PACKAGE

(2) SQL(Structured Query Language), 문장의 종류

구분	문장	설명
DML(Data Manipulation Language)	SELECT	데이터베이스로부터 데이터 검색
	INSERT UPDATE DELETE	• 개별적으로 데이터베이스 테이블에서 새로운 행 입력 • 기존의 행을 변경하고, 원치 않는 행을 제거
DDL(Data Define Language)	CREATE ALTER DROP RENAME TRUNCATE	데이터 구조를 생성, 변경, 제거
TCL(Transaction Control Language)	COMMIT ROLLBACK	DML명령문으로 만든 변경을 관리, 데이터 변경은 논리적 Transaction으로 함께 그룹화
DCL(Data Control Language)	GRANT REVOKE	데이터베이스와 그 구조에서 액세스 권한을 제공하거나 제거

(3) SQL(Structured Query Language) 명령어

① **DDL(Data Definition Language)** : 데이터베이스 및 테이블의 구조를 정의하거나 변경

SQL문	설명
CREATE	데이터베이스 및 객체 생성
DROP	데이터베이스 및 객체 삭제
ALTER	기존에 존재하는 데이터베이스 객체를 변경

```
CREATE TABLE 테이블_이름
    ( 열_이름_1  데이터타입  [ NOT NULL][DEFAULT 값],
      ...
      열_이름_n  데이터타입  [ NOT NULL][DEFAULT 값]
      [ PRIMARY KET ( 열_이름_1, [ 열_이름_2, ..., 열_이름_n ],
      [ UNIQUE ( 열_이름_1, [ 열_이름_2, ..., 열_이름_n ],
      [ FOREIGN KEY ( 열_이름_1, [ 열_이름_2, ..., 열_이름_n ],
        REFERENCES  기본테이블 [ (열_이름_1, ..., 열_이름_n) ]
        [ ON DELETE 옵션 ]
        [ ON UPDATE 옵션 ],
      [ CONSTRAINT 제약조건_이름 ] [CHECK ( 조건식 ) ] )
      [ TABLESPACE 테이블스페이스_이름 ] ) ;
```

ALTER TABLE 테이블_이름 ADD 속성_이름 속성_데이터타입 ;	컬럼 추가

ALTER TABLE 테이블_이름 MODIFY 속성_이름 속성_데이터타입 ;	컬럼 변경

ALTER TABLE EMP DROP COLUMN EMP_ADDRESS CASCADE ;	컬럼 삭제

DROP TABLE 테이블_이름 ;	테이블 삭제

② **DML(Data Manipulation Language)** : 데이터의 삽입, 삭제, 검색과 수정 등을 처리

SQL문	설명
INSERT	데이터베이스 객체에 데이터를 입력
DELETE	데이터베이스 객체에 데이터를 삭제
UPDATE	기존에 존재하는 데이터베이스 객체 안의 데이터 수정
SELECT	데이터베이스 객체로부터 데이터를 검색

INSERT INTO 테이블_이름(컬럼_이름_1, ..., 컬럼_이름_n) 　　VALUES (컬럼값_1, ..., 컬럼값_n) ;

INSERT INTO 테이블_이름(컬럼_이름_1, ..., 컬럼_이름_n) 　　SELECT 문 ;

UPDATE 테이블_이름 　　SET 컬럼_이름 = 컬럼_값 [, 컬럼_이름 = 컬럼_값, ...] 　　　[WHERE 조건식] ;

SELECT [DISTINCT] {*, column [alias], ...} 　　　FROM table_name 　　　[WHERE condition] 　　　[ORDER BY{column, expression} [ASC | DESC]];

③ **DCL(Data Control Language)** : 데이터베이스 사용자의 권한을 제어

SQL문	설명
GRANT	데이터베이스 객체에 권한 부여
REVOKE	이미 부여된 데이터베이스 객체의 권한 취소

> GRANT/REVORK
> SQL > GRANT SELECT, INSERT ON emp TO scott

scott 사용자에게 emp 테이블을 SELECT, INSERT할 수 있는 권한 부여

> SQL > REVOKE SELECT, INSERT
>   ON emp
>   FROM scott

scott 사용자에게 부여한 emp 테이블에 대한 SELECT, INSERT 권한 회수

5 데이터 회복과 동시성 제어

1. 트랜잭션

(1) 트랜잭션의 개요

① **트랜잭션의 정의** : 한 번에 수행되어야 할 데이터베이스의 일련의 읽기와 쓰기 연산에 대해 수행하는 하나의 단위

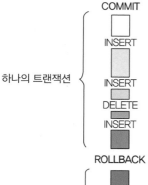

COMMIT

데이터베이스의 논리적 연산단위로 분할할 수 없는 최소 단위

커밋(Commit)/롤백(Rollback)하기 전(Before)의 상태

모든 데이터의 변화는 데이터베이스 버퍼(Database Buffer)에 저장
- 현재의 사용자는 자신의 변화시킨 데이터를 SELECT문을 통해서 볼 수 있지만 자신 이외의 사용자는 그 변화된 내용을 볼 수 없다.
- 자신이 변화시킨 Row에 대해서는 록(Lock)이 걸린 상태이기 때문에 다른 사용자가 해당 Row를 변화시키지 못한다. (Row Level Locking Mechanism)

커밋(Commit)한 후(After)의 상태

모든 트랜잭션 내부에서 변화된 내용을 DB에 영구적으로 반영
- 다른 모든 사용자가 변화된 내용을 볼 수 있다. 해당 Row에 해단 록(Lock)이 제거된다.

② 트랜잭션의 특징

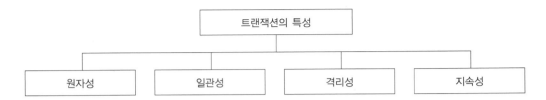

특징	설명	관리
Atomicity (원자성)	• 트랜잭션은 한 개 이상의 동작을 논리적으로 한 개의 작업단위(single unit of work)로서 분해가 불가능한 최소의 단위 • 연산 전체가 성공적으로 처리되거나 또는 한 가지라도 실패할 경우 전체가 취소되어 무결성을 보장(All or Nothing) • Commit/Rollback 연산	트랜잭션 관리자
Consistency (일관성)	트랜잭션이 실행을 성공적으로 완료하면 언제나 모순 없이 일관성 있는 데이터베이스 상태를 보존	무결성 제어기
Isolation (고립성)	트랜잭션이 실행 중에 생성하는 연산의 중간 결과를 다른 트랜잭션이 접근할 수 없음	병행제어 관리자
Durability (영속성)	성공이 완료된 트랜잭션의 결과는 영구(속)적으로 데이터베이스에 저장됨	회복기법

(2) 트랜잭션의 상태 및 트랜잭션 연산

① 트랜잭션 상태도

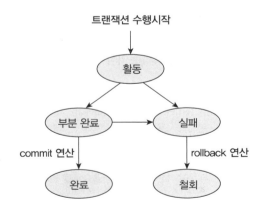

상태	설명
활동 상태(Active)	• 초기 상태, 트랜잭션이 실행 중이면 동작상태에 있다고 할 수 있음 • 트랜잭션이 수행을 시작하여 현재 수행 중인 상태
부분완료 상태(Partial Committed)	• 마지막 명령문이 실행된 후에 가지는 상태 • 트랜잭션의 마지막 연산이 실행을 끝낸 직후의 상태
완료 상태(Committed)	트랜잭션이 성공적으로 완료된 후 가지는 상태
실패 상태(Failed)	정상적인 실행이 더 이상 진행될 수 없을 때 가지는 상태
철회 상태(Aborted)	• 트랜잭션이 취소되고 데이터베이스가 트랜잭션 시작 전 상태로 환원되었을 때 가지는 상태 • 트랜잭션의 수행 실패로 rollback 연산을 실행한 상태

2. 데이터 회복(Data Recovery)

(1) 데이터 회복(Data Recovery)의 개요

① 데이터 회복(Data Recovery)의 정의

    ㉠ 데이터베이스 운영 도중 예기치 못한 장애(Failure)가 발생할 경우 데이터베이스에 장애 발생

    ㉡ 이전의 일관성과 무결성을 복원

    ㉢ 데이터 베이스를 장애 시점 이전의 일관된 상태로 복원하여 내구성을 보장하는 행위

② 데이터 회복(Data Recovery)의 필요성

필요성	설명
데이터 일관성	장애 발생 시점 이전과 동일한 내구성 보장
데이터 신뢰성	잘못된 데이터 갱신으로 인한 이전시점으로의 Rollback

③ 데이터 회복(Data Recovery)을 위한 주요 요소

구분	요소	설명
회복의 기본원칙	데이터	데이터의 중복
	Archive	다른 저장장치로 자료의 복사 및 덤프
	Log 또는 journal	• 데이터베이스 내용이 변경 시마다 변경내용을 로그파일에 저장 • 갱신된 속성의 과거값/갱신값을 별도의 파일에 유지 • 온라인로그(디스크), 보관로그(테이프)
회복을 위한 조치	REDO	• 최근 변경된 내용을 로그파일에 기록하고, 장애 발생 시 로그 • 파일을 읽어서 재실행함으로 데이터베이스 내용을 복원 • Archive 사본 + log : commit 후의 상태
	UNDO	• 장애 발생 시 모든 변경된 내용을 취소함으로 원래의 데이터베이스 상태로 복원 • Log + Backward 취소연산 : 해당 트랜잭션 수행 이전 상태
시스템	회복관리기능	신뢰성 제공을 위한 DBMS 서브시스템

(2) 데이터 회복기법의 종류

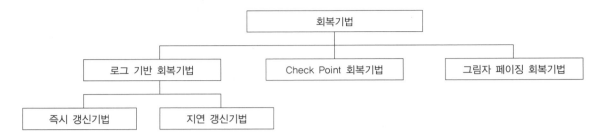

① 로그기반 회복기법

⊙ 지연 갱신기법(Deferred Update)

갱신	• 트랜잭션 단위가 종료될 때까지 DB에 Write 연산을 지연시킴 • 동시에 DB 변경내역을 Log에 보관한 후 • 트랜잭션이 완료되면 Log를 이용하여 데이터베이스에 Write 연산 수행
회복	• 트랜잭션이 종료된 상태이면 회복 시 Undo 없이 Redo만 실행 • 트랜잭션이 종료가 안 된 상태였으면 Log 정보는 무시

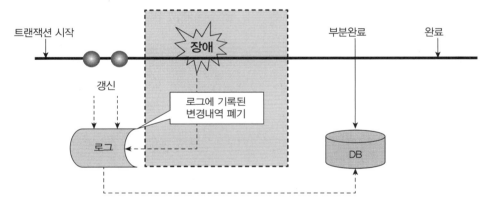

ⓛ 즉시 갱신기법(Immediate Update)

갱신	트랜잭션 활동상태에서 갱신결과를 DB에 즉시 반영하고 log 기록
회복	트랜잭션 수행 도중 실패상태에 도달하여 트랜잭션을 철회할 경우에는 로그 파일에 저장된 내용을 참조하여 Undo 연산 수행

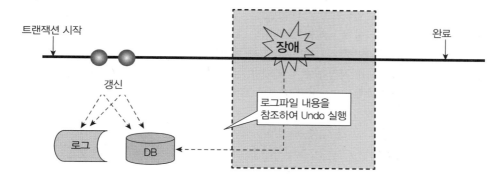

② **Check Point 회복기법**

갱신	검사점(Check Point)을 Log 파일에 기록하고 장애 발생 시에 검사시점 이전에 처리된 트랜잭션은 회복작업에서 제외하고 검사시점 이후에 처리된 내용에 대해서만 회복작업을 수행하는 회복기법
회복	• 트랜잭션 수행도중 문제점이 발생하면, 로그 파일의 정보를 모두 검사하여 Redo와 Undo 연산을 실행할 트랜잭션과 체크포인트를 선정 • 검사점의 Log 파일 기록을 이용하여 실행함 • 장애 발생 시 검사점 이전에 처리된 트랜잭션들을 회복대상에서 제외 • 검사점 이후에 처리된 트랜잭션에 대해서만 회복작업을 시행함 • 새로 시작한 트랜잭션은 Undo 리스트 • Commit된 트랜잭션은 Redo 리스트 • 로그 역방향으로 Undo 실행 후 로그 방향으로 Redo 실행

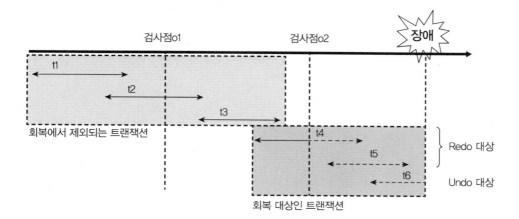

③ **그림자 페이징(Shadow Paging) 기법**

　㉠ 그림자 페이징(Shadow Paging) 기법의 정의

　　• 로그를 이용하지 않고 데이터베이스에 대한 페이지 테이블 전체를 교체하는 방법으로 로그 레코드를 출력하는 오버헤드를 없애고, 디스크 접근 횟수를 줄이기 위한 방법

　　• 2개의 페이지 테이블(현 페이지와 그림자 페이지)을 유지하고, 트랜잭션 실행 중에는 현 페이지 테이블만을 사용하는 것으로 Undo 및 Redo 연산이 필요 없는 방법

ⓛ 그림자 페이징(Shadow Paging) 기법의 수행방법
- 트랜잭션이 실행되는 동안 현재 페이지 테이블과 그림자 페이지 테이블을 이용
- 현재 페이지 테이블은 주기억장치, 그림자 페이지 테이블은 하드디스크에 저장
- 데이터베이스 트랜잭션의 시작시점에 현재 페이지 테이블의 내용과 동일한 그림자 페이지 테이블을 생성
- 트랜잭션의 변경 연산이 수행되면, 현재 페이지 테이블의 내용만 변경하고 그림자 페이지 테이블의 내용은 변경하지 않음
- 트랜잭션이 성공적으로 완료될 경우, 현재 페이지 테이블의 내용을 그림자 페이지 테이블의 내용으로 저장

3. 동시성(Concurrency) 제어

(1) 동시성(Concurrency) 제어의 개요

① 동시성(Concurrency) 제어의 정의
  ㉠ 다중 사용자 환경을 지원하는 데이터베이스 시스템에서 여러 트랜잭션들이 동시에 성공적으로 실행될 수 있도록 지원하는 기능
  ㉡ 여러 트랜잭션들이 차례로 번갈아 수행되는 인터리빙(interleaving) 방식으로 진행됨
  ㉢ 병행 수행 시 같은 데이터에 접근하여 연산을 실행해도 문제가 발생하지 않고 정확한 수행 결과를 얻을 수 있도록 트랜잭션의 수행을 제어하는 것을 의미

② 동시성(Concurrency) 제어의 목적
  ㉠ 트랜잭션의 직렬성 보장
  ㉡ 공유도 최대, 응답 시간 최소, 시스템 활동의 최대 보장
  ㉢ 데이터의 무결성 및 일관성 보장

(2) 병행수행으로 발생할 수 있는 문제점

구분	설명
갱신 손실(Lost Update)	• 트랜잭션들이 동일 데이터를 동시에 갱신할 경우 발생 • 이전 트랜잭션이 데이터를 갱신한 후 트랜잭션을 종료하기 전에 나중 트랜잭션이 갱신값을 덮어쓰는 경우 발생
현황파악오류(Dirty Read)	트랜잭션의 중간 수행결과를 다른 트랜잭션이 참조함으로써 발생하는 오류
모순성(Inconsistency)	두 트랜잭션이 동시에 실행할 때 DB가 일관성이 없는 상태로 남는 문제
연쇄복귀 (Cascading Rollback)	복수의 트랜잭션이 데이터 공유 시 특정 트랜잭션이 처리를 취소할 경우 다른 트랜잭션이 처리한 부분에 대해 취소 불가능

(3) 동시성 제어 기법

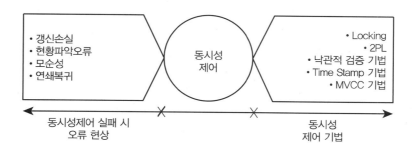

① 2PL(2 Phase Locking) 기법

㉠ 2PL(2 Phase Locking) 기법의 정의 : 모든 트랜잭션이 Lock과 Unlock 연산을 확장 단계와 수축 단계로 구분하여 수행하는 기법

㉡ 2PL의 개념도

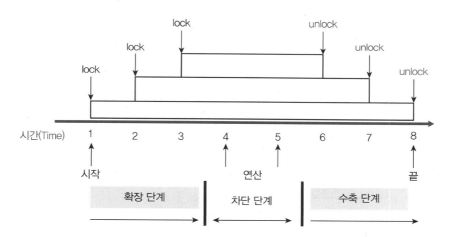

㉢ 단계
- 확장 단계 : 트랜잭션은 lock만 수행할 수 있고, unlock은 수행할 수 없는 단계
- 수축 단계 : 트랜잭션은 unlock만 수행할 수 있고, lock은 수행할 수 없는 단계

② Timestamp Ordering

㉠ 타임스탬프 순서(Timestamp Ordering) 기법의 정의 : 트랜잭션을 식별하기 위해서 DBMS가 부여하는 유일한 식별자인 타임스탬프를 지정하여 트랜잭션 간의 순서를 미리 선택

㉡ 타임스탬프 순서 기법의 특징 : 직렬성 보장, 교착상태 방지, 연쇄 복귀 초래

㉢ 타임스탬프 생성방법/구현방법

구분	설명
시스템 시계(system clock) 사용법	• 시스템 시계 값을 타임스탬프 값으로 부여함 • 트랜잭션이 시스템에 진입할 때의 시계 값과 동일함
논리적 계수기(counter) 사용법	트랜잭션이 발생할 때마다 카운터를 하나씩 증가시켜 타임스탬프 값으로 부여함

③ **낙관적 검증(Validation) 기법**

- ⊙ 낙관적 검증(Validation) 기법의 정의 : 트랜잭션 수행 동안은 어떠한 검사도 하지 않고, 트랜잭션의 종료 시 일괄적으로 검사하는 기법
- ⓒ 낙관적 검증 기법의 구성도

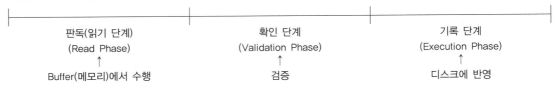

판독(읽기 단계)	확인 단계	기록 단계
(Read Phase)	(Validation Phase)	(Execution Phase)
↑	↑	↑
Buffer(메모리)에서 수행	검증	디스크에 반영

- ⓒ 낙관적 검증 기법의 절차

단계	설명
판독 단계 (Read Phase)	트랜잭션의 모든 갱신은 사본에 대해서만 수행하고 실제 데이터베이스에 대해서는 수행하지 않음
확인 단계 (Validation Phase)	판독 단계에서 사본에 반영된 트랜잭션의 실행 결과를 데이터베이스에 반영 전 직렬 가능성 위반 여부를 확인
기록 단계 (Execution Phase)	• 확인 단계를 통과하면 트랜잭션의 실행 결과를 데이터베이스에 반영 • 확인 단계를 실패하면 실행 결과를 취소하고 트랜잭션은 복귀

④ **다중버전 동시성 제어(MVCC)**

- ⊙ 다중버전 동시성 제어의 정의 : 하나의 트랜잭션에서 데이터에 접근하는 경우 데이터의 다중버전 상태 중 보장되는 버전에 맞는 값을 반환하여 처리하는 동시성 제어 기법
- ⓒ 다중버전 동시성 제어의 동작절차

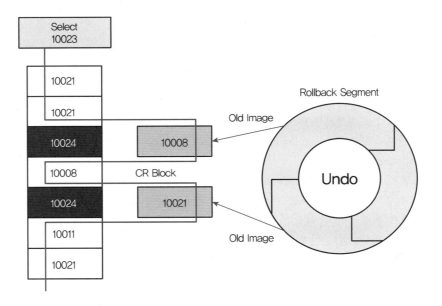

ⓒ 다중버전 동시성 제어의 동작절차 설명

동작절차	설명
step 1	SCN 10023번 트랜잭션 시작
step 2	SCN 10023번 이후 변경 데이터 확인
step 3	Rollback Segment, Undo 영역의 CR Copy 참고
step 4	SCN 10023을 넘지 않는 데이터 중 최신 데이터를 조회

ⓔ 다중버전 동시성 제어의 주요요소

주요요소	설명
SCN	• System Change Number • Select 수행 시 갖는 고유한 번호
CR Copy	Undo 영역에 저장된 정보를 이용해 트랜잭션 시작 시점의 일관성 있는 버전을 읽어 복사
CR Block	CR Copy를 이용하여 가져온 값을 저장하는 블록
Rollback Segment	업데이트문 실행 시 기존 데이터 블록 내의 데이터 레코드를 새로운 버전으로 변경하고, 이전 버전을 보관하는 별도의 저장소

자료구조는 전산학에서 자료를 효율적으로 이용할 수 있도록 컴퓨터에 저장하는 방법이다. 신중히 선택한 자료구조는 보다 효율적인 알고리즘을 사용할 수 있게 한다.

1 선형 자료구조

자료를 구성하는 데이터를 순차적으로 나열시킨 형태를 의미한다. 스택, 큐, 데크, 리스트(선형, 연결)로 구분된다.

① → ② → ③ → ④   1부터 4까지 순차적으로 원소가 나열된 형태로 (1:1) 구조

1. 스택

(1) 스택의 개요

① **스택의 정의**
   ㉠ 선형리스트 구조의 특별한 형태로 데이터의 삽입과 삭제가 한쪽 끝(top)에서만 일어나는 자료구조
   ㉡ 스택에 저장된 원소는 top으로 정한 곳에서만 접근 가능

② **스택의 특징[LIFO(Last In First Out) : 후입선출]**
   ㉠ top 위치에서만 원소를 삽입하므로 먼저 삽입한 원소는 밑에 쌓이고, 나중에 삽입한 원소는 위에 쌓임
   ㉡ 마지막에 삽입한 원소는 맨 위에 쌓여 있다가 가장 먼저 삭제

(2) 스택의 구조

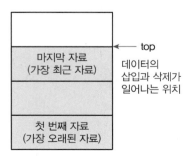

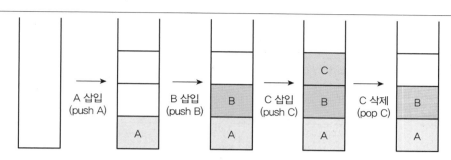

공백 스택

push : 삽입 연산, 삽입하려면 먼저 top의 위치를 하나 증가
pop : 삭제 연산, 공백이 아니라면 top이 가리키는 원소를 먼저 반환
isEmpty() : 원소 유무 체크(true/false)
IsFull() : 가득 채워졌는지 체크(true/false)

(3) 스택의 알고리즘

push(삽입) 알고리즘	pop(삭제) 알고리즘

push(S, x)
　　top ← top+1;
　// ❶위치값 증가(++top)
　　if (top > stack_SIZE) then overflow;
　　else
　　S(top) ← x;
　// ❷오버플로어 확인 후
end push()
	pop(S)
	　if (top = 0) then error;
	　else {
	　　　return S(top);
	　// ❶공백이 아니라면 반환
	　　　top ← top-1;
	　// ❷반환 후 감소(top--)
	　}
	end pop()

(4) 수식 연산

① 표기법 유형

유형	전위표기법	중위표기법	후위표기법
특징	연산기호는 두 피연산자 앞에 표현	연산기호는 두 피연산자 사이에 표현	연산기호는 두 피연산자 뒤에 표현
수식 연산	연산자−피연산자−피연산자	피연산자−연산자−피연산자	피연산자−피연산자−연산자
예시	+AB	A+B	AB+

② 스택을 이용한 변환방법

변환방법	절차	[예] (A−C) * B + D
중위식 → 전위식	1. 연산 우선순위에 따라 괄호 묶음 2. 연산 순서에 따라 해당 연산자들을 대응되는 괄호 왼쪽으로 이동하여 표기 3. 괄호 제거	1. ((A−C)*B)+D 2. ((−AC)*B)+D ▶(*(−AC)B)+D▶+(*(−AC)B)D 3. +*−ACBD
중위식 → 후위식	1. 연산 우선순위에 따라 괄호 묶음 2. 연산 순서에 따라 해당 연산자들을 대응되는 괄호 오른쪽으로 이동하여 표기 3. 괄호 제거	1. ((A−C)*B)+D 2. ((AC−)*B)+D ▶((AC−)B*)+D▶((AC−)B*)D+ 3. AC−B*D+

③ 스택을 이용한 후위식의 연산

방법	예 4 5 + 2 3 * −
스택포인터를 이용한 연산규칙 적용	(스택 연산 과정 표)

2. 큐

(1) 큐의 개요

① **큐의 정의** : 먼저 들어간 데이터가 먼저 나오는 자료구조형
② **큐의 특징[FIFO(First In First Out) : 선입선출]** : 한쪽 방향에서는 입력만 하고, 다른 한쪽 방향에서는 출력만 하는 구조

(2) 큐의 구조

구조	함수
전단(Front) Dequeue / 1 2 3 4 5 6 / 데이터 삽입방향 / 후단(Rear) Enqueue	• IsEmpty() : 원소 유무 체크(true/false) • IsFull() : 가득 채워졌는지 체크(true/false) • Overflow : 저장할 공간이 없는데 저장 시 에러 • Underflow : 데이터가 없는데 데이터 요청 시 에러

(3) 큐의 알고리즘

Enqueue(삽입) 알고리즘	Dequeue(삭제) 알고리즘
1. 데이터가 Full인지 확인 – IsFull 체크 2. 후단(Rear) 값을 증가 3. 데이터를 저장한다.	1. 데이터가 비워있는 확인 – IsEmpty 체크 2. 전단(Front) 값을 증가 3. 데이터를 삭제한다.

if(Rear = N) return Overflow;
else {
  Rear ← Rear +1; // ❶후단 값 증가
  Q(Rear) ← data; // ❷배열원소 저장
}
	if(Front = Rear) return Underflow;
	else {
	  Front ← Front +1;// ❶위치이동 증가
	  deleteData ← Q(Front);// ❷데이터 삭제
	  return Q(Front);
	}

(4) 큐의 유형

선형 큐	순환 큐	링크드 큐
선형	원형(선형큐 공간 비효율적 사용 개선)	노드로 연결

3. 데크

(1) 데크의 개요

   ① 데이터 삽입과 삭제가 양쪽(전단과 후단)에서 모두 수행될 수 있는 구조
   ② 스택과 큐를 혼합한 형태로 2개의 스택이 bottom 부분이 서로 연결된 형태

(2) 데크의 구조

입력제한 데크 또는 스크롤(Scroll)	삽입이 한쪽 끝에서만 가능하도록 제한한 형태
출력제한 데크 또는 셀프(Shelf)	삭제가 한쪽 끝에서만 가능하도록 제한한 형태

4. 리스트

리스트는 선형리스트와 연결리스트로 구분된다.

(1) 리스트의 개요

구분	선형리스트	연결리스트
정의	배열과 같이 연속되는 기억장소에 저장되는 리스트	자료들은 각 노드(Node)의 데이터 영역에서 관리, 포인터에 의해 노드 간 연결정보 관리하는 구조
특징	• 같은 크기의 기억장소를 연속적 공간에 놓고 데이터를 관리 • 속도는 빠르지만, 삽입 삭제가 어려움	• 자료와 함께 다음 데이터의 위치를 알려주는 포인터로 실제 자료를 연결 • 삽입 삭제는 용이하나 포인트로 연결되어 속도가 느림

(2) 리스트의 구조

선형리스트	연결리스트

김길동	이길동	박길동
[0]	[1]	[2]

Head → Node [data | Pointer] → Node [data | Pointer] → Tail

(3) 리스트의 종류

① 선형리스트(배열)의 종류

ⓐ 1차원 배열(a : 배열명, n : 원소 개수)

a[0]	a[1]	a[2]	…	…	a[n-1]

ⓑ 2차원 배열(a : 배열명, n : 행의 수, n : 열의 수)

	0열	1열	2열	…	n-1 열
0행	a[0,0]	a[0,1]	a[0,2]	…	a[0,n-1]
1행	a[1,0]	a[1,1]	a[1,2]	…	a[1,n-1]
2행	a[2,0]	a[2,1]	a[2,2]	…	a[2,n-1]
…	…	…	…	…	a[…,n-1]
n-1행	a[n-1,0]	a[n-1,1]	a[n-1,2]	…	a[n-1,n-1]

예 a(3,4) 배열에서 배열 시작 주소가 0일 때 A(3,1) 주소는?
배열크기(R,C), 배열위치(i,j)
행우선 : C*i+j=4*3+1=13
열우선 : R*j+i=3*1+3=6

② 연결리스트의 종류

구분	형태	설명
단일연결 리스트	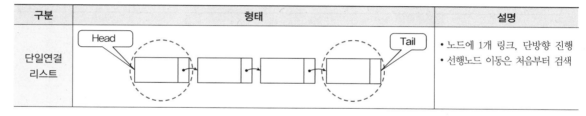	• 노드에 1개 링크, 단방향 진행 • 선행노드 이동은 처음부터 검색

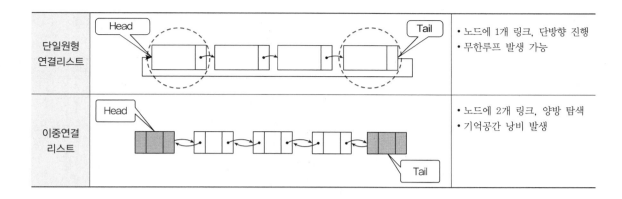

| 단일원형
연결리스트 | (Head ... Tail 그림) | • 노드에 1개 링크, 단방향 진행
• 무한루프 발생 가능 |
| 이중연결
리스트 | (Head ... Tail 그림) | • 노드에 2개 링크, 양방 탐색
• 기억공간 낭비 발생 |

2 비선형 자료구조

하나의 자료 뒤에 여러 개의 자료가 존재할 수 있는 구조로 앞뒤 자료가 1 : N 또는 N : N 관계를 가지는 구조로 트리와 그래프가 있고 계층적 구조이다.

1. 트리

(1) 트리의 개요

① **트리의 정의** : 부모(Parent)−자식(Child) 관계로 이루어진 계층적인 구조(Hierarchical Structure)를 나타내는 자료구조

② **트리의 특징**

ㄱ 루트(root)라고 하는 노드가 하나 존재

ㄴ 나머지 노드들은 n≥0개의 분리집합 T1, T2, …, Tn으로 분리

ㄷ T1, T2, …, Tn은 각각 하나의 트리이며, 루트의 서브트리(subtree)

(2) 트리의 구조와 용어

구조	용어
(트리 다이어그램: Root A, Level 1 / B, C, D, Level 2 / E, F, G, H, I, Level 3 / Sub-Tree, Leaf Node)	• 노드(node) : 트리의 구성요소 • 루트(root) : 부모가 없는 노드(A) • 서브트리(subtree) : 하나의 노드와 그 노드들의 자손들로 이루어진 트리 • 단말 노드(Leaf node) : 자식이 없는 노드(E, F, G, H, I) • 비단말 노드 : 적어도 하나의 자식을 가지는 노드(A, B, C, D) −자식(child), 부모(parent), 형제(sibling), 조상, 자손 노드 • 높이(height) : 트리의 최대 레벨(3) • 차수(degree) : 한 노드에 연결된 가지 수

(3) 트리의 유형

이진(Binary)트리를 기반으로 B+, B*, 힙, AVL, 스레드 이진트리 등이 있다.

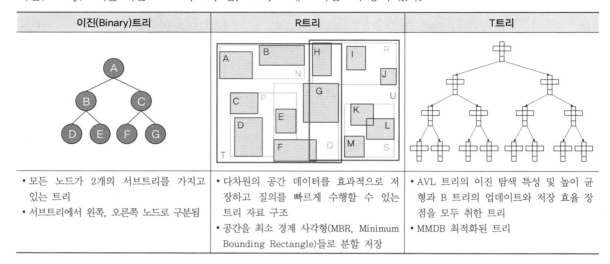

이진(Binary)트리	R트리	T트리
• 모든 노드가 2개의 서브트리를 가지고 있는 트리 • 서브트리에서 왼쪽, 오른쪽 노드로 구분됨	• 다차원의 공간 데이터를 효과적으로 저장하고 질의를 빠르게 수행할 수 있는 트리 자료 구조 • 공간을 최소 경계 사각형(MBR, Minimum Bounding Rectangle)들로 분할 저장	• AVL 트리의 이진 탐색 특성 및 높이 균형과 B 트리의 업데이트와 저장 효율 장점을 모두 취한 트리 • MMDB 최적화된 트리

(4) 이진트리

모든 노드의 차수가 2 이하이고 하나의 노드는 2개의 자식노드를 가질 수 있는 트리

① 이진트리의 종류

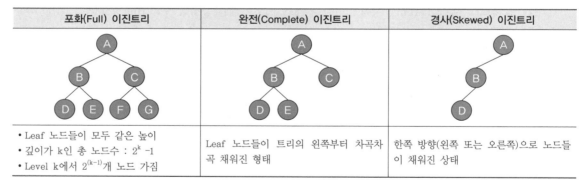

포화(Full) 이진트리	완전(Complete) 이진트리	경사(Skewed) 이진트리
• Leaf 노드들이 모두 같은 높이 • 깊이가 k인 총 노드수 : $2^k - 1$ • Level k에서 $2^{(k-1)}$개 노드 가짐	Leaf 노드들이 트리의 왼쪽부터 차곡차곡 채워진 형태	한쪽 방향(왼쪽 또는 오른쪽)으로 노드들이 채워진 상태

② 이진트리의 운행방법

운행방법	트리순회	방향	코드

전위순회
(Preorder)
	Root를 Top로 표현	Top →
		왼쪽 →
		오른쪽
		
		〈TLR〉
			Preorder(TreeNode* root){
			  If(root){
			    printf("%d", root->data); //방문
			    Preorder(root->left);
			    Preorder(root->right);
			  }
			}

| 중위순회
(Inorder) | 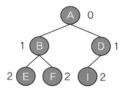 | 왼쪽 →
Top →
오른쪽

〈LTR〉 | Inorder(TreeNode *root){
  If(root){
    Inroder(root->left);
    printf("%d", root->data);
    Inroder(root->right);
  }
} |
| 후위순회
(Postorder) | 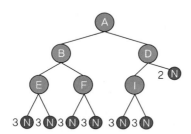 | 왼쪽 →
오른쪽 →
Top

〈LRT〉 | Postorder(TreeNode *root){
  If(root){
    Postorder(root->left);
    Postorder(root->right);
    printf("%d", root->data);
  }
} |

③ **이진트리의 경로 길이**

  ㉠ 내부경로 길이 : 루트부터 각 내부 노드까지 경로 합

내부경로 길이 = A : 0, B,D : 1, E, F, I : 2 = 0 +2*1 + 3*2 = 8

  ㉡ 외부경로 길이

   • 루트부터 각 노드의 null 링크에 새로운 단말 노드를 추가하여 이들 단말 노드까지 경로 합

   • 노드의 수가 N일 때 내부경로 길이를 I, 외부경로 길이를 E라 하면 관계식은 E = I + 2N

외부경로 길이 = E, F, I : 3*2, D : 2 = 3*3*2 + 1*2 = 20

(5) 힙트리

① **힙트리의 개요 및 특징**

개요	특징
• 부모 노드의 원소값이 자식 노드의 원소값보다 항상 크거나 작은 완전이진트리 • 트리에서 가장 큰 원소와 가장 작은 원소를 검색하는 데 최적화	• Binary Tree 기반 힙 구조 • 추가 기억장치 없이 빠른 정렬(퀵 정렬보다 우수) • 힙 구성시간 + N개 데이터 삭제 및 재구성 시간 필요

② 힙트리의 유형

Max Heap	Min Heap
데이터 집합에서 키값이 가장 큰 노드를 찾기 위해 구성된 완전이진트리	데이터 집합에서 키값이 가장 작은 노드를 찾기 위해 구성된 완전이진트리

2. 그래프

(1) 그래프의 개요

① 정점(Vertex)의 집합 V와 두 정점을 잇는 선분인 간선(Edge)의 집합으로 이루어진 도형

② G(Graph) = (V, E)로 표현

(2) 간선 특징에 따른 그래프의 종류

무방향 그래프	방향 그래프	가중 그래프
• Edge에 방향성이 없이 연결 • Vertex 순서 없음	• Edge에 방향성이 존재 • Vertex에 순서가 정해짐	정점(Vertex)을 연결하는 간선(Edge)에 가중치를 부여

(3) 구조적 특성에 따른 그래프의 종류

완전 그래프	부분 그래프	다중 그래프
• 모든 Vertex를 연결하는 Edge 존재 • Edge 수는 n(n-1)/2 　(n : node 또는 Vertex 수)	일부의 노드나 간선을 제외하여 만든 그래프	정점(Vertex)과 정점을 연결하는 간선(Edge)이 두 개 이상인 구간이 존재하는 그래프

정점	A	B	C	D
A	0	1	1	1
B	1	0	1	1
C	1	1	0	1
D	1	1	1	0

정점	A	B	C	D
A	0	1	1	1
B	1	0	0	0
C	1	0	0	0
D	1	0	0	0

정점	A	B	C	D
A	0	1	1	1
B	1	0	1	1
C	1	1	0	1
D	1	1	1	0

3 알고리즘

어떠한 문제를 해결하기 위한 여러 동작들의 모임

1. 알고리즘 성능평가

(1) 점근적 복잡도

① 시간 복잡도, 입력 크기 N이 무한으로 갈 때 알고리즘의 실행시간이 어디로 수렴하는지 표현하는 방법

  ㉠ 빅오(Big-O) : 입력데이터 최악으로 알고리즘 수행 시간의 상한 표현

  ㉡ 빅오메가(Ω) : 입력데이터 최선으로 알고리즘 수행 시간의 하한 표시

  ㉢ 빅세타(θ) : 빅오, 빅오메가 둘 다 포함하는 개념

빅오(Big-O) 표기법	복잡도에 따른 설명
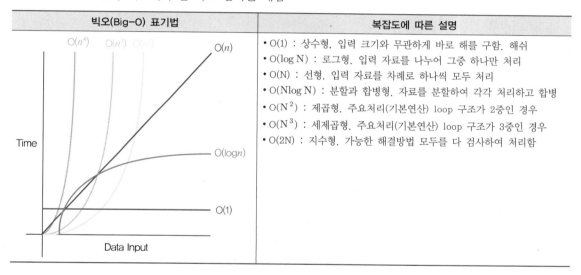	• O(1) : 상수형. 입력 크기와 무관하게 바로 해를 구함. 해쉬 • O(log N) : 로그형. 입력 자료를 나누어 그중 하나만 처리 • O(N) : 선형. 입력 자료를 차례로 하나씩 모두 처리 • O(Nlog N) : 분할과 합병형. 자료를 분할하여 각각 처리하고 합병 • O(N²) : 제곱형. 주요처리(기본연산) loop 구조가 2중인 경우 • O(N³) : 세제곱형. 주요처리(기본연산) loop 구조가 3중인 경우 • O(2N) : 지수형. 가능한 해결방법 모두를 다 검사하여 처리함

(2) 알고리즘 성능평가 유형

① **공간복잡도(컴퓨터 고사양화로 중요도가 낮음)** : 메모리 사용되는 배열선언, 변수 저장 공간, 스택 등

  ㉠ 고정공간 : 프로그램 수행을 위해 반드시 필요한 공간

  ㉡ 가변공간 : 인스턴스 변수 등을 위한 공간

② **시간복잡도** : 입력데이터 크기와 실행시간과의 관계

  ㉠ 분석 요소 : 연산 량, 비교 회수, Loop 회수 등

  ㉡ 실행 시간 : Step(명령어 수행 등) × 수행 시간의 합으로 산출

2. 알고리즘 설계방법

문제를 해결하는 과정에서 어떤 전략과 접근방식으로 해결하기 위한 다양한 방법론/해결법들을 다루며, 무작위 대입기법(Brute Force Technique)은 분류에 포함하지 않음

구분	분할과 정복	동적계획법	탐욕기법	휴리스틱
개념	부분 문제로 분할/해결 후, 결합하여 전체 문제를 해결하는 기법	주어진 문제를 여러 개의 소문제로 분할하여 각 소문제의 해결로 문제를 해결하는 기법	최적해를 구하는 데 사용되는 근사적인 방법으로 최적에 대한 보장은 불가	빠른 계산 /NP-Complete 문제 해결을 위해 근사해 계산 기법
특징	• 재귀적, 부분 문제 해결, 전체해결 • Top Down • Iteration 발생 허용	• 재귀적, 부분 문제 해결, 전체 해결 • Bottom Up • 점화식 • NO Iteration	• 제약기반의 Feasible Solution, 적합성 검증 • 최적성의 원리 • 최적해 미보장	• 실용적 관점에서 해결하기 위한 근사해 계산 기법 • 최적해 도출 불가 시 사용
절차	• 분할(문제 나눔) • 정복(단위 문제 해결) • 결합(부분 문제 해결 결과를 모아 전체 문제 해결)	• 적용성 검토 • 점화식 도출 • 초기해 계산 • 점진적 해계산	• 해 선택 • 적합성 검증 • 해 검증	• 시작부터 마지막까지 후보 노드 산출 • 평가함수와 실제비용처리를 위한 최적우선탐색기법 • 목표상태 여부 검사

3. 정렬 알고리즘

(1) 정렬 알고리즘 개요

① 기억장치 내의 Data를 특정 키값에 따라 오름 또는 내림차순으로 레코드를 재배열하는 연산
② 정렬 알고리즘은 버블, 삽입, 선택, 퀵, 힙, 병합, 기수 정렬로 구분한다.

(2) 버블 정렬

① 버블 정렬 개요

㉠ 여러 개의 자료 중 서로 이웃하는 key 값을 두개씩 비교, 교환을 통한 정렬 기법
㉡ 특징 : 구현 간단, 느린 속도, $O(n^2)$, Flag 기반 개선
㉢ 단점 : 이미 정렬 완료된 경우를 체크하지 못하고 계속 정렬

② **버블 정렬 과정** : 레코드 이동 과정이 마치 물속에서 거품을 연상하여 버블 정렬이라 일컬어짐

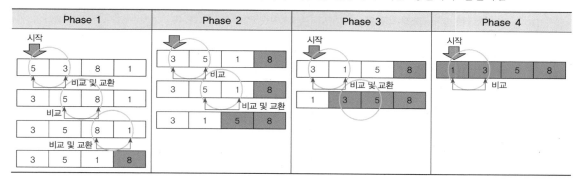

(3) 삽입 정렬

① 삽입 정렬 개요

㉠ 첫 번째 key는 정렬된 것으로 간주하고, 두 번째 key부터 순서에 맞는 위치에 삽입시켜 정렬

㉡ 특징 : 구현 간단, 레코드 이동 많음, $O(n^2)$

㉢ 정렬된 배열에 뛰어난 성능을 보이나, 반대인 경우 느림

② 삽입 정렬 과정(일부 제시) : 배열이 작으면 유리하고, 클수록 효율성이 떨어짐

단계	정렬 과정	단계	정렬 과정
1	5 1 6 4 2 3	2	1 → 5 6 4 2 3
3	1 → 5 6 4 2 3	4	1 5 6 4 2 3
5	1 5 6 4 2 3	6	4 → 1 5 6 2 3
7	4 → 1 5 6 2 3	8	1 4 5 6 2 3

(4) 선택 정렬

① 선택 정렬 개요

㉠ 정렬이 안 된 숫자들 중에서 최솟값을 선택하여 배열의 첫 번째 요소와 교환

㉡ 특징 : 분할 정복에 기반한 알고리즘, $O(n^2)$

㉢ 삽입 정렬 시 배열 데이터의 이동시간 문제 해결

② 선택 정렬 과정(일부 제시)

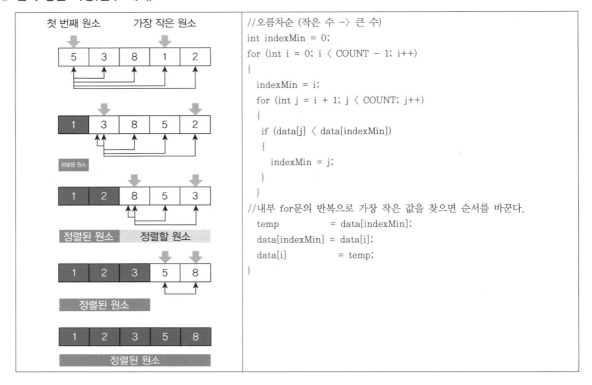

```
//오름차순 (작은 수 -> 큰 수)
int indexMin = 0;
for (int i = 0; i < COUNT - 1; i++)
{
  indexMin = i;
  for (int j = i + 1; j < COUNT; j++)
  {
   if (data[j] < data[indexMin])
   {
     indexMin = j;
   }
  }
//내부 for문의 반복으로 가장 작은 값을 찾으면 순서를 바꾼다.
  temp        = data[indexMin];
  data[indexMin] = data[i];
  data[i]       = temp;
}
```

(5) 퀵 정렬

① 퀵 정렬 개요
⊙ Pivot을 기준으로 작은 값은 왼쪽, 큰 값은 오른쪽에 위치시키는 분할과 정복 기반의 정렬
⊙ 특징 : 분할과 정복 기반, 재귀호출, O(nlog2n)
⊙ 두 개의 변수 low와 high를 사용

② 퀵 정렬 과정(일부 제시)

단계	정렬 과정
1	• 6을 Pivot으로 선택 – Low : pivot 값보다 큰 값이 나올 때까지 우측 이동 – High : pivot 값보다 작은 값이 나올 때까지 좌측 이동 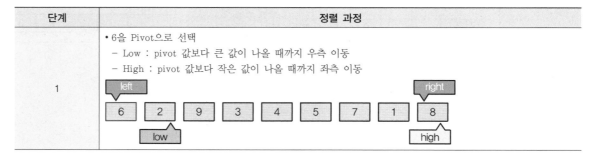

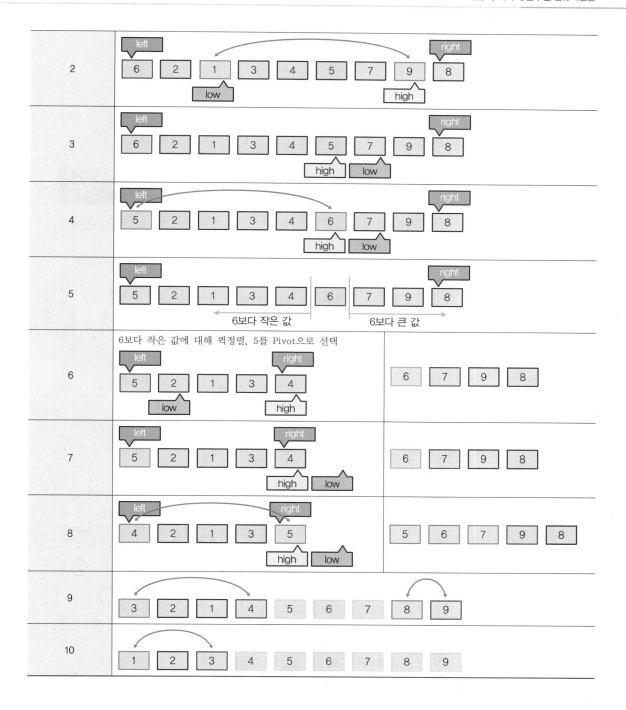

6보다 작은 값에 대해 퀵정렬, 5를 Pivot으로 선택

(6) 병합 정렬

① 병합 정렬 개요
⊙ 전체 원소를 하나의 단위로 분할한 후 분할된 원소를 다시 병합하는 알고리즘
ⓛ 특징 : 분할과 정복 기반, O(nlog2n)
ⓒ 정렬 데이터를 반으로 나누고, 병합 시 순서에 맞춰 정렬

② 병합 정렬 과정(일부 제시)

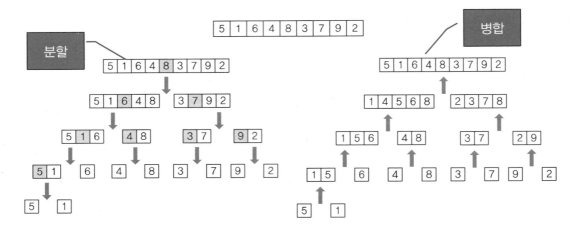

(7) 힙 정렬

① 힙 정렬 개요
⊙ 부모 노드의 원소값이 자식 노드의 원소값보다 항상 크거나 작은 완전이진트리
ⓛ 특징 : 이진트리 기반 힙 구조, O(nlog2n)
ⓒ 이진트리 힙을 구성한 후, 루트 제거 과정 반복

② 힙 정렬 과정

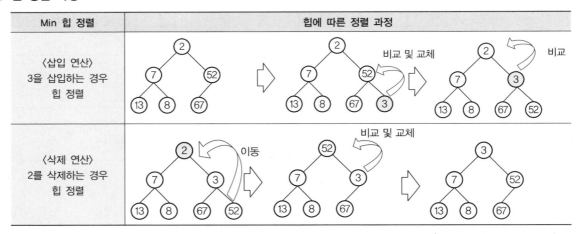

(8) 기수 정렬

① 기수 정렬 개요

㉠ 정렬할 원소의 키값에 해당하는 버킷에 원소를 분배하였다가 버킷의 순서대로 원소를 꺼내는 방법 반복

㉡ 특징 : 비교 연산 없이 정렬할 수 있는 알고리즘. 적용범위가 제한적임. O(n)

㉢ FIFO, Queue에 적합, 낮은 자릿수부터 정렬

② 기수 정렬 과정

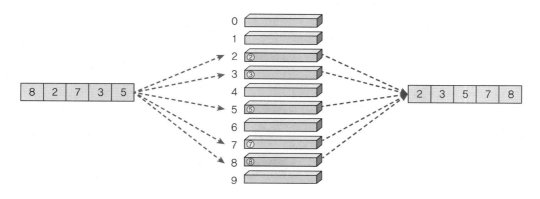

레코드를 비교하지 않고 단순히 자릿수에 따라 버킷에 넣었다가 꺼내면 정렬됨

(9) 정렬 알고리즘 성능 비교

알고리즘	기법	최선	평균	최악
버블 정렬	비교와 교환	$O(N^2)$	$O(N^2)$	$O(N^2)$
삽입 정렬	비교와 교환	$O(N^2)$	$O(N^2)$	$O(N^2)$
선택 정렬	비교와 교환	$O(N^2)$	$O(N^2)$	$O(N^2)$
퀵 정렬	순환 알고리즘	$O(N\log N)$	$O(N\log N)$	$O(N^2)$
힙 정렬	힙 구조 알고리즘	$O(N\log N)$	$O(N\log N)$	$O(N\log N)$
병합 정렬	분할과 정복	$O(N\log N)$	$O(N\log N)$	$O(N\log N)$
기수 정렬	버킷(큐) 알고리즘	$O(dN)$	$O(dN)$	$O(dN)$

4. 탐색 알고리즘

(1) 탐색 알고리즘 개요

① 방대한 데이터에서 목적에 맞는 데이터를 찾아내기 위한 알고리즘

② 비교검색, 계산검색, 최소신장트리, 최단경로탐색으로 유형을 구분함

(2) 비교 검색

구분	이진탐색	너비우선탐색	깊이우선탐색
설명	중복된 노드가 없으며, 왼쪽 서브트리에는 해당 노드값보다 작은 값, 오른쪽 서브트리에는 해당 노드값보다 큰 값으로 구성	시작 정점으로부터 가까운 정점을 먼저 방문하고 멀리 떨어진 정점을 나중에 방문하는 그래프 탐색(큐 이용)	한 방향으로 더 이상 갈 수 없게 되면 다시 가장 가까운 갈림길로 돌아와서 탐색을 진행하는 그래프탐색(스택 이용)
탐색 방법	트리 탐색으로 정렬되어 있는 리스트에서 탐색 범위를 절반씩 좁혀가며 데이터를 탐색하는 방법	그래프 탐색으로 하나의 정점으로부터 시작하여 차례대로 모든 정점을 한 번씩 방문	그래프 탐색으로 하나의 정점으로부터 시작하여 차례대로 모든 정점을 한 번씩 방문
특징	찾으려는 데이터와 중간점 위치에 있는 데이터를 반복적으로 비교해서 원하는 데이터를 탐색	꼼꼼하게 좌우를 살피면서 탐색	더 나아갈 길이 보이지 않을 때까지 깊이 탐색
구조	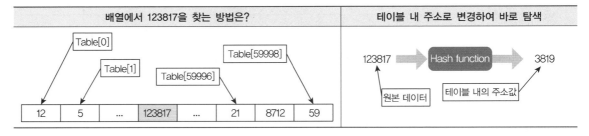		

(3) 계산 검색(해시탐색)

① 해시탐색 개요

　㉠ 키를 입력값으로 해시함수를 이용하여 저장된 주소값을 지정하는 방식 : 값의 연산에 의해 직접 접근이 가능한 구조를 해시 테이블(hash table)이라 부르며, 해시 테이블을 이용한 탐색을 해싱(hashing)이라 함

　㉡ 특징 : 처리 속도 빠름, 충돌 발생, 일 방향성, 고정길이(One way)

　㉢ 해싱 구조(정적해싱, 동적해싱), 충돌 미발생 시 O(1)

② **해시탐색 방법** : 해시함수를 이용하여 키값을 버킷의 슬롯에 배열시켜 빠르게 탐색하는 알고리즘

배열에서 123817을 찾는 방법은?	테이블 내 주소로 변경하여 바로 탐색
Table[0] Table[1] Table[59996] Table[59998] 12 5 ... 123817 ... 21 8712 59	123817 → Hash function → 3819 원본 데이터 / 테이블 내의 주소값

③ 해시탐색 개념도 및 구성요소

구분	상세설명
개념도	
구성요소	• 해시테이블 : 해시함수를 사용하여 계산된 주소임 • 버킷 : 하나의 주소를 가지면서 하나 이상의 레코드를 저장할 수 있는 파일의 한 구역으로 여러 개의 슬롯(slot)으로 구성 • 슬롯 : 한 개의 레코드를 저장할 수 있는 공간 • 충돌 : 다른 레코드들이 같은 주소로 변환되는 경우 • 동거자 : 해시함수가 같은 주소로 변환시킨 모든 레코드 • 오버플로우 : 버킷에 레코드들이 가득 찬 상태

④ 해싱 주요 기술

주요 기술	설명	특징
제산 함수 (Division)	• 나머지를 구하는 MOD 연산자를 이용하여 주소값을 취하는 방식 • $h(key) = key \% M$(M : 해시테이블의 크기, 소수)	제수는 해시 테이블의 크기
중간 제곱 함수 (Mid Square)	키값의 중간 N자리를 뽑아서 제곱한 후 상대 번지로 사용 예) $h(265) = 70556$이라면 중간 3자리의 값 = 055	버킷 주소가 고르게 분포
폴딩 함수 (Folding)	• 키값을 여러 방식으로 접어 값을 합산한 후 버킷(Bucket) 주소로 활용 • 키값(입력 값)을 레코드의 키를 마지막 부분을 제외한 모든 부분의 길이가 동일하게 여러 부분으로 나누고, 이들 부분을 모두 더하거나 배타적 논리합(XOR)을 취하여, 해시 테이블의 주소로 이용하는 방법 다시, 이것이 2개로 분류됨 - 이동 폴딩(Shift Folding) : 수를 더함 - 경계 폴딩(Boundary Folding) : 이웃한 부분의 수를 뒤집어서 더함 	• 이동 폴딩 • 경계 폴딩

기수 변환 (Radix Conversion)	주어진 키값을 특정 진법으로 간주한 후 다른 진법으로 변환 값을 이용하는 기술	진법 변환
계수분석 (Digit Analysis)	키값의 자리 수를 분석하여 분포가 고른 자리 수를 해시 값으로 사용	자리 수 분석
무작위방법	난수 발생 프로그램을 이용해서 난수를 발생시켜 각 레코드 키의 홈 주소를 결정하는 방법	난수 사용

⑤ 해싱 충돌 해결 유형

해싱 유형	해싱 구조	설명
폐쇄주소법 (Chaining, Overflow)	연결리스트	• 충돌 발생한 버킷의 주소변동 없이 연결리스트 저장 • 모든 레코드 한 버킷 저장 • 해시함수로 버킷내 주소 계산 방식
개방주소법 (선형검색, 제곱검색, 이중해싱)	확장	• 충동 발생한 버킷의 주소로 부터 비어 있는 버킷이 발견될 때까지 검색 • 동적으로 해싱함수 교정 • 확장 축소를 동적으로 수행

⑥ 해싱 충돌 해결 기법

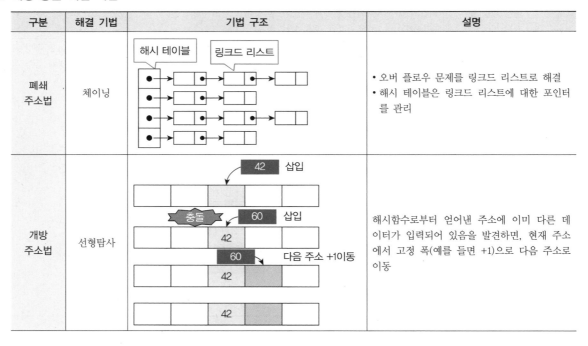

구분	해결 기법	기법 구조	설명
폐쇄주소법	체이닝	해시 테이블 / 링크드 리스트	• 오버 플로우 문제를 링크드 리스트로 해결 • 해시 테이블은 링크드 리스트에 대한 포인터를 관리
개방주소법	선형탐사	42 삽입 / 충돌 60 삽입 / 60 다음 주소 +1이동	해시함수로부터 얻어낸 주소에 이미 다른 데이터가 입력되어 있음을 발견하면, 현재 주소에서 고정 폭(예를 들면 +1)으로 다음 주소로 이동

이중해싱	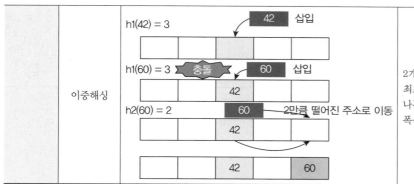	2개의 해시함수를 준비해서 하나는 최초의 주소를 얻을 때 또 다른 하나는 충돌이 일어났을 때 탐사 이동 폭을 얻기 위해 사용

(4) 최소신장트리

① 최소신장트리 개요
ⓐ 무방향 그래프(G)의 신장트리 중 No Cycle, 모든 노드의 간선 비용(가중치) 합이 최소인 신장트리
ⓑ 무방향 그래프, No Cycle 연결, n개 정점 : n-1개 간선 존재, Greedy 알고리즘

② 최소신장트리 알고리즘 유형

구분	Kruskal	Prim
개념	간선을 최소비용으로 정렬 후 간선을 하나씩 더해가며 만든 최소신장트리	정점선택 후, 한 번에 하나의 간선을 선택하여 최소 비용 신장트리를 만드는 알고리즘
절차	• 정렬 • 연결(최솟값부터) • 종료	• 시작 정점 식별 • 연결(단계별 확장) • 종료
예시) 그래프	4 A 5 B 3 D C 2 1 3 E 6 F	
절차 1	1. 오름차순 정렬(간선 가중치 기준 정렬 : n-1개 간선 정렬) • 1 : C-E • 2 : B-E • 3 : A-C, D-F • 4 : A-B • 5 : A-D • 6 : E-F	1. 정점선택(시작 정점 : 인접정점과의 최소비용 식별) : 간선 중 가중치가 가장 적은 노드 선택 C
절차 2	2. 연결(가중치 작은 간선부터 연결 → (반복) 간선 n-1개 : No Cycle 확인) C 1 E ⇒ B 2 C 1 E ⇒ A 3 B 2 C 1 D 3 E F	2. 연결(정점과 인접정점간 최소비용 간선 연결 → 반복 (모든정점) : No Cycle 확인) C 1 E ⇒ B 2 C 1 E ⇒ A 3 B 2 C 1 E

절차 3	3. 종료(No Cycle, 최소신장 트리 확인 : n-1개 간선)	3. 종료(No Cycle, 최소신장트리 확인 : n-1개 간선)

(5) 최단경로 탐색

① **최단경로 개요**

    ㉠ 두 정점 간 경로들 중 간선 가중치 합이 최소인 경로

    ㉡ (무)방향 그래프, No Cycle 연결, n개 정점 : n-1개 간선 존재

② **최단경로 알고리즘 유형**

구분	다익스트라	벨만포드	A*알고리즘	Floyd-Warshall
개념	음의 가중치가 없는 그래프로 Greedy 이용, 최단경로 탐색 알고리즘	음의 값을 허용하는 그래프로 최단경로 문제 해결위한 Greedy 방법	출발 노드에서 목표 노드까지 최적의 경로를 찾기 위한 휴리스틱 함수 ($f*(n)=g(n)+h*(n)$)	모든 정점에서 출발해서 출발한 정점을 제외한 모든 정점을 도착하는 최단거리 알고리즘
특징	• 최적해 보장 불가 • 출발점 → 도착점 간 • $O(n\log n)$	• 가중치(음수 허용) • 단일 - 출발기준 • $O(n^2)$	• BFS 기반 • 휴리스틱 함수 • 모든 정점이 아닌 목표정점까지의 최단거리	• 동적계획법 기반 • 출발한 정점 제외 • 행렬 값 계산 • 고차원적 알고리즘

프로그래밍 언어 및 최신 기술

4차 산업혁명 시대에서 가장 빛을 발하고 있는 분야는 인공지능(AI), 블록체인, 사물인터넷(IoT), 5G 등의 기술이다. 이는 4차 산업혁명과 관련된 여러 산업들에 지대한 영향을 끼치며 전 세계 경제를 견인하고 있다. 이러한 기술을 다루기 위해서는 가장 먼저 알아야 할 것이 프로그래밍이고, 4차 산업혁명을 이끌 리더에게 필수 요소이다.

1 프로그래밍 언어

1. 프로그래밍 언어의 개요

(1) 프로그래밍 언어의 정의

① 컴퓨터가 특정 주어진 일을 수행할 수 있도록 작성된 프로그램(program)을 일컫는다. 프로그램은 컴퓨터가 이해할 수 있도록 만들어진 결과물이고, 이때 프로그램을 작성하는 문법 및 프로세스를 프로그래밍 언어라고 한다.

② 코딩은 컴퓨터가 주어진 일을 수행할 수 있도록 프로그램을 만드는 과정이다.

(2) 프로그래밍 언어의 패러다임

① **절차적 언어** : 프로그래밍 작성 시 알고리즘과 비즈니스 로직에 따라 차례차례 문제를 해결하도록 작성하는 방법의 프로그래밍 언어이다. 대표적인 언어는 상당히 초기에 개발된 C와 Pascal 등이 존재한다.

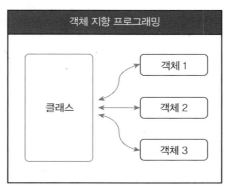

[절차적 프로그래밍과 객체 지향 프로그래밍 차이]

② 객체 지향 언어

      ⊙ 현실 세계의 현상을 컴퓨터상에 객체(Object)로 모델화함으로써, 컴퓨터를 자연스러운 형태를 사용하여 여러 가지 문제를 해결할 수 있는 언어이다.

      ⓒ 프로그래밍 작성 시 데이터와 그 데이터 처리하는 메소드(Method)를 한데 묶어 객체(Object)를 만들고 객체(Object)를 조립하면서 작성하는 방법의 프로그래밍 언어이다. 대표적인 언어는 JAVA와 C# 등이 존재한다.

      ⓒ 소프트웨어 개발 및 유지보수성 향상을 위한 설계관점의 기본원칙이다. 또한, 코드를 좀 더 유지보수하기 쉽고, 유연하고, 확장하기 쉽게 만들기 위한 설계되었다.

③ 객체 지향 언어 특징

      ⊙ 캡슐화(Encapsulation) : 데이터 및 클래스를 하나로 묶어, 객체 내부에서 필요로 하는 정보를 외부로부터 은닉시키고, 매소드를 통한 접근하여 한번에 관리할 수 있게 해준다.

      ⓒ 추상화(Abstraction) : 외부 인터페이스만 제공하고, 객체 내부를 숨겨서 어떻게 일을 하는지 몰라도 원하는 결과를 얻을 수 있다.

      ⓒ 다형성(Polimorphism) : 메소드 명은 같더라도 매개변수의 개수, 매개변수의 유무, 매개변수의 자료형 등에 따라 다른 메소드가 실행된다.

      ② 상속(Inheritance) : 상위 클래스에서 정의되어 있는 기능을 하위 클래스에서 물려받아 사용할 수 있다.

④ 객체 지향 언어 5원칙(SOLID)

      ⊙ 단일책임의 원칙(SRP; Single Response Principle) : 시스템의 모든 객체는 하나의 책임만을 가지며, 객체가 제공하는 모든 서비스는 그 하나만의 책임만을 수행해야 한다는 설계 원칙이다.

      ⓒ 개방 폐쇄 원칙(OCP; Open Closed Principle) : 소프트웨어 Entity(classes, Modules, Function)는 확장에는 열려있고 수정에는 닫혀있어야 한다는 설계 원칙이다.

      ⓒ 리스코프 치환의 원칙(LSP; Liskov Substitution Principle) : 부모 클래스의 객체(타입과 매소드의 집합)들이 자식 클래스 사용되는 곳에 대체될 수 있어야 한다는 설계 원칙이다.

      ② 인터페이스 분리의 원칙(ISP/Interface Segregation Principle) : 어떤 클래스가 다른 클래스에 종속될 때는 최소한의 인터페이스만을 사용해야 한다는 설계 원칙이다.

      ⑩ 의존성 역전의 원칙(DIP/Dependancy Inversion Priciple) : 높은 레벨의 모듈은 낮은 레벨의 모듈을 의존하면 안 되며 서로 추상에 의존해야 한다는 설계 원칙이다.

2. 프로그래밍 언어 문법

(1) 문자열

프로그래밍 언어에서는 문자열을 큰따옴표(" ")를 사용해 표현한다.

```
char str01[] = "This is a string.";        // 크기를 지정하지 않은 문자열 변수 선언
char str02[7] = "string";                   // 크기를 지정한 문자열 변수 선언
```

(2) 변수(variable)

프로그램에서 사용한 값을 저장하기 위해 프로그램에 의해 이름을 할당받은 메모리 공간을 의미한다.

```
int num;  // 변수 선언
num = 10;  // 변수에 값 저장
printf("%d", num);  // 변수 출력
```

(3) 배열(array)

배열은 같은 타입의 변수들로 이루어진 집합이다. 배열을 구성하는 각각의 값에는 배열의 위치를 가리키는 숫자는 인덱스(index)가 주어진다. 인덱스는 0부터 시작하며, 0을 포함한 양의 정수만을 가질 수 있다. 배열은 선언되는 형식에 따라 1차원 배열, 2차원 배열뿐만 아니라 그 이상의 다차원 배열로도 선언할 수 있으나, 현실적으로 이해하기가 쉬운 2차원 배열까지를 많이 사용한다.

```
int grade[3];       // 길이가 3인 int형 배열 선언
grade[0] = 85;      // 국어 점수
grade[1] = 65;      // 영어 점수
grade[2] = 90;      // 수학 점수

// 2차원 배열
int arr02[2][3] = {
{10, 20, 30},
{40, 50, 60}
};
```

(4) 조건문

① 조건문은 프로그램 설계 시 주어진 조건식의 결과에 따라 명령을 수행하는 문법이다. 조건문은 if 예약어를 사용하고, if 문은 조건식의 결과가 참(true)이면 주어진 명령문을 실행하고, 거짓(false)이면 조건문을 무시한다.

```
if (조건문)
{
    조건문의 결과가 참일 때 실행하는 내용;
}
else
{
    조건문의 결과가 거짓일 때 실행하는 내용;
}
```

② 조건문은 참일 때 실행하는 내용은 중괄호({ })로 표시하고, 안에 실행하는 내용은 오른쪽으로 들여쓰기를 한다. 이는 가독성을 높여줄 뿐 아니라 중괄호를 생략할 경우 들여쓰기로 인해 해당 부분이 조건문에 속한 실행 내용이라는 것을 알 수 있다.

(5) 반복문

프로그램 내에서 동일한 내용을 특정 횟수 만큼 반복하는 문법이다. 반복문은 3가지 문법이 존재하고, 상황에 따라 선택해서 사용할 수 있다.

① while문 : while문은 특정 조건을 만족할 때까지 계속해서 주어진 명령문을 반복 실행한다. while문은 조건 식의 true, false를 판단하여 true면 반복문 내부를 실행한다. 이렇게 내부의 내용을 한 번 실행하면, 다시 조건식으로 돌아와서 현재 상태를 기준으로 true, false를 판단하여 true면 반복문 내부를 실행하는 식으로 반복한다. 이러한 반복문을 loop라고 한다.

```
while (조건식)
{
    조건식의 결과가 참인 동안 반복적으로 실행하고자 하는 명령문;
}
```

② do/while문 : do/while문은 먼저 조건문의 ture, false를 검사하지 않고 loop를 한 번 실행한 후에 조건식 을 검사한다. 즉, 조건문의 ture, false와 무관하게 무조건 한 번은 실행한다.

```
do {
    조건식의 결과가 참인 동안 반복적으로 실행하고자 하는 명령문;
} while (조건식);
```

③ for문 : for문은 반복문 안에서 사용할 변수, 조건 등을 모두 포함하고 있는 반복문입니다. 즉, 초기조건을 기준으로 조건식의 ture, false를 평가한 후 true일 경우 loop를 실행한다. loop 안의 내용을 다 종료하고 증감식에 따라 변수값을 증가 또는 감소 한 후 다시 조건식의 ture, false를 평가한 후 true일 경우 loop를 실행하는 식으로 반복한다.

```
for (초기조건; 조건식; 증감식)
{
    조건식의 결과가 참인 동안 반복적으로 실행하고자 하는 명령문;
}
```

(6) 함수(function)

① **함수 개요** : 함수(function)란 특별한 목적의 작업을 수행하기 위해 독립적으로 설계된 프로그램 코드의 집합으로 정의할 수 있다. 대부분의 프로그램은 함수들로 구성되며, 함수들을 사용하여 코딩한다. 함수를 사용하는 가장 큰 이유는 바로 반복적인 프로그래밍을 피할 수 있기 때문이다. 코딩 중 반복적으로 사용해야 하는 부분을 함수로 만들고 이 함수를 호출하면 된다. 또한, 프로그램을 여러 개의 함수로 나누어 작성하면, 모듈화로 인해 전체적인 코드의 가독성이 좋아지고, 유지보수성도 좋아진다.

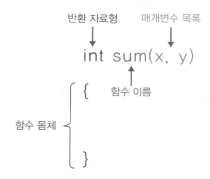

② **함수 구성요소**

㉠ 반환 유형(return type) : 함수 호출 후 함수가 모든 작업을 마치고 반환하는 데이터의 타입을 명시한다.
㉡ 함수명 : 함수를 호출하기 위한 이름을 명시한다.
㉢ 매개 변수(parameters) : 함수 호출 시에 전달되는 매개 변수(파라미터) 값을 저장할 변수들을 명시한다.
㉣ 함수 실행 내용 : 함수가 실제 동작한 기능에 대한 내용이다.

3. C 언어

(1) C 언어 개요

초기에 개발된 프로그래밍 언어로 프로그램을 보다 간단하게 사용하고 설계할 수 있게 하는 운영체제의 공통언어로 사용한다. C 언어는 단순(Simple)하면서도, 하드웨어에 독립적인 언어를 만들기 위해 개발되었다. 또한 짧고 간결하게 표시할 수 있어 다른 프로그래밍 언어들의 베이스가 되기도 합니다. C 언어는 포인터를 가지고 있고 포인터는 메모리 주소를 다루는 방법 중에 하나이다. 포인터 변수는 *으로 표시하고, 포인터 연산자에는 주소 값을 리턴하는 &와 주소값에 존재하는 값을 리턴하는 *이 있다. 이 포인터 변수에는 메모리 주소를 저장한다.

(2) C 언어 특징

특징	설명
이식성 우수	C 언어로 작성된 프로그램은 다양한 하드웨어로의 이식성이 우수
절차지향형 언어	C 언어는 절차 지향 프로그래밍 언어로, 코드가 복잡하지 않아 상대적으로 유지보수용이
하드웨어 친화적	C 언어는 저급 언어의 특징을 가지고 있으므로, 어셈블리어 수준으로 하드웨어 제어 가능
빠른 성능	C 언어는 코드가 간결하여, 완성된 프로그램의 크기가 작고 실행 속도가 빠름

4. JAVA 언어

(1) JAVA 언어 개요

JAVA는 객체 지향 프로그래밍 언어(Object Oriented Programming)로 1991년 썬 마이크로 시스템즈에서 개발했으며 현재는 오라클에서 관리하는 오픈소스 프로그래밍 언어이다. JAVA는 모바일 안드로이드를 개발하는 언어로 유명하다.

(2) JAVA 언어 특징

특징	설명
오픈 소스 라이브러리가 풍부	자바는 오픈소스언어이므로 자바 프로그램에서 사용하는 라이브러리 또한 오픈소스가 풍부
객체 지향 언어	객체들을 먼저 만들고, 이것들을 하나씩 조립 및 연결해서 전체 프로그램을 완성하는 기법
멀티스레드를 구현	병렬처리 위해 스레드 생성 및 제어와 관련된 라이브러리 API를 제공하고 있기 때문에 실행되는 운영체제에 관계없이 멀티 스레드를 쉽게 구현 가능
메모리를 자동으로 관리	객체 생성 시 자동적으로 메모리영역을 찾아서 할당하고, 사용이 완료되면 Garbage Collector를 통해 사용하지 않는 객체를 제거
동적로딩(Dynamic Loading)지원	프로그램 실행 시 모든 객체가 생성되지 않고, 객체가 필요한 시점에 클래스를 동적로딩해서 객체를 생성

5. Python 언어

(1) Python 언어 개요

python은 문법이 직관적이고, 데이터 타입을 지정할 필요가 없어서 초보자들이 접근하기 쉬운 개발 언어이다. phthon은 오픈소스 언어로서, 다양한 library가 제공되고, 특히 데이터 분석 및 ML 개발 시 주로 사용된다. 또한 Stack Overflow 조사 결과에 따르면 Stack Overflow에서 가장 많은 질의응답을 받는 언어가 파이썬인 만큼 파이썬은 꾸준히 성장할 것으로 예상된다.

(2) Python 언어 특징

특징	설명
ML 개발언어로 적합	다양한 Library를 통한 데이터 분석과 ML 및 AI 개발 접근 용이
다양한 Library 제공	개발자들이 만들어 놓은 많은 모듈과 패키지를 쉽게 사용하여, 다양한 서비스에 활용 및 응용 범위 넓음
오픈소스 언어	저작권이 등록되어 있지만 자유롭게 사용 및 배포 가능
직관적 코드 구현	기존의 main, 0을 반환하는 return 0과 같은 문법 없이, 들여쓰기를 통한 직관적인 코드 작성

(3) Python 자료형

python의 자료형 중에 정수, 실수형, 문자형, bool형은 다른 개발 언어와 유사하며, List, Tuple, dictionary는 python에서만 사용하는 고유한 자료형이다.

자료형	표시 예시	설명
Int	−1, 1024, 32	자연수를 포함해 값의 영역이 정수로 한정 값
Float	−3.14, 314e−2(지수형)	소수점이 포함된 값
Char	'phthon'	값이 문자로 출력되는 자료형
List	['language', 'python']	하나의 변수에 여러 값을 할당하는 자료형으로, 리스트는 []로 표시하고, 리스트 안에 요소들은 콤마로 구분하여 나열
Tuple	('kpc', '광화문 클라쓰')	리스트와 같은 개념이지만, 데이터를 변경할 수 없는 자료구조, 괄호()를 사용
Dictionary	{'kpc', '광화문 클라쓰'}	중괄호를 사용하여 키와 값(value) 형태로 데이터를 저장하는 자료구조
Bool	true, false	참, 거짓을 나타내는 데이터 타입

6. Web 개발 언어

(1) HTML

① HTML은 HyperText Markup Language의 줄임말로 웹사이트를 만들기 위해 필요한 언어이다. 여기서 HyperText 는 웹페이지에서 볼 수 있는 링크를 말한다.

② HTML은 프로그래밍 언어라기보다는 Markup 언어인데 Markup 언어는 웹사이트를 어떻게 구성하고 보여 줄지 구현하는 일련의 문자나 기호다.

```
〈!DOCTYPE html〉
〈html lang="ko"〉
〈head〉
〈meta http-equiv="Content-Type" content="text/html; charset=utf-8"〉
〈meta http-equiv="Content-Script-Type" content="text/javascript"〉
〈meta http-equiv="Content-Style-Type" content="text/css"〉
〈title〉제목〈/title〉
〈link rel="stylesheet" type="text/css" href="css/service_name.css"〉
〈/head〉
〈body〉
본문 내용
〈/body〉
〈/html〉
```

(2) 스크립트 언어

① **javascript** : 스크립트 언어이며 웹페이지의 동작을 담당하고 주로 웹 브라우저, HTML 문서 내에서 동적으로 변경할 때 사용하는 언어이다. 예를 들어 엘리베이터를 만든다고 가정할 때 엘리베이터의 버튼 위치, 색상 등은 HTML로 개발하지만, 실제 위로 또는 아래로 동작할 때 javascript를 사용한다. 컴파일 과정이 없어서 빠르고 간단하게 코딩을 만들고 프로그래밍을 표현할 수 있고 스크립트 코드를 작성할 수 있어 편리하다.

```
<script type="javascript/text">
alert("hello world");
<script>
```

[javascript 기본 문법]

② **jquery** : 화면의 동적 기능을 자바스크립트보다 좀 더 쉽고 편리하게 개발할 수 있게 해주는 javascript 기반 라이브러리이다. jquery는 여러 가지 효과나 이벤트를 간단한 함수 호출만으로 빠르게 개발할 수 있어 유용하다. 메서드 체인 방식으로 여러 개의 기능이 한 줄로 나열되어 코드가 불필요하게 반복되는 것을 피할 수 있다. 또한 풍부한 플러그인을 제공하므로 이미 개발된 많은 플러그인을 쉽고 빠르게 이용할 수 있는 장점이 있다. jquery를 사용하기 위해서는 jquery script를 참조해야 한다.

```
원하는 jquery 버전
<script src="http://code.jquery.com/jquery-1.3.1.min.js"></script>
가장 최신의 jquery 버전
<script src="http://code.jquery.com/jquery-latest.min.js"></script>
```

③ **ajax** : 전체 페이지를 새로 고치지 않고도 페이지의 일부만을 위한 데이터를 로드하는 비동기 기법이다. 페이지의 일부분에만 로드하는 기능은 사용자의 UX, UI를 향상시킬 수 있다. 이는 페이지의 일부만 수정하게 된다면 사용자가 전체 페이지가 로드될 때까지 기다릴 필요가 없기 때문이다. 대표적인 예로 검색 시 사용한다. 자동완성이라고 하여 특정 단어 검색 시 저장된 데이터를 페이지 교체 없이 실시간으로 검색 결과가 나타난다.

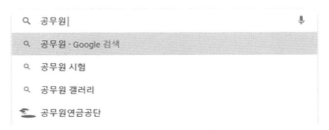

[ajax 사례]

2 엑셀(Excel)

1. 엑셀 기본 기능

(1) 엑셀 개요

엑셀이란 스프레드시트를 이용하여 각종 데이터를 항목별로 분류하여 정리해주는 기본적인 MS 오피스 소프트웨어 중 하나이다. 엑셀은 데이터베이스 기능은 물론, 다양하고 복잡한 계산을 정확하게 처리해주고 자료 분석을 통하여 각종 통계 자료와 다양한 차트를 이용해 보고서를 작성하는 것까지 다양한 업무에서 활용되는 소프트웨어이다.

2. 엑셀 함수

(1) SUM

SUM은 덧셈함수이다. "=SUM(시작셀:끝셀)"의 형태로 범위를 입력하고, =SUM(F3:F8)를 입력하면 F3셀부터 F8셀까지 범위의 값을 전부 더한다는 뜻이다.

(2) COUNT, COUNTA, COUNTIF

① **COUNT** : 오직 숫자 형식의 값만 셀 수 있고 문자, 특수기호, 공백 등의 데이터는 카운트되지 않는다. "COUNT(개수를 세고자 하는 셀의 범위)"의 형태로 범위를 입력하고, =COUNT(F3:F8)를 입력하면 F3셀부터 F8셀까지 포함된 숫자를 카운트한다.

② **COUNTA** : 숫자뿐만 아니라 문자, 특수기호 등 모든 데이터가 입력된 셀의 개수를 셀 수 있다. 즉, 비어 있는 셀을 제외한 모든 셀의 개수를 카운트한다. "=COUNTA(개수를 세고자 하는 셀의 범위)"의 형태로 입력하고 =COUNTA(F3:F8)을 입력하면 F3셀에서 F8셀까지의 공백을 제외한 모든 값을 카운트한다.

③ **COUNTIF** : 엑셀 시트에서 특정 조건을 만족하는 데이터의 개수를 구할 때 사용한다. "= COUNTA(개수를 세고자 하는 셀의 범위,"조건")"의 형태로 범위를 입력하고, =COUNTIF(F3:F8,"엑셀")을 입력하면 F3셀에서 F8셀까지 "엑셀"이라고 입력된 값을 카운트 한다.

(3) INDEX

INDEX 함수는 테이블이나 범위에서 값 또는 값에 대한 참조를 반환한다. "INDEX(array, row_num, [column_num])"의 형태로 입력하고 array는 필수 요소로 배열 상수나 셀 범위를 나타낸다. row_num은 필수 요소로 column_num이 없는 경우이다. 값을 반환할 배열의 행을 선택하고 row_num을 생략하면 column_num이 필요하다. 마지막으로 column_num 선택 요소로 값을 반환할 배열의 열을 선택한다. column_num을 생략하면 row_num이 필요하다.

(4) VLOOKUP

Vertical Lookup의 약자로 수직으로 내려가면서 값을 찾을 때 사용한다. "VLOOKUP(lookup_value, table _array, col_index_num, [range_lookup])" 형태로 입력하고, 범위(table_array)의 첫 번째 열을 수직으로 내려가면서 키값(lookup_value)를 찾은 다음, 같은 행에 있는 지정된 열(col_index_num)의 값을 반환한다.

① lookup_value : 범위에서 원하는 값을 찾기 위한 키값

② table_array : 값을 찾을 범위

③ col_index_num : 값을 찾을 범위에서 가져올 값이 있는 열의 위치

④ range_lookup : 일치하는 키값을 찾을 것인지 근사값을 찾을 것인지 결정(TRUE-근사값, FALSE-일치하는 값)

(5) HLOOKUP

HLOOKUP은 VLOOKUP과 유사하지만 데이터 입력방식이 가로일 때 사용하는 함수이다. "=HLOOKUP(A2, 품목정보!F1:O3, 2, FALSE)"의 형태로 입력한다.

3 IT 신기술

1. IT 기술 개요

(1) 유비쿼터스(Ubiquitous)

언제 어디서든 어떤 기기를 통해서도 컴퓨팅할 수 있는 것을 의미한다. 즉, 통신이 가능한 컴퓨터가 어디든지 존재하는 세상이다.

(2) 텔레매틱스(telematics)

텔레매틱스는 무선통신과 GPS(Global Positioning system) 기술이 결합되어 자동차에서 위치 정보, 안전 운전, 오락, 금융 서비스, 예약 및 상품 구매 등의 다양한 이동통신 서비스 제공을 의미한다. 좀 더 넓은 의미에서 원격진료(Telemedicine)및 원격검진(Telemetry)을 포함하여 지칭하기도 한다.

2. 인공지능

(1) 인공지능 개요

인공지능은 사고나 학습 등 인간이 가진 지적 능력을 컴퓨터를 통해 구현하는 학문 또는 기술이다. 대부분 인공지능(AI), 머신러닝(Machine Learning, 기계학습), 딥러닝(Deep Learning)을 비슷한 내용으로 이해하고 있지만, 인공지능은 가장 넓은 개념이며, 인공지능을 구현하는 대표적인 방법 중 하나가 바로 머신러닝이다. 또한 딥러닝은 머신러닝의 여러 방법 중 하나의 방법론으로 인공신경망(Artificial Neural Network)의 한 종류이다.

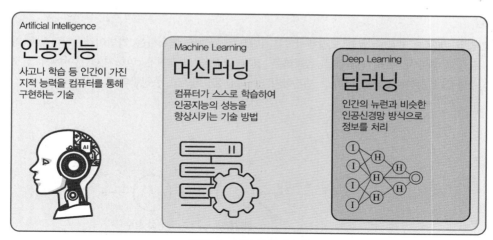

[인공지능, 머신러닝, 딥러닝]

(2) 머신러닝 유형

① **지도학습(Supervised Learning)** : 입력값과 결과값(정답 레이블)을 함께 주고 학습을 시키는 방법으로, 분류/회귀 등 과거 데이터를 기반으로 앞으로 있을 이벤트를 예측하는 기법이다. 예를 들어, 신용카드 거래의 사기성이나 보험 가입자의 보험금 청구 가능성 여부 등을 예측한다. 알고리즘은 의사결정트리, 랜덤포레스트, KNN, SVM, 앙상블 등이 존재한다.

② **준지도학습(Semi-Supervised Learning)** : 준지도 학습은 소량의 Label data와 대량의 Unlabel 데이터를 동시에 Training 데이터로 사용하여, Accuracy를 극대화하는 모들을 생성하는 학습 기법이다. 데이터 학습 시 대량의 데이터에 라벨링 시 인건비, 시간 과다 소요 및 특정 도메인 전문가 필요하기 때문에 준지도학습은 레이블이 달려있는 데이터와 레이블이 달려있지 않은 데이터를 동시에 사용하여 더 좋은 모델을 생성하는 것을 목적으로 한다. 준지도 학습은 잘 레이블링된 일부 데이터를 이용하여 초기 모델을 하나 만들고, 레이블링이 안 된 데이터의 레이블을 결정하면서 지속적으로 모델을 업데이트 해나가는 매커니즘으로 구성된다.

③ **비지도학습(Unsupervised Learning)** : 지도 학습과는 달리 정답을 알려주지 않고 컴퓨터에게 결과값 없이 입력값만 주고 학습시키는 기법이다. 비지도 학습은 것들끼리 군집으로 묶어주는 군집이 대표적인데, 예를 들어 강아지, 고양이, 기린, 원숭이 사진을 비지도 학습으로 분류한다고 가정할 때, 각각의 동물들이 어떤 동물인지 정답을 알려주지 않았기 때문에 이 동물을 '무엇' 이라고는 정의할 수는 없지만 동물의 특징(Feature) 별로 분류할 수 있다. 즉, 다리가 4개인 강아지, 고양이, 기린은 한 분류가 될 수 있고 또는 목이 긴 기린이 한 분류, 마지막으로 다리가 2개인 원숭이가 한 분류할 수 있다. 따라서 비지도 학습은 예측 등이 아닌 데이터가 어떻게 구성되어있는지 밝히는 데 주로 사용한다. 알고리즘으로 K-means, DBSCAN, PCA 등이 존재한다.

④ **강화학습(Reinforcement Learning)** : 강화학습은 상과 벌이라는 보상(reward)을 주며 상을 최대화하고 벌을 최소화 하도록 하는 학습하는 기법이다. 정확한 정답은 없지만, 이러한 반복적인 행동들을 통해 칭찬과 벌을 받음으로써 보상의 가중치를 최대화하는 것이 목표이다. 강화학습은 주변 상태에 따라 어떤 행동을 할지 판단을 내리는 주체인 에이전트가 있고, 에이전트가 속한 환경 존재하여 에이전트가 행동을 하면 그에 따라 상태가 바뀌게 되고, 보상을 받을 수도 있다. 강화학습은 에이전트(agent), 환경(environment), 상태(state), 행동(action), 보상(reward) 등으로 구성된다.

(3) 인공신경망

① **인공신경망 개요** : 인간의 뇌를 모방해서 그 기반으로 결과를 예측하는 기법이다. 입력값과 가중치를 설정하고, 활성화 함수를 통해 결과값을 출력하는 전체 과정을 의미한다. 인공지능 분야에서 신경망이란 보통 인공신경망을 지칭하며 그 둘을 따로 구분하지 않고 신경망이라고 총칭한다.

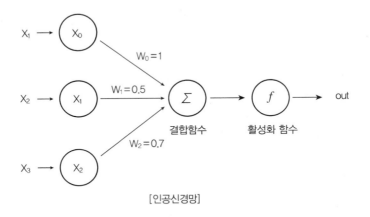

[인공신경망]

② **인공신경망 계층 구조**

㉠ 입력층(Input Layer) : 초기에 데이터가 세팅되는 층을 의미한다.

㉡ 은닉층(Hidden Layer) : 데이터가 드러나지 않고 가려져 있는 층을 의미한다. 즉, 우리 눈에 보이지 않기 때문에 Black Box와 같다고 하여 Hidden layer라고 부른다.

㉢ 출력층(Output Layer) : 그래프의 실행 시, 파라미터를 저장하고 갱신하는 데 사용되고, 메모리상에서 텐서를 저장하는 버퍼 역할을 한다.

③ **퍼셉트론(Perceptron)** : 신경망 모형 중 하나로, 하나의 샘플이 어떤 클래스에 속하는지 예측 및 분류하는 알고리즘이다. 인간의 두뇌를 모방하여 각 노드들이 서로 연결되고, 각 노드는 학습을 통해 가중치를 조정해 나가는 알고리즘이다. 유형으로는 단층 퍼셉트론, 다층 퍼셉트론이 존재한다.

④ **활성화 함수(Activation Function)** : 결합함수로부터 전달받은 결과값이 임계값보다 크면 1, 그렇지 않으면 0 또는 −1을 출력하는 함수이다. 신경망에 너무 약한 신호가 입력될 경우 그 신호가 미세하여 별 의미가 없고, 반대로 너무 강한 신호를 전달할 경우에도 그 값이 너무 편향되어 좋은 값이 아니 때문에 활성화 함수를 사용한다. 활성화 함수 유형으로는 Sigmoid, tanh, ReLU 등이 존재한다.

⑤ **오류역전파(Back Propagation)** : 오류역전파는 입력값과 가중치를 계산하여 그 결과값을 출력하고, 출력값과 예측값이 서로 다를 경우 그 둘 간의 오차값을 계산하여 이전 노드로 오차값을 다시 전달, 이때 오차값 계산은 cost function과 경사하강법을 통해 계산한다. 그리고 전달받은 오차값를 다시 적용하여 가중치 값을 update 진행하고 오차가 최소화가 될 때까지 이 과정을 반복하는 과정으로 오류역전파는 동작한다. 단, 오류역전파 레이어가 많아지면 오차가 사라지는 문제(Vanishing Gradient Problem)가 발생한다.

(4) 딥러닝

딥러닝은 2016년 3월 바둑 프로그램인 '알파고(AlphaGo)'가 대한민국의 이세돌 9단을 이기면서 널리 알려졌다. 딥러닝은 머신 러닝의 한 방법으로, 인공 신경망으로서 예시 데이터에서 얻은 일반적인 규칙을 독립적으로 학습하는 기법이다. 알고리즘은 CNN, RNN 등이 존재한다.

① CNN(Convolutional Neural Networks) : 생물의 시신경이 동작하는 원리를 이용하여 Convolution, Pooling 반복하여 이미지 데이터 처리에 적합한 구조로 만들어진 딥러닝 알고리즘이다. CNN은 고양이가 특정 이미지를 보는 데에서 착안하여 고양이가 화면을 볼 때 위치에 따라 자극 받는 뇌의 위치가 다른 것을 보고 개발하였다. 즉, image 전체를 보는 것이 아니라 부분을 보는 것이 핵심이다.

② RNN(Recurrent Neural Network) : 시간의 흐름이 있는 sequence data를 분석하는 신경망이다. 신경망에 새로운 정보가 들어오면 기억을 조금씩 수정하여 전체를 요약하는 정보 출력한다. Sequence data의 대표적인 형태로는 '문장'과 같은 데이터가 있는데, 현재의 단어만으로 의미를 해석하는 것이 아니라 앞 단어와의 관계를 통해서 현재 단어의 의미를 해석한다. 이외에도 손글씨, 음성 신호, 센서가 감지한 데이터, 주식 등을 처리하는 데 자주 활용된다.

3. 클라우드(Could)

(1) 클라우드 개요

① **클라우드 정의** : 클라우드 서비스는 AWS(Amazo Web Service), MS 등 클라우드 제공업체로부터 호스팅하여 인터넷을 통해 사용자에게 제공하는 인프라, 플랫폼 또는 소프트웨어를 말한다. 클라우드는 서비스를 사용한 만큼 비용을 지불하고, 짧은 시간 안에 개발 환경을 구축하여 신기술 또는 빠른 비즈니스 환경에 적합하다

② **클라우드 특징**
　㉠ 민첩성 : 필요할 때에 클라우드 서비스를 추가 또는 기존에 사용하는 클라우드 용량 확장에 대한 유연성을 제고시킨다.
　㉡ 멀티테넌시 : 많은 사람들을 통해 자원과 비용을 공유할 수 있다.
　㉢ 독립성 : 사용하는 데이터가 어느 위치가 어디에 있는지 알 필요가 없고, 다양한 디바이스를 사용하는지에 관계없이 사용자들이 웹 브라우저를 통해 시스템에 접근할 수 있다.

(2) 클라우드 유형

① **IaaS(Infrastructure as a Service)** : 서비스 제공자가 서버, 스토리지, 네트워크 등의 하드웨어 자원을 서비스로 제공하는 모델이다. CPU, 메모리, HDD, 네트워크 등의 물리적 자원을 논리적으로 가상화하여 탄력적으로 제공한다. 예를 들어 Amazon EC2, S3 등이 있다.

② **PaaS(Platform as a Service)** : 사용자에게 소프트웨어 개발에 필요한 플랫폼을 임대 및 제공하는 서비스이다. 개발자가 자신의 어플리케이션을 개발, 테스트, 실행할 수 있는 컴퓨팅 플랫폼을 제공한다. 예를 들어 Linux, Apache, PHP, MySQL, MS-Azur, Google-Apps 등이 있다.

③ **SaaS(Software as a Service)** : 이용자가 원하는 소프트웨어를 임대 및 제공하는 서비스이다. 소프트웨어/어플리케이션을 제공하는 목적으로 만들어진 모델로 표준화된 어플리케이션 프로세스를 제공한다. 예를 들어 웹메일 서비스, iCloud, Dropbox, Google Docs, One note 등이 있다.

(3) 가상화

① **가상화 정의** : CPU 사용률을 극대화하기 위해 하나의 컴퓨터에서 여러 개의 컴퓨터를 동작하기 위해 가상화가 등장하였다. 예를 들어 크고 복잡한 일을 처리하기 위해 하나의 PC보다 여러 대의 PC를 사용하는 것이 좋다. 하지만 컴퓨터 장비를 여러 대 구매한다면 비용뿐 아니라 컴퓨터 환경을 동일하게 맞춰주어야 하기 때문에 시간이 많이 소요된다. 그래서 하나의 PC에서 여러 개의 컴퓨터를 동작하도록 가상화가 개발되었다. 가상화란 물리적 컴퓨터 하드웨어를 보다 효율적으로 활용할 수 있도록 해주는 기술이다.

② **가상화 구현 기법**

　㉠ VM(Virtual Machine) : 하나의 서버에서 Hypervisor를 통해 CPU, 메모리, 디스크 등의 하드웨어 자원을 가상화하여 서비스 형태로 제공하는 방식이다. VM은 Docker와 달리 OS를 각각 설치할 수 있어 다양한 OS를 지원한다. 하지만 OS를 개별 설치하기 때문에 Docker보다 오버헤드가 크고 Booting 속도가 느리다는 단점이 있다.

　㉡ 도커(Docker) : 하이퍼바이저(hypervisor) 없이 리눅스 컨테이너(Linux Container, LXC) 기술을 바탕으로 애플리케이션을 격리 상태에서 실행하는 가상화 기술이다. Docker는 호스트에 설치된 OS를 공유받는 형식으로 최소한의 리소스만 할당받아 동작하여 운영체제 전체를 구동해야하는 일반적인 가상머신 비해 빠르다는 장점이 있다.

4. 빅데이터(Bigdata)

(1) 빅데이터 개요

① **빅데이터 정의** : 빅데이터는 수십 테라바이트(TB) 이상 대량의 정형 또는 비정형 데이터 세트 및 이러한 데이터로부터 가치를 추출하고 결과를 분석하는 기술이다.

② **빅데이터 특징(3V)**

　㉠ Volume(규모) : IT 기술 발전으로 기존의 정형 데이터뿐 아니라 SNS로부터 수집되는 사진, 동영상 등의 다양한 멀티미디어 데이터까지 디지털 정보량의 기하급수적으로 증가한다.

　㉡ Variety(다양성) : 데이터는 정형 데이터뿐만 아니라 비정형, 반정형 데이터를 포함한다.

　㉢ Velocity(속도) : 빅데이터의 목적은 빠른 비즈니스 변화 환경에서 데이터를 분석하여 도출된 결과로 기업의 전략, 목표, 인사이트를 도출하는 데 있다. 즉, 가치있는 정보 활용을 위해 데이터 처리 및 빠른 분석 속도가 중요하다.

(2) 빅데이터 에코시스템

빅데이터 기술은 수집, 저장, 분석, 시각화하는 과정에서 다양한 기술이 필요하고, 기술의 집합을 하둡 에코시스템(Hadoop Ecosystem)이라고 한다.

① **하둡(Hadoop)** : 빅데이터를 저장 및 처리하는 데 핵심 기술로, 대용량 데이터 처리를 위한 분산처리 지원 오픈소스 프레임워크이다.

② **Zookeeper** : 분산 환경에서 서버들간에 상호 조정이 필요한 다양한 서비스를 제공한다.

③ **YARN** : 클러스터 자원과 스케줄링을 위한 프레임워크이다.

④ Hive : HDFS에 저장된 데이터를 관리 쿼리를 제공하는 웨어하우스 솔루션이다.

⑤ 이외에 데이터를 수집하는 데 사용하는 Sqoop, Chukwa, Flume, Scribe과 저장하는 데 사용하는 HBase, Mahout 등의 다양한 기술이 존재한다.

5. 블록체인(Block Chain)

(1) 블록체인 개요

① **블록체인 정의** : 블록(Block) + 체인(Chain)의 합성어로 누구나 열람할 수 있는 장부에 거래 내역을 투명하게 기록하고 여러 대의 컴퓨터에 이를 복제하여 저장하는 분산형 데이터 저장기술이다.

② **블록체인 특징**

ㄱ) 탈중앙(Decentralization) : 거래 내역을 중앙 집중된 곳에서 관리하지 않고, P2P NW에서 참여자 간 공유함으로 중앙 서버에 의한 변조, 유용이 불가하다.

ㄴ) P2P 네트워크 또는 분산 네트워크 : 분산된 네트워크상의 노드(node/peer)들은 거래를 검증한 다음 자신의 장부에 거래를 추가하여 네트워크 간 연계를 구성한다.

ㄷ) 보안성 : 정보를 다수가 공동 분산 소유하여 해킹이 불가하다.

ㄹ) 투명성 : 각 블록 내에 포함된 모든 거래 정보에 대한 조회가 가능하다.

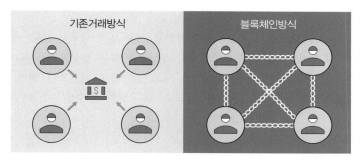

[기존 거래방식과 블록체인 방식 비교]

(2) 블록체인 유형

① **퍼블릭 블록체인** : 불특정 다수 누구나 컴퓨팅 파워를 네트워크에 제공함으로써 운영과 참여가 가능한 블록체인이다. 대표적으로 Bitcoin이 있고 노드 간 합의 알고리즘은 PoW, PoS 등을 사용한다.

② **프라이빗 블록체인** : 허가된 기관만 참여가 가능한 블록체인으로, 특정 기업의 특성에 맞는 설계가 가능해 보안 측면에서 우위에 있다. 노드 간 합의 알고리즘은 PBFT, PoEF 등을 사용한다.

(3) 가상화폐(암호화폐)

① 중앙에서 관리하지 않고, 지폐나 동전과 같은 실물이 없이 네트워크로 연결된 가상공간(vitual community)에서 사용되는 디지털 화폐 또는 전자화폐를 말한다. 대표적으로 블록체인을 이용하여 개발된 가상화폐는 Bitcoin이 있다.

② 블록체인은 Bitcoin을 만들기 위한 기술이고, 블록체인으로 만든 결과물이 Bitcoin이다. 비트코인이 알려지면서 이에 영감을 받은 다양한 암호화폐들이 개발되었다. 비트코인의 대안(alternative)으로 나온 코인(coin)이라는 점에서 비트코인을 제외한 이런 모든 암호화폐를 알트코인(altcoin)이라고 부른다.

③ 가상화폐는 2021년 기준 약 2,000여개가 존재하고, 채굴방식, 거래 목적에 따라 가상화폐 종류가 다양하다.

(4) 블록체인 활용 사례

① CBDC(Central Bank Digital Currency, 중앙은행 디지털 화폐) : 국가의 중앙은행(우리나라는 한국은행)이 발행하는 디지털 화폐이다. 말 그대로 일반 화폐를 디지털화한 것으로 법적 화폐의 효력을 지닌다. CBDC는 자금세탁, 탈세 범죄를 추적하는 데도 도움이 된다. 현금은 누가 어떤 목적으로 사용했는지 확인하기 어렵지만, CBDC는 관련 기록이 남기 때문에 범죄가 발생한다면 추적, 확인할 수 있고, 거래에 따른 정확한 세금을 매길 수도 있으니 형평성 있는 세수확보도 가능하다.

② NFT(Non-Fungible Token) : 디지털 파일에 대한 소유권을 블록체인상에 저장함으로써 그 소유권을 탈중앙화한 형태로 확인할 수 있는 토큰이다. 암호화폐의 일종으로 이더리움에서 발행하고 있는 대체 불가능한 (ERC 721) 특정 암호 디지털 자산을 의미한다.

③ DeFi(Decentralized Finance) : 암호화폐를 담보로 걸고 일정 금액을 대출 받거나, 혹은 다른 담보를 제공하고 암호화폐를 대출 받는 방식의 탈 중앙화된 분산금융 또는 분산재정을 의미한다. 2018년 말부터 생겨나기 시작한 디파이 서비스는 세계적으로 수백 개로 늘어나게 되었으며 랜딩, 스테이킹, 탈중앙화 거래소 (DEX), 파생상품, 지갑, 신원확인, 예측시장, 보험 등 다양한 분야에서 활용된다.

6. IoT(Internet of Things)

(1) IoT 정의

① 인간, 사물, 서비스를 포함하는 인간 주변 환경(Ambient Environment)에 센서와 통신 기능을 내장하여 인터넷에 연결하는 기술이다. 즉 각종 사물 간 무선 통신을 통해 연결하는 기술을 의미한다.

② IoT에 연결되는 사물들은 자신을 구별할 수 있는 유일한 아이피 주소(IP Address)를 가지고 인터넷으로 연결되고, 아이피 주소를 통해 다른 사물들 간의 데이터 수집 및 분석할 수 있는 센서가 내장되어야 한다.

(2) IoT 연결을 위한 기술

① 네트워킹 기술 : 분산되어 있는 각 사물들을 연결시킬 수 있는 통신 기술로, 5G/LTE, Bluetooth, RFID, NFC, 6LoWPAN, WiFi, Zigbee(802.15.4) 등이 있다.

② 센싱 기술 : 사물들 간의 통신되어진 데이터 수집/분석/처리/전송하기 위해서 사물 내에 센서가 내장되어 있고, 이 센서는 움직임, 온도, 습도, 압력, 초음파 등 다양한 센서를 이용하여 원격감지, 위치 및 모션 추적 등을 통해 사물과 주위 환경으로부터 정보를 수집한다.

7. 가상세계

(1) 증강현실(AR, Argmented Reality)

① 실세계와 가상정보를 Seamless하게 실시간으로 합성하여 사용자에게 보다 향상된 몰입감과 현실감을 제공하는 기술이다.

② AR은 실세계와 가상 세계를 Seamless, Real Time으로 혼합하여 현실감을 제공하고, 공간 모델링, 대화형 지능 부여를 통한 사용자 상호 작용 제공한다.

③ AR의 사례로 2010년 캐나다에서 열린 밴쿠버 동계올림픽 스피드 스케이팅 방송에서 선수에 대한 정보가 화면에서 실시간으로 제공되어 시청자의 편의를 증진시켰다. 또한 실제 전투기 조종 전에 증강현실 기술을 이용하여 가상의 모의 전투기 훈련을 수행할 수 있다.

(2) 가상현실(VR, Virtual Reality)

① 컴퓨터를 이용하여 가상세계를 만들어내 가상의 상황을 사람의 감각기관을 통해 몰입감을 느끼고 실제와 같은 경험을 제공하는 기술이다. VR은 3D 영상, 3D 음향, 오감 활용 및 모션인식을 통한 현실에 최대한 가까운 경험을 제공한다.

② VR의 사례로 전세계 역사문화 탐방 및 물리법칙 체험 등 가상의 교육공간을 제공하고, HMD를 이용하여 영화 속 장면에서 1인칭 시점으로 직접 체험할 수 있다.

(3) 혼합현실(MR, Mixed Reality)

① 현실 배경 위에 현실과 가상의 정보를 혼합하여 기존보다 진화된 가상세계를 구현하는 기술이다. 현실과 가상 간의 실시간 상호작용, 즉각 반응을 통한 인터렉티브한 가상세계를 구현할 수 있다. MR은 증강현실과 증강가상을 포괄하는 복합형 가상현실 시스템이다.

② MR의 사례로 MS Microsoft가 Hololens에 이어 공개한 Holoportation 기술은 원거리에 있는 상대를 3D 스캔 후 홀로그램으로 눈앞에 등장 시켜 영화 속의 순간이동을 현실에서 구현할 수 있다. 또한 시공간 제약 없이 공동작업 용이, 원거리 가족과 실시간 대면 등 다양하게 활용 가능하다.

(4) 확장현실(eXtended Reality)

가상세계와 현실세계가 실감 있게 공존하고, 소통할 수 있는 가상현실(VR), 증강현실(AR), 혼합현실(MR)을 총 칭하는 기술이다. XR은 확장현실 외에 가상융합기술, Cross Reality, 교차현실이라고도 불린다.

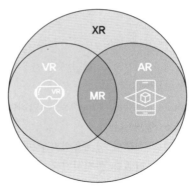

[VR, AR, MR, XR 개념도]

(5) 메타버스(Metaverse)

① '초월, 그 이상'을 뜻하는 그리스어 메타와 '세상 또는 우주'를 뜻하는 유니버스의 합성어이다. 가상과 현실이 상호작용하며 공진화하고 그 속에서 사회, 경제, 문화 활동이 이루어지면서 가치를 창출하는 세상을 말한다. 메타버스는 구현되는 공간의 위치에 따라 AR(Augmented Reality), Lifelogging(일상의 디지털화), Mirror Worlds, Virtual Worlds 와 같이 네 가지 유형으로 분류되고, 네 가지 유형은 독립적으로 발전하다, 최근 상호 작용하면서 융/복합 형태로 진화중이다.

② 메타버스 시장은 글로벌 기준 2030년 1.5조 달러, GDP의 1.81%에 이를 전망이고, 메타버스 혁명은 기존 인 터넷 시대의 한계점을 새로운 혁신으로 극복하여 경험가치를 창출한다.
또한 비대면을 넘어 X택트 시대에 대응하여 산업 전반의 디지털화와 더불어 경제사회 전반의 부가가치가 창출될 것으로 전망이다.

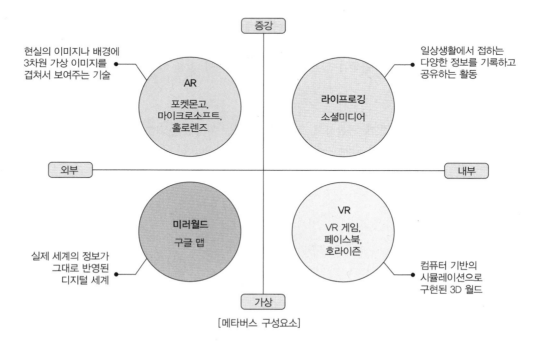

[메타버스 구성요소]

PART

02

문제편

CHAPTER 01　컴퓨터 구조 및 운영체제론

CHAPTER 02　데이터통신 및 정보보안론

CHAPTER 03　소프트웨어공학론

CHAPTER 04　데이터베이스론

CHAPTER 05　자료구조론

CHAPTER 06　프로그래밍 언어 및 최신 기술

전산직/계리직/군무원 **컴퓨터일반**

CHAPTER

01 컴퓨터 구조 및 운영체제론

제 1 절 컴퓨터의 개요

01 시스템 소프트웨어에 포함되지 **않는** 것은? [15년 국가직]

① 스프레드시트(spreadsheet)
② 로더(loader)
③ 링커(linker)
④ 운영체제(operating system)

[해설]
스프레드시트(spreadsheet)는 수치, 통계, 그래프 작업 등의 사무업무를 자동화시킨 응용 프로그램이다.

02 프로그램 내장 방식에 대한 설명으로 옳지 **않은** 것은? [19년 지방직]

① 프로그램 내장 방식을 사용한 최초의 컴퓨터는 에니악(ENIAC)이다.
② 현재 사용되는 대부분의 컴퓨터는 프로그램 내장 방식을 사용하고 있다.
③ 컴퓨터가 작업을 할 때마다 설치된 스위치를 다시 세팅해야 하는 번거로움을 해결하기 위해 폰 노이만이 제안하였다.
④ 프로그램과 자료를 내부의 기억장치에 저장한 후 프로그램 내의 명령문을 순서대로 꺼내 해독하고 실행하는 개념이다.

[해설]
프로그램 내장 방식은 프로그램과 데이터를 주기억장치에 저장해 두고, 주기억장치에 있는 프로그램 명령어를 하나씩 차례대로 수행하는 방식으로 에드삭(EDSAC)은 최초로 프로그램 내장 방식을 도입한 컴퓨터이다.

03 아날로그 컴퓨터에 대한 설명으로 옳지 <u>않은</u> 것은? [20년 지방직]

① 입력형식은 부호, 코드화된 숫자, 문자, 기호이다.
② 출력형식은 곡선, 그래프 등이다.
③ 미적분 연산방식을 가지며, 정보처리속도가 빠르다.
④ 증폭회로 등으로 회로 구성을 한다.

해설
아날로그 컴퓨터는 온도, 전압, 무게와 같이 연속적으로 변화하는 데이터를 입력받아 필요한 연속정보를 산출하는 컴퓨터이다.

04 컴퓨터의 발전 과정에 대한 설명으로 옳지 <u>않은</u> 것은? [17년 국가직]

① 포트란, 코볼같은 고급 언어는 집적회로(IC)가 적용된 제3세대 컴퓨터부터 사용되었다.
② 애플사는 1970년대에 개인용 컴퓨터를 출시하였다.
③ IBM PC라고 불리는 컴퓨터는 1980년대에 출시되었다.
④ 1990년대에는 월드와이드웹 기술이 적용되면서 인터넷에 연결되는 컴퓨터의 사용자가 폭발적으로 증가하였다.

해설
포트란, 코볼 언어는 2세대 컴퓨터부터 사용되었다.

더 알아보기

- 1세대 : 진공관 구성, H/W 중심 개발, 전자 계산 및 사무용, ENIAC, EDSAC
- 2세대 : 트랜지스터, 다이오드 사용, compiler 언어 개발, 포트란(FORTRAN), 코볼(COBOL), 알골(ALGOL)
- 3세대 : IC(Integrated Circuit), 범용 컴퓨터 중심의 개발, OCR, OMR, MICR, Pascal, C언어
- 4세대 : LSI(Large Scale Integrated), 음성응답 장치, Robot System
- 5세대 : VLSI(Very Large Scale Integrated) 사용, 인공지능, 전문가 시스템, 패턴인식

05 컴퓨터 구조에 대한 설명으로 옳지 <u>않은</u> 것은? [17년 국가직]

① 폰노이만이 제안한 프로그램 내장방식은 프로그램 코드와 데이터를 내부기억장치에 저장하는 방식이다.
② 병렬처리방식 중 하나인 SIMD는 하나의 명령어를 처리하기 위해 다수의 처리장치가 동시에 동작하는 다중처리기 방식이다.
③ CISC 구조는 RISC 구조에 비해 명령어의 종류가 적고 고정 명령어 형식을 취한다.
④ 파이프라인 기법은 하나의 작업을 다수의 단계로 분할하여 시간적으로 중첩되게 실행함으로써 처리율을 높인다.

해설
CISC 구조는 명령어 체계가 복잡하고 120~350개의 명령어 개수로 50여 개의 RISC 구조보다 명령어 수가 많다.

06 컴퓨터 시스템 구성요소 사이의 데이터 흐름과 제어 흐름에 대한 설명으로 옳은 것은? [17년 국가직]

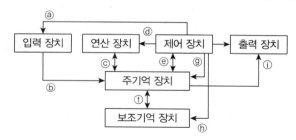

① ⓐ와 ⓕ는 모두 제어 흐름이다.

② ⓑ와 ⓖ는 모두 데이터 흐름이다.

③ ⓗ는 데이터 흐름, ⓓ는 제어 흐름이다.

④ ⓒ는 데이터 흐름, ⓖ는 제어 흐름이다.

해설

• 제어 장치 : 제어 흐름
• 연산 장치, 출력 장치, 주기억 장치, 보조기억 장치 : 데이터 흐름

07 4GHz의 클록 속도를 갖는 CPU에서 CPI(Cycle Per Instruction)가 4.0이고 총 10^{10}개의 명령어로 구성된 프로그램을 수행하려고 할 때, 이 프로그램의 실행 완료를 위해 필요한 시간은? [21년 국가직]

① 1초

② 10초

③ 100초

④ 1,000초

해설

4GHz → CPU가 1초에 10^9번 0과 1을 반복한다.

• CPU의 속도 : 4GHz = 4×10^9
• 수행하려는 프로그램 : 4×10^{10}
4×10^{10} / 4×10^9 = 10

정답 06 ④ 07 ②

안심Touch

08 클록(clock) 주파수가 2GHz인 중앙처리장치를 사용하는 컴퓨터 A에서 프로그램 P를 실행하는 데 10초가 소요된다. 클록 주파수가 더 높은 중앙처리장치를 사용하는 컴퓨터 B에서 프로그램 P를 실행하면, 소요되는 클록 사이클 수는 컴퓨터 A에 대비하여 1.5배로 증가하나 실행 시간은 6초로 감소한다. 컴퓨터 B에 사용된 중앙처리장치의 클록 주파수는?(단, 실행 시간은 중앙처리장치의 실행 시간만을 고려한 것이며 프로그램 P만 실행하여 측정된다)

[18년 지방직]

① 3GHz
② 4GHz
③ 5GHz
④ 6GHz

해설

컴퓨터 A 실행 시간 10초 = 2GHz
컴퓨터 B에서 클록 사이클이 1.5배로 증가 시, 2GHz × 1.5 = 3GHz
컴퓨터 B에서 처리 시간이 10초에서 6초로 감소 시, 2GHz × 1.5 × (10/6) = 5GHz

따라서 $2 \times 1.5 \times \dfrac{10}{6} = 5\,\mathrm{GHz}$

더 알아보기 📋

- 명령어당 클록 사이클 수(CPI; Clock Per Instruction) = CPU 클록 사이클 수 / 명령어 수
- CPU 시간 = 명령어 수 × CPI / 클록 속도
      = 명령어 수 × CPI × 클록 사이클 시간

09 중앙처리장치(CPU)의 구성 요소로만 묶은 것은?

[19년 지방직]

ㄱ. ALU	ㄴ. DRAM
ㄷ. PCI	ㄹ. 레지스터
ㅁ. 메인보드	ㅂ. 제어 장치

① ㄱ, ㄴ, ㄹ
② ㄱ, ㄹ, ㅂ
③ ㄹ, ㅁ, ㅂ
④ ㄱ, ㄷ, ㄹ, ㅂ

해설

중앙처리장치(CPU)는 산술·논리연산, 명령어 해석 및 데이터를 처리하는 장치로 레지스터, 연산장치, 제어장치로 구성된다.

10 CPU에서 명령어를 처리하는 단계 중 가장 첫 번째에 위치하는 것은? [21년 지방직]

① 실행(execution)
② 메모리 접근(memory access)
③ 명령어 인출(instruction fetch)
④ 명령어 해독(instruction decode)

해설

CPU에서 명령어 처리 단계는 명령어 인출(IF) – 명령어 해독(ID) – 실행(EX) – 메모리 접근(MEM) – 저장(WB)이다.

11 다음에서 ㉠과 ㉡에 들어갈 내용이 올바르게 짝지어진 것은? [10년 계리직]

> 명령어를 주기억장치에서 중앙처리장치의 명령레지스터로 가져와 해독하는 것을 (㉠)단계라 하고, 이 단계는 마이크로 연산(operation) (㉡)로 시작한다.

	㉠	㉡
①	인출	MAR ← PC
②	인출	MAR ← MBR(AD)
③	실행	MAR ← PC
④	실행	MAR ← MBR(AD)

해설

인출 단계(Fetch Cycle)는 명령어를 주기억장치에서 중앙처리장치의 명령 레지스터로 가져와 해독하는 단계이다.

인출 단계(Fetch Cycle) 마이크로 오퍼레이션

T1	MAR ← PC	PC에 있는 번지를 MAR에 전송
T2	MBR ← M[MAR] PC ← PC + 1	• 메모리에서 MAR이 지정하는 위치의 값을 MBR로 전송 • 다음에 실행할 명령의 위치를 지정하기 위해 PC의 값을 1 증가시킴
T3	R ← MBR[OP] I ← MBR[I]	• 명령어의 operation 부분을 명령 레지스터에 전송 • 명령어의 모드 비트를 플립플롭 I에 전송
T4	F ← 1 또는 R ← 1	• F 플립플롭에 1을, R 플립플롭에 0을 전송하여 execute state로 변경

12 접근 속도가 가장 빠른 기억장치는? [16년 지방직]

① 주기억장치
② 보조기억장치
③ 레지스터
④ 캐시

해설
컴퓨터 기억장치 계층구조는 상위 계층인 레지스터-캐시-주기억장치-보조기억장치 순이며 상위 계층일수록 접근 속도가 빠르다.

13 하드디스크에 대한 설명으로 옳지 <u>않은</u> 것은? [17년 지방직]

① 하드디스크는 데이터접근 방식이 직접접근 방식인 보조기억장치이다.
② 바이오스(BIOS)는 하드디스크에 저장된다.
③ 하드디스크는 주기억장치보다 접근 속도가 느리다.
④ 하드디스크는 전원이 꺼져도 저장된 데이터가 지워지지 않는다.

해설
바이오스는 컴퓨터 전원이 올라가면 하드디스크가 초기화되기 전에 실행되는 프로그램이다.

14 정보량의 크기가 작은 것에서 큰 순서대로 바르게 나열한 것은?(단, PB, TB, ZB, EB는 각각 petabyte, terabyte, zettabyte, exabyte이다) [18년 지방직]

① 1PB, 1TB, 1ZB, 1EB
② 1PB, 1TB, 1EB, 1ZB
③ 1TB, 1PB, 1ZB, 1EB
④ 1TB, 1PB, 1EB, 1ZB

해설
정보량의 크기 순서는 $1ZB(10^{21}) > 1EB(10^{18}) > 1PB(10^{15}) > 1TB(10^{12})$ 이다.

15 컴퓨터 용어에 대한 설명으로 옳지 <u>않은</u> 것은?

① MIPS는 1초당 백만 개 명령어를 처리한다는 뜻으로 컴퓨터의 연산 속도를 나타내는 단위이다.

② SRAM은 전원이 꺼져도 저장된 자료를 계속 보존할 수 있는 기억장치이다.

③ KB, MB, GB, TB 등은 기억 용량을 나타내는 단위로서 이중 TB가 가장 큰 단위이다.

④ SSI, MSI, LSI, VLSI 등은 칩에 포함되는 게이트의 집적도에 따라 구분된 용어이다.

해설

전원이 꺼져도 저장된 자료를 계속 보존할 수 있는 기억장치는 비휘발성 기억장치이며, SRAM은 휘발성 기억장치이다.

16 다음 저장장치 중 접근속도가 빠른 것부터 순서대로 나열한 것은?

> ㄱ. 레지스터
> ㄴ. 주기억장치
> ㄷ. 캐시메모리
> ㄹ. 하드디스크

① ㄱ, ㄷ, ㄴ, ㄹ
② ㄱ, ㄷ, ㄹ, ㄴ
③ ㄷ, ㄱ, ㄴ, ㄹ
④ ㄷ, ㄱ, ㄹ, ㄴ

해설

저장장치 접근 속도 : 레지스터 > 캐시메모리 > 주기억장치 > 보조기억장치(하드디스크)

17 〈보기〉와 같은 특성을 갖는 하드디스크의 최대 저장 용량은? [16년 계리직]

> **보 기**
>
> - 실린더(cylinder) 개수 : 32,768개
> - 면(surface) 개수 : 4개
> - 트랙(track)당 섹터(sector) 개수 : 256개
> - 섹터 크기(sector size) : 512bytes

① 4GB

② 16GB

③ 64GB

④ 1TB

해설

- 디스크 용량 = 디스크 수 × 2(양면) × 트랙 수(실린더 수) × 트랙당 섹터 수 × 섹터 용량
- 디스크 수로 조건이 제시되었다면 양면 저장을 하므로 디스크 수 × 2를 계산해야 하지만 디스크 면 수라고 하였으므로 2를 곱할 필요가 없음에 주의한다.
  → 32,768 × 256 × 512byte × 4 = 16GB

더 알아보기

디스크 용량 = 디스크 수 × 2(양면) × 트랙 수(실린더 수) × 트랙당 섹터 수 × 섹터 용량

18 클라우드 서버에 저장된 데이터 용량이 1024PB(Peta Byte)일 때 이 데이터와 동일한 크기의 저장 용량으로 옳지 **않은** 것은?(단, 1KB는 1024Byte) [21년 계리직]

① 1024^{-1}ZB (Zetta Byte)

② 1024^2TB (Tera Byte)

③ 1024^{-3}YB (Yotta Byte)

④ 1024^4MB (Mega Byte)

해설

1024PB$= 2^{10}$PB$= 1$EB$= 2^{60}$ 바이트

1024^{-1}ZB$= 2^{-10} \times 2^{70}$ZB$= 2^{60}$ 바이트

1024^2TB$= 2^{20} \times 2^{40}$TB$= 2^{60}$ 바이트

1024^{-3}YB$= 2^{-30} \times 2^{80}$YB$= 2^{50}$ 바이트

1024^4MB$= 2^{40} \times 2^{20}$MB$= 2^{60}$ 바이트

19 다음에서 설명하는 입·출력 장치로 옳은 것은? [18년 계리직]

> • 중앙처리장치로부터 입·출력을 지시받은 후에는 자신의 명령어를 실행시켜 입·출력을 수행하는 독립된 프로세서이다.
> • 하나의 명령어에 의해 여러 개의 블록을 입·출력할 수 있다.

① 버스(Bus)
② 채널(Channel)
③ 스풀링(Spooling)
④ DMA(Direct Memory Access)

해설

채널(Channel)
• DMA 제어기의 한계를 극복하기 위해 고안된 방식
• DMA 방법으로 입·출력을 수행하므로, DMA 제어기를 확장시킨 I/O프로세서
• I/O를 위한 특별한 명령어를 I/O 프로세서가 수행하도록 하여 CPU 관여 없이 주기억장치와 입·출력 장치 사이에서 입·출력을 제어하는 입·출력 전용 프로세서
• CPU의 명령을 받고 입·출력 조작을 개시하면 CPU와는 독립적으로 동작
• 채널은 CPU와 인터럽트 방식으로 통신
• 하나의 Instruction에 의해 여러 개의 Block을 입·출력

20 중앙처리장치 내의 레지스터 중 PC(Program Counter), IR(Instruction Register), MAR(Memory Address Register), AC(Accumulator)와 다음 설명이 옳게 짝지어진 것은? [17년 국가직]

> ㄱ. 명령어 실행 시 필요한 데이터를 일시적으로 보관한다.
> ㄴ. CPU가 메모리에 접근하기 위해 참조하려는 명령어의 주소 혹은 데이터의 주소를 보관한다.
> ㄷ. 다음에 인출할 명령어의 주소를 보관한다.
> ㄹ. 가장 최근에 인출한 명령어를 보관한다.

	PC	IR	MAR	AC
①	ㄱ	ㄴ	ㄷ	ㄹ
②	ㄴ	ㄹ	ㄷ	ㄱ
③	ㄷ	ㄴ	ㄱ	ㄹ
④	ㄷ	ㄹ	ㄴ	ㄱ

해설

• PC(Program Counter) : 다음에 실행할 명령어 주소를 기억하는 레지스터
• IR(Instruction Register) : 기억장치에서 읽어드린 명령을 실행하기 위해 저장하는 레지스터
• MAR(Memory Address Register) : 기억장치의 주소가 저장되어 있는 레지스터
• AC(Accumulator) : 누산기 연산장치에 있는 레지스터

21 CPU 내부 레지스터로 옳지 <u>않은</u> 것은? [19년 국가직]

① 누산기(accumulator)
② 캐시 메모리(cache memory)
③ 프로그램 카운터(program counter)
④ 메모리 버퍼 레지스터(memory buffer register)

해설
캐시 메모리는 컴퓨터의 처리속도 향상을 위한 고속 기억장치이다.

22 CPU 내의 레지스터에 대한 설명으로 옳지 <u>않은</u> 것은? [20년 국가직]

① Accumulator(AC) : 연산 과정의 데이터를 일시적으로 저장하는 레지스터
② Program Counter(PC) : 다음에 인출될 명령어의 주소를 보관하는 레지스터
③ Memory Address Register(MAR) : 가장 최근에 인출한 명령어를 보관하는 레지스터
④ Memory Buffer Register(MBR) : 기억장치에 저장될 데이터 혹은 기억장치로부터 읽힌 데이터가 일시적으로 저장되는 버퍼 레지스터

해설
• MAR(Memory Address Register) : 주기억장치에 접근할 메모리 주소를 임시 저장하는 레지스터
• IR(Instruction Register) : 가장 최근에 인출한 명령어를 보관하는 레지스터

제 2 절 **자료 표현과 컴퓨터 연산**

01 같은 값을 옳게 나열한 것은?   [21년 지방직]

① $(264)_8$, $(181)_{10}$

② $(263)_8$, $(AC)_{16}$

③ $(10100100)_2$, $(265)_8$

④ $(10101101)_2$, $(AD)_{16}$

> **해설**
> 2진수 10101101은 4비트 단위로 16진수 변환을 수행하며, 1010 = A, 1101 = D로 변환된다.

02 수식의 결과가 거짓(false)인 것은?   [17년 국가직]

① $20D_{(16)} > 524_{(10)}$

② $0.125_{(10)} = 0.011_{(2)}$

③ $10_{(8)} = 1000_{(2)}$

④ $0.1_{(10)} < 0.1_{(2)}$

> **해설**
> 10진수 0.125의 2진수 형태는 0.001이다.

03 다음 수식에서 이진수 Y의 값은?(단, 수식의 모든 수는 8비트 이진수이고 1의 보수로 표현된다)   [18년 국가직]

$$11110100_{(2)} + Y = 11011111_{(2)}$$

① $11101001_{(2)}$

② $11101010_{(2)}$

③ $11101011_{(2)}$

④ $11101100_{(2)}$

> **해설**
> • 11110100은 00001011의 1의 보수이다. 즉, −11의 1의 보수 표현이다.
> • 11011111은 00100000의 1의 보수이다. 즉, −32의 1의 보수 표현이다.
> • −11과 더하여 −32를 만드는 값은 −21이다.
> • 21은 00010101이며, 1의 보수로 표현하면 −21인 11101010이다.

04 0~(64^{10}−1)에 해당하는 정수를 이진코드로 표현하기 위해 필요한 최소 비트 수는? [19년 국가직]

① 16비트

② 60비트

③ 63비트

④ 64비트

해설

64^{10}은 $(2^6)^{10}$으로 표현되며 2^{60}이다. $0 \sim (64^{10} - 1)$에 해당하는 정수를 이진코드로 표현하려면 60비트가 필요하다.

05 8진수 123.321을 16진수로 변환한 것은? [20년 국가직]

① 53.35

② 53.321

③ 53.681

④ 53.688

해설

• 8진수를 2진수로 변환 후 16진수로 변환한다.

8진수	1	2	3	.	3	2	1
2진수	001	010	011	.	011	010	001

2진수	1010	0011	.	0110	1000	1000
16진수	5	3	.	6	8	8

• 소수점을 기준으로 단위 비트를 나눌 때 정수부분은 소수점을 중심으로 왼쪽부터 소수부분은 오른쪽 비트부터 묶으며 소수부분의 마지막 4비트가 안 되는 경우 0으로 채운다.

06 〈보기〉의 다양한 진법으로 표현한 숫자들을 큰 숫자부터 나열한 것은?　　　　　[12년 계리직]

> **보 기**
>
> ㄱ. $F9_{16}$　　　　　　　　　　　　　ㄴ. 256_{10}
> ㄷ. 11111111_2　　　　　　　　　　ㄹ. 370_8

① ㄱ, ㄴ, ㄷ, ㄹ
② ㄴ, ㄷ, ㄱ, ㄹ
③ ㄷ, ㄹ, ㄱ, ㄴ
④ ㄹ, ㄱ, ㄴ, ㄷ

해설
모든 진수를 2진수로 변환하여 크기를 비교한다.
- $F9_{16}$ → 11111001_2
- 256_{10} → 100000000_2
- 370_8 → 11111000_2

07 2진수 11110000과 10101010에 대해 XOR 논리연산을 수행한 결과 값을 16진수로 바르게 표현한 것은?

[16년 계리직]

① 5A
② 6B
③ A5
④ B6

해설
2진수 11110000 XOR(배타적 논리합) 10101010 = 01011010
01011010을 16진수로 변환하면 5A이다.

08 -30.25×2^{-8}**의 값을 갖는 IEEE 754 단정도(Single Precision) 부동소수점(Floating-point) 수를 16진수로 변환하면?**

[21년 국가직]

① 5DF30000

② 9ED40000

③ BDF20000

④ C8F40000

[해설]

- -30.25×2^{-8}를 2진수로 변환하면 -11110.01×2^{-8}이고 정규화를 수행하면 -1.111001×2^{-4}이 된다.
- EEE 754 단정도 표현으로 변환하면 다음과 같다.

부호	지수부	가수부
1(음수)	(−4+127)	11100100000000000000000
1(음수)	01111011	11100100000000000000000

- 지수부에는 바이어스 127을 더하여 123이 저장된다.
- 가수부에는 1.을 제외한 나머지 부분을 저장한다.
- 16진수로 변환하면 BDF20000이다.

더 알아보기 🔖

- 32비트 부동소수점 표현 − Single precision(단정도, float)
- 지수는 8비트, 가수는 23비트이며, 바이어스는 127

부호비트(1비트) : 0(양수), 1(음수)	지수부(8비트)	가수부(23비트)

09 **−35를 2의 보수(2's Complement)로 변환하면?**

[21년 국가직]

① 11011100

② 11011101

③ 11101100

④ 11101101

[해설]

- −35의 1의 보수는 11011100이다.
- 2의 보수 표현은 1의 보수에서 마지막 비트를 1을 더하여 구한다.

10 음수를 2의 보수로 표현할 때, 십진수 −66을 8비트 이진수로 변환한 값은? [15년 지방직]

① 10111101_2

② 10111110_2

③ 11000010_2

④ 01000001_2

해설

• 66을 2진수로 변환하면 01000010이다.

• 2진수 01000010의 1의 보수는 10111101이며 2의 보수는 10111110이다.

11 10진수 −20을 2의 보수 형식의 8비트 2진수로 나타낸 것은? [16년 지방직]

① 10010100

② 11101011

③ 11101100

④ 11110100

해설

• 20을 2진수로 변환하면 00010100이다.

• 2진수 00010100의 1의 보수는 11101011이며 2의 보수는 11101100이다.

12 비트열(bit string) A를 2의 보수로 표현된 부호 있는(signed) 2진 정수로 해석한 값은 −5이다. 비트열 A를 1의 보수로 표현된 부호 있는 2진 정수로 해석한 값은? [18년 지방직]

① −4   ② −5

③ −6   ④ −7

해설

2의 보수로 표현된 부호 있는(signed) 2진 정수로 해석한 값이 −5라면 4비트로 표현된 2진수는 1011이다. 1011은 1의 보수로 해석할 경우 원래의 값은 0100이 된다. 단, 보수로 표현된 경우이므로 −4에 해당된다.

10진수	부화와 절대치	1의 보수	2의 보수
−0	1000	1111	X
−1	1001	1110	1111
−2	1010	1101	1110
−3	1011	1100	1101
−4	1100	1011	1100
−5	1101	1010	1011

13 〈보기〉의 연산을 2의 보수를 이용한 연산으로 변환한 것은? [12년 계리직]

> **보기**
> $$6_{10} - 13_{10}$$

① $00000110_2 + 11110011_2$

② $00000110_2 - 11110011_2$

③ $11111010_2 + 11110011_2$

④ $11111010_2 - 11110011_2$

해설

- 6에서 13을 빼는 연산이므로 6은 절대치로, 13은 2의 보수를 구하여 표현한다.
- 10진수 6을 2진수의 절대치로 변환하면 0000 0110이고 10진수 13을 2진수의 절대치로 변환하면 0000 1101이다.
- 13의 2의 보수는 1111 0011이므로 $00000110_2 + 11110011_2$로 변환된다.

14 2진 부동소수점 수를 표현하기 위한 표준 형식의 요소가 아닌 것은? [16년 지방직]

① 지수(exponent)

② 가수(fraction 또는 mantissa)

③ 기수(base)

④ 부호(sign)

해설

부호	지수부	가수부
1비트	부호가 있는 정수	부호가 없는 정수

- 부호(sign) : 부호는 음수 또는 양수들 중의 하나이므로 1비트만 있으면 된다. 0이 양수이고 1이 음수이다. 이 부호는 실수 자체의 부호만을 나타내며 지수의 부호는 아니다.
- 지수(exponent) : 기준값(Bias)을 중심으로 +, -값을 표현한다. 기준값은 20을 의미하는데 float의 경우 기준값이 127이고, double의 경우 기준값은 1023이다.
  예) float에서 21은 기준값(127) + 1 = 128이기 때문에 이진수로 표현하면 10000000_2
- 가수(mantissa) : 1.xxxx 형태로 정규화를 한 뒤 가장 왼쪽에 있는 1을 제거하고 소수점 이하의 자릿값만 표현한다.

15 10진수 -2.75를 아래와 같이 IEEE 754 표준에 따른 32비트 단정도 부동소수점(Single Precision Floating Point) 표현 방식에 따라 2진수로 표기했을 때 옳은 것은? [18년 계리직]

부호	지수부	가수부

(부호 : 1비트, 지수부 : 8비트, 가수부 : 23비트)

① 1000 0000 0000 0000 0000 0000 0000 1011
② 1000 0000 1011 0000 0000 0000 0000 0000
③ 1010 0000 0110 0000 0000 0000 0000 0000
④ 1100 0000 0011 0000 0000 0000 0000 0000

해설

음수이므로 부호비트는 1이며 정수 부분 2를 2진수로 변환하면 $10_{(2)}$이 된다. 소수부분 0.75를 2진수로 변환하면 0.75 = 0.5 + 0.25이므로 2진수는 0.11이다. 따라서 2.75 = $10.11_{(2)}$이 된다. 정규화를 수행하면 10.11 = 1.011×2^1이고 지수를 바이어스 처리하면 1 + 127 = 128이다. 따라서 지수부는 10000000이고 가수부는 0110이다.

부호	지수부	가수부
1	10000000	01100000000000000000000

제 3 절 디지털 논리회로

01 다음 논리회로의 부울식으로 옳은 것은? [15년 지방직]

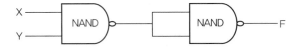

① F = XY
② F = (XY)'
③ F = X'Y
④ F = XY + (XY)'

해설

NAND는 부정논리곱으로써, X와 Y가 2개의 논리 상태라고 한다. 이들의 부정논리곱 NAND(X, Y)는 적어도 한쪽 상태가 거짓일 때 연산 결과는 참이다. 그리고 모든 상태가 진실이면 연산 결과는 거짓이 된다.

$$F = \overline{\overline{X \cdot Y} \cdot \overline{X \cdot Y}} = \overline{\overline{X \cdot Y}} + \overline{\overline{X \cdot Y}} = X \cdot Y$$

02 다음 카르노 맵(Karnaugh map)으로 표현된 부울 함수 F(A, B, C, D)를 곱의 합(sum of products) 형태로 최소화 (minimization)한 결과는?(단, X는 무관(don't care) 조건을 나타낸다) [18년 지방직]

CD \ AB	00	01	11	10
00	0	1	X	1
01	0	X	0	0
11	X	1	0	0
10	0	1	X	1

① F(A, B, C, D) = AD' + BC'D' + A'BC
② F(A, B, C, D) = AB'D' + BC'D' + A'BC
③ F(A, B, C, D) = A'B + AD'
④ F(A, B, C, D) = A'C + AD'

해설

- 카르노 맵(Karnaugh Map) : 최소 논리곱의 합으로 식을 구하며 최소 개수의 게이트 입력을 가진다.
- 카르노 맵을 이용한 진리표 간소화
  - 진리표에서 출력(F)이 '1'인 경우 입력값에 해당되는 칸에 '1'을 표시한다.
  - 가로 또는 세로로 이웃한 1을 2n개가 되도록 묶는다. 이때 묶음의 크기가 가능한 최대가 되게 묶는다(동일한 1이 묶이는 데 여러 번 사용될 수도 있다).
  - don't care는 0과 1을 모두 수용하기에 1과 x를 포함하는 가장 큰 사각형을 만들어서 묶으며 x는 1 또는 0으로 볼 수 있다. 그룹을 크게 하는 x는 1로 취급하여 그룹화한다.

CD \ AB	00	01	11	10
00	0	1	X	1
01	0	X	0	0
11	X	1	0	0
10	0	1	X	1

묶음 안에서 값의 변화가 없는 동일한 변수만 선택하여 기록한다.
즉, 0 → 1, 1 → 0으로 변화되는 변수는 버린다(파란색 박스 A'B 간소화).
왼쪽 줄이 X는 don't care이므로 생략한다(회색 박스, AD' 간소화).
묶인 항을 논리곱에 대한 논리합으로 표현한다.
A'B+AD'

03 〈보기〉의 논리 연산식을 간략화한 논리 회로는? [12년 계리직]

보기

$$(A+B)(A+\overline{B})(\overline{A}+B)$$

①
②
③
④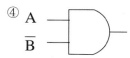

해설

$(A+B)(A+\overline{B})(\overline{A}+B)$
$= (AA+A\overline{B}+AB+B\overline{B})(\overline{A}+B)$
$= (A+A\overline{B}+AB+B\overline{B})(\overline{A}+B)$
$= (A(1+\overline{B}+B))(\overline{A}+B)$
$= A(\overline{A}+B)$
$= AB$

04 나머지 셋과 다른 부울 함수를 표현하는 것은?

① $F = A+A'B$

② $F = A(A+B)$

③ $F = AB'+A$

④ $F = (A+B)(A+B')$

해설

$F = A + A'B = (A + A')(A + B) = A + B$

② $F = A(A + B) = AA + AB = A + AB = A(1 + B) = A$

③ $F = AB' + A = A(1 + B') = A$

④ $F = (A + B)(A + B') = A + (BB') = A$

05 다음 진리표를 만족하는 부울 함수로 옳은 것은?(단, ·은 AND, ⊕는 XOR, ⊙는 XNOR 연산을 의미한다)

입력			출력
A	B	C	Y
0	0	0	1
0	0	1	0
0	1	0	0
0	1	1	1
1	0	0	0
1	0	1	1
1	1	0	1
1	1	1	0

① $Y = A \cdot B \oplus C$

② $Y = A \oplus B \odot C$

③ $Y = A \oplus B \oplus C$

④ $Y = A \odot B \odot C$

해설

A, B의 입력값이 다를 경우 1이 나오므로 XOR 게이트를 적용하여 $Y = A \oplus B$ A'B + AB'

A, B의 입력값이 모두 같을 경우 1이 나오므로 XNOR 게이트를 적용하여 $Y = A \odot B = A'B' + AB$

06 다음의 부울함수와 같은 논리식이 <u>아닌</u> 것은?

[16년 지방직]

$$F(x,y,z) = \sum m\,(1,3,4,5,6)$$

① $\overline{x}\,\overline{y}z + \overline{x}yz + x\overline{y}\,\overline{z} + x\overline{y}z + xy\overline{z}$

② $(x+y+z)(x+\overline{y}+z)(\overline{x}+\overline{y}+\overline{z})$

③ $\overline{x}z + x\overline{z} + xy$

④ $\overline{x}z + x\overline{z} + \overline{y}z$

해설

x	y	z	F(x, y, z)	최소항	최대항
0	0	0	0	x'y'z'	x + y + z
0	0	1	1	x'y'z	x + y + z'
0	1	0	0	x'yz'	x + y' + z
0	1	1	1	x'yz	x + y' + z'
1	0	0	1	xy'z'	x' + y + z
1	0	1	1	xy'z	x' + y + z'
1	1	0	1	xyz'	x' + y' + z
1	1	1	0	xyz	x' + y' + z'

• 최소항(min term)은 모든 변수가 한 번씩 나타나 곱의 형태를 이루고, 그 변수들은 'true' 혹은 'complement'된 형태를 취하게 된다.

• 최대항(max term)은 모든 변수가 한 번씩 나타나고, 그 변수들은 합의 형태로 'true' 혹은 'complement'된 형태를 취하게 된다.

07 다음 부울식을 간략화한 것은? [17년 지방직]

$$AB + A'C + ABD' + A'CD' + BCD'$$

① A'C + BC
② AB + BC
③ AB + A'C
④ A'CD' + BCD'

해설

부울식을 카르노맵으로 표현하면 다음과 같다.

AB＼CD	00	01	11	10
00			1	1
01			1	1
11	1	1	1	1
10				

08 다음 식과 논리적으로 같은 것은? [19년 지방직]

$$(x + y \geq z \text{ AND } (x + y \geq z \text{ OR } x - y \leq z) \text{ AND } x - y > z) \text{ OR } x + y < z$$

① x + y < z
② x − y > z
③ x + y ≥ z OR x − y ≤ z
④ x + y < z OR x − y > z

해설

(x + y ≥ z AND (x + y ≥ z OR x − y ≤ z) AND x − y > z) OR x + y < z
x + y ≥ z를 A라 가정하면 x + y < z는 A'
x − y ≤ z를 B라 가정하면 x − y > z는 B'
A and (A or B) and B') or A'
(A · (A + B) · B') + A'
((A + AB) · B') + A'
(A · AB · B') + A'
(A · B') + A'
B' + A'
A' + B'
따라서 x + y < z or x − y > z

09 불 대수(Boolean Algebra)에 대한 최소화로 옳지 <u>않은</u> 것은? [18년 계리직]

① $A(A+B)=A$

② $A+\overline{A}B=A+B$

③ $A(\overline{A}+B)=AB$

④ $AB+A\overline{B}+\overline{A}B=A$

해설

$AB+A\overline{B}+\overline{A}B=A(B+\overline{B})+\overline{A}B=A+\overline{A}B=(A+\overline{A})(A+B)=A+B$

① $A(A+B)=AA+AB=A(1+B)=A$

② $A+\overline{A}B=(A+\overline{A})(A+B)=A+B$

③ $A(\overline{A}+B)=A\overline{A}+AB=AB$

10 단일 종류의 논리 게이트(gate)만을 사용하더라도 모든 조합 논리 회로를 구현할 수 있는 게이트로 옳은 것은?

[16년 국가직]

① AND 게이트

② OR 게이트

③ NOR 게이트

④ 인버터(inverter)

해설

NOR 게이트는 OR 게이트에 인버터가 접속된 것으로 플립플롭을 포함함 어떤 논리 함수든지 구성할 수 있기 때문에 universal gate라고도 한다.

11 다음 논리 회로의 출력과 동일한 것은?

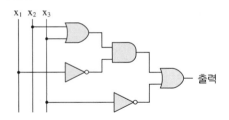

① $x_1 + x_3'$

② $x_1' + x_3$

③ $x_1' + x_3'$

④ $x_2' + x_3'$

해설

$(x_2 + x_3)x_1' + x_3' = x_1'x_2 + x_1'x_3 + x_3'$

$= x_1'x_2 + (x_1' + x_3')(x_3 + x_3')$

$= x_1'x_2 + x_1' + x_3'$

$= x_1'(x_2 + 1) + x_3' = x_1' + x_3'$

12 아래에 제시된 K-map(카르노 맵)을 NAND 게이트들로만 구성한 것으로 옳은 것은?

ab \ cd	00	01	11	10
00	1	0	0	0
01	1	1	1	0
11	0	1	1	0
10	1	1	0	0

①

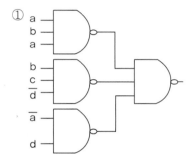

②

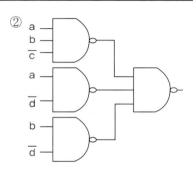

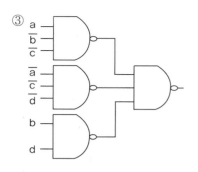

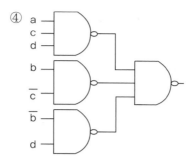

해설

주어진 카르노 맵을 간소화하면 최소항의 합인 a'c'd' + ab'c' + bd이다. 이를 NAND의 형태로 표현하기 위해서는 드모르간의 법칙을 사용한다. (AB)'은 A' + B'와 동등하다. 이 결과 나온 것이 최소항의 합이다. 이를 곱의 전체 부정 형태로 변환하면 $a'c'd' + ab'c' + bd$ $= ((a'c'd')' \cdot (ab'c')' \cdot (bd)')'$

13 다음 논리회로의 부울식으로 옳은 것은?   [15년 국가직]

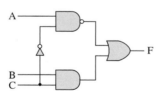

① $F = AC' + BC$
② $F(A, B, C) = \Sigma m(0, 1, 2, 3, 6, 7)$
③ $F = (AC')'$
④ $F = (A' + B' + C)(A + B' + C')$

해설

$F = (AC')' + BC = (A' + C) + BC$ → 드모르간 법칙 적용
　$= A'C \cdot 1 + BC$
　$= A' + C(1 + B)$ → 부울대수 기본 정리 적용
　$= A' + C = (AC')'$

14 순차논리회로(sequential logic circuit)에 해당하는 것은? [18년 지방직]

① 3-to-8 디코더(decoder)
② 전가산기(full adder)
③ 동기식 카운터(synchronous counter)
④ 4-to-1 멀티플렉서(multiplexer)

해설
• 순차논리회로 : 입력 및 현재 상태에 따라 출력 및 다음 상태가 결정되는 논리회로
• 카운터 : 여러 개의 플립플롭으로 구성되며 레지스터의 특수한 형태이다. 클록펄스와 플립플롭의 상태가 순차적으로 변하는 순차논리회로

15 1K × 4bit RAM 칩을 사용하여 8K × 16bit 기억장치 모듈을 설계할 때 필요한 RAM 칩의 최소 개수는? [19년 국가직]

① 4개
② 8개
③ 16개
④ 32개

해설
기억장치의 용량 = 워드의 수 × 워드의 크기
• 1K × 4bit
• 8K × 16bit
• 8배 × 4배 → 32개

16 32K × 8비트 ROM 칩에 대한 설명으로 옳지 <u>않은</u> 것은? [17년 지방직]

① 이 ROM 칩 4개와 디코더(decoder)를 이용하여 128K × 8비트 ROM 모듈을 구현할 수 있다.
② 데이터 핀은 8개이다.
③ 워드 크기가 8비트인 컴퓨터 시스템에서만 사용된다.
④ 32,768개의 주소로 이루어진 주소 공간(address space)을 갖게 된다.

해설
ROM 칩 1개에 대한 1워드는 8비트지만 여러 개의 ROM을 사용하여 시스템을 구성할 경우 컴퓨터 시스템의 워드는 다르고 워드의 단위는 CPU가 데이터를 처리하는 단위를 말하는 것으로 ROM에서 출력되는 비트와는 관련이 없다.

제 **4** 절 **중앙처리장치 구조**

01 CISC(Complex Instruction Set Computer)와 RISC(Reduced Instruction Set Computer)에 대한 설명으로 옳지 **않은** 것은?

[19년 지방직]

① CISC 구조에서 명령어의 길이는 가변적이다.
② 전형적인 RISC 구조의 명령어는 메모리의 피연산자를 직접 처리한다.
③ RISC 구조는 명령어 처리구조를 단순화시켜 기계어 명령의 수를 줄인 것을 말한다.
④ CISC 구조는 RISC 구조에 비해서 상대적으로 명령어 실행 단계가 많고 회로 설계가 복잡하다.

해설

RISC 구조의 명령어는 명령어 크기가 작고 단순하여 많은 수의 조합형태로 명령어가 사용되며 메모리의 피연산자를 상대주소 지정 등으로 간접 처리하는 경우도 있다.

02 마이크로 연산(operation)에 대한 설명으로 옳지 **않은** 것은?

[10년 계리직]

① 한 개의 클럭 펄스 동안 실행되는 기본 동작이다.
② 한 개의 마이크로 연산 수행시간을 마이크로 사이클 타임이라 부르며 CPU 속도를 나타내는 척도로 사용된다.
③ 하나의 명령어는 항상 하나의 마이크로 연산이 동작되어 실행된다.
④ 시프트(shift), 로드(load) 등이 있다.

해설

하나의 명령어는 하나 이상의 마이크로 연산이 동작되어 실행된다. 예를 들어 명령어 인출 사이클은 세 개의 마이크로 연산이 동작되어 실행된다.
① 마이크로 오퍼레이션은 한 개의 클럭 펄스 동안 실행되는 기본 동작이다.
② 1GHz는 1초에 10억 개의 마이크로 오퍼레이션이 실행되는데, 이는 CPU 속도를 나타내는 척도로 사용된다.
④ 마이크로 오퍼레이션 수행 동작에는 shift, load, counter, clear 동작 등이 있다.

03 마이크로프로세서에 관한 설명으로 옳은 것만을 모두 고르면? [19년 국가직]

> ㄱ. 모든 명령어의 실행시간은 클럭 주기(clock period)보다 작다.
> ㄴ. 클럭 속도는 에너지 절약이나 성능상의 이유로 일시적으로 변경할 수 있다.
> ㄷ. 일반적으로 RISC는 CISC에 비해 명령어 수가 적고, 명령어 형식이 단순하다.

① ㄷ
② ㄱ, ㄴ
③ ㄱ, ㄷ
④ ㄴ, ㄷ

해설

마이크로프로세서는 설계방식에 따라 RISC와 CISC로 나누며, RISC 방식은 명령어의 종류가 적어 전력 소비가 적고 속도가 빠르다. 하지만 복잡한 연산을 수행하기 위해 명령어들을 반복 조합해서 사용해야 하므로 레지스터를 많이 필요로 하고 프로그램도 복잡하다.

04 RISC(Reduced Instruction Set Computer)에 대한 설명으로 옳은 것의 총 개수는? [19년 계리직]

> ㄱ. 칩 제작을 위한 R&D 비용이 감소한다.
> ㄴ. 개별 명령어 디코딩 시간이 CISC(Complex Instruction Set Computer)보다 많이 소요된다.
> ㄷ. 동일한 기능을 구현할 경우, CISC 보다 적은 수의 레지스터가 필요하다.
> ㄹ. 복잡한 연산을 수행하려면 명령어를 반복수행하여야 하므로 CISC의 경우보다 프로그램이 복잡해진다.
> ㅁ. 각 명령어는 한 클럭에 실행하도록 고정되어 있어 파이프라인 성능을 향상시킬 수 있다.
> ㅂ. 마이크로코드 설계가 어렵다.
> ㅅ. 고정된 명령어이므로 명령어 디코딩 속도가 빠르다.

① 2개
② 3개
③ 4개
④ 5개

해설

ㄱ. 칩 제작을 위한 R&D 비용이 감소한다.
ㄹ. 복잡한 연산을 수행하려면 명령어를 반복수행하여야 하므로 CISC의 경우보다 프로그램이 복잡해진다.
ㅁ. 각 명령어는 한 클럭에 실행하도록 고정되어 있어 파이프라인 성능을 향상시킬 수 있다.
ㅅ. 고정된 명령어이므로 명령어 디코딩 속도가 빠르다.

05 파이프라이닝(pipelining) 기법이 적용된 중앙처리장치(CPU)에서의 파이프라인 해저드(pipeline hazard) 종류와 대응 방법을 바르게 짝지은 것만을 모두 고른 것은?

[16년 국가직]

> ㄱ. 데이터 해저드(data hazard) – 데이터 전방전달(data forwarding)
> ㄴ. 구조적 해저드(structural hazard) – 부족한 자원의 추가
> ㄷ. 제어 해저드(control hazard) – 분기 예측(branch prediction)

① ㄱ, ㄴ
② ㄱ, ㄷ
③ ㄴ, ㄷ
④ ㄱ, ㄴ, ㄷ

해설

파이프라이닝 해저드의 종류

ㄱ. 데이터 해저드 : 명령이 현재 파이프라인에서 수행 중인 이전 명령의 결과에 종속되는 경우 발생된다. 전방전달(data forwarding)이나 소프트웨어 스케줄링으로 해결된다.

ㄴ. 구조적 해저드 : 하드웨어가 여러 명령들의 수행을 지원하지 않기 때문에 발생한다. 부족한 자원을 추가하여 해결한다.

ㄷ. 제어 해저드 : 분기 명령어에 의해서 발생되고 분기 방향이 결정될 때까지 중지하고 분기 손실되는 동안 다른 명령 수행한다. 분기 예측(branch prediction) 등의 방법으로 해결된다.

06 명령어 파이프라이닝의 4단계에 속하지 <u>않는</u> 것은?

[15년 지방직]

① 인터럽트
② 명령어 실행
③ 명령어 인출
④ 명령어 해독

해설

4단계 명령어 파이프라이닝은 명령어 인출(IF) – 명령어 해독(ID) – 실행(EX) – 저장(WB)이다.

07 CPU(중앙처리장치)의 성능 향상을 위해 한 명령어 사이클 동안 여러 개의 명령어를 동시에 처리할 수 있도록 설계한 CPU구조는?

[20년 지방직]

① 슈퍼스칼라(Superscalar)
② 분기 예측(Branch Prediction)
③ VLIW(Very Long Instruction Word)
④ SIMD(Single Instruction Multiple Data)

해설

슈퍼스칼라 : 한 프로세서 사이클 동안에 하나 이상의 명령어를 실행시킬 수 있는 아키텍처
② 분기 예측 : 분기 명령을 미리 예측하여 처리 지연이 발생하지 않게 하는 기술
③ VLIW : 여러 개의 명령어를 아주 긴 하나로 복합하여 병렬 고속 처리하는 방식
④ SIMD : 병렬 프로세서의 종류로, 하나의 명령어로 여러 개의 값을 동시에 계산하는 방식

08 파이프라인 해저드(Pipeline Hazard)에 대한 다음 설명에서 ㉠과 ㉡에 들어갈 내용을 바르게 연결한 것은?

[21년 국가직]

- 하드웨어 자원의 부족 때문에 명령어를 적절한 클록 사이클에 실행할 수 있도록 지원하지 못할 때 (㉠) 해저드가 발생한다.
- 실행할 명령어를 적절한 클록 사이클에 가져오지 못할 때 (㉡) 해저드가 발생한다.

	㉠	㉡
①	구조적	제어
②	구조적	데이터
③	데이터	구조적
④	데이터	제어

해설

- 데이터 해저드 : HW가 여러 명령들의 수행을 지원하지 않기에 발생. 자원 충돌
- 구조적 해저드 : 명령의 값이 현재 파이프라인에서 수행중인 이전 명령의 값에 종속
- 제어 해저드 : 분기 명령어에 의해서 발생

제 5 절 기억장치

01 컴퓨터 시스템의 주기억장치 및 보조기억장치에 대한 설명으로 옳지 <u>않은</u> 것은?　　　　　[21년 계리직]

① RAM은 휘발성(volatile) 기억장치이며 HDD 및 SSD는 비휘발성(non-volatile) 기억장치이다.

② RAM의 경우, HDD나 SSD 등의 보조기억장치에 비해 상대적으로 접근 속도가 빠르다.

③ SSD에서는 일반적으로 특정 위치의 데이터를 읽는 데 소요되는 시간이 같은 위치에 데이터를 쓰는 데 소요되는 시간보다 더 오래 걸린다.

④ SSD의 경우, 일반적으로 HDD보다 가볍고 접근 속도가 빠르며 전력 소모가 적다.

해설

SSD는 덮어쓰는 것이 불가능하며, 데이터를 다시 쓰기 위해서 반드시 그 영역을 깨끗이 삭제하는 포맷 절차가 필요하므로 특정 위치의 데이터를 읽는 데 소요되는 시간보다 오래 걸린다.

02 캐시기억장치 교체 알고리즘에 대한 설명으로 옳지 <u>않은</u> 것은?　　　　　[20년 국가직]

① LRU는 최근에 가장 오랫동안 사용되지 않았던 블록을 교체하는 방법이다.

② FIFO는 캐시에 적재된 지 가장 오래된 블록을 먼저 교체하는 방법이다.

③ LFU는 캐시 블록마다 참조 횟수를 기록함으로써 가장 많이 참조된 블록을 교체하는 방법이다.

④ Random은 사용 횟수와 무관하게 임의로 블록을 교체하는 방법이다.

해설

LFU : 가장 참조된 횟수가 적은 페이지를 빼는 방법으로, 참조된 횟수가 같은 경우 LRU 방법을 사용한다.

03 캐시기억장치 접근시간이 20ns, 주기억장치 접근시간이 150ns, 캐시기억장치 적중률이 80%인 경우에 평균 기억장치 접근시간은?(단, 기억장치는 캐시와 주기억장치로만 구성된다)　　　　　[20년 지방직]

① 32ns

② 46ns

③ 124ns

④ 170ns

해설

평균 기억장치 접근시간 = (캐시 접근시간 × 캐시 적중률) + (주기억장치 접근시간) × (1 − 캐시 적중률) = 20ns × 0.8 + 150ns × (1 − 0.8) = 46ns

04 캐시(cache)에 대한 설명으로 옳지 <u>않은</u> 것은? [21년 지방직]

① CPU와 인접한 곳에 위치하거나 CPU 내부에 포함되기도 한다.
② CPU와 상대적으로 느린 메인(main) 메모리 사이의 속도 차이를 줄이기 위해 사용된다.
③ 다중프로세서 시스템에서는 write-through 정책을 사용하더라도 데이터 불일치 문제가 발생할 수 있다.
④ 캐시에 쓰기 동작을 수행할 때 메인 메모리에도 동시에 쓰기 동작이 이루어지는 방식을 write-back 정책이라고 한다.

해설

캐시 쓰기 정책
• Write-through : 모든 쓰기 동작들이 캐시뿐만 아니라 주기억장치로도 동시에 수행되는 방식
• Write-back : 캐시에서 데이터가 변경되어도 주기억장치에는 갱신되지 않는 방식

05 주기억장치와 캐시 기억장치만으로 구성된 시스템에서 〈보기〉와 같이 기억장치 접근시간이 주어질 때 캐시 적중률 (hit ratio)은? [12년 계리직]

> **보기**
>
> • 평균 기억장치 접근시간 : Ta = 1.9ms
> • 주기억장치 접근시간 : Tm = 10ms
> • 캐시 기억장치 접근시간 : Tc = 1ms

① 80%
② 85%
③ 90%
④ 95%

해설

• CPU는 우선 캐시 기억장치에 접근하여 내용을 찾고, 캐시 기억장치에 없을 경우 주기억장치에 접근하여 내용을 찾는다.
• 캐시 기억장치에 찾는 내용이 있을 확률인 캐시 적중률(hit ratio)을 h라고 하면 평균 기억장치 접근시간은 다음과 같다.

$Ta = h \times Tc + (1 - h) \times Tm$
$1.9 = h \times 1 + (1 - h) \times 10 = h + 10 - 10h$
$1.9 = 10 - 9h$
$9h = 10 - 1.9$
$9h = 8.1$
따라서 $h = 8.1 / 9 = 0.9 = 90\%$

06 주기억장치와 CPU 캐시 기억장치만으로 구성된 시스템에서 다음과 같이 기억장치 접근시간이 주어질 때 이 시스템의 캐시 적중률(hit ratio)로 옳은 것은? [21년 계리직]

> • 주기억장치 접근시간 : Tm = 80ns
> • CPU 캐시 기억장치 접근시간 : Tc = 10ns
> • 기억장치 평균 접근시간(expected memory access time) : Ta = 17ns

① 80%   ② 85%
③ 90%   ④ 95%

해설

평균 기억장치 접근시간 = (캐시 접근시간 × 캐시 적중률) + (주기억장치 접근시간) × (1 − 캐시 적중률)
$$= 17ns × 10ns × h + 80ns × (1-h)$$
70h = 63이므로 h는 0.9, 90%이다.

07 다음은 캐시 기억장치를 사상(mapping) 방식 기준으로 분류한 것이다. 캐시 블록은 4개 이상이고 사상 방식을 제외한 모든 조건이 동일하다고 가정할 때, 평균적으로 캐시 적중률(hit ratio)이 높은 것에서 낮은 것 순으로 바르게 나열한 것은? [15년 국가직]

> ㄱ. 직접 사상(direct-mapped)
> ㄴ. 완전 연관(fully-associative)
> ㄷ. 2-way 집합 연관(set-associative)

① ㄱ-ㄴ-ㄷ   ② ㄴ-ㄷ-ㄱ
③ ㄷ-ㄱ-ㄴ   ④ ㄱ-ㄷ-ㄴ

해설

직접 사상 방식은 실행 중인 두 개의 프로그램에서 동일 슬롯을 공유하는 경우에 캐시 슬롯에 대한 적중률이 떨어져 슬롯 교체가 빈번하게 발생한다. 이러한 직접 사상 방식의 단점을 보완하여 적중률을 높인 방식이 완전 연관 사상 방식이다.
ㄱ. 직접 사상 : 메인 메모리의 임의의 블록에서 첫 번째 워드는 캐시메모리의 첫 번째 슬롯에, 또 다른 블록에서 두 번째 워드는 캐시메모리의 두 번째 슬롯에만 넣을 수 있는 사상 방식이다.
ㄴ. 연관 사상 : 직접 사상의 단점을 보완한 방식으로 서로 다른 두 블록의 첫 번째 워드가 동시에 캐시메모리에 있도록 하기 위해 메인메모리의 블록번호를 캐시메모리에 저장한다.
ㄷ. 집합 연관 사상 : 직접 사상과 연관 사상 방식의 장점을 취합한 방식으로 집합과 태그가 있는데, 집합 번호는 같고, 태그 번호가 다른 단어들을 저장할 수 있다.

08 2-way 집합 연관 사상(set-associative mapping) 방식을 사용하는 캐시 기억장치를 가진 컴퓨터가 있다. 캐시 기억장치 접근(access)을 위해 주기억장치 주소가 다음 세 필드(field)로 구분된다면, 캐시 기억장치의 총 라인 (line) 개수는? [18년 지방직]

태그(tag) 필드	세트(set) 필드	오프셋(offset) 필드
8비트	9비트	7비트

① 128개
② 256개
③ 512개
④ 1,024개

해설

2-way 집합 연관 사상
• 하나의 집합이 2개의 슬롯으로 구성하는 방식이다.
• 세트(set) 필드가 9비트이므로, 총 집합의 개수는 512개이며 집합당 2개의 라인 수로 구성되어 2 × 512 = 1024개이다.

09 캐시 일관성(cache coherence) 문제를 해결하기 위한 기술과 관련이 **없는** 것은? [16년 국가직]

① 스누핑(snooping) 프로토콜
② MESI 프로토콜
③ 디렉토리 기반(directory-based) 프로토콜
④ 우선순위 상속(priority-inheritance) 프로토콜

해설

캐시 일관성 문제 해결방법
• 디렉토리 프로토콜 : 라인의 복사본이 존재하는 위치에 대한 정보를 수집하고 유지. 주기억장치에는 여러 개의 지역 캐시들의 내용에 대한 전역 상태 정보가 담긴 디렉토리가 저장된다.
• 스누핑 프로토콜 : 캐시 일관성 유지에 대한 책임을 다중 프로세서 내의 모든 캐시 제어기들에 분산한다.
• MESI 프로토콜 : SMP에서 사용하는 write-invalidate 방식의 스누핑 프로토콜. 데이터 캐시는 태그당 두 개의 상태 비트를 포함하며 다음과 같은 상태 정보 중 하나를 저장한다.
 - modified : 캐시 내 라인이 수정되었으며, 그 라인은 캐시에만 있다.
 - exclusive : 캐시 내 라인은 주기억장치의 것과 동일하며, 다른 캐시에는 존재하지 않는다.
 - shared : 캐시 내 라인은 주기억장치의 것과 동일하며, 다른 캐시에도 있을 수 있다.
 - invalidate : 캐시 내 라인은 유효한 데이터를 가지고 있지 않다.

10 RAID(Redundant Array of Independent Disks) 레벨에 대한 설명으로 옳지 <u>않은</u> 것은? [20년 국가직]

① RAID 1 구조는 데이터를 두 개 이상의 디스크에 패리티 없이 중복 저장한다.
② RAID 2 구조는 데이터를 각 디스크에 비트 단위로 분산 저장하고 여러 개의 해밍코드 검사디스크를 사용한다.
③ RAID 4 구조는 각 디스크에 데이터를 블록 단위로 분산 저장하고 하나의 패리티 검사디스크를 사용한다.
④ RAID 5 구조는 각 디스크에 데이터와 함께 이중 분산 패리티 정보를 블록 단위로 분산 저장한다.

해설
RAID 6 구조는 이중 분산 패리티를 가진 블록 레벨 스트라이핑으로 구성되어 있다.

11 RAID에 대한 설명으로 옳은 것은? [15년 지방직]

① RAID 레벨 1은 패리티를 이용한다.
② RAID 레벨 0은 디스크 미러링을 이용한다.
③ RAID 레벨 0과 RAID 레벨 1을 조합해서 사용할 수 없다.
④ RAID 레벨 5는 패리티를 모든 디스크에 분산시킨다.

해설
① RAID 레벨 1은 미러링 모드로 데이터를 중복 저장하여 신뢰성과 성능을 향상시킨다.
② RAID 레벨 0은 스트라이핑 모드로 패리티나 중복 정보 없이 무조건 데이터를 스트라이프 단위로 분산 저장하여 성능을 향상시킨다.
③ RAID 레벨 0+1은 레벨 0과 1을 조합하여 사용한 것으로 스트라이핑 후 미러링을 수행한다.

12 다음에서 설명하는 RAID 레벨은? [18년 지방직]

> • 블록 단위 스트라이핑(striping)을 통해 데이터를 여러 디스크에 분산 저장한다.
> • 패리티를 패리티 전용 디스크에 저장한다.

① RAID 레벨 1
② RAID 레벨 2
③ RAID 레벨 4
④ RAID 레벨 5

해설
RAID 레벨 4는 데이터를 블록 단위로 여러 디스크에 분산 저장하며, 패리티 디스크 한 개를 사용한다.

13 RAID(Redundant Array of Inexpensive Disks)에 대한 설명으로 옳지 <u>않은</u> 것은? [20년 지방직]

① RAID-0은 디스크 스트라이핑(Disk Striping) 방식으로 중복 저장과 오류 검출 및 교정이 없는 방식이다.

② RAID-1은 디스크 미러링(Disk Mirroring) 방식으로 높은 신뢰도를 갖는다.

③ RAID-4는 데이터를 비트(bit) 단위로 여러 디스크에 분할하여 저장하는 방식이며, 별도의 패리티(parity) 디스크를 사용한다.

④ RAID-5는 별도의 패리티 디스크 대신 모든 디스크에 패리티 정보를 나누어 기록하는 방식이다.

해설

유형	설명
RIAID 0	Stripping 분산 저장
RIAID 1	Mirroring 중복 저장
RIAID 2	비트 단위, 해밍 코드
RIAID 3	비트 단위, 패리티 코드
RIAID 4	블록 단위, 패리티 디스크, 병목 현상 발생
RIAID 5	블록 단위, 패리티 블록 분산
RIAID 6	블록 단위, 2차 패리티 구성

제 6 절   I/O 인터페이스와 시스템 버스

01 입·출력과 관련하여 폴링(polling) 방식과 인터럽트(interrupt) 방식에 대한 설명으로 옳지 <u>않은</u> 것은?

[17년 지방직]

① 폴링 방식에서는 프로세서가 입·출력을 위해 입·출력장치의 상태를 반복적으로 검사한다.
② 인터럽트 방식은 폴링 방식 대비 프로세서의 시간을 낭비하는 단점이 있다.
③ 인터럽트 방식에서는 인터럽트 간에 우선순위를 둘 수 있다.
④ 인터럽트 방식에서는 인터럽트 처리를 위해 인터럽트 처리 루틴을 호출한다.

해설

프로그래밍 방식에는 인터럽트 방식과 폴링(polling) 방식이 있는데 정기적으로 CPU 상태를 확인하는 폴링 방식을 사용하게 되면 폴링을 위해 다른 처리의 효율이 떨어진다. 그러나 인터럽트 방식을 사용할 경우 처리 종료 인터럽트를 받을 때까지 CPU는 다른 작업에 집중할 수 있다.

02 32비트 16진수 정수 $302AF567_{(16)}$이 메모리 주소 $200_{(16)}$부터 시작하는 4바이트에 저장되어 있다. 리틀 엔디안(little endian) 방식을 사용하는 시스템에서 메모리 주소와 그 주소에 저장된 8비트 데이터가 옳게 짝지어진 것은?(단, 바이트 단위로 주소가 지정된다)

[17년 지방직]

①

$200_{(2)}$	$201_{(16)}$	$202_{(16)}$	$203_{(16)}$
$67_{(16)}$	$F5_{(16)}$	$2A_{(16)}$	$30_{(16)}$

②

$200_{(16)}$	$201_{(16)}$	$202_{(16)}$	$203_{(16)}$
$F5_{(16)}$	$67_{(16)}$	$30_{(16)}$	$2A_{(16)}$

③

$200_{(16)}$	$201_{(16)}$	$202_{(16)}$	$203_{(16)}$
$30_{(16)}$	$2A_{(16)}$	$F5_{(16)}$	$67_{(16)}$

④

$200_{(16)}$	$201_{(16)}$	$202_{(16)}$	$203_{(16)}$
$2A_{(16)}$	$30_{(16)}$	$67_{(16)}$	$F5_{(16)}$

해설

리틀 엔디안 방식은 낮은(시작) 주소에 하위 바이트부터 기록한다.

03 컴퓨터 명령어 처리 시 필요한 유효 주소(Effective Address)를 찾기 위한 주소 지정 방식에 대한 설명으로 옳지 않은 것은?　　　　　　　　　　　　　　　　　　　　　　　　　　　　　　　　　　　[19년 지방직]

① 즉시 주소 지정 방식(Immediate Addressing Mode)은 유효 데이터가 명령어 레지스터 내에 있다.

② 간접 주소 지정 방식(Indirect Addressing Mode)으로 유효 데이터에 접근하는 경우 주기억장치 최소접근횟수는 2이다.

③ 상대 주소 지정 방식(Relative Addressing Mode)은 프로그램 카운터와 명령어 내의 주소필드 값을 결합하여 유효 주소를 도출한다.

④ 레지스터 주소 지정 방식(Register Addressing Mode)은 직접 주소 지정 방식(Direct Addressing Mode)보다 유효 데이터 접근속도가 느리다.

> **[해설]**
> 레지스터 주소 지정 방식은 데이터를 레지스터에서 직접 읽어오는 방식이며, 직접 주소 지정 방식은 데이터를 주기억장치에서 읽어오는 방식이므로 기억장치 계층 순서에 따라 유효 데이터 접근 속도는 레지스터 주소 지정 방식이 더 빠르다.

04 컴퓨터 버스에 대한 설명으로 옳지 않은 것은?　　　　　　　　　　　　　　　　　　　　　　[15년 국가직]

① 주소 정보를 전달하는 주소 버스(address bus), 데이터 전송을 위한 데이터 버스(data bus), 그리고 명령어 전달을 위한 명령어 버스(instruction bus)로 구성된다.

② 3-상태(3-state) 버퍼를 이용하면 데이터를 송신하고 있지 않는 장치의 출력이 버스에 연결된 다른 장치와 간섭하지 않도록 분리시킬 수 있다.

③ 특정 장치를 이용하면 버스를 통해서 입·출력 장치와 주기억장치 간 데이터가 CPU를 거치지 않고 전송될 수 있다.

④ 다양한 장치를 연결하기 위한 별도의 버스가 추가적으로 존재할 수 있다.

> **[해설]**
> 시스템 버스는 중앙처리장치와 시스템 내의 다른 요소들 사이에 정보를 교환하는 통로를 말한다. 데이터 버스(data bus)와 주소 버스(address bus), 제어 버스(control bus)로 구성된다.

05 범용 컴퓨터의 시스템 버스(system bus)에 해당하지 <u>않는</u> 것은? [16년 지방직]

① 주소 버스(address bus)
② 데이터 버스(data bus)
③ 제어 버스(control bus)
④ 명령어 버스(instruction bus)

해설

시스템 버스는 중앙처리장치와 시스템 내의 다른 요소들 사이에 정보를 교환하는 통로를 말하며 데이터 버스, 주소 버스, 제어 버스로 구성된다.

06 데이터 전송 기법인 DMA(Direct Memory Access)에 대한 설명으로 옳지 <u>않은</u> 것은? [17년 지방직]

① DMA는 프로세서의 개입을 최소화하면서 주기억장치와 입·출력장치 사이에 데이터를 전송하는 기술이다.
② 주기억장치와 입·출력장치 사이에 대량의 데이터를 고속으로 전송 시, 인터럽트 방식이 DMA 방식보다 효율적이다.
③ 주기억장치와 입·출력장치 사이에 DMA에 의한 데이터 전송 시, DMA 제어기는 버스 마스터(master)로 동작한다.
④ 단일 컴퓨터 시스템에 여러 개의 DMA 제어기가 존재할 수 있다.

해설

대량 데이터를 고속 전송할 경우 인터럽트 방식은 CPU 개입으로 CPU의 직접 입·출력 수행을 통해 오버헤드가 발생되지만, DMA는 CPU 개입 없이 시스템 버스를 이용하여 직접 메모리에 접근하므로 더 효율적이다.

07 인터럽트 처리를 위한 〈보기〉의 작업이 올바로 나열된 것은? [12년 계리직]

> **보기**
>
> ㄱ. 인터럽트 서비스 루틴을 수행한다.
> ㄴ. 보관한 프로그램 상태를 복구한다.
> ㄷ. 현재 수행 중인 명령을 완료하고 상태를 저장한다.
> ㄹ. 인터럽트 발생 원인을 찾는다.

① ㄷ → ㄹ → ㄱ → ㄴ
② ㄷ → ㄹ → ㄴ → ㄱ
③ ㄹ → ㄷ → ㄱ → ㄴ
④ ㄹ → ㄷ → ㄴ → ㄱ

해설

인터럽트 동작 순서
- 인터럽트 발생장치로부터 인터럽트 요청이 발생한다.
- 현재 수행 중인 프로그램의 프로그램 카운터(PC)를 스택에 저장하고 프로그램 상태를 안전한 기억장소에 저장한다.
- 인터럽트 발생 원인을 분석하여, 해당된 인터럽트 서비스 루틴을 수행시켜 조치를 취한다.
- 인터럽트 서비스 루틴이 끝나면, 미리 보존된 PC와 프로그램 상태를 복구시켜 인터럽트 당한 프로그램의 중단된 곳에서부터 프로그램을 계속적으로 수행한다.

08 데이지-체인(daisy-chain) 우선순위 인터럽트 방식에 대한 설명으로 옳은 것은? [14년 계리직]

① 인터럽트를 발생시키는 장치들이 병렬로 연결된다.
② 두 개 이상의 장치에서 동시에 인터럽트가 발생되면 중앙처리장치(CPU)는 이들 인터럽트를 모두 무시한다.
③ 인터럽트를 발생시킨 장치가 인터럽트 인식(acknowledge) 신호를 받으면 자신의 장치번호를 중앙처리장치로 보낸다.
④ 중앙처리장치에서 전송되는 인터럽트 인식 신호는 우선순위가 낮은 장치부터 높은 장치로 순차적으로 전달된다.

해설

데이지-체인(daisy-chain)은 하드웨어적으로 인터럽트 우선순위를 판별하는 방법으로, 직렬 우선순위 부여 방식이다. 인터럽트가 발생하는 모든 장치를 한 개의 회선에 우선순위에 따라 직렬로 연결하므로 우선순위가 낮은 장치들이 서비스를 받지 못하거나 오래 기다려야 하는 단점이 있다.

09 컴퓨터 시스템의 인터럽트(interrupt)에 대한 설명으로 옳지 <u>않은</u> 것은?

[16년 계리직]

① 인터럽트는 입·출력 연산, 하드웨어 실패, 프로그램 오류 등에 의해서 발생한다.

② 인터럽트 처리 우선순위 결정 방식에는 폴링(polling) 방식과 데이지 체인(daisy-chain) 방식이 있다.

③ 인터럽트가 추가된 명령어 사이클은 인출 사이클, 인터럽트 사이클, 실행 사이클 순서로 수행된다.

④ 인터럽트가 발생할 경우, 진행 중인 프로그램의 재개(resume)에 필요한 레지스터 문맥(register context)을 저장한다.

> **해설**
>
> 인터럽트 사이클 수행 후에는 반드시 인출 사이클을 수행한다. 인터럽트 사이클에서 레지스터 정보와 복귀주소를 스택에 저장한 후 인터럽트 서비스 루틴을 수행하기 위해 인출 사이클이 수행된다.

01 의료용 심장 모니터링 시스템과 같이 정해진 짧은 시간 내에 응답해야 하는 시스템은? [19년 국가직]

① 다중프로그래밍 시스템
② 시분할 시스템
③ 실시간 시스템
④ 일괄 처리 시스템

해설
실시간 시스템(Real Time Processing System) : 처리시간 단축 및 비용 절감, 우주선 운행, 교통제어, 은행 온라인 업무 등에 사용되는 시스템

02 모바일 기기에 특화된 운영체제에 해당하지 <u>않는</u> 것은? [18년 지방직]

① iOS
② Android
③ Symbian
④ Solaris

해설
솔라리스(Solaris)는 선 마이크로 시스템즈사의 유닉스 운영체제 버전으로, 주로 웹 서버용으로 많이 사용된다.

03 운영체제는 일괄처리(batch), 대화식(interactive), 실시간(real-time) 시스템 그리고 일괄처리와 대화식이 결합된 혼합(hybrid) 시스템 등으로 분류될 수 있다. 이와 같은 분류 근거로 가장 알맞은 것은? [10년 계리직]

① 고급 프로그래밍 언어의 사용 여부
② 응답 시간과 데이터 입력 방식
③ 버퍼링(buffering) 기능 수행 여부
④ 데이터 보호의 필요성 여부

해설
컴퓨터의 운영체제는 응답시간과 데이터가 시스템에 어떻게 입력되는지에 따라 일괄처리(batch), 대화식(interactive), 실시간(real-time), 하이브리드(hybrid) 시스템의 네 종류로 나뉜다.

04 컴퓨터 시스템의 성능을 측정하는 척도에 대한 설명으로 알맞지 <u>않은</u> 것은? [10년 계리직]

① 처리량(throughput)은 보통 안정된 상태에서 측정되며 하루에 처리되는 작업의 개수 또는 시간당 처리되는 온라인 처리의 개수 등으로 측정된다.
② 병목(bottleneck) 현상은 시스템 자원이 용량(capacity) 또는 처리량에 있어서 최대 한계에 도달할 때 발생될 수 있다.
③ 응답 시간(response time)은 주어진 작업의 수행을 위해 시스템에 도착한 시점부터 완료되어 그 작업의 출력이 사용자에게 제출되는 시점까지의 시간으로 정의된다.
④ 자원 이용도(utilization)는 일반적으로 전체 시간에 대해 주어진 자원이 실제로 사용되는 시간의 백분율로 나타낸다.

해설
• 응답 시간(Response time) : 하나의 작업을 요청한 후, 출력이 아니라 첫 번째 응답이 나올 때까지의 시간이다.
• 반환 시간(Turnaround time) : 시스템에 작업을 의뢰한 시간부터 처리가 완료될 때까지 걸리는 시간이다.

05 다음은 PC(Personal Computer)의 전원을 켰을 때 일어나는 과정들을 순서대로 나열한 것이다. ㉠~㉢이 바르게 짝지어진 것은? [16년 국가직]

> • (㉠)에 저장된 바이오스(BIOS)가 실행되어 컴퓨터에 장착된 하드웨어 장치들의 상태를 점검한다.
> • (㉡)에 저장되어 있는 운영체제가 (㉢)로/으로 로드(load)된다.
> • 운영체제의 실행이 시작된다.

	㉠	㉡	㉢
①	보조기억장치	ROM	주기억장치
②	보조기억장치	주기억장치	ROM
③	ROM	보조기억장치	주기억장치
④	ROM	주기억장치	보조기억장치

해설

ROM에서 저장된 바이오스(BIOS)가 실행되어 컴퓨터에 장착된 하드웨어 장치들의 상태를 점검한다. 보조기억장치에 저장되어 있는 운영체제가 주기억장치로 로드(load)되고 운영체제의 실행이 시작된다.

06 유닉스 운영체제에 대한 설명으로 옳지 않은 것은? [18년 국가직]

① 계층적 파일시스템과 다중 사용자를 지원하는 운영체제이다.
② BSD 유닉스의 모든 코드는 어셈블리 언어로 작성되었다.
③ CPU 이용률을 높일 수 있는 다중 프로그래밍 기법을 사용한다.
④ 사용자 프로그램은 시스템 호출을 통해 커널 기능을 사용할 수 있다.

해설

유닉스 운영체제(UNIX) : 미국의 벨 연구소에서 개발된 다중 작업, 다중 사용자용 계층구조형 운영체제이다. 처음에는 어셈블리어로 개발되었지만 데니스 리치가 1971년에 개발한 C언어로 1973년에 유닉스를 다시 만들어 유닉스는 고급 언어로 작성된 최초의 운영체제가 되었다.

07 유닉스 운영체제의 커널에 속하지 <u>않는</u> 것은?

[15년 지방직]

① 스케줄러
② 파일 관리자
③ 메모리 관리자
④ 윈도우 관리자

해설

커널(kernel)은 자원을 관리하는 모듈의 집합으로 운영체제 기능의 핵심적인 부분을 모아 놓은 부분이다. 메모리 관리 및 스케줄링 인터럽트 처리 등의 기능을 담당하며 사용자는 직접 커널의 기능을 제어할 수 없으며 단지 셸에 의해 의뢰할 뿐이다. 커널은 항상 필요로 하는 부분이므로 메모리에 적재되어 있다.

08 안드로이드에 대한 설명으로 옳지 <u>않은</u> 것은?

[15년 지방직]

① 안드로이드는 구글이 중심이 되어 개발하는 휴대 단말기용 플랫폼이다.
② 일반적으로 안드로이드 애플리케이션의 네 가지 구성요소는 액티비티, 방송 수신자, 서비스, 콘텐츠 제공자이다.
③ 보안, 메모리 관리, 프로세스 관리, 네트워크 관리 등 핵심 서비스는 리눅스에 기초하여 구현되었다.
④ 콘텐츠 제공자는 UI 컴포넌트를 화면에 표시하고, 시스템이나 사용자의 반응을 처리할 수 있다.

해설

안드로이드(Android)는 완전 개방형 플랫폼으로서 '소스코드'를 모두 공개함으로써 누구라도 이를 이용하여 소프트웨어와 기기를 만들어 판매할 수 있도록 하였다. 콘텐츠 제공자는 하나의 애플리케이션에서 다른 하나의 애플리케이션 데이터를 제공한다.

09 컴퓨터 시스템에 대한 설명으로 옳은 것은? [15년 지방직]

① 임베디드 시스템은 특정 기능을 수행하기 위해 설계된 컴퓨터 하드웨어와 소프트웨어 및 추가적인 기계 혹은 기타 부품들의 결합체이다.

② 클러스터 컴퓨팅 시스템에 참여하는 컴퓨터들은 다른 이웃 노드와 독립적으로 동작하고 상호 연결되어 협력하지 않는다.

③ 불균일 기억장치 액세스(NUMA) 방식은 병렬 방식 중 가장 오래되었고, 여전히 가장 널리 사용된다.

④ Flynn의 분류에 따르면, MISD는 여러 프로세서들이 서로 다른 명령어들을 서로 다른 데이터들에 대하여 동시에 실행하는 것이다.

해설

② 클러스터 컴퓨팅 시스템 : 네트워크에 접속된 다수의 컴퓨터들(PC, 워크스테이션, 혹은 다중 프로세서 시스템)을 통합하여 하나의 거대한 병렬 컴퓨팅 환경을 구축하는 시스템이다.

③ 불균일 기억장치 액세스(NUMA) 방식 : 멀티프로세서 시스템에서 사용되고 있는 컴퓨터 메모리 설계 방법 중의 하나로, 메모리에 접근하는 시간이 메모리와 프로세서 간의 상대적인 위치에 따라 달라지는 구조이다.

④ MISD(Multi Instruction Single Data stream) : 다수의 처리기에 의해 각각의 명령들이 하나의 데이터를 처리하는 구조이며, 실제로는 사용되지 않는 구조로써 파이프라인에 의한 비동기적 병렬처리가 가능한 구조이다.

10 재배치 가능한 형태의 기계어로 된 오브젝트 코드나 라이브러리 등을 입력받아 이를 묶어 실행 가능한 로드 모듈로 만드는 번역기는? [19년 국가직]

① 링커(linker)

② 어셈블러(assembler)

③ 컴파일러(compiler)

④ 프리프로세서(preprocessor)

해설

링커(linker) : 목적코드를 실행 가능한 로드 모듈로 생성하는 프로그램

② 어셈블러(assembler) : 어셈블리어로 작성된 원시 프로그램을 기계어로 번역

③ 컴파일러(compiler) : C, COBOL, FORTRAN, PASCAL 등의 고급 언어로 작성된 원시 프로그램을 기계어로 번역하며 한꺼번에 번역하므로 번역속도는 느리지만 실행속도가 빠름

④ 프리프로세서(preprocessor) : 고급 언어로 작성된 프로그램을 그에 대응되는 다른 고급 언어로 번역하며 매크로 확장, 기호 변환 등의 작업을 수행

더 알아보기 📋

유형	특징	예시
어셈블러 (Assembler)	어셈블리어로 작성된 프로그램을 기계어로 번역	• GNU Assembler • Microsoft Macro Assembler
컴파일러 (Compiler)	• 고급 언어로 작성된 프로그램을 한꺼번에 번역하여 목적 프로그램을 생성 • 실행 시에는 목적 프로그램이 메모리에 로딩되므로 속도가 빠르다.	• FORTRAN • COBOL • C, C++, PASCAL
인터프리터 (Interpeter)	• 고급 언어로 작성된 프로그램을 한 줄씩 번역하면서 실행하는 프로그램으로 목적 프로그램을 생성하지 않는다. • 실행할 때마다 번역해야 하므로 속도가 느리다.	• BASIC, LISP • PYTHON

11 소프트웨어에 대한 설명으로 옳지 <u>않은</u> 것은?   [21년 국가직]

① 하드웨어에 대응하는 개념으로 우리가 원하는 대로 컴퓨터를 작동하게 만드는 논리적인 바탕을 제공한다.
② 운영체제 등 컴퓨터 시스템을 가동시키는 데 사용되는 소프트웨어를 시스템 소프트웨어라 한다.
③ 문서 작성이나 게임 등 특정 분야의 업무를 처리하는 데 사용되는 소프트웨어를 응용 소프트웨어라 한다.
④ 고급 언어로 작성된 프로그램을 한꺼번에 번역한 후 실행하는 것이 인터프리터 방식이다.

해설
인터프리터(Interpreter)는 작성된 프로그램을 한꺼번에 번역 후 실행하는 것이 아니라 한 줄씩 번역하면서 실행하는 프로그램으로, 목적 프로그램을 생성하지 않는다.

정규 언어(Regular language)

01 문법 G가 다음과 같을 때 S_1으로부터 생성할 수 <u>없는</u> 것은? [15년 지방직]

> $G : S_1 \rightarrow OS_2$ $\qquad\qquad$ $S_1 \rightarrow O$
> $\qquad S_2 \rightarrow OS_2$ $\qquad\qquad$ $S_2 \rightarrow 1$

① 0 $\qquad\qquad$ ② 00 $\qquad\qquad$ ③ 01 $\qquad\qquad$ ④ 001

해설

문맥 자유 문법(Context free grammar) : 문맥 자유 문법은 프로그래밍 언어설계뿐만 아니라 효율적인 컴파일러 작성 시에도 중요하게 사용되며 다음과 같이 정의한다.

$G = (V, T, P, S)$, 즉 문맥 자유 문법을 이루는 요소는 네 가지가 있다.

- V는 변수(Variables), 혹은 비단말(non-terminals)이라고 한다.
- T는 단말(Terminal)의 집합이며, 앱실론 ε을 포함한다.
- P는 생성(Productions) 규칙의 집합이다.
- S는 시작 변수(Start variable)이다.

문맥 자유 문법 G는 모든 생성(production) 규칙이 다음과 같은 형식 문법을 말한다.

A → a(왼쪽의 A는 V의 원소이고, 오른쪽의 a는 V 혹은 T의 원소이다)

$0 : S_1 \rightarrow O$

$01 : S_1 \rightarrow OS_2, S_2 \rightarrow 1$

$001 : S_1 \rightarrow OS_2, S_2 \rightarrow OS_2, S_2 \rightarrow 1$

02 일반적인 컴퓨터 시스템에서 정확한 값으로 표현하기 가장 <u>어려운</u> 것은? [21년 지방직]

① $\sqrt{2}$ $\qquad$ ② $1\frac{3}{4}$ $\qquad$ ③ 2.5 $\qquad$ ④ -0.25×2^{-5}

해설

$\sqrt{2}$ 는 무한소수로써 정확한 값을 표현하기 어렵다.

03 비결정적 유한 오토마타(non-deterministic finite automata)에 대한 설명으로 옳지 <u>않은</u> 것은? [15년 국가직]

① 한 상태에서 전이 시 다음 상태를 선택할 수 있다.
② 입력 심볼을 읽지 않고도 상태 전이를 할 수 있다.
③ 어떤 비결정적 유한 오토마타라도 같은 언어를 인식하는 결정적 유한 오토마타(deterministic finite automata)로 변환이 가능하다.
④ 모든 문맥 자유 언어(context-free language)를 인식한다.

해설

비결정적 유한 오토마타(non-deterministic finite automata)란 어떤 상태에서 주어진 하나의 입력기호를 보고, 갈 수 있는 다음 상태가 두 개 이상 존재할 수 있는 오토마타이다.

제 9 절   프로세스(Process) 관리

01 프로세스(process)에 대한 설명으로 옳지 <u>않은</u> 것은?   [21년 지방직]

① 실행 중인 프로그램이다.
② 프로그램 코드 외에도 현재의 활동 상태를 갖는다.
③ 준비(ready) 상태는 입·출력 완료 또는 신호의 수신 같은 사건(event)이 일어나기를 기다리는 상태이다.
④ 호출한 함수의 반환 주소, 매개변수 등을 저장하기 위해 스택을 사용한다.

> **해설**
> 프로세스는 컴퓨터에서 실행 중인 프로그램을 말하며 프로세스가 실행되는 동안 생성, 준비, 실행, 대기, 종료의 상태들을 거치는데 컴퓨터는 여러 일을 처리할 때 프로그램 요소들이 움직이는 일정에 따라 작업 순서를 매기는 것을 스케줄링이라고 한다.

02 다음은 프로세스 상태 전이도이다. 각 상태 전이에 대한 예로 적절하지 <u>않은</u> 것은?   [21년 국가직]

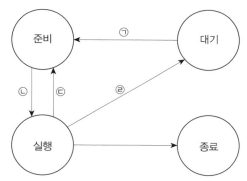

① ㉠ – 프로세스에 자신이 기다리고 있던 이벤트가 발생하였다.
② ㉡ – 실행할 프로세스를 선택할 때가 되면, 운영체제는 프로세스들 중 하나를 선택한다.
③ ㉢ – 실행 중인 프로세스가 자신에게 할당된 처리기의 시간을 모두 사용하였다.
④ ㉣ – 실행 중인 프로세스가 작업을 완료하거나 실행이 중단되었다.

> **해설**
> **프로세스 상태 전이 동작**
> • 대기 → 준비 : 입·출력이 완료되거나 자원이 할당되어 다시 실행
> • 준비 → 실행 : 우선순위가 높은 프로세스 선정하여 명령어 실행
> • 실행 → 준비 : 클럭이 인터럽트를 발생시켜 제어권을 빼앗음
> • 실행 → 대기 : 프로세서가 입·출력, 자원 등을 기다리기 위해 대기로 전환

03 프로세스 상태 전이에서 준비(Ready) 상태로 전이되는 상황만을 모두 고르면?(단, 동일한 우선순위의 프로세스가 준비 상태로 한 개 이상 대기하고 있다) [19년 지방직]

> ㄱ. 실행 상태에 있는 프로세스가 우선순위가 높은 프로세스에 의해 선점되었을 때
> ㄴ. 블록된(Blocked) 상태에 있는 프로세스가 요청한 입·출력 작업이 완료되었을 때
> ㄷ. 실행 상태에 있는 프로세스가 작업을 마치지 못하고 시간 할당량을 다 썼을 때

① ㄱ, ㄴ
② ㄱ, ㄷ
③ ㄴ, ㄷ
④ ㄱ, ㄴ, ㄷ

해설
ㄱ. 실행 상태에 있는 프로세스가 우선순위가 높은 프로세스에 의해 선점되었을 때 : preemption에 의해 준비 상태 전이
ㄴ. 블록된(Blocked) 상태에 있는 프로세스가 요청한 입·출력 작업이 완료되었을 때 : Wake-Up
ㄷ. 실행 상태에 있는 프로세스가 작업을 마치지 못하고 시간 할당량을 다 썼을 때 : Time-out 모두 준비상태로 전이되는 상황

04 CPU를 다른 프로세스로 교환하려면 이전 프로세스의 상태를 보관하고 새로운 프로세스의 보관된 상태로 복구하는 작업이 필요하다. 이 작업으로 옳은 것은? [20년 국가직]

① 세마포어(Semaphore)
② 모니터(Monitor)
③ 상호배제(Mutual Exclusion)
④ 문맥교환(Context Switching)

해설
문맥교환(Context Switching)은 CPU를 다른 프로세스로 전환하기 위해 이전의 프로세스 상태 레지스터 내용을 보관하고, 다른 프로세스의 레지스터들을 적재하는 과정을 말한다.

05 프로세스와 스레드(thread)에 대한 설명으로 옳지 **않은** 것은? [19년 국가직]

① 하나의 스레드는 여러 프로세스에 포함될 수 있다.
② 스레드는 프로세스에서 제어를 분리한 실행단위이다.
③ 스레드는 같은 프로세스에 속한 다른 스레드와 코드를 공유한다.
④ 스레드는 프로그램 카운터를 독립적으로 가진다.

해설

한 개의 프로세스(process)는 한 개 또는 여러 개의 스레드(thread)가 포함되며 하나의 스레드가 여러 프로세스에 포함될 수 없다. 프로세스 단위로 할당받은 코드, 데이터, 파일 등은 공유하며 스레드 단위로 실행을 위해 자신만의 레지스터와 스택 영역을 갖는다.

06 스레드(thread)에 대한 설명으로 옳지 **않은** 것은? [15년 지방직]

① 스레드는 자기만 접근할 수 있는 스레드별 데이터를 갖지 않는다.
② 단일 프로세스에 포함된 스레드들은 프로세스의 자원을 공유할 수 있다.
③ 멀티프로세서 환경에서는 각각의 스레드가 다른 프로세서에서 수행될 수 있다.
④ Pthread는 스레드 생성과 동기화를 위해 POSIX가 제정한 표준 API이다.

해설

각각의 스레드는 고유의 레지스터(program counter, stack pointer)와 스택을 보유하며 공유되지 않는다. 프로세스의 자원(코드, 힙, 전역 데이터)은 공유하고 같은 주소 공간에 존재하며 동일한 데이터에 접근한다.

07 다중 스레드(Multi Thread) 프로그래밍의 이점에 대한 설명으로 옳지 **않은** 것은? [20년 국가직]

① 다중 스레드는 사용자의 응답성을 증가시킨다.
② 스레드는 그들이 속한 프로세스의 자원들과 메모리를 공유한다.
③ 프로세스를 생성하는 것보다 스레드를 생성하여 문맥을 교환하면 오버헤드가 줄어든다.
④ 다중 스레드는 한 스레드에 문제가 생기더라도 전체 프로세스에 영향을 미치지 않는다.

해설

응용 프로그램에는 적어도 프로세스가 하나있고, 프로세스에는 스레드가 한 개 이상 있다. 같은 프로세스의 스레드들은 동일한 주소 공간을 공유한다. 프로세스 하나에 포함된 스레드들은 공동의 목적을 달성하기 위해 병렬로 수행한다. 그러므로 한 스레드에 문제가 생긴다는 것은 프로세스 전체 실행에 있어 문제가 생기는 것이므로 영향을 미친다.

08 다중 스레드(Multithread)에 대한 설명으로 옳은 것만을 모두 고르면? [19년 지방직]

> ㄱ. 스레드는 프로세스보다 더 큰 CPU의 실행 단위이다.
> ㄴ. 단일 CPU 컴퓨터에서 작업을 수행하는 스레드들은 CPU 자원을 공유한다.
> ㄷ. 스레드는 프로세스와 마찬가지로 독립적인 PC(Program Counter)를 가진다.
> ㄹ. 프로세스 간의 문맥교환은 동일 프로세스에 있는 스레드 간의 문맥교환에 비해 비용 면에서 효과적이다.

① ㄱ, ㄴ
② ㄱ, ㄹ
③ ㄴ, ㄷ
④ ㄴ, ㄹ

해설
ㄱ. 프로세스에는 한 개 이상의 스레드가 실행되므로 더 작은 CPU의 실행 단위이다.
ㄹ. 스레드는 프로세스에 비해 경량화된 실행 단위로 문맥교환 시 프로세스 간의 문맥교환보다 스레드 간의 문맥교환이 비용 면에서 효과적이다.

09 프로세스(Process)와 스레드(Thread)에 대한 설명으로 옳지 <u>않은</u> 것은? [19년 계리직]

① 프로세스 내 스레드 간 통신은 커널 개입을 필요로 하지 않기 때문에 프로세스 간 통신보다 더 효율적으로 이루어진다.
② 멀티프로세서는 탑재 프로세서마다 스레드를 실행시킬 수 있기 때문에 프로세스의 처리율을 향상시킬 수 있다.
③ 한 프로세스 내의 모든 스레드들은 정적 영역(Static Area)을 공유한다.
④ 한 프로세스의 어떤 스레드가 스택 영역(Stack Area)에 있는 데이터 내용을 변경하면 해당 프로세스의 다른 스레드가 변경된 내용을 확인할 수 있다.

해설
스택 영역은 스레드별로 할당되는 것이므로 다른 스레드가 접근할 수 없다.

10 프로세스 동기화 문제를 해결하기 위한 방법인 세마포어(Semaphore) 알고리즘에 대한 설명으로 옳지 <u>않은</u> 것은?

[14년 계리직]

① 세마포어 알고리즘은 상호배제 문제를 해결할 수 없다.
② 세마포어 변수는 일반적으로 실수형 변수를 사용하지 않는다.
③ 세마포어 알고리즘은 P 연산(wait 연산)과 V 연산(signal 연산)을 사용한다.
④ P 연산과 V 연산의 구현 방법에 따라 바쁜 대기(busy waiting)를 해결할 수 있다.

해설
동시성 제어를 하기 위해서는 동기화(순서화, 직렬화) 구현은 필수적이다. 세마포어 알고리즘은 동기화 기법의 일종이며 상호 배제 문제를 해결할 수 있다.

11 하나의 컴퓨터 시스템에서 여러 개의 어플리케이션(application)들이 함께 주기억장치에 적재되어 하나의 CPU 자원을 번갈아 사용하는 형태로 수행되게 하는 기법으로 옳은 것은?

[21년 계리직]

① 다중프로그래밍(multi-programming)
② 다중프로세싱(multi-processing)
③ 병렬처리(parallel processing)
④ 분산처리(distributed processing)

해설
주기억장치 한 개에 여러 개의 어플리케이션 프로그램이 존재하여 1개의 CPU를 번갈아 사용하여 동시에 여러 개의 프로그램이 실행하는 것처럼 수행되는 기법은 다중프로그래밍(multi-programming)이다.

12 임계구역에 대한 설명으로 옳은 것은?

[21년 국가직]

① 임계구역에 진입하고자 하는 프로세스가 무한대기에 빠지지 않도록 하는 조건을 진행의 융통성(Progress Flexibility)이라 한다.
② 자원을 공유하는 프로세스들 사이에서 공유자원에 대해 동시에 접근하여 변경할 수 있는 프로그램 코드 부분을 임계영역(Critical Section)이라 한다.
③ 한 프로세스가 다른 프로세스의 진행을 방해하지 않도록 하는 조건을 한정 대기(Bounded Waiting)라 한다.
④ 한 프로세스가 임계구역에 들어가면 다른 프로세스는 임계구역에 들어갈 수 없도록 하는 조건을 상호 배제(Mutual Exclusion)라 한다.

해설
둘 이상의 프로세스들이 동시에 공유할 수 없는 자원을 임계자원이라고 하며, 프로그램에서 이 자원을 이용하는 부분을 임계구역이라 한다. 프로세스들이 공유 데이터를 통해 협력할 때 어떤 프로세스가 임계구역에 들어가면 다른 프로세스들은 모두 임계구역으로의 진입이 금지되어야 한다. 즉, 여러 프로세스가 병렬적으로 실행할 수 없고 직렬로만 처리된다.

13 교착상태(deadlock)가 발생하기 위해서 만족해야 하는 조건들에 대한 설명으로 옳지 <u>않은</u> 것은? [16년 국가직]

① 상호배제(mutual exclusion) 조건 : 한 프로세스에 의해 점유된 자원은 다른 프로세스가 사용할 수 없다.

② 점유와 대기(hold and wait) 조건 : 이미 하나 이상의 자원을 점유한 프로세스가 다른 프로세스에 의해 점유된 자원을 요청하며 대기하고 있다.

③ 비선점(no preemption) 조건 : 프로세스가 점유한 자원을 그 프로세스로부터 강제로 빼앗을 수 있다.

④ 순환대기(circular wait) 조건 : 프로세스 간에 닫힌 체인(closed chain)이 존재하여, 체인 내의 각 프로세스는 체인 내의 다른 프로세스에 의해 소유되어 있는 자원을 요청하며 대기하고 있다.

해설

교착상태의 4가지 필요조건

• 상호배제 : 한 번에 한 프로세스만이 그 자원을 사용할 수 있다.

• 점유대기 : 적어도 하나의 자원을 보유하고 다른 프로세스에 할당된 자원을 얻기 위해 기다린다.

• 비선점 : 자원을 강제로 빼앗을 수 없고 그 자원을 점유하고 있는 프로세스가 수행을 끝내야 자원을 해제할 수 있다.

• 순환대기 : 프로세스와 자원들이 원형을 이루며, 각 프로세스는 자신에게 할당된 자원을 가지며, 상대방 프로세스의 자원을 상호 요청한다.

14 컴퓨터 시스템에서 교착상태의 해결 방안에 대한 설명으로 옳지 <u>않은</u> 것은? [19년 지방직]

① 교착상태가 발생할 가능성을 사전에 없앤다.

② 하나의 프로세스만이 한 시점에서 하나의 자원을 사용할 수 있게 한다.

③ 교착상태가 탐지되면, 교착상태와 관련된 프로세스와 자원을 시스템으로부터 제거한다.

④ 교착상태가 발생할 가능성을 인정하고, 교착상태가 발생하려고 할 때 이를 회피하도록 한다.

해설

상호배제(mutual exclusion)는 하나의 프로세스만이 한 시점에서 하나의 자원을 사용할 수 있게 한다. 상호배제는 교착상태의 필요조건에 해당되며, 이를 부정하여도 교착상태를 예방할 수 없다.

15 교착상태 발생의 조건에 대한 설명으로 옳지 **않은** 것은? [20년 지방직]

① 상호배제 조건 : 최소한 하나의 자원이 비공유 모드로 점유되며, 비공유 모드에서는 한 번에 한 프로세스만 해당 자원을 사용할 수 있다.

② 점유와 대기 조건 : 프로세스는 최소한 하나의 자원을 점유한 채, 현재 다른 프로세스에 의해 점유된 자원을 추가로 얻기 위해 반드시 대기해야 한다.

③ 비선점 조건 : 프로세스에 할당된 자원은 사용이 끝날 때까지 다른 프로세스가 강제로 빼앗을 수 없다.

④ 순환대기 조건 : 대기 체인 내 프로세스들의 집합에서 이전 프로세스는 다음 프로세스가 점유한 자원을 대기하고, 마지막 프로세스는 자원을 대기하지 않아야 한다.

해설

순환대기 조건은 프로세스와 자원들이 원형을 이루며, 자신에게 할당된 자원을 가지면서 상대방 프로세스의 자원을 상호 요청하는 것이다.

16 프로세스 관리 과정에서 발생할 수 있는 교착상태(Deadlock)를 예방하기 위한 조치로 옳은 것은? [19년 계리직]

① 상호배제(Mutual Exclusion) 조건을 제거하고자 할 경우, 프로세스 A가 점유하고 있던 자원에 대하여 프로세스 B로부터 할당 요청이 있을때 프로세스 B에게도 해당자원을 할당하여 준다. 운영체제는 프로세스 A와 프로세스 B가 종료되는 시점에서 일관성을 점검하여 프로세스 A와 프로세스 B 중 하나를 철회시킨다.

② 점유대기(Hold and Wait) 조건을 제거하고자 할 경우, 자원을 점유한 프로세스가 다른 자원을 요청하였지만 할당받지 못하면 일단 자신이 점유한 자원을 반납한다. 이후 그 프로세스는 반납 하였던 자원과 요청하였던 자원을 함께 요청한다.

③ 비선점(No Preemption) 조건을 제거하고자 할 경우, 프로세스는 시작시점에서 자신이 사용할 모든 자원들에 대하여 일괄할당을 요청한다. 일괄할당이 이루어지지 않을 경우, 일괄할당이 이루어지기까지 지연됨에 따른 성능 저하가 발생할 수 있다.

④ 환형대기(Circular Wait) 조건을 제거하고자 할 경우, 자원들의 할당 순서를 정한다. 자원 Ri가 자원 Rk보다 먼저 할당되는 것으로 정하였을 경우, 프로세스 A가 Ri를 할당받은 후 Rk를 요청한 상태에서 프로세스 B가 Rk를 할당받은 후 Ri를 요청하면 교착상태가 발생하므로 운영체제는 프로세스 B의 자원요청을 거부한다.

해설

• 교착상태 예방을 위해 교착상태 필요조건에서 상호배제를 제외하고, 점유와 대기, 비선점, 환형대기 중 하나를 부정함으로써 교착상태를 예방한다.

• 환형대기 부정은 모든 공유자원에 순차적으로 고유번호를 부여하여 프로세스는 공유자원의 고유번호 순서에 맞게 자원요청한다.

제 10 절 CPU 스케줄링(CPU Scheduling)

01 아래와 같은 순서대로 회의실 사용 요청이 있을 때, 다음 중 가장 많은 회의실 사용 시간을 확보할 수 있는 스케줄링 방법은?(단, 회의실은 하나이고, 사용 요청은 시작 시각, 종료 시각으로 구성된다. 회의실에 특정 회의가 할당되면 이 회의 시간과 겹치는 회의 요청에 대해서는 회의실 배정을 할 수 없다) [21년 국가직]

> (11:50, 12:30), (9:00, 12:00), (13:00, 14:30), (14:40, 15:00), (14:50, 16:00), (15:40, 16:20), (16:10, 18:00)

① 시작 시각이 빠른 요청부터 회의실 사용이 가능하면 확정한다.
② 종료 시각이 빠른 요청부터 회의실 사용이 가능하면 확정한다.
③ 사용 요청 순서대로 회의실 사용이 가능하면 확정한다.
④ 회의 시간이 긴 요청부터 회의실 사용이 가능하면 확정한다.

해설

회의 시간이 긴 요청부터 회의실 사용이 가능하면 확정한다. → 7시간 30분
(9:00, 12:00), (16:10, 18:00), (13:00, 14:30), (14:50, 16:00)
가장 많은 회의실 사용 시간을 확보할 수 있는 스케줄링 방법으로 회의 시간이 긴 요청(7시간 30분)부터 회의실 사용이 가능하면 확정한다.
① 시작 시각이 빠른 요청부터 회의실 사용이 가능하면 확정한다. → 5시간 30분
　(9:00, 12:00), (13:00, 14:30), (14:40, 15:00), (15:40, 16:20)
② 종료 시각이 빠른 요청부터 회의실 사용이 가능하면 확정한다. → 5시간 30분
　(9:00, 12:00), (13:00, 14:30), (14:40, 15:00), (15:40, 16:20)
③ 사용 요청 순서대로 회의실 사용이 가능하면 확정한다. → 5시간 30분
　(11:50, 12:30), (13:00, 14:30), (14:40, 15:00), (15:40, 16:20)

02 어떤 프로세스가 일정 크기의 CPU 시간 할당량(time quantum)을 한 번 받은 후에는 강제로 대기 큐의 다른 프로세스에게 CPU를 넘겨주는 방식의 스케줄링 기법은? [16년 지방직]

① FCFS(First-Come-First-Served)
② RR(Round-Robin)
③ SPN(Shortest Process Next)
④ HRRN(Highest Response Ratio Next)

해설

라운드 로빈(RR) 방식은 FCFS에 의해 프로세스들이 CPU로 내보내지며 각 프로세스는 동일 CPU 시간(time-quantum)을 할당하는 선점 스케줄링이다.

03 다음 표는 단일 중앙처리장치에 진입한 프로세스의 도착 시간과 그 프로세스를 처리하는 데 필요한 실행 시간을 나타낸 것이다. 비선점 SJF(Shortest Job First) 스케줄링 알고리즘을 사용한 경우, P1, P2, P3, P4 프로세스 4개의 평균 대기 시간은?(단, 프로세스 간 문맥 교환에 따른 오버헤드는 무시하며, 주어진 4개의 프로세스 외에 처리할 다른 프로세스는 없다고 가정한다)

[18년 지방직]

프로세스	도착 시간(ms)	실행 시간(ms)
P1	0	5
P2	3	6
P3	4	3
P4	6	4

① 3ms
② 3.5ms
③ 4ms
④ 4.5ms

해설
- P1은 0ms에 도착하여 CPU를 할당받아 5ms를 처리하고 5ms에 완료한다(대기 시간 : 0ms).
- P3는 4ms에 도착하여 CPU를 5ms에 할당받아 3ms를 처리하고 8ms에 완료한다(대기 시간 : 1ms).
- P4는 6ms에 도착하여 CPU를 8ms에 할당받아 4ms를 처리하고 12ms에 완료한다(대기 시간 : 2ms).
- P2는 3ms에 도착하여 CPU를 12ms에 할당받아 6ms를 처리하고 18ms에 완료한다(대기 시간 : 9ms).
따라서 평균 대기 시간은 (0 + 1 + 2 + 9) / 4 = 3ms이다.

04 하나의 프로세스가 CPU를 할당받은 후에는 스스로 CPU를 반납할 때까지 다른 프로세스가 CPU를 차지할 수 없도록 하는 스케줄링 기법에 해당하는 것만을 모두 고르면?

[19년 지방직]

> ㄱ. FCFS(First Come First Served)
> ㄴ. RR(Round Robin)
> ㄷ. SRT(Shortest Remaining Time)

① ㄱ
② ㄱ, ㄷ
③ ㄴ, ㄷ
④ ㄱ, ㄴ, ㄷ

해설
비선점 스케줄링을 고르는 문제이다. 비선점 스케줄링은 하나의 프로세스가 CPU를 할당받은 후 작업을 완료할 때까지 다른 프로세스에게 CPU를 빼앗기지 않는 방식이다.
- 비선점 스케줄링 : FCFS, SJF, HRN
- 선점 스케줄링 : RR, SRT, MLQ, MFQ

안심Touch

05 CPU 스케줄링 기법 중 라운드 로빈(Round Robin) 방식에 대한 설명으로 옳지 <u>않은</u> 것은? [20년 지방직]

① 선점 스케줄링 기법이다.
② 여러 프로세스에 일정한 시간을 할당한다.
③ 시간할당량이 작으면 문맥 교환수와 오버헤드가 증가한다.
④ FIFO(First-In-First-Out) 방식 대비 높은 처리량을 제공한다.

해설

라운드 로빈은 시간할당량이 크면 FCFS와 동일한 성능을 갖는다. FCFS와 비교하여 높은 처리량을 제공한다고 말하기 힘들다.

06 〈보기〉의 프로세스 P1, P2, P3을 시간 할당량(time quantum)이 2인 RR(Round-Robin)알고리즘으로 스케줄링할 때, 평균 응답시간으로 옳은 것은?(단, 응답시간이란 프로세스의 도착시간부터 처리가 종료될 때까지의 시간을 말한다. 계산 결과값을 소수점 둘째자리에서 반올림한다) [16년 계리직]

보기

프로세스	도착시간	실행시간
P1	0	3
P2	1	4
P3	3	2

① 5.7 ② 6.0
③ 7.0 ④ 7.3

해설

0(2)	2(2)	4(1)	5(2)	7(2)
P1	P2	P1(완료)	P3(완료)	P2(완료)

P1 대기 큐 진입

P1 → P3 → P2 순으로 실행된다. P3는 3초에 도착하기 때문에 최초 P1이 종료된 2초에 아직 큐에 진입하지 않았으므로 P1이 P2 뒤로 대기 큐에 진입하고, 3초에 P3가 들어오기 때문에 P1이 실행된 후, P2가 실행되고 다시 P1이 실행된 후 P3가 실행된다.
• P1의 응답시간 : 5
• P2의 응답시간 : 9 - 1 = 8
• P3의 응답시간 : 7 - 3 = 4
• 평균 응답시간 : (5 + 8 + 4) / 3 = 5.7

07 프로세스 P1, P2, P3, P4를 선입선출(First In First Out) 방식으로 스케줄링을 수행할 경우 평균 응답시간으로 옳은 것은?(단, 응답시간은 프로세스 도착시간부터 처리가 종료될 때까지의 시간을 말한다) [18년 계리직]

프로세스	도착시간	처리시간
P1	0	2
P2	2	2
P3	3	3
P4	4	9

① 3

② 4

③ 5

④ 6

해설

P1 : 0초에 도착하여 2초에 결과를 출력하였으므로 반환시간은 2 − 0 = 2
P2 : 2초에 도착하여 4초에 결과를 출력하였으므로 반환시간은 4 − 2 = 2
P3 : 3초에 도착하여 7초에 결과를 출력하였으므로 반환시간은 7 − 3 = 4
P4 : 4초에 도착하여 16초에 결과를 출력하였으므로 반환시간은 16 − 4 = 12
따라서 평균 응답시간은 (2 + 2 + 4 + 12) / 4 = 5

더 알아보기

문제에서 응답시간의 정의를 프로세스가 도착 후부터 처리가 종료될 때까지의 시간으로 정의하였다. 사실 이 정의는 반환시간(Turn around time)에 해당하지만 문제에서 응답시간으로 정의하였으므로 그대로 문제를 해결한다.

08 다음 표에서 보인 4개의 프로세스들을 시간할당량(time quantum)이 5인 라운드로빈(round-robin) 스케줄링 기법으로 실행시켰을 때 평균 반환시간으로 옳은 것은? [21년 계리직]

프로세스	도착시간	실행시간
P1	0	10
P2	1	15
P3	3	6
P4	6	9

(단, 반환시간이란 프로세스가 도착하는 시점부터 실행을 종료할 때까지 소요된 시간을 의미한다. 또한, 이들 4개의 프로세스들은 I/O 없이 CPU만을 사용한다고 가정하며, 문맥교환(context switching)에 소요되는 시간은 무시한다)

① 24.0
② 29.0
③ 29.75
④ 30.25

해설

P1의 종료시간은 20이므로 반환시간은 20 - 0 = 20이다.
P2의 종료시간은 40이므로 반환시간은 40 - 1 = 39이다.
P3의 종료시간은 31이므로 반환시간은 31 - 3 = 28이다.
P4의 종료시간은 35이므로 반환시간은 35 - 6 = 29이다.
평균 반환시간은 (20 + 39 + 28 + 29) / 4로 29초이다.

09 프로세스 스케줄링에 대한 설명으로 옳지 <u>않은</u> 것은? [20년 국가직]

① FCFS(First Come First Served) 스케줄링은 비선점 방식으로 대화식 시스템에 적합하다.
② SJF(Shortest Job First) 스케줄링은 실행 시간이 가장 짧은 작업(프로세스)을 신속하게 실행하므로 평균 대기시간이 FCFS 스케줄링보다 짧다.
③ Round-Robin 스케줄링은 우선순위가 적용되지 않은 단순한 선점형 방식이다.
④ 다단계 큐(Multilevel Queue) 스케줄링은 우선순위에 따라 준비 큐를 여러 개 사용하는 방식이다.

해설

FCFS는 비선점 방식으로 프로세스 스케줄링 알고리즘 중 가장 단순하다. 프로세서를 요청하는 순서대로 할당한다. 일괄처리 시스템에서는 매우 효율적이나 빠른 응답을 요청하는 대화식 시스템에는 적합하지 않다.

10 다음 표는 단일 CPU에 진입한 프로세스의 도착시간과 처리하는 데 필요한 실행시간을 나타낸 것이다. 프로세스 간 문맥교환에 따른 오버헤드는 무시한다고 할 때, SRT(Shortest Remaining Time) 스케줄링 알고리즘을 사용한 경우 네 프로세스의 평균 반환시간(turnaround time)은? [15년 국가직]

프로세스	도착시간	실행시간
P1	0	8
P2	2	4
P3	4	1
P4	6	4

① 4.25 ② 7
③ 8.75 ④ 10

해설

P1은 0초에 도착하여 17초에 종료되므로 반환시간은 17 - 0 = 17이다.
P2는 2초에 도착하여 7초에 종료되므로 반환시간은 7 - 2 = 5이다.
P3은 4초에 도착하여 5초에 종료되므로 반환시간은 5 - 4 = 1이다.
P4은 6초에 도착하여 11초에 종료되므로 반환시간은 11 - 6 = 5이다.
평균 반환시간은 (17 + 5 + 1 + 5) / 4로 7초이다.

11 다음 프로세스 집합에 대하여 라운드 로빈 CPU 스케줄링 알고리즘을 사용할 때, 프로세스들의 총 대기시간은?(단, 시간 0에 P1, P2, P3 순서대로 도착한 것으로 하고, 시간할당량은 4밀리초로 하며, 프로세스 간 문맥교환에 따른 오버헤드는 무시한다) [17년 국가직]

프로세스	버스트 시간(밀리초)
P1	20
P2	3
P3	4

① 16 ② 18
③ 20 ④ 24

해설

P1이 먼저 할당받는 4초를 수행한다. 이때 P1의 대기시간은 0초이다.
P2는 할당받은 4초에서 3초를 수행하고 완료한다. 이때 P2의 대기시간은 4초이다.
P3는 할당받은 4초에서 4초를 수행하고 완료한다. 이때 P3의 대기시간은 7초이다.
P2와 P3이 모두 종료되고 새로운 프로세스의 진입이 없으므로 P1이 계속 시간을 할당받아가며 나머지 16초를 수행하게 된다. 이때 P1의 대기시간은 7초이다.
따라서 모든 프로세스가 대기한 시간의 합은 18초가 된다.

제 11 절 가상 메모리(Virtual Memory) 관리

01 크기가 각각 12KB, 30KB, 20KB인 프로세스가 다음과 같은 메모리 공간에 순차적으로 적재 요청될 때, 모든 프로세스를 적재할 수 있는 알고리즘만을 모두 고른 것은?

[16년 지방직]

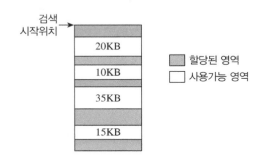

ㄱ. 최초 적합(first-fit)
ㄴ. 최적 적합(best-fit)
ㄷ. 최악 적합(worst-fit)

① ㄱ
② ㄴ
③ ㄱ, ㄴ
④ ㄴ, ㄷ

(해설)
• 최초 적합일 경우 12KB는 20KB 영역에 적재되고, 30KB는 35KB에 적재되나, 20KB는 적재될 수 없다.
• 최악 적합일 경우 12KB는 35KB 영역에 적재되고, 30KB는 적재될 영역이 없다.

02 다음과 같은 가용 공간을 갖는 주기억장치에 크기가 각각 25KB, 30KB, 15KB, 10KB인 프로세스가 순차적으로 적재 요청된다. 최악적합(worst-fit) 배치전략을 사용할 경우 할당되는 가용 공간 시작주소를 순서대로 나열한 것은?

[17년 지방직]

가용 공간 리스트	
시작주소	크기
w	30KB
x	20KB
y	15KB
z	35KB

① w → x → y → z

② x → y → z → w

③ y → z → w → x

④ z → w → x → y

해설

25KB 크기의 프로세스는 가장 큰 차이가 나는 z 영역에 배치된다.
30KB 크기의 프로세스는 w 영역에 배치된다.
15KB 크기의 프로세스는 x 영역에 배치된다.
30KB 크기의 프로세스는 y 영역에 배치된다.

03 주기억장치에서 사용가능한 부분은 다음과 같다. M1은 16KB(kilobyte), M2는 14KB, M3는 5KB, M4는 30KB이며 주기억장치의 시작 부분부터 M1, M2, M3, M4 순서가 유지되고 있다. 이때 13KB를 요구하는 작업이 최초적합 (First Fit) 방법, 최적적합(Best Fit) 방법, 최악적합(Worst Fit) 방법으로 주기억장치에 각각 배치될 때 결과로 옳은 것은?(단, 배열순서는 왼쪽에서 첫 번째가 최초적합 결과이며 두 번째가 최적적합 결과 그리고 세 번째가 최악적합 결과를 의미한다)

[10년 계리직]

① M1, M2, M3

② M1, M2, M4

③ M2, M1, M4

④ M4, M2, M3

해설

M1(16K)	13K 최초적합
M2(14K)	13K 최적적합
M3(5K)	
M4(30K)	13K 최악적합

04 ㉠에 들어갈 용어로 옳은 것은?

[18년 계리직]

> 주기억장치의 물리적 크기의 한계를 해결하기 위한 기법으로 주기억장치의 크기에 상관없이 프로그램이 메모리의 주소를 논리적인 관점에서 참조할 수 있도록 하는 것을 (㉠)라고 한다.

① 레지스터(Register)
② 정적 메모리(Static Memory)
③ 가상 메모리(Virtual Memory)
④ 플래시 메모리(Flash Memory)

해설

가상 메모리(Virtual Memory)
- 보조기억장치(HDD, SSD)의 일부를 주기억장치처럼 사용하는 것으로, 용량이 작은 주기억장치를 마치 큰 용량을 가진 것처럼 사용하는 기법
- 프로그램을 여러 개의 작은 블록 단위로 나누어서 보관해 놓고, 프로그램 실행 시 요구되는 블록만 주기억장치에 불연속적으로 할당하여 처리
- 주기억장치의 크기보다 큰 프로그램을 실행하기 위해 사용
- 주기억장치의 이용률과 다중 프로그램의 효율을 높일 수 있음

05 가상 기억장치(virtual memory) 구현 방법으로서의 페이징(paging)과 세그멘테이션(segmentation)에 대한 설명으로 옳지 않은 것은?

[16년 국가직]

① 페이징 기법에서 페이지(page)의 크기가 $2k$바이트이면 가상주소(virtual address)의 페이지 오프셋(offset)은 k비트이다.
② 세그멘테이션 기법에서 세그먼트들은 2의 거듭제곱 바이트의 크기를 가져야 하며 최대 크기가 정해져 있다.
③ 페이징 기법에서는 외부 단편화(external fragmentation)가 발생하지 않는다.
④ 세그멘테이션 기법에서는 외부 단편화가 발생할 수 있다.

해설

세그먼트는 기억장치의 사용자 관점을 지원하는 기억장치 관리 기법으로 논리 구조 공간은 세그먼트의 모임이다. 내용에 따라 구분되므로 크기에 대한 제한은 없다.

06 페이지 크기가 2,000byte인 페이징 시스템에서 페이지테이블이 다음과 같을 때 논리주소에 대한 물리주소가 옳게 짝지어진 것은?(단, 논리주소와 물리주소는 각각 0에서 시작되고, 1byte 단위로 주소가 부여된다) [17년 국가직]

페이지 번호(논리)	프레임 번호(물리)
0	7
1	3
2	5
3	0
4	8

	논리주소	물리주소
①	4,300	2,300
②	3,600	4,600
③	2,500	6,500
④	900	7,900

해설

페이지 번호 = 논리주소 / 2000, 변위 = 논리주소 % 2000로 구한다. 각 페이지 번호에 맞는 프레임 번호를 찾는다. 프레임 번호에 2000을 곱한 후 변위를 더해 실 주소(물리주소)를 구한다. 2500 / 2000 = 1(페이지 번호), 2500 % 2000 = 500(변위). 1번 페이지에 해당하는 프레임 번호는 3이다. 그러므로 3 × 2000 + 500을 하여 물리주소 6500을 구할 수 있다.

07 프로세스의 메모리는 세그먼테이션에 의해 그 역할이 할당되어 있다. 표준 C언어로 작성된 프로그램이 컴파일 후 실행파일로 변환되어 메모리를 할당받았을 때, 이 프로그램에 할당된 세그먼트에 대한 설명으로 옳은 것은?

[21년 국가직]

① 데이터 세그먼트는 모든 서브루틴의 지역변수와 서브루틴 종료 후 돌아갈 명령어의 주소값을 저장한다.
② 스택은 현재 실행 중인 서브루틴의 매개변수와 프로그램의 전역변수를 저장한다.
③ 코드 세그먼트는 CPU가 실행할 명령어와 메인 서브루틴의 지역변수를 저장한다.
④ 힙(Heap)은 동적 메모리 할당을 위해 사용되는 공간이고, 주소값이 커지는 방향으로 증가한다.

해설

세그먼트 메모리 관리는 프로그램이나 데이터를 세그먼트 또는 섹션이라는 가변 크기로 관리하는 기법이다.

08 FIFO 페이지 교체 알고리즘을 사용하는 가상메모리에서 프로세스 P가 다음과 같은 페이지 번호 순서대로 페이지에 접근할 때, 페이지 부재(page-fault) 발생 횟수는?(단, 프로세스 P가 사용하는 페이지 프레임은 총 4개이고, 빈 상태에서 시작한다)

[19년 국가직]

> 1 2 3 4 5 2 1 1 6 7 5

① 6회

② 7회

③ 8회

④ 9회

해설

순번	1	2	3	4	5	6	7	8	9	10	11

요구 페이지	1	2	3	4	5	2	1	1	6	7	5

페이지 프레임	1	1	1	1	5	5	5	5	5	5	5
		2	2	2	2	2	1	1	1	1	1
			3	3	3	3	3	3	6	6	6
				4	4	4	4	4	4	7	7

페이지 부재	O	O	O	O	O		O		O	O	

09 다음은 가상 메모리의 페이지 교체 정책 중 최적(optimal) 알고리즘을 적용하여 페이지를 할당한 예이다. 참조열 순으로 페이지가 참조될 때, 페이지 부재(page fault)가 6회 발생하였다. 동일한 조건 하에서 LRU(Least Recently Used) 알고리즘을 적용할 경우 페이지 부재가 몇 회 발생하는가?

[16년 지방직]

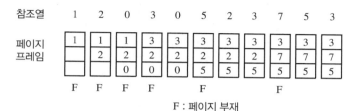

F : 페이지 부재

① 6

② 7

③ 8

④ 9

해설

참조열	1	2	0	3	0	5	2	3	7	5	3

페이지 프레임	1	1	1	3	3	3	2	2	2	5	5
		2	2	2	2	5	5	5	7	7	7
			0	0	0	0	0	0	3	3	3	3

페이지 부재	F	F	F	F		F	F	F	F	F	

10 여덟 개의 페이지(0~7페이지)로 구성된 프로세스에 네 개의 페이지 프레임이 할당되어 있고, 이 프로세스의 페이지 참조 순서는 〈보기〉와 같다. 이 경우 LRU 페이지 교체 알고리즘을 적용할 때 페이지 적중률(hit ratio)은 얼마인가?(단, 〈보기〉의 숫자는 참조하는 페이지번호를 나타내고, 최초의 페이지 프레임은 모두 비어있다고 가정한다)

[12년 계리직]

 보 기

> 1, 0, 2, 2, 2, 1, 7, 6, 7, 0, 1, 2

① $\dfrac{5}{12}$

② $\dfrac{6}{12}$

③ $\dfrac{7}{12}$

④ $\dfrac{8}{12}$

해설

참조열	1	0	2	2	2	1	7	6	7	0	1	2

페이지 프레임	1	1	1	1	1	1	1	1	1	1	1	1
		0	0	0	0	0	0	6	6	6	6	2
			2	2	2	2	2	2	2	0	0	0
							7	7	7	7	7	7

페이지 부재	F	F	F				F	F		F		F

11 다음 〈조건〉에 따라 페이지 기반 메모리 관리시스템에서 LRU(Least Recently Used) 페이지 교체 알고리즘을 구현하였다. 주어진 참조열의 모든 참조가 끝났을 경우 최종 스택(stack)의 내용으로 옳은 것은? [14년 계리직]

조건

- LRU 구현 시 스택 사용한다.
- 프로세스에 할당된 페이지 프레임은 4개이다.
- 메모리 참조열 : 1 2 3 4 5 3 4 2 5 4 6 7 2 4

①
스택 top	7
	6
	4
스택 bottom	5

②
스택 top	2
	7
	6
스택 bottom	4

③
스택 top	5
	4
	6
스택 bottom	2

④
스택 top	4
	2
	7
스택 bottom	6

해설

1. 1, 2, 3, 4까지는 스택에 순차적으로 push된다.
2. 5를 참조하려면 최근에 가장 오랫동안 사용하지 않은 1을 교체해야 하므로 4, 3, 2, 1 순으로 pop하고 2, 3, 4 순으로 push한 후에 5를 push한다.
3. 3을 참조하려면 5, 4, 3 순으로 pop하고 4, 5 순으로 push한 후에 3을 push한다.
4. 4를 참조하려면 3, 5, 4 순으로 pop하고 5, 3 순으로 push한 후에 4를 push한다.
5. 2를 참조하려면 4, 3, 5, 2 순으로 pop하고 5, 3, 4 순으로 push한 후에 2를 push한다.
6. 5를 참조하려면 2, 4, 3, 5 순으로 pop하고 3, 4, 2 순으로 push한 후에 5를 push한다.
7. 4를 참조하려면 5, 2, 4 순으로 pop하고 2, 5 순으로 push한 후에 4를 push한다.
8. 6을 참조하려면 최근에 가장 오랫동안 사용하지 않은 3을 교체해야 하므로 4, 5, 2, 3 순으로 pop하고 2, 5, 4 순으로 push한 후에 6을 push한다.
9. 7을 참조하려면 최근에 가장 오랫동안 사용하지 않은 2를 교체해야 하므로 6, 4, 5, 2 순으로 pop하고 5, 4, 6 순으로 push한 후에 7을 push한다.
10. 2를 참조하려면 최근에 가장 오랫동안 사용하지 않은 5를 교체해야 하므로 7, 6, 4, 5 순으로 pop하고 4, 6, 7 순으로 push한 후에 2를 push한다.
11. 4를 참조하려면 2, 7, 6, 4 순으로 pop하고 6, 7, 2 순으로 push한 후에 4를 push한다.

12 LRU(Least Recently Used) 교체 기법을 사용하는 요구 페이징(demand paging) 시스템에서 3개의 페이지 프레임(page frame)을 할당받은 프로세스가 다음과 같은 순서로 페이지에 접근했을 때 발생하는 페이지 부재(page fault) 횟수로 옳은 것은?(단, 할당된 페이지 프레임들은 초기에 모두 비어 있다고 가정한다) [21년 계리직]

> 페이지 참조 순서(page reference string) :
> 1, 2, 3, 1, 2, 3, 1, 2, 3, 1, 2, 3, 4, 5, 6, 7, 4, 5, 6, 7, 4, 5, 6, 7

① 7번

② 10번

③ 14번

④ 15번

해설

LRU 교체 기법은 현재 요구하는 페이지가 페이지 프레임에 존재하지 않을 경우 페이지 프레임 내 페이지들 중 현재 시점에서 가장 예전에 사용된 페이지를 교체하는 것이다.

참조	1	2	3	1	2	3	1	2	3	1	2	3	4	5	6	7	4	5	6	7	4	5	6	7

페이지	1	1	1	1	1	1	1	1	1	1	1	1	4	4	4	7	7	7	6	6	6	5	5	5
		2	2	2	2	2	2	2	2	2	2	2	2	5	5	5	4	4	4	7	7	7	6	6
			3	3	3	3	3	3	3	3	3	3	3	6	6	6	5	5	5	5	4	4	4	7

부재	F	F	F										F	F	F	F	F	F	F	F	F	F	F	F

13 스레싱(Thrashing)에 대한 설명으로 옳지 <u>않은</u> 것은? [18년 국가직]

① 프로세스의 작업 집합(Working Set)이 새로운 작업 집합으로 전이 시 페이지 부재율이 높아질 수 있다.

② 작업 집합 기법과 페이지 부재 빈도(Page Fault Frequency) 기법은 한 프로세스를 중단(Suspend)시킴으로써 다른 프로세스들의 스레싱을 감소시킬 수 있다.

③ 각 프로세스에 설정된 작업 집합 크기와 페이지 프레임 수가 매우 큰 경우 다중 프로그래밍 정도(Degree of Multiprogramming)를 증가시킨다.

④ 페이지 부재 빈도 기법은 프로세스의 할당받은 현재 페이지 프레임 수가 설정한 페이지 부재율의 하한보다 낮아지면 보유한 프레임 수를 감소시킨다.

해설
작업 집합(Working Set)의 크기와 페이지 프레임의 수가 매우 큰 경우라면, 현재 많은 페이지 프레임을 할당받은 상태이다. 또한, 다중 프로그래밍의 정도가 낮아지므로 스레싱 발생 가능성도 낮아진다.

14 페이지 부재율(Page Fault Ratio)과 스레싱(Trashing)에 대한 설명으로 옳은 것은? [20년 지방직]

① 페이지 부재율이 크면 스레싱이 적게 일어난다.

② 페이지 부재율과 스레싱은 전혀 관계가 없다.

③ 스래싱이 많이 발생하면 페이지 부재율이 감소한다.

④ 다중 프로그램의 정도가 높을수록 스래싱이 증가한다.

해설
스래싱은 다중 프로그램의 정도가 높아 프로세스 수행 시 실행시간보다 교체시간이 더 많아져 CPU의 효율이 낮아지는 현상이다. 페이지 부재율이 크면 스레싱이 많이 발생한다.

제 **12** 절 **디스크 스케줄링(Disk Scheduling)**

01 디스크 헤드의 위치가 55이고 0의 방향으로 이동할 때, C-SCAN 기법으로 디스크 대기 큐 25, 30, 47, 50, 63, 75, 100을 처리한다면 제일 마지막에 서비스 받는 트랙은? [17년 국가직]

① 50
② 63
③ 75
④ 100

해설
- C-SCAN 기법은 항상 바깥쪽에서 안쪽으로 움직이면서 가장 짧은 탐색거리를 갖는 요청을 서비스하는 기법이다.
- 현재 55에서 0으로 헤드가 이동하고 있으므로 이 방향으로 처리가 된다고 가정하면 50 → 47 → 30 → 25 순으로 처리하고 가장 안쪽에서 가장 바깥쪽으로 이동하여 100 → 75 → 63을 처리하게 된다.
- 문제에서 트랙에 안쪽과 바깥쪽을 명확히 제시하지 않았지만 헤드의 위치가 55에서 0의 방향으로 이동한다고 하였기에 0번 트랙을 안쪽 트랙으로 정하고 풀어야 한다.

02 다음 〈보기〉에서 설명하는 디스크 스케줄링은? [18년 지방직]

보기

디스크 헤드가 한쪽 방향으로 트랙의 끝까지 이동하면서 만나는 요청을 모두 처리한다. 트랙의 끝에 도달하면 반대 방향으로 이동하면서 만나는 요청을 모두 처리한다. 이러한 방식으로 헤드가 디스크 양쪽을 계속 왕복하면서 남은 요청을 처리한다.

① 선입 선처리(FCFS) 스케줄링
② 최소 탐색 시간 우선(SSTF) 스케줄링
③ 스캔(SCAN) 스케줄링
④ 라운드 로빈(RR) 스케줄링

해설
디스크 스케줄링 기법 중 디스크 헤드가 양쪽을 계속 왕복하면서 가까운 요청을 모두 처리하는 것은 스캔(SCAN) 스케줄링 방식이다.

03 〈보기〉는 0 ～ 199번의 200개 트랙으로 이루어진 디스크 시스템에서, 큐에 저장된 일련의 입·출력 요청들과 어떤 디스크 스케줄링(disk scheduling) 방식에 의해 처리된 서비스 순서이다. 이 디스크 스케줄링 방식은 무엇인가? (단, 〈보기〉의 숫자는 입·출력할 디스크 블록들이 위치한 트랙 번호를 의미하며, 현재 디스크 헤드의 위치는 트랙 50번이라고 가정한다) [12년 계리직]

> **보기**
>
> • 요청 큐 : 99, 182, 35, 121, 12, 125, 64, 66
> • 서비스 순서 : 64, 66, 99, 121, 125, 182, 12, 35

① FCFS
② C–SCAN
③ SSTF
④ SCAN

해설

• 먼저 요청 큐를 정렬한다.
 (12, 35, 50, 64, 66, 99, 121, 125, 182)
• C–SCAN(Circular SCAN)은 헤드가 항상 바깥쪽에서 안쪽으로 움직인다. 그리고 모든 요청을 서비스하면서 끝까지 이동한 후 다시 바깥쪽에서 안쪽으로 이동하면서 요청을 서비스하는 기법이다.
 (현재 위치 50) 64 → 66 → 99 → 121 → 125 → 182 → 12 → 35
• 199번까지 가지 않았으므로 C–LOOK으로 볼 수 있지만, 199번 트랙은 요청되지 않았기 때문에 199번까지 이동 후 0으로 이동했다고 볼 수 있다.

04 순차 파일과 인덱스 순차 파일에 대한 설명으로 옳은 것의 총 개수는? [19년 계리직]

> ㄱ. 순차 파일에서의 데이터 레코드 증가는 적용된 순차 기준으로 마지막 위치에서 이루어진다.
> ㄴ. 순차 파일에서는 접근 조건으로 제시된 순차 대상 필드 값 범위에 해당하는 대량의 데이터 레코드들을 접근할 때 효과적이다.
> ㄷ. 순차 파일에서의 데이터 레코드 증가는 오버플로우 블록을 생성시키지 않는다.
> ㄹ. 인덱스 순차 파일의 인덱스에는 인덱스 대상 필드 값과 그 값을 가지는 데이터 레코드를 접근할 수 있게 하는 위치 값이 기록된다.
> ㅁ. 인덱스 순차 파일에서는 인덱스 갱신없이 데이터 레코드를 추가하거나 삭제하는 것이 가능하다.
> ㅂ. 인덱스 순차 파일에서는 접근 조건에 해당하는 인덱스 대상 필드 값을 가지는 소량의 데이터 레코드를 순차 파일 보다 효과적으로 접근할 수 있다.
> ㅅ. 인덱스를 다중레벨로 구성할 경우, 최하위 레벨은 순차 파일 형식으로 구성된다.

① 2개
② 3개
③ 4개
④ 5개

(해설)

- 순차 파일(Sequential File)

  순차 파일은 레코드를 논리적인 처리 순서에 따라 연속된 물리적 공간으로 기록하는 것을 의미한다. 마치 급여 업무처럼 전체 자료를 처리 대상으로 일괄 처리하는 업무에 사용되며 대화식 처리보다 일괄 처리에 적합한 구조이다.

- 인덱스 순차 파일(Index Sequential File)

  색인을 이용한 순차적인 접근 방법을 제공하여 색인 순차 접근 방식(ISAM; Index Sequential Access Method)이라고도 한다. 순차 처리와 랜덤 처리가 모두 가능하도록 레코드들을 키 값 순으로 정렬(sort)시켜 기록하고, 레코드의 키 항목만을 모은 색인을 구성하여 편성하는 방식이다.

05 시간 순서대로 제시된 다음의 시스템 운영 기록만을 이용하여 시스템의 가용성(availability)을 계산한 결과는?

[17년 지방직]

(단위 : 시간)

가동시간	고장시간	가동시간	고장시간	가동시간	고장시간
8	1	7	2	9	3

① 80% ② 400%

③ 25% ④ 75%

(해설)

가용성(availability)은 시스템이 정상적으로 운영된 시간을 확률로 표기한 것이다.

가용성(%) = {MTBF / (MTBF + MTTR)} × 100

$$= \frac{24}{30} \times 100 = 80\%$$

06 프로세서의 수를 늘려도 속도를 개선하는 데 한계가 있다는 주장으로서, 병렬처리 프로세서의 성능 향상의 한계를 지적한 법칙은?

[20년 지방직]

① 무어의 법칙(Moore's Law)

② 암달의 법칙(Amdahl's Law)

③ 구스타프슨의 법칙(Gustafson's Law)

④ 폰노이만 아키텍처(von Neumann Architecture)

(해설)

암달의 법칙(Amdahl's Law) : 병렬처리 프로그램에서 순차 처리되는 명령문들이 프로세서의 수를 추가하더라도 실행 속도 향상을 제한하는 요소를 갖고 있다는 법칙으로 최적 비용, 최적 시스템 구현 근거가 된다.

① 무어의 법칙(Moore's Law) : Intel의 고든 무어가 제창한 법칙으로 'CPU칩의 가격은 매 18개월마다 절반으로 떨어지고 성능은 18개월마다 2배로 증가한다.'는 법칙이다.

③ 구스타프슨의 법칙(Gustafson's Law) : 컴퓨터과학에서 대용량 처리는 효과적으로 병렬화할 수 있다는 법칙이다.

④ 폰노이만 아키텍처(von Neumann Architecture) : 메모리에 명령어와 데이터를 함께 저장하며, 데이터는 메모리에서 읽기/쓰기가 가능하나, 명령어는 메모리에서 읽기만 가능하다.

데이터통신 및 정보보안론

제 **1** 절   **데이터통신**

01   OSI(Open Systems Interconnect) 모델에 대한 설명으로 옳지 <u>않은</u> 것은?   [20년 국가직]

① 네트워크 계층은 데이터 전송에 관한 서비스를 제공하는 계층으로 송신측과 수신측 사이의 실제적인 연결 설정 및 유지, 오류 복구와 흐름 제어 등을 수행한다.

② 데이터링크 계층은 네트워크 계층에서 받은 데이터를 프레임(frame)이라는 논리적인 단위로 구성하고 전송에 필요한 정보를 덧붙여 물리 계층으로 전달한다.

③ 세션 계층은 전송하는 두 종단 프로세스 간의 접속(session)을 설정하고, 유지하고 종료하는 역할을 한다.

④ 표현 계층은 전송하는 데이터의 표현 방식을 관리하고 암호화하거나 데이터를 압축하는 역할을 한다.

해설

전송 계층은 데이터 전송에 관한 서비스를 제공하는 계층으로 송신측과 수신측 사이의 실제적인 연결 설정 및 유지, 오류 복구와 흐름 제어를 통해 투명하고 신뢰성 있는 통신이 가능하도록 한다. 네트워크 계층에서 각 패킷의 전송을 책임진다면 전송 계층에서는 전체 메시지의 전송을 책임진다.

02 OSI 7계층에서 계층별로 사용하는 프로토콜의 데이터 단위는 다음 표와 같다. ㉠~㉢에 들어갈 내용을 바르게 연결한 것은? [21년 국가직]

계층	데이터 단위
트랜스포트(Transport) 계층	(㉠)
네트워크(Network) 계층	(㉡)
데이터링크(Datalink) 계층	(㉢)
물리(Physical) 계층	비트

	㉠	㉡	㉢
①	세그먼트	프레임	패킷
②	패킷	세그먼트	프레임
③	세그먼트	패킷	프레임
④	패킷	프레임	세그먼트

해설

데이터 전송 단위
- 물리 계층 : bit
- 데이터링크 계층 : frame
- 네트워크 계층 : packet
- 전송 계층 : segment
- 세션/프레젠테이션/애플리케이션 계층 : message

03 데이터 통신의 표준참조모델인 OSI모델의 각 계층에 대한 설명으로 옳지 않은 것은? [15년 지방직]

① 물리 계층은 송수신 시스템의 연결에서 전송 매체의 종류, 송수신되는 신호의 전압 레벨 등을 정의한다.

② 네트워크 계층은 송수신 컴퓨터의 응용프로그램 간 송수신되는 데이터의 구문과 의미에 관련된 기능으로 변환, 암호화, 압축을 수행한다.

③ 전송 계층은 연결된 네트워크의 기능이나 특성에 영향을 받지 않고 오류제어와 흐름제어 기능을 수행하여 신뢰성 있는 데이터 전송을 보장하는 것으로, 프로토콜은 TCP, UDP 등이 있다.

④ 응용 계층은 최상위 계층으로 프로토콜은 FTP, HTTP 등이 있다.

해설

표현 계층(6계층)은 데이터의 암호화와 해독을 수행하고, 효율적인 전송을 위해 필요에 따라 압축과 압축해제를 수행한다.

04 OSI 7계층 중 브리지(bridge)가 복수의 LAN을 결합하기 위해 동작하는 계층은? [15년 국가직]

① 물리 계층

② 데이터 링크 계층

③ 네트워크 계층

④ 전송 계층

해설

데이터 링크 계층(2계층)-[브리지, 스위치]

① 물리 계층(1계층)-[허브, 리피터]

③ 네트워크 계층(3계층)-[라우터]

④ 전송 계층(4계층)-[게이트웨이]

05 통신 연결 장치와 그 장치가 동작하는 OSI(Open Systems Interconnection) 계층이 바르게 짝지어진 것은? [16년 국가직]

> ㄱ. 네트워크 계층(network layer)
> ㄴ. 데이터 링크 계층(data link layer)
> ㄷ. 물리 계층(physical layer)

	라우터(router)	브리지(bridge)	리피터(repeater)
①	ㄱ	ㄴ	ㄷ
②	ㄴ	ㄱ	ㄷ
③	ㄴ	ㄷ	ㄱ
④	ㄷ	ㄴ	ㄱ

해설

ㄱ. 네트워크 계층(3계층)-[라우터]

ㄴ. 데이터 링크 계층(2계층)-[브리지, 스위치]

ㄷ. 물리 계층(1계층)-[허브, 리피터]

06 〈보기〉의 설명에 해당하는 네트워크 장비는? [12년 계리직]

> **보기**
> • OSI 계층 모델의 네트워크 계층에서 동작하는 장비이다.
> • 송신 측과 수신 측 간의 가장 빠르고 신뢰성 있는 경로를 설정·관리하며, 데이터를 전달하는 역할을 한다.
> • 주로 같은 프로토콜을 사용하는 네트워크 간의 최적경로 설정을 위해 패킷이 지나가야 할 정보를 테이블에 저장하여 지정된 경로를 통해 전송한다.

① 게이트웨이(gateway)
② 브리지(bridge)
③ 리피터(repeater)
④ 라우터(router)

해설
네트워크 계층(3계층)-[라우터]
데이터를 원하는 목적지까지 올바르게 전달할 수 있도록 경로를 선택하고 중계하는 기능을 수행

07 네트워크 장치에 대한 설명으로 옳지 않은 것은? [18년 계리직]

① 허브(Hub)는 여러 대의 단말 장치가 하나의 근거리 통신망(LAN)에 접속할 수 있도록 지원하는 중계 장치이다.
② 리피터(Repeater)는 물리 계층(Physical Layer)에서 동작하며 전송 신호를 재생·중계해 주는 증폭 장치이다.
③ 브리지(Bridge)는 데이터 링크 계층(Data Link Layer)에서 동작하며 같은 MAC 프로토콜(Protocol)을 사용하는 근거리 통신망 사이를 연결하는 통신 장치이다.
④ 게이트웨이(Gateway)는 네트워크 계층(Network Layer)에서 동작하며 동일 전송 프로토콜을 사용 하는 분리된 2개 이상의 네트워크를 연결해주는 통신 장치이다.

해설
전송 계층(4계층)-[게이트웨이]
• 프로토콜 변환 역할을 수행하여 서로 다른 프로토콜을 사용하는 네트워크를 연결해주는 역할
• 네트워크 구성 환경에 따라 하드웨어가 될 수 있고, 소프트웨어가 될 수도 있음

08 TCP/IP 프로토콜 스택에 대한 설명으로 옳은 것은? [20년 국가직]

① 데이터링크(datalink) 계층, 전송(transport) 계층, 세션(session) 계층 및 응용(application) 계층으로 구성된다.
② ICMP는 데이터링크 계층에서 사용 가능한 프로토콜이다.
③ UDP는 전송 계층에서 사용되는 비연결형 프로토콜이다.
④ 응용 계층은 데이터가 목적지까지 찾아갈 경로를 설정하기 위해 라우팅(routing) 프로토콜을 운영한다.

[해설]
① TCP/IP 프로토콜 스택은 응용 계층(Application Layer), 전송 계층(Transport Layer), 인터넷 계층(Internet Layer), 네트워크 액세스 계층(Network Access Layer/Link Layer)으로 구성된다.
② ICMP는 Internet Layer(Network Layer/OSI 7 Layer)에서 사용된다.
④ 라우팅 프로토콜은 Internet Layer(Network Layer/OSI 7 Layer)에서 운영된다.

09 프로토콜과 이에 대응하는 TCP/IP 프로토콜 계층 사이의 연결이 옳지 <u>않은</u> 것은? [20년 지방직]

① HTTP-응용 계층
② SMTP-데이터 링크 계층
③ IP-네트워크 계층
④ UDP-전송 계층

[해설]
SMTP는 메일을 전송하기 위한 프로토콜로써 응용 계층에서 사용된다.

10 네트워크 구성 형태에 대한 설명으로 옳지 <u>않은</u> 것은? [17년 국가직]

① 메시(mesh)형은 각 노드가 다른 모든 노드와 점대점으로 연결되기 때문에 네트워크 규모가 커질수록 통신 회선수가 급격하게 많아진다.
② 스타(star)형은 각 노드가 허브라는 하나의 중앙노드에 연결되기 때문에 중앙노드가 고장나면 그 네트워크 전체가 영향을 받는다.
③ 트리(tree)형은 고리처럼 순환형으로 구성된 형태로서 네트워크 재구성이 수월하다.
④ 버스(bus)형은 하나의 선형 통신 회선에 여러 개의 노드가 연결되어 있는 형태이다.

[해설]
고리처럼 순환형으로 구성된 형태는 링(Ring)형이며, 트리(tree)형은 순환이 없는 그래프 형태(DAG)로 구성된다.

11 네트워크 토폴로지에 대한 설명으로 옳지 <u>않은</u> 것은? [20년 국가직]

① 버스(bus)형 토폴로지는 설치가 간단하고 비용이 저렴하다.
② 링(ring)형 토폴로지는 통신 회선에 컴퓨터를 추가하거나 삭제하는 등 네트워크 재구성이 용이하다.
③ 트리(tree)형 토폴로지는 허브(hub)에 문제가 발생해도 전체 네트워크에 영향을 주지 않는다.
④ 성(star)형 토폴로지는 중앙집중적인 구조이므로 고장 발견과 유지보수가 쉽다.

해설
링(Ring)형은 노드의 추가 삭제가 용이하지 않고, 노드의 문제가 발생하는 경우 전체 네트워크가 중단될 수 있다.

12 다음에서 설명하는 네트워크 구조는? [19년 지방직]

> • 구축 비용이 저렴하고 새로운 노드를 추가하기 쉽다.
> • 네트워크의 시작과 끝에는 터미네이터(Terminator)가 붙는다.
> • 연결된 노드가 많거나 트래픽이 증가하면 네트워크 성능이 크게 저하된다.

① 링(Ring)형
② 망(Mesh)형
③ 버스(Bus)형
④ 성(Star)형

해설
버스(Bus)형은 목적지 없는 데이터 시그널의 반사를 방지하기 위해 터미네이터를 사용한다. 구조가 간단하고 설치비용이 적지만, 연결되는 노드가 많거나 전송되는 데이터가 많은 경우 네트워크 병목 현상이 발생한다.

13 〈보기〉는 네트워크 토폴로지(topology)에 대한 설명이다. ㉠~㉢에 들어갈 내용을 옳게 나열한 것은?

[14년 계리직]

> **보기**
> • FDDI는 광케이블로 구성되며 (㉠) 토폴로지를 사용한다.
> • 허브 장비가 필요한 (㉡) 토폴로지는 네트워크 관리가 용이하다.
> • 터미네이터가 필요한 (㉢) 토폴로지는 전송회선이 단절되면 전체 네트워크가 중단된다.

	㉠	㉡	㉢
①	링형	버스형	트리형
②	링형	트리형	버스형
③	버스형	링형	트리형
④	버스형	트리형	링형

해설
• FDDI(Fiber Distributed Digital Interface)는 토큰 링 네트워크로 구성한다.
• 트리(Tree)형에서 호스트는 허브에 연결된다.
• 버스(Bus)형은 목적지 없는 데이터 시그널의 반사를 방지하기 위해 터미네이터를 사용한다.

14 화소(pixel)당 24비트 컬러를 사용하고 해상도가 352×240 화소인 TV영상프레임(frame)을 초당 30개 전송할 때 필요한 통신 대역폭으로 가장 가까운 것은?

[10년 계리직]

① 약 10Mbps
② 약 20Mbps
③ 약 30Mbps
④ 약 60Mbps

해설
• 영상 프레임 : 352 × 240 × 24 = 2,027,520
• 1초당 프레임 30개가 전송되어야 하므로 30개의 영상프레임은 초당 60,825,600이다. 따라서 정답은 60Mbps이다.

15 아날로그 신호를 디지털 신호로 변조하기 위한 펄스부호변조(PCM) 과정으로 옳지 <u>않은</u> 것은? [20년 국가직]

① 분절화(Segmentation)
② 표본화(Sampling)
③ 부호화(Encoding)
④ 양자화(Quantization)

해설
아날로그 신호를 디지털 신호로 변조하는 PCM은 표본화, 부호화, 양자화 순으로 진행된다.

16 동기식 전송(Synchronous Transmission)에 대한 설명으로 옳지 <u>않은</u> 것은? [19년 계리직]

① 정해진 숫자만큼의 문자열을 묶어 일시에 전송한다.
② 작은 비트블록 앞뒤에 Start Bit와 Stop Bit를 삽입하여 비트블록을 동기화한다.
③ 2,400bps 이상 속도의 전송과 원거리 전송에 이용된다.
④ 블록과 블록 사이에 유휴시간(Idle Time)이 없어 전송효율이 높다.

해설
비동기식 전송은 시작 비트와 중지 비트를 데이터에 첨가하여 동기화가 필요하지 않다.

17 이더넷(Ethernet)의 매체 접근 제어(MAC) 방식인 CSMA/CD에 대한 설명으로 옳지 <u>않은</u> 것은? [15년 국가직]

① CSMA/CD 방식은 CSMA 방식에 충돌 검출 기법을 추가한 것으로 IEEE 802.11b의 MAC 방식으로 사용된다.
② 충돌 검출을 위해 전송 프레임의 길이를 일정 크기 이상으로 유지해야 한다.
③ 전송 도중 충돌이 발생하면 임의의 시간 동안 대기하기 때문에 지연시간을 예측하기 어렵다.
④ 여러 스테이션으로부터의 전송 요구량이 증가하면 회선의 유효 전송률은 단일 스테이션에서 전송할 때 얻을 수 있는 유효 전송률보다 낮아지게 된다.

해설
CSMA/CD 방식은 IEEE 802.3, LAN의 이더넷 전송 프로토콜에서 사용한다.

18 CSMA/CD(Carrier Sense Multiple Access with Collision Detection)에 대한 설명으로 옳은 것만을 고르면?

[19년 지방직]

> ㄱ. 버스형 토폴로지에 많이 사용한다.
> ㄴ. 데이터 전송 시간 및 충돌에 의한 데이터 지연 시간을 정확히 예측할 수 있다.
> ㄷ. 데이터를 전송하기 전에 통신회선의 사용 여부를 확인하고 전송하는 방식이다.
> ㄹ. 전송할 데이터가 없을 때에도 토큰이 통신회선을 회전하면서 점유하는 단점이 있다.

① ㄱ, ㄷ
② ㄱ, ㄹ
③ ㄴ, ㄷ
④ ㄴ, ㄹ

해설
• CSMA/CD 방식은 버스형 또는 트리형 LAN에서 사용된다.
• 데이터를 전송하기 전에 충돌 여부에 따른 사용 여부를 확인하여 전송한다.

19 다음 내용에 적합한 매체 접근 제어(MAC) 방식은?

[15년 지방직]

> • IEEE 802.11 무선 랜에서 널리 사용된다.
> • 채널이 사용되지 않는 상태임을 감지하더라도 스테이션은 임의의 백오프 값을 선택하여 전송을 지연시킨다.
> • 수신 노드는 오류 없이 프레임을 수신하면 수신 확인 ACK 프레임을 전송한다.

① GSM
② CSMA/CA
③ CSMA/CD
④ LTE

해설
CSMA/CA 방식은 IEEE 802.11 무선 랜에서 사용되는 매체 접근 제어 방식이다.

20 다음의 설명과 무선 PAN기술이 옳게 짝지어진 것은? [17년 국가직]

> (가) 다양한 기기 간에 무선으로 데이터 통신을 할 수 있도록 만든 기술로 에릭슨이 IBM, 노키아, 도시바와 함께 개발하였으며, IEEE 802.15.1 규격으로 발표되었다.
> (나) 약 10cm 정도로 가까운 거리에서 장치 간에 양방향 무선 통신을 가능하게 해주는 기술로 모바일 결제 서비스에 많이 활용된다.
> (다) IEEE 802.15.4 기반 PAN기술로 낮은 전력을 소모 하면서 저가의 센서 네트워크 구현에 최적의 방안을 제공하는 기술이다.

	(가)	(나)	(다)
①	Bluetooth	NFC	ZigBee
②	ZigBee	RFID	Bluetooth
③	NFC	RFID	ZigBee
④	Bluetooth	ZigBee	RFID

해설
- IEEE 802.15는 무선 개인 통신망(WPAN) 표준을 규정하는 IEEE 802 표준위원회의 워킹그룹이다.
- 태스크 그룹 1 : WPAN/블루투스, 태스크 그룹 2 : 공존(Coexsistence), 태스크 그룹 3 : 고속 WPAN, 태스크 그룹 4 : 저속 WPAN(Zigbee), 태스크 그룹 5 : 메쉬 네트워킹, 태스크 그룹 6 : 보디 에어리어 네트워크, 태스크 그룹 7 : 가시광선 통신
- NFC는 ISO 14443과 ISO 15693 등 13.56MHz를 사용하는 비접촉식 RFID 기술 표준에서 확장되었다.

21 무선 네트워크 방식에 대한 설명으로 옳은 것은? [16년 계리직]

① 블루투스(Bluetooth)는 동일한 유형의 기기 간에만 통신이 가능하다.
② NFC방식이 블루투스 방식보다 최대 전송 속도가 빠르다.
③ NFC방식은 액세스 포인트(access point) 없이 두 장 치 간의 통신이 가능하다.
④ 최대 통신 가능거리를 가까운 것에서 먼 순서로 나열 하면 Bluetooth < Wi-Fi < NFC < LTE 순이다.

해설
NFC는 비접촉식 RFID 기술 표준에서 확장되었기 때문에 접점 없이 통신이 가능하고, 가까운 통신 거리에서 저속 통신을 수행한다.

22 IEEE 802.11 무선 랜에 대한 설명으로 옳은 것은?

[18년 국가직]

① IEEE 802.11a는 5GHz 대역에서 5.5Mbps의 전송률을 제공한다.
② IEEE 802.11b는 직교 주파수 분할 다중화(OFDM) 방식을 사용하여 최대 22Mbps의 전송률을 제공한다.
③ IEEE 802.11g는 5GHz 대역에서 직접 순서 확산 대역(DSSS) 방식을 사용한다.
④ IEEE 802.11n은 다중입력 다중출력(MIMO) 안테나 기술을 사용한다.

해설

802.11n은 하나가 아닌 여러 무선 신호 및 안테나(MIMO)를 사용하여 지원되는 대역폭의 양에서 802.11g를 개선하도록 설계되었다.

23 해밍코드에 대한 패리티 비트 생성 규칙과 인코딩 예가 다음과 같다. 이에 대한 설명으로 옳은 것은?

[21년 국가직]

〈패리티 비트 생성 규칙〉

원본 데이터	d4	d3	d2	d1			
인코딩된 데이터	d4	d3	d2	p4	d1	p2	p1

p1 = (d1 + d2 + d4) mod 2
p2 = (d1 + d3 + d4) mod 2
p4 = (d2 + d3 + d4) mod 2

〈인코딩 예〉

원본 데이터	0	0	1	1			
인코딩된 데이터	0	0	1	1	1	1	0

① 이 방법은 홀수 패리티를 사용하고 있다.
② 원본 데이터가 0100이면 0101110으로 인코딩된다.
③ 패리티 비트에 오류가 발생하면 복구는 불가능하다.
④ 수신측이 0010001을 수신하면 한 개의 비트 오류를 수정한 후 최종적으로 0010으로 복호한다.

해설

수신측이 0010001을 수신하면 p4 패리티 비트의 오류를 확인하고 수정하여 최종적으로 0010으로 복호한다.
① 홀수 패리티는 전체 비트에서 1의 개수가 홀수가 되도록 하는 패리티이다.
② 원본 데이터가 0100이면 0101010으로 인코딩된다.

24 〈보기〉는 자료의 표현과 관련된 설명이다. 옳은 것을 모두 고른 것은? [10년 계리직]

> **보기**
>
> ㄱ. 2진수 0001101의 2의 보수(complement)는 11100110이다.
> ㄴ. 부호화 2의 보수 표현방법은 영(0)이 하나만 존재한다.
> ㄷ. 패리티(parity) 비트로 오류를 수정할 수 있다.
> ㄹ. 해밍(Hamming) 코드로 오류를 검출할 수 있다.

① ㄱ, ㄹ
③ ㄴ, ㄷ
② ㄱ, ㄴ, ㄷ
④ ㄱ, ㄴ, ㄹ

해설
- 모든 비트의 반전을 진행한 1의 보수에서 1을 더해 2의 보수를 만든다(0001101 > 1110011).
- 1의 보수는 0의 표현 방법이 2개(+0, 0), 2의 보수는 0의 표현 방법이 1개(0)이다.
- 해밍 코드는 오류 수정(1bit) 및 오류 검출이 가능하다.

25 네트워크의 전송 데이터 오류 검출에 대한 설명으로 옳지 <u>않은</u> 것은? [15년 지방직]

① 체크섬(checksum)은 1의 보수 방법을 사용한다.
② 순환중복검사(CRC)는 모듈로-2 연산을 주로 사용한다.
③ 전송할 데이터에 대한 중복 정보를 활용하여 오류를 검출한다.
④ 단일 패리티 비트를 사용하는 패리티 검사는 홀수 개의 비트에 오류가 발생하면 오류를 발견할 수 없다.

해설
단일 패리티 비트를 사용하는 패리티 검사는 짝수 개의 비트에 오류가 발생하면 오류를 발견할 수 없다.

26 다음에서 설명하는 네트워크 데이터 오류 검출 방법은?

> 송신측 : 첫 번째 비트가 1로 시작하는 임의의 n+1비트의 제수를 결정한다. 그리고 전송하고자 하는 데이터 끝에
> n비트의 0을 추가한 후 제수로 모듈로-2 연산을 한다. 그러면 n비트의 나머지가 구해지는데 이 나머지가
> 중복 정보가 된다.
> 수신측 : 계산된 중복 정보를 데이터와 함께 전송하면 수신측에서는 전송받은 정보를 동일한 n+1제수로 모듈로-2
> 연산을 한다. 나머지가 0이면 오류가 없는 것으로 판단하고, 나머지가 0이 아니면 오류로 간주한다.

① 수직 중복 검사(Vertical Redundancy Check)
② 세로 중복 검사(Longitudinal Redundancy Check)
③ 순환 중복 검사(Cyclic Redundancy Check)
④ 체크섬(Checksum)

해설

CRC(Cyclic Redundancy Check)는 네트워크 등을 통하여 데이터를 전송할 때 전송된 데이터에 오류가 있는지를 확인하기 위한 체크값을
결정한다.
• 데이터워드 + n-bit로 구성된 데이터를 (n+1)-bit 제수로 나누어 CRC정보 생성
• 데이터워드 + CRC 이루어진 코드워드 생성

27 Go-Back-N 프로토콜에서 6번째 프레임까지 전송한 후 4번째 프레임에서 오류가 있음을 알았을 때, 재전송 대상
이 되는 프레임의 개수는?

① 1개
② 2개
③ 3개
④ 6개

해설

Go-Back-n ARQ는 손상/분실된 프레임 이후의 프레임을 모두 재전송하고, SR(Selective-Repeat) ARQ는 손상/분실된 프레임만을 재전
송한다. 4번째 프레임부터 오류가 있으므로 4, 5, 6번째 총 3개의 프레임이 재전송 대상이다.

28 다음의 데이터 링크 계층 오류제어 기법들을 프레임 전송 효율이 좋은 것부터 나쁜 순으로 바르게 나열한 것은?(단, 여러 개의 프레임을 전송할 때 평균적으로 요구되는 전송 및 대기 시간만을 고려하되, 송신 및 수신단에 요구되는 구현의 복잡도나 운용에 따른 비용은 무시한다)　　　　　　　　　　　　　　　　　　　　　　　　　[16년 지방직]

> ㄱ. 정지 후 대기(stop-and-wait) ARQ
> ㄴ. N 복귀(go-back-N) ARQ
> ㄷ. 선택적 반복(selective-repeat) ARQ

① ㄱ → ㄴ → ㄷ
② ㄴ → ㄷ → ㄱ
③ ㄷ → ㄱ → ㄴ
④ ㄷ → ㄴ → ㄱ

해설
- 정지 후 대기 ARQ는 단순하게 구현해서 ACK/NAK를 받기 전까지는 다음 프레임을 전송하기 때문에 전송효율이 떨어진다.
- Go-Back-n ARQ는 손상/분실된 프레임 이후의 프레임을 모두 재전송하고, SR(Selective-Reject) ARQ는 손상/분실된 프레임만을 재전송한다.

29 프로토콜에 대한 설명으로 옳지 <u>않은</u> 것은?　　　　　　　　　　　　　　　　　　　　　　　　　　　　　　[15년 국가직]

① ARP는 데이터 링크 계층의 프로토콜로 MAC 주소에 대해 해당 IP 주소를 반환해 준다.
② UDP를 사용하면 일부 데이터의 손실이 발생할 수 있지만 TCP에 비해 전송 오버헤드가 적다.
③ MIME는 텍스트, 이미지, 오디오, 비디오 등의 멀티미디어 전자우편을 위한 규약이다.
④ DHCP는 한정된 개수의 IP 주소를 여러 사용자가 공유할 수 있도록 동적으로 가용한 주소를 호스트에 할당해 준다.

해설
ARP는 데이터 링크 계층의 프로토콜로 IP 주소에 대해 해당 MAC 주소를 반환해준다. RARP는 프로토콜로 MAC 주소에 대해 해당 IP 주소를 반환해 준다.

30 주소 변환을 위한 ARP(Address Resolution Protocol)에 대한 설명으로 옳지 않은 것은?　[16년 지방직]

① ARP는 같은 네트워크상에 있는 상대 호스트나 라우터의 논리 주소인 IP 주소를 획득하기 위해 사용된다.
② ARP 요청은 해당 네트워크상의 모든 호스트와 라우터에게 브로드캐스트된다.
③ ARP 응답은 ARP 요청을 전송한 요청자에게 유니캐스트된다.
④ ARP 요청과 응답을 통해 획득한 주소 값을 ARP 캐시 테이블에 저장하여 통신 효율성을 높일 수 있다.

해설

ARP는 데이터 링크 계층의 프로토콜로 IP 주소에 대해 해당 MAC 주소를 반환해준다. IP호스트가 자신의 물리 네트워크 주소(MAC)는 알지만 IP 주소를 모르는 경우, RARP를 사용해서 서버로부터 IP 주소를 요청한다.

31 클래스기반 주소지정에서 IPv4 주소 131.23.120.5가 속하는 클래스는?　[21년 지방직]

① Class A
② Class B
③ Class C
④ Class D

해설

• A 클래스 : 0.0.0.0 ~ 127.255.255.255
• B 클래스 : 128.0.0.0 ~ 191.255.255.255
• C 클래스 : 192.0.0.0 ~ 223.255.255.255
• D 클래스 : 224.0.0.0 ~ 239.255.255.255
• E 클래스 : 240.0.0.0 ~ 255.255.255.255

32 IPv4에서 서브넷 마스크가 255.255.255.0인 경우 하나의 네트워크에 최대 254대의 호스트를 연결할 수 있는 클래스로 옳은 것은?　[14년 계리직]

① A 클래스
② B 클래스
③ C 클래스
④ D 클래스

해설

• A 클래스 : 255.0.0.0
• B 클래스 : 255.255.0.0
• C 클래스 : 255.255.255.0

33 서브넷 마스크(subnet mask)를 255.255.255.224로 하여 한 개의 C클래스 주소 영역을 동일한 크기의 8개 하위 네트워크로 나누었다. 분할된 네트워크에서 브로드캐스트를 위한 IP 주소의 오른쪽 8비트에 해당하는 값으로 옳은 것은?

[15년 국가직]

① 0
② 64
③ 159
④ 207

해설

• 255.255.255.224(10진법)   11111111.11111111.11111111.11100000(2진법)
• 8개의 네트워크로 분할되고, 브로드캐스트 아이피는 보통 끝의 아이피를 사용해서 다음과 같은 오른쪽 8비트 값을 갖게 됨
  31, 63, 95, 127, 159, 191, 223, 255

34 서브넷 마스크(subnet mask)가 255.255.255.192인 서브넷의 IP주소에서 호스트 식별자(hostid)의 비트 수는?

[17년 지방직]

① 5
② 6
③ 7
④ 8

해설

255.255.255.192(10진법)은 11111111.11111111.11111111.11000000(2진법)으로 표현되고 여기서 오른쪽에 0으로 채워진 비트 수만큼 호스트를 식별할 수 있다.

35 IPv4 CIDR 표기법에서 네트워크 접두사(prefix)의 길이가 25일 때, 이에 해당하는 서브넷 마스크(subnet mask)는?

[11년 지방직]

① 255.255.255.0
② 255.255.255.128
③ 255.255.255.192
④ 255.255.255.224

해설

네트워크 접두사(prefix)의 길이가 25일 때, 네트워크ID 비트 또한 25개가 되기 때문에 11111111.11111111.11111111.10000000(2진법)으로 표현된다. 이는 255.255.255.128(10진법)으로 표현된다.

36 회사에서 211.168.83.0(클래스 C)의 네트워크를 사용하고 있다. 내부적으로 5개의 서브넷을 사용하기 위해 서브넷 마스크를 255.255.255.224로 설정하였다. 이때 211.168.83.34가 속한 서브넷의 브로드캐스트 주소는 어느 것인가?

[10년 계리직]

① 211.168.83.15

② 211.168.83.47

③ 211.168.83.63

④ 211.168.83.255

해설

• 255.255.255.224(10진법)　11111111.11111111.11111111.11100000(2진법)
• 8개의 네트워크로 분할되고, 브로드캐스트 아이피는 보통 끝의 아이피를 사용해서 다음과 같은 오른쪽 8비트 값을 갖게 됨
• 31, 63, 95, 127, 159, 191, 223, 255이므로 34가 속한 서브넷은 63을 사용

37 IPv4가 제공하는 기능만을 모두 고른 것은?

[18년 국가직]

> ㄱ. 혼잡제어
> ㄴ. 인터넷 주소지정과 라우팅
> ㄷ. 신뢰성 있는 전달 서비스
> ㄹ. 패킷 단편화와 재조립

① ㄱ, ㄴ

② ㄴ, ㄷ

③ ㄴ, ㄹ

④ ㄷ, ㄹ

해설

IP는 구간의 MTU 사이즈에 따라 필요 시 패킷의 분할 및 재조립을 수행한다. IPv4의 주소체계는 32bit로 이뤄져 약 40억 개의 서로 다른 주소를 부여한다.

38 IPv4에서 데이터 크기가 6,000바이트인 데이터그램이 3개로 단편화(fragmentation)될 때, 단편화 오프셋(offset) 값으로 가능한 것만을 모두 고르면? [19년 국가직]

> ㄱ. 0   ㄴ. 500
> ㄷ. 800   ㄹ. 2,000

① ㄱ, ㄴ
② ㄷ, ㄹ
③ ㄱ, ㄴ, ㄷ
④ ㄴ, ㄷ, ㄹ

해설

오프셋 값은 데이터그램이 분할될 때 데이터그램에서 시작되는 위치를 8로 나눈 값이 된다. 따라서 보기의 값에 8을 곱했을 때 6,000 바이트를 넘을 수 없다.

39 IoT(Internet of Things)기기의 확산 등으로 예상되는 인터넷 주소의 고갈 문제를 해결하기 위한 것은? [15년 지방직]

① HTTPS
② IPv4
③ IPv6
④ Common Gateway Interface

해설

IPv6는 주소 공간을 32bit에서 128bit로 확장하여 기존 43억 개에서 약 3.4×10^{38}개로 거의 무한대 사용이 가능하다.

40 IPv4와 IPv6에 대한 설명으로 옳지 **않은** 것은? [18년 지방직]

① IPv4는 비연결형 프로토콜이다.
② IPv6 주소의 비트 수는 IPv4 주소 비트 수의 2배이다.
③ IPv6는 애니캐스트(anycast) 주소를 지원한다.
④ IPv6는 IPv4 네트워크와의 호환성을 위한 방법을 제공한다.

해설

IPv4의 주소 공간은 32bit(약 43억 개), IPv6의 주소 공간은 128bit(약 3.4×10^{38})이다.

41 인터넷 주소 체계인 IPv4와 IPv6의 주소 길이와 주소표시 방법을 각각 바르게 나열한 것은? [16년 계리직]

	IPv4	IPv6
①	32비트, 8비트씩 4부분	128비트, 16비트씩 8부분
②	32비트, 8비트씩 4부분	128비트, 8비트씩 16부분
③	64비트, 16비트씩 4부분	256비트, 32비트씩 8부분
④	64비트, 16비트씩 4부분	256비트, 16비트씩 16부분

해설
IPv4의 주소 공간은 32비트로 8비트씩 4부분으로 이뤄져 있고, IPv6의 주소 공간은 128비트로 16비트씩 8부분으로 구성되어 있다.

42 인터넷에서 사용하는 IPv6에 대한 설명으로 옳지 <u>않은</u> 것은? [21년 계리직]

① 패킷 헤더의 체크섬(checksum)을 통해 데이터 무결성 검증 기능을 지원한다.
② QoS(Quality of Service) 보장을 위해 흐름 레이블링(flow labeling) 기능을 지원한다.
③ IPv6의 주소 체계는 16비트씩 8개 부분, 총 128비트로 구성되어 있다.
④ IPv6 주소 표현에서 연속된 0에 대한 생략을 위한 :: 표기는 1번만 가능하다.

해설
라우터의 불필요한 부하를 줄이기 위해 IPv6에서는 헤더의 체크섬을 제거한다.

43 인터넷에서 사용되는 경로배정(routing) 프로토콜 중에서 자율 시스템(autonomous system) 내부에서의 경로배정을 위해 사용되는 것만을 모두 고른 것은? [16년 국가직]

> ㄱ. OSPF   ㄴ. BGP   ㄷ. RIP

① ㄱ, ㄴ
② ㄱ, ㄷ
③ ㄴ, ㄷ
④ ㄱ, ㄴ, ㄷ

해설
ㄱ. OSPF, ㄷ. RIP는 내부 라우팅 프로토콜이고, ㄴ. BGP는 외부 라우팅 프로토콜이다.

44 이동 애드혹 네트워크(MANET)에 대한 설명으로 옳지 <u>않은</u> 것은? [17년 국가직]

① 전송 거리와 전송 대역폭에 제약을 받는다.

② 노드는 호스트 기능과 라우팅 기능을 동시에 가진다.

③ 보안 및 라우팅 지원이 여러 노드 간의 협력에 의해 분산 운영된다.

④ 동적인 네트워크 토폴로지를 효율적으로 구성하기 위해 액세스 포인트(AP)와 같은 중재자를 필요로 한다.

해설
- 이동 애드혹 네트워크에서는 각 이동 노드가 능동적인 네트워크의 주체가 되어 기지국이나 AP와 같은 중재자가 필요하지 않다.
- 이동 노드는 데이터를 다른 노드로 전달(호스트 기능, 라우팅 기능)할 수 있지만 전파 도달거리가 제한된다.
- 이동 노드 자체에서 보안 및 라우팅 기능을 담당하기 때문에 협력을 통한 분산 운영이 필요하다.

45 TCP/IP 프로토콜에서 TCP 및 UDP에 대한 설명으로 옳지 <u>않은</u> 것은? [16년 국가직]

① TCP와 UDP는 전송 계층(transport layer)의 프로토콜이다.

② UDP는 중복 전달 및 전송 오류를 허용한다.

③ TELNET, SNMP, TFTP는 TCP 서비스를 이용하는 응용 계층(application layer) 프로토콜이다.

④ TCP는 신뢰성 있는 통신을 제공하기 위한 연결형 프로토콜이다.

해설
- TCP 기반 프로토콜 : TELNET, FTP, SSH, SMTP, HTTP
- UDP 기반 프로토콜 : DNS, SMTP, NTP, DHCP, TFTP, NFS
- TFTP는 UDP 기반이기 때문에 FTP에 비해 단순하고 빠르게 파일을 전송하는 데 사용하는 프로토콜이다.
- SNMP는 UDP를 기반으로 이더넷 연결을 통해 네트워크 관리 작업을 수행한다.
- TELNET은 연결형 프로토콜이기 때문에 TCP를 사용한다.

46 UDP(User Datagram Protocol)에 대한 설명으로 옳은 것만을 모두 고르면? [19년 국가직]

> ㄱ. 연결 설정이 없다.
> ㄴ. 오류검사에 체크섬을 사용한다.
> ㄷ. 출발지 포트 번호와 목적지 포트 번호를 포함한다.
> ㄹ. 혼잡제어 메커니즘을 이용하여 링크가 과도하게 혼잡해지는 것을 방지한다.

① ㄱ, ㄴ
② ㄱ, ㄷ
③ ㄱ, ㄴ, ㄷ
④ ㄴ, ㄷ, ㄹ

해설

UDP는 비연결형 프로토콜이고, 데이터의 재전송이 없기 때문에 비신뢰성 기반 전송을 수행한다. TCP와의 공통점으로는 포트 번호와 주소를 사용하는 것과 데이터 오류 검사를 위해 체크섬을 사용한다.

47 네트워크 프로토콜에 대한 설명으로 옳지 <u>않은</u> 것은? [17년 지방직]

① TCP와 UDP는 전송 계층에 속하는 프로토콜로서 데이터 전송의 신뢰성을 보장한다.
② IP는 네트워크 호스트의 주소 지정과 경로 설정을 담당하는 네트워크 계층 프로토콜이다.
③ SMTP는 전자메일 전송을 위한 응용 계층 프로토콜이다.
④ IPv4에서 예상되는 IP 주소의 고갈 문제 해결을 주요 목적으로 IPv6가 제안되었다.

해설

TCP는 연결형 프로토콜로써 신뢰성을 보장하기 위해 다양한 제어기법을 사용한다. 하지만 UDP는 비연결형 프로토콜이고, 데이터의 재전송이 없기 때문에 비신뢰성 기반 전송을 수행한다.

48 TCP 프로토콜에 대한 설명으로 옳지 <u>않은</u> 것은? [18년 지방직]

① 전이중(full duplex) 연결 서비스를 제공한다.
② 3-way 핸드셰이크(handshake)를 사용하여 연결을 설정한다.
③ 흐름제어(flow control)와 혼잡제어(congestion control)를 제공한다.
④ TCP 세그먼트(segment)에서 검사합(checksum)의 포함은 선택 사항이다.

해설

TCP는 신뢰성 기반의 전송이 필요하므로 체크섬의 계산은 선택 사항이 아니다.

49 인터넷의 전송 계층에서 사용하는 프로토콜로 TCP와 UDP가 있다. TCP와 UDP 모두에서 제공하지 <u>않는</u> 기능은?

[19년 지방직]

① 연결 설정(Connection Setup)
② 오류 검출(Error Detection)
③ 지연시간 보장(Delay Guarantee)
④ 혼잡 제어(Congestion Control)

해설
TCP, UDP 모두 지연시간 보장을 하지 않는다.

50 두 프로토콜 개체 사이에서 흐름제어와 오류제어 및 메시지 전달 등의 기능을 수행하며, 연결성과 비연결성의 두 가지 운용모드를 제공하는 OSI 참조 모델 계층은?

[20년 지방직]

① 데이터링크 계층(Datalink Layer)
② 네트워크 계층(Network Layer)
③ 전송 계층(Transport Layer)
④ 응용 계층(Application Layer)

해설
전송 계층은 연결성을 제공하는 TCP, 비연결성을 제공하는 UDP로 메시지 전달 기능을 수행하는 계층이다.

51 TCP/IP 프로토콜 중 전송 계층인 TCP에 대한 설명으로 옳은 것을 〈보기〉에서 고른 것은?

[14년 계리직]

보기
ㄱ. 비연결형 서비스를 지원한다.
ㄴ. UDP보다 데이터 전송 신뢰도가 낮다.
ㄷ. 송신할 데이터를 패킷 단위로 전송한다.
ㄹ. 수신측에서 잘못 전송된 패킷에 대해 재전송을 요구한다.

① ㄱ, ㄴ
② ㄴ, ㄷ
③ ㄷ, ㄹ
④ ㄱ, ㄹ

해설
TCP는 연결형 프로토콜이고, 신뢰성 있는 데이터 전송을 위해 데이터의 재전송을 수행한다(UDP는 반대).

52 TCP/IP 프로토콜에 대한 설명으로 옳은 것은?   [18년 계리직]

① TCP는 비연결형 프로토콜 방식을 사용한다.
② TCP는 네트워크 계층(Network Layer)에 속한다.
③ IP는 잘못 전송된 패킷에 대하여 재전송을 요청하는 기능을 제공한다.
④ IP는 각 패킷의 주소 부분을 처리하여 패킷이 목적지에 도달할 수 있도록 한다.

해설
①·② TCP는 전송 계층에 속한 연결형 프로토콜이다.
④ IP는 IP 주소를 통한 라우팅을 수행하며 별도로 흐름제어 및 오류 제어를 수행하지 않는다.

53 네트워크 기술에 대한 설명으로 옳지 <u>않은</u> 것은?   [18년 국가직]

① IPv6는 인터넷 주소 크기가 128비트이고 호스트 자동 설정기능을 제공한다.
② 광대역통합망은 응용 서비스별로 약속된 서비스 레벨 보증(Service Level Agreement) 품질 수준을 보장해줄
   수 있다.
③ 모바일 와이맥스(WiMAX)는 휴대형 단말기를 이용해 고속 인터넷 접속 서비스를 제공하는 무선망 기술이다.
④ SMTP(Simple Mail Transfer Protocol)는 사용자 인터페이스 구성방법을 지정하는 전송 계층 프로토콜이다.

해설
SMTP(Simple Mail Transfer Protocol)는 인터넷에서 이메일을 전송하기 위해 포트 25번을 사용하는 TCP 프로토콜이다.

54 통신 프로토콜에 대한 설명으로 옳은 것은?   [16년 지방직]

① MIME(Multipurpose Internet Mail Extensions)는 인터넷상에서 디지털 오디오 및 비디오 신호를 실시간으로
   전달하기 위한 전송 계층 프로토콜이다.
② TFTP(Trivial File Transfer Protocol)는 안전한 파일 전송을 위해 인증과 TCP를 필수 구성 요소로 한다.
③ TELNET는 가상 터미널 연결을 위한 응용 계층 프로토콜로 텍스트 기반 양방향 통신 기능을 제공한다.
④ DHCP(Dynamic Host Configuration Protocol)는 호스트의 인터넷 도메인 명을 IP 주소로 변환시켜 주는 것이다.

해설
① MIME은 ASCII 문자만을 지원하는 SMTP의 전송을 위해 문자 인코딩을 통해 전자 우편을 보낼 수 있도록 하는 인터넷 표준 포맷이다.
② TFTP는 빠른 데이터 전송을 위해 UDP를 필수 구성 요소로 한다.
④ DHCP는 사용자에게 동적 IP를 할당하는 프로토콜이다.

55 브라우저가 웹 서버로부터 정보를 읽어 오기 위해 사용하는 응용 계층 프로토콜은? [16년 지방직]

① SMTP ② HTTP

③ IMAP ④ RTP

해설

① SMTP(Simple Mail Transfer Protocol)는 인터넷에서 이메일을 전송하기 위해 포트 25번을 사용하는 TCP 프로토콜이다.

③ IMAP는 이메일을 서버에서 클라이언트로 수신할 때 사용하는 프로토콜, POP3와 다르게 서버와 개인 메일함의 용량이 서버의 용량이므로 주기적인 관리가 필요하다.

④ RTP는 실시간 멀티미디어 및 데이터를 IP 네트워크로 전송하는 표준 프로토콜이다.

56 전자메일의 송신 또는 수신을 목적으로 하는 응용 계층 프로토콜에 해당하지 <u>않는</u> 것은? [18년 지방직]

① IMAP ② POP3

③ SMTP ④ SNMP

해설

POP3(Post Office Protocol 3)는 이메일을 서버에서 클라이언트로 수신할 때 사용하고 다운로드와 동시에 서버에서는 삭제되는 것이 기본 설정이다.

① IMAP(Internet Message Access Protocol)는 이메일을 서버에서 클라이언트로 수신할 때 사용하는 프로토콜로, POP3와 다르게 서버와 개인 메일함의 용량이 서버의 용량이므로 주기적인 관리가 필요하다.

③ SMTP(Simple Mail Transfer Protocol)는 인터넷에서 이메일을 전송하기 위해 포트 25번을 사용하는 TCP 프로토콜이다.

④ SNMP(Simple Network Management Protocol)는 이더넷 연결을 통한 네트워크 관리를 수행하는 프로토콜이다.

57 LTE(Long-Term Evolution) 표준에 대한 설명으로 옳은 것만을 모두 고르면? [19년 국가직]

> ㄱ. 다중입력 다중출력(MIMO) 안테나 기술을 사용한다.
> ㄴ. 4G 무선기술로서 IEEE 802.16 표준으로도 불린다.
> ㄷ. 음성 및 데이터 네트워크를 통합한 All-IP 네트워크 구조이다.
> ㄹ. 다운스트림에 주파수 분할 멀티플렉싱과 시간 분할 멀티플렉싱을 결합한 방식을 사용한다.

① ㄱ, ㄷ ② ㄴ, ㄹ

③ ㄱ, ㄴ, ㄷ ④ ㄱ, ㄷ, ㄹ

해설

• LTE는 MIMO기술을 활용하여 성능을 개선하고, 음성과 데이터 통신을 ALL-IP 네트워크 구조에서 수행한다.

• IEEE 802.16은 Mobile WiMAX의 표준이다.

• LTE는 OFDM을 사용하여 직교 주파수 분할 방식을 사용한다.

• FDD와 TDD 방식으로 나뉘어 선택적으로 각 국가에서 적용하고 있다.

제 2 절 정보보안론

01 암호화 기술에 대한 설명으로 옳은 것은?
[20년 국가직]

① 공개키 암호화는 암호화하거나 복호화하는 데 동일한 키를 사용한다.
② 공개키 암호화는 비공개키 암호화에 비해 암호화 알고리즘이 복잡하여 처리속도가 느리다.
③ 공개키 암호화의 대표적인 알고리즘에는 데이터 암호화 표준(Data Encryption Standard)이 있다.
④ 비밀키 암호화는 암호화와 복호화 과정에서 서로 다른 키를 사용하는 비대칭 암호화(asymmetric encryption)다.

해설

공개키 암호화에는 대표적으로 DES, AES 등의 알고리즘이 있다.
①·② 공개키 암호화 개인키와 공개키로 암호화, 복호화를 수행하여 키관리가 안전한 반면, 비밀키 암호화에 비해 복잡하기 때문에 처리속도가 느리다.
④ 비밀키 암호화는 암복호화 과정에서 같은 암호를 사용하기 때문에 대칭 암호화이다.

02 암호 방식에 대한 설명으로 옳은 것을 〈보기〉에서 모두 고른 것은?
[18년 계리직]

보기

ㄱ. 대칭키 암호 방식(Symmetric Key Cryptosystem)은 암호화 키와 복호화 키가 동일하다.
ㄴ. 공개키 암호 방식(Public Key Cryptosystem)은 사용자 수가 증가하면 관리해야 할 키의 수가 증가 하여 키 변화의 빈도가 높다.
ㄷ. 대칭키 암호 방식은 공개키 암호 방식에 비하여 암호화 속도가 빠르다.
ㄹ. 공개키 암호 방식은 송신자와 발신자가 서로 같은 키를 사용하여 통신을 수행한다.

① ㄱ, ㄴ
② ㄱ, ㄷ
③ ㄴ, ㄷ
④ ㄴ, ㄹ

해설

• 공개키 암호화 개인키와 공개키로 암호화, 복호화를 수행하여 키 관리가 안전한 반면, 비밀키(대칭키) 암호화에 비해 복잡하기 때문에 처리속도가 느리다.
• 사용자의 수가 증가할수록 비밀키 암호화는 사용자의 관계마다 암호가 필요하기 때문에 $N(N-1)/2$가 필요하다.
• 공개키는 사용자마다 개인키와 공개키 한 쌍씩 필요하다(2N).
• 비밀키 암호화는 암·복호화 과정에서 같은 암호를 사용하기 때문에 대칭키 암호다.

03 공개키 암호화 방법을 사용하여 철수가 영희에게 메시지를 보내는 것에 대한 설명으로 옳지 <u>않은</u> 것은?

[17년 국가직]

① 공개키는 누구에게나 공개된다.
② 공개키의 위조 방지를 위해 인증기관은 인증서를 발급한다.
③ 철수는 자신의 공개키를 사용하여 평문을 암호화한다.
④ 영희는 자신의 개인키를 사용하여 암호문을 복호화한다.

(해설)
공개키 암호화에서 공개키는 누구에게나 공개되고, 해당 공개키가 사용자의 공개키임을 인증하기 위해 인증기관에서 공개키가 포함된 인증서를 발급한다. 철수가 영희에게 보낼 때 기밀성을 보장하기 위해 영희만 복호화할 수 있도록 암호화하기 위해서는 영희의 공개키로 암호화하여, 영희가 자신의 개인키로만 복호화할 수 있도록 해야 한다.

04 공개키(public key) 암호화 방식에 대한 설명으로 옳지 <u>않은</u> 것은?

[12년 계리직]

① 공개키와 개인키로 이루어진다.
② 대표적 활용 예로는 전자서명이 있다.
③ 송수신자는 서로 다른 키를 사용한다.
④ 개인키는 메시지를 전송할 때 사용한다.

(해설)
①·② 공개키 암호화는 공개키와 개인키로 진행되고, 개인키 암호화로 전자서명을 진행하여 본인임을 인증할 수 있다.
③ 송신자는 수신자의 공개키로 암호화를 진행하고, 수신자는 암호화된 내용을 자신의 개인키로 복호화로 활용한다.

05 공개키 기반 구조(Public Key Infrastructure)에 대한 설명으로 옳지 <u>않은</u> 것은?

[14년 계리직]

① 인증기관은 공개키 인증서의 발급을 담당한다.
② 공개키 기반 구조는 부인방지 서비스 제공이 가능하다.
③ 공개키로 암호화한 데이터는 암호화에 사용된 공개키로 해독한다.
④ 공개키 기반 구조는 공개키 알고리즘을 통한 암호화와 전자서명을 제공하는 복합적인 보안 시스템 환경이다.

(해설)
공개키로 암호화한 데이터는 개인키로 해독이 될 수 있다.

06 〈보기〉는 공개키 암호 방식을 전자 서명(digital signature)에 적용하여 A가 B에게 메세지를 전송하는 과정에 대한 설명이다. ㉠, ㉡에 들어갈 내용으로 옳은 것은?　　　　　　　　　　　　　　　　[16년 계리직]

> **보기**
>
> (1) A와 B는 개인키와 공개키 쌍을 각각 생성한다.
> (2) A는 (㉠)를 사용하여 암호화한 메세지를 B에게 전송한다.
> (3) B는 (㉡)를 사용하여 수신된 메시지를 해독한다.

	㉠	㉡
①	A의 개인키	A의 공개키
②	A의 개인키	B의 공개키
③	A의 공개키	B의 개인키
④	B의 공개키	B의 개인키

해설

전자서명을 작성하는 경우 A는 본인임을 인증하기 위해서 본인의 개인키로 암호화하여 B에게 전송하고, 데이터를 수신하는 B는 A의 공개키로 복호화하여 메시지가 A의 서명임을 확인한다.

07 공개키 암호방식에 대한 설명으로 옳은 것은?　　　　　　　　　　　　　　　　[19년 계리직]

① 송신자는 전송메시지에 대한 MAC(Message Authentication Code)을 생성하고 수신자는 그 MAC을 점검함으로 써 메시지가 전송과정에서 변조되었는지 여부를 확인한다.

② 송신자는 수신자의 개인키를 이용하여 암호화한 메시지를 송신하고 수신자는 수신한 메시지를 자신의 공개키를 이용하여 복호화한다.

③ 송수신자 규모가 동일할 경우, 공개키 암호방식이 대칭키 암호방식보다 더 많은 키들을 필요로 하기 때문에 인증 기관이 키 관리를 담당한다.

④ 키 운영의 신뢰성을 공식적으로 제공하기 위하여 인증기관은 고객별로 개인키와 키 소유자 정보를 만들고 이를 해당 고객에게 인증서로 제공한다.

해설

① MAC은 메시지의 인증을 하기 위한 해시 암호화 방식이다.
③ 송수신자 규모가 동일한 경우 대칭키 암호화가 공개키 암호화보다 더 많은 키를 필요로 한다.
④ 인증기관은 인증서로 사용자별로 공개키와 키 소유자 정보를 인증서로 제공한다.

08 SET(Secure Electronic Transaction)에 대한 설명으로 옳지 <u>않은</u> 것은? [21년 계리직]

① 프라이버시 보호를 위해 이중서명 프로토콜을 사용한다.

② 카드 소지자는 전자 지갑 소프트웨어가 필요하다.

③ 인증기관(Certification Authority)이 필요하다.

④ SSL(Secure Socket Layer)에 비해 고속으로 동작한다.

해설
SET는 카드사용자, 상점, 게이트웨이 간의 안전한 채널을 제공하기 위해 SSL보다 높은 보안성의 장점이 있지만 속도는 상대적으로 느리게 동작한다.

09 해싱(Hashing)에 대한 설명으로 옳지 <u>않은</u> 것은? [18년 국가직]

① 서로 다른 탐색키가 해시 함수를 통해 동일한 해시 주소로 사상될 수 있다.

② 충돌(Collision)이 발생하지 않는 해시 함수를 사용한다면 해싱의 탐색 시간 복잡도는 O(1)이다.

③ 선형 조사법(Linear Probing)은 연결리스트(Linked List)를 사용하여 오버플로우 문제를 해결한다.

④ 폴딩함수(Folding Function)는 탐색키를 여러 부분으로 나누어 이들을 더하거나 배타적 논리합을 하여 해시 주소를 얻는다.

해설
선형 조사법은 충돌 발생 시 다른 비어있는 곳을 찾아 항목을 저장하는 방법이다. 빈 곳이 없는 경우는 테이블 사이즈를 늘려 빈 곳에 저장하게 된다.

08 ② 09 ③ 정답

10 해쉬(Hash)에 대한 설명으로 옳지 <u>않은</u> 것은? [21년 국가직]

① 연결리스트는 체이닝(Chaining) 구현에 적합하다.
② 충돌이 전혀 없다면 해쉬 탐색의 시간 복잡도는 O(1)이다.
③ 최악의 경우에도 이진 탐색보다 빠른 성능을 보인다.
④ 해쉬 함수는 임의의 길이의 데이터를 입력받을 수 있다.

해설
해싱의 최악의 경우는 하나의 버킷으로 모든 값이 집중되는 경우이다. 이 경우 시간 복잡도는 O(n)으로, 이진 탐색의 O(log n)보다 높다.

11 해시(hash) 탐색에서 제산법(division)은 키(key) 값을 배열(array)의 크기로 나누어 그 나머지 값을 해시 값으로 사용하는 방법이다. 다음 데이터의 해시 값을 제산법으로 구하여 11개의 원소를 갖는 배열에 저장하려고 한다. 해시 값의 충돌(collision)이 발생하는 데이터를 열거해 놓은 것은? [10년 계리직]

> 111, 112, 113, 220, 221, 222

① 111, 112
② 112, 222
③ 113, 221
④ 220, 222

해설
제산법(나누기에 따른 나머지를 구하는 방식)에 따라 해시 값을 구하고, 버킷 위치를 결정하게 된다.
111 % 11 = 1, 112 % 11 = 2, 113 % 11 = 3, 220 % 11 = 0, 221 % 11 = 1, 222 % 11 = 2
같은 해시 값이 나오는 경우 충돌이 발생하게 된다. (111, 221), (112, 222) 충돌 발생

12 다음 〈조건〉에 따라 입력 키 값을 해시(hash) 테이블에 저장하였을 때 해시 테이블의 내용으로 옳은 것은?

[14년 계리직]

조 건

- 해시 테이블의 크기는 7이다.
- 해시 함수는 h(k) = k mod 7이다(단, k는 입력 키 값이고, mod는 나머지를 구하는 연산자이다).
- 충돌은 이차 조사법(quadratic probing)으로 처리한다.
- 키 값의 입력 순서 : 9, 16, 2, 6, 20

①

0	6
1	2
2	9
3	16
4	
5	
6	20

해시 테이블

②

0	6
1	20
2	9
3	16
4	
5	
6	2

해시 테이블

③

0	20
1	
2	9
3	16
4	2
5	
6	6

해시 테이블

④

0	20
1	2
2	9
3	
4	16
5	
6	6

해시 테이블

해설

2차 조사법(Quadratic probing)은 충돌이 발생한 경우 충돌이 발생한 횟수의 제곱을 한 수를 더하고, 그 값을 해시 값으로 데이터의 슬롯 위치를 정하게 되어, h(k), h(k) + 1, h(k) + 4, h(k) + 9 등의 위치로 저장된다. 9, 16, 2, 6, 20이 입력되는 경우, 9는 7로 나눈 나머지 값인 2번 슬롯으로 입력된다.

다음 데이터 16은 2번 슬롯에서 첫 번째 충돌이 발생하여 3번 슬롯에 입력되며, 다음 데이터 2도 충돌하게 되지만 이미 16이 1차 충돌에 의해 3번 슬롯에 저장되어 있어 2는 4만큼을 더한 6번 슬롯에 저장된다.

6은 새로운 나머지 값이라 6번 슬롯에 저장되어야 하지만 이미 저장되어 있기 때문에 충돌이 발생하고 1차 충돌이기 때문에 1만큼을 더해 0번 슬롯에 저장된다. 20도 6번 슬롯에서 1차 충돌 발생하고 0번 슬롯에서 2차 충돌이 발생, 3번 슬롯에서 3차 충돌이 발생하여, h(k) + 9의 위치에 저장되어 1번 슬롯(6 + 9 = 15)에 저장된다.

13 다음에서 설명하는 보안공격방법은?

[17년 국가직]

> 공격자는 여러 대의 좀비 컴퓨터를 분산 배치하여 가상의 접속자를 만든 후 처리할 수 없을 정도로 매우 많은 양의 패킷을 동시에 발생시켜 시스템을 공격한다. 공격받은 컴퓨터는 사용자가 정상적으로 접속할 수 없다.

① 키로거(Key Logger)
② DDoS(Distributed Denial of Service)
③ XSS(Cross Site Scripting)
④ 스파이웨어(Spyware)

해설
① 키로거는 사용자의 키보드 입력을 추적하여 기록하여 타깃 사용자의 패스워드, 금융정보, 개인정보 등을 탈취하는 도구이다.
③ XSS는 게시판이나 웹 메일 등에 악의적인 스크립트를 삽입하여 비정상 페이지를 보이도록 함으로써 사용방해나 쿠키 및 기타 정보를 특정 사이트로 전송하는 해킹기법이다.
④ 스파이웨어는 다른 사람의 컴퓨터에 잠입하여 개인정보를 빼내거나 광고용으로 사용되는 소프트웨어이다.

14 서비스 거부 공격에 해당하는 것을 〈보기〉에서 고른 것은?

[14년 계리직]

보기
ㄱ. Ping of Death 공격 ㄴ. SYN Flooding 공격
ㄷ. Session Hijacking 공격 ㄹ. ARP Redirect 공격

① ㄱ, ㄴ
② ㄴ, ㄷ
③ ㄷ, ㄹ
④ ㄱ, ㄹ

해설
ㄷ. Session Hijacking 공격은 현재 접속되어 있는 다른 사용자의 세션을 가로채기하여 다른 사용자의 권한으로 시스템의 자원에 접근하는 공격이다.
ㄹ. ARP Redirect 공격은 공격자의 MAC address를 라우터의 MAC address로 변조하여 다른 사용자의 데이터 패킷을 도청(스니핑)하는 공격이다.

15 다음에서 설명하는 해킹 공격 방법은? [18년 국가직]

> 공격자는 사용자의 합법적 도메인을 탈취하거나 도메인 네임 시스템(DNS) 또는 프락시 서버의 주소를 변조하여, 사용자가 진짜 사이트로 오인하여 접속하도록 유도한 후 개인정보를 훔친다.

① 스니핑(Sniffing)
② 파밍(Pharming)
③ 트로이 목마(Trojan Horse)
④ 하이재킹(Hijacking)

해설
① 스니핑은 네트워크상에서 자신이 아닌 다른 사용자의 데이터 교환을 도청하는 공격이다.
③ 트로이 목마는 내부에 설치된 악성코드로 시스템 외부의 해커에게 정보를 유출한다.
④ 하이재킹은 피해자의 세션이나 터미널 RDP 등을 탈취하여 피해자의 권한으로 시스템에 접근하는 공격이다.

16 (가), (나)에서 설명하는 악성 프로그램의 용어를 바르게 짝지은 것은? [19년 계리직]

> (가) 사용자 컴퓨터의 데이터를 암호화시켜 파일을 사용할 수 없도록 한 후 암호화를 풀어주는 대가로 금전을 요구하는 악성 프로그램
> (나) 'ㅇㅇㅇ초대장' 등의 내용을 담은 문자 메시지 내에 링크된 인터넷 주소를 클릭하면 악성 코드가 설치되어 사용자의 정보를 빼가거나 소액결제를 진행하는 악성 프로그램

	(가)	(나)
①	스파이웨어	트로이목마
②	랜섬웨어	파밍(Pharming)
③	스파이웨어	피싱(Phishing)
④	랜섬웨어	스미싱(Smishing)

해설
• 랜섬웨어 : 사용자의 데이터를 암호화하여 익명성을 보장하는 가상화폐와 같은 금전적 대가를 요구하는 악성 프로그램
• 스미싱 : SMS와 피싱의 합성어로써, 문자메시지를 통한 미끼로 악성코드에 접근하게 하고 사용자의 정보를 탈취하거나 소액결제를 진행하는 악성 프로그램
• 트로이 목마 : 시스템 외부의 해커에게 정보를 유출하는 내부에 설치된 악성코드
• 피싱 : 개인정보를 불법으로 획득하려는 사람이 금융기관을 사칭하여, 다수의 이메일을 사용자에게 신용카드나 은행계좌 정보에 문제가 발생해 수정이 필요하다는 등의 거짓 이메일을 발송, 금융기관의 카드정보나 계좌정보 등을 빼내 불법적으로 이용하는 범죄행위
• 파밍 : 합법적으로 소유하고 있는 도메인을 탈취하거나, DNS 정보를 변조하여 사용자들이 진짜 사이트로 오인하도록 유도해 개인정보를 훔치는 기법

17 시스템의 보안 취약점을 활용한 공격방법에 대한 설명으로 옳지 <u>않은</u> 것은?　　　　　[14년 계리직]

① Sniffing 공격은 네트워크상에서 자신이 아닌 다른 상대방의 패킷을 엿보는 공격이다.

② Exploit 공격은 공격자가 패킷을 전송할 때 출발지와 목적지의 IP 주소를 같게 하여 공격대상 시스템에 전송하는 공격이다.

③ SQL Injection 공격은 웹 서비스가 예외적인 문자열을 적절히 필터링하지 못하도록 SQL문을 변경하거나 조작하는 공격이다.

④ XSS(Cross Site Scripting) 공격은 공격자에 의해 작성된 악의적인 스크립트가 게시물을 열람하는 다른 사용자에게 전달되어 실행되는 취약점을 이용한 공격이다.

해설

익스플로잇(Exploit) 공격은 소프트웨어, 하드웨어 등의 버그 혹은 제조, 프로그래밍 과정에서 발생한 취약한 부분을 이용하여 공격자가 의도한 동작이나 명령을 실행하도록 만든 명령어를 지칭하거나, 그러한 공격 행위를 말한다.

18 가상 사설 네트워크(VPN; Virtual Private Network)에 대한 설명으로 옳지 <u>않은</u> 것은?　　　[17년 지방직]

① 터널링(tunneling) 기술을 사용한다.

② 전용회선 기반 사설 네트워크보다 구축 및 유지 비용이 높다.

③ 암호화 기술을 사용한다.

④ VPN 기능은 방화벽이나 라우터에 내장될 수 있다.

해설

가상 사설 네트워크는 공중망에서 암호화를 통한 터널링 기반이기 때문에 물리 회선이 직접 설치된 전용회선 기반 네트워크보다 구축 및 유지 비용이 낮다.

19 사진이나 동영상 등의 디지털 콘텐츠에 저작권자나 판매자 정보를 삽입하여 원본의 출처 정보를 제공하는 기술은?

[19년 국가직]

① 디지털 사이니지
② 디지털 워터마킹
③ 디지털 핑거프린팅
④ 콘텐츠 필터링

해설

① 디지털 사이니지 : IT 기술을 활용하여 영상이나 문자 등 다양한 정보를 대형 디스플레이로 표시하고 네트워크를 통해 원격으로 관리하는 안내판
③ 디지털 핑거프린팅 : 디지털 콘텐츠의 사용자 정보를 삽입함으로써 사후 발생할 수 있는 콘텐츠의 불법복제자를 추적 가능한 기술
④ 콘텐츠 필터링 : 적절하지 않은 콘텐츠를 걸러내어 사용자에게 적합한 콘텐츠만 제공하는 기술

20 온라인에서 멀티미디어 콘텐츠의 불법 유통을 방지하기 위해 삽입된 워터마킹 기술의 특성으로 옳지 <u>않은</u> 것은?

[19년 계리직]

① 부인 방지성
② 비가시성
③ 강인성
④ 권리정보 추출성

해설

비가시성 : 컨텐츠의 품질을 저하시키지 않는 특성
① 부인 방지성 : 콘텐츠 사용자의 불법복제를 막기 위한 핑커프린팅에 필요한 특성
③ 강인성 : 전송 중에 생길 수 있는 노이즈나 여러 가지 형태의 변형과 공격에도 추출이 가능해야 함
④ 권리정보 추출 : 권리정보는 워터마크를 통해 추출이 가능함

21 「개인정보 보호법」의 개인정보 보호 원칙으로 옳은 것의 총 개수는?

[21년 계리직]

> ㄱ. 개인정보처리자는 개인정보의 처리 목적에 필요한 범위에서 개인정보의 정확성, 완전성 및 최신성이 보장되도록 하여야 한다.
>
> ㄴ. 개인정보처리자는 개인정보의 처리 목적에 필요한 범위에서 적합하게 개인정보를 처리하여야 하며, 그 목적 외의 용도로 활용 하고자 하는 경우 개인정보 보호책임자의 동의를 받아야 한다.
>
> ㄷ. 개인정보처리자는 개인정보 처리방법 등 개인정보의 처리에 관한 사항은 비공개하여야 하며, 열람청구권 등 정보주체의 권리를 보장하여야 한다.
>
> ㄹ. 개인정보처리자는 개인정보를 가명 또는 익명으로 처리하여도 개인정보 수집목적을 달성할 수 있는 경우 가명처리가 가능한 경우에는 가명에 의하여, 가명처리로 목적을 달성할 수 없는 경우에는 익명에 의하여 처리될 수 있도록 하여야 한다.

① 1개

② 2개

③ 3개

④ 4개

 해설

📝 **관련법령보기**

「개인정보 보호법」 제3조(개인정보 보호 원칙)
① 개인정보처리자는 개인정보의 처리 목적을 명확하게 하여야 하고 그 목적에 필요한 범위에서 최소한의 개인정보만을 적법하고 정당하게 수집하여야 한다.
② 개인정보처리자는 개인정보의 처리 목적에 필요한 범위에서 적합하게 개인정보를 처리하여야 하며, 그 목적 외의 용도로 활용하여서는 아니 된다.
③ 개인정보처리자는 개인정보의 처리 목적에 필요한 범위에서 개인정보의 정확성, 완전성 및 최신성이 보장되도록 하여야 한다.
④ 개인정보처리자는 개인정보의 처리 방법 및 종류 등에 따라 정보주체의 권리가 침해받을 가능성과 그 위험 정도를 고려하여 개인정보를 안전하게 관리하여야 한다.
⑤ 개인정보처리자는 개인정보 처리방침 등 개인정보의 처리에 관한 사항을 공개하여야 하며, 열람청구권 등 정보주체의 권리를 보장하여야 한다.
⑥ 개인정보처리자는 정보주체의 사생활 침해를 최소화하는 방법으로 개인정보를 처리하여야 한다.
⑦ 개인정보처리자는 개인정보를 익명 또는 가명으로 처리하여도 개인정보 수집목적을 달성할 수 있는 경우 익명처리가 가능한 경우에는 익명에 의하여, 익명처리로 목적을 달성할 수 없는 경우에는 가명에 의하여 처리될 수 있도록 하여야 한다.

소프트웨어공학론

소프트웨어 개요 및 개발모델

01 객체지향 프로그래밍의 특징 중 상속관계에서 상위 클래스에 정의된 메소드(method) 호출에 대해 각 하위 클래스가 가지고 있는 고유한 방법으로 응답할 수 있도록 유연성을 제공하는 것은? [15년 국가직]

① 재사용성(reusability)
② 추상화(abstraction)
③ 다형성(polymorphism)
④ 캡슐화(encapsulation)

해설
객체지향 프로그래밍의 다형성을 통해 상속받은 하위 클래스에서는 오버로딩과 오버라이딩을 통해 고유의 방법으로 응답이 가능하다.

02 소프트웨어 개발 프로세스 모델 중 하나인 나선형 모델(spiral model)에 대한 설명으로 옳지 않은 것은? [15년 국가직]

① 폭포수(waterfall) 모델과 원형(prototype) 모델의 장점을 결합한 모델이다.
② 점증적으로 개발을 진행하여 소프트웨어 품질을 지속적으로 개선할 수 있다.
③ 위험을 분석하고 최소화하기 위한 단계가 포함되어 있다.
④ 관리가 복잡하여 대규모 시스템의 소프트웨어 개발에는 적합하지 않다.

해설
소프트웨어 개발에 따른 위험을 잘 파악하여 대처할 수 있어 고비용의 시스템이나 시간이 많이 소요되는 큰 시스템 구축 시 유용하다.

03 객체지향 기법을 지원하지 <u>않는</u> 프로그래밍 언어는?

[15년 국가직]

① LISP
② Java
③ Python
④ C#

해설

LISP는 1958년 MIT의 존 매카시가 개발한 구조적 프로그래밍 언어이다.

04 디자인 패턴에 대한 설명으로 옳지 <u>않은</u> 것은?

[15년 지방직]

① 일반적으로 디자인 패턴을 이용하면 좋은 설계나 아키텍처를 재사용하기 쉬워진다.
② 패턴은 사용 목적에 따라 생성 패턴, 구조 패턴, 행위 패턴으로 분류할 수 있다.
③ 생성 패턴은 빌더(builder), 추상 팩토리(abstract factory) 등을 포함한다.
④ 행위 패턴은 가교(bridge), 적응자(adapter), 복합체(composite) 등을 포함한다.

해설

• 생성 패턴 : Abstract, Builder, Factory Method, Prototype, Singleton 등
• 구조 패턴 : Adpater, Bridge, Composite, Decorator, Facade, Flyweight, Proxy 등
• 행위 패턴 : Command, Interpreter, Iterator, Mediator, Observer, State, Strategy 등

05 〈보기〉에서 설명하는 객체지향 개념은? [12년 계리직]

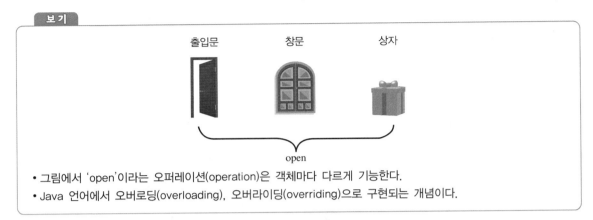

- 그림에서 'open'이라는 오퍼레이션(operation)은 객체마다 다르게 기능한다.
- Java 언어에서 오버로딩(overloading), 오버라이딩(overriding)으로 구현되는 개념이다.

① 캡슐화(encapsulation)
② 인스턴스(instance)
③ 다형성(polymorphism)
④ 상속(inheritance)

해설
객체지향에서는 다형성을 통해 상위 클래스에 정의된 메소드(method) 호출에 대해 각 하위 클래스가 가지고 있는 고유한 방법으로 응답할 수 있도록 유연성을 제공한다. 출입문과 창문, 상자에 모두 open이라는 함수가 사용되지만, 객체마다 다르게 기능하도록 프로그래밍이 가능하다.

06 다음에서 설명하는 소프트웨어 개발 방법론은? [17년 국가직]

- 애자일 방법론의 하나로 소프트웨어 개발 프로세스가 문서화하는 데 지나치게 많은 시간과 노력이 소모되는 단점을 보완하기 위해 개발되었다.
- 의사소통, 단순화, 피드백, 용기, 존중의 5가지 가치에 기초하여 '고객에게 최고의 가치를 가장 빨리' 전달하도록 하는 방법론으로 켄트 벡이 고안하였다.

① 통합 프로세스(UP)
② 익스트림 프로그래밍
③ 스크럼
④ 나선형 모델

해설
의사소통, 단순화, 피드백, 용기, 존중은 익스트림 프로그래밍(XP)의 5가지 핵심가치이다.

07 객체지향 프로그래밍에 대한 설명으로 옳지 <u>않은</u> 것은?

[17년 지방직]

① 다형성(polymorphism)을 이용할 수 있다.
② 추상 클래스(abstract class)로부터 객체를 직접 생성할 수 없다.
③ 객체 간에는 메시지(message)를 통해 명령을 전달한다.
④ 상속(inheritance)이란 기존의 여러 클래스들을 조합하여 새로운 클래스를 만드는 기법이다.

해설
상속은 부모 클래스의 attribute와 method를 자식 클래스에서 물려받는 객체지향의 특징이며, 클래스의 조합과는 무관하다.

08 다음은 폭포수 모델에서 제시하는 소프트웨어 개발 단계들 중 일부에 대한 설명이다. 제시된 소프트웨어 개발 단계를 순서대로 바르게 나열한 것은?

[17년 지방직]

> ㄱ. 시스템 구조, 프로그램, 인터페이스를 설계한다.
> ㄴ. 소프트웨어를 이용하면서 문제점을 수정하거나 새로운 기능을 추가한다.
> ㄷ. 요구대로 소프트웨어가 적합하게 작동하는지 확인한다.
> ㄹ. 사용자의 요구사항을 파악한다.

① ㄱ → ㄴ → ㄷ → ㄹ
② ㄱ → ㄹ → ㄴ → ㄷ
③ ㄹ → ㄱ → ㄷ → ㄴ
④ ㄹ → ㄷ → ㄴ → ㄱ

해설
폭포수 모델에서는 요구사항 분석(ㄹ) → 설계(ㄱ) → 개발 → 테스트(ㄷ)를 거쳐 프로젝트가 진행되며, 이후에 운영/유지보수(ㄴ) 단계에서 새로운 기능의 추가나 수정이 이루어진다.

09 다음은 소프트웨어 개발방법론에 사용되는 분석, 설계 도구에 대한 설명이다. ㉠~㉢에 들어갈 내용을 옳게 나열한 것은?

> **보기**
>
> • 시스템 분석을 위하여 구조적 방법론에서는 (㉠) 다이어그램(diagram)이, 객체지향 방법론에서는 (㉡) 다이어그램이 널리 사용된다.
> • 시스템 설계를 위하여 구조적 방법론에서는 구조도(structured chart), 객체지향 방법론에서는 (㉢) 다이어그램 등이 널리 사용된다.

	㉠	㉡	㉢
①	시퀀스(sequence)	데이터흐름(data flow)	유스케이스(use case)
②	시퀀스	유스케이스	데이터흐름
③	데이터흐름	시퀀스	유스케이스
④	데이터흐름	유스케이스	시퀀스

해설
• 데이터흐름 다이어그램(Data Flow Diagram) : 자료의 흐름, 변화과정, 기능을 도형중심으로 기술한 요구사항 분석
• 유스케이스 다이어그램(Usecase Diagram) : Actor, Use case, Relationship을 통해 시스템에서 실행되는 작업을 표현
• 시퀀스 다이어그램(Sequence Diagram) : 객체와 객체 간의 상호작용을 메시지 흐름으로 표현. Object 사이에 메시지를 보내는 시간 또는 순서를 보여주기 위해 사용

10 소프트웨어 생명주기 모형 중 프로토타입(prototype) 모형에 대한 설명으로 옳은 것을 〈보기〉에서 고른 것은?

> **보기**
>
> ㄱ. 프로토타입 모형의 마지막 단계는 설계이다.
> ㄴ. 발주자가 목표 시스템의 모습을 미리 볼 수 있다.
> ㄷ. 폭포수 모형보다 발주자의 요구사항을 반영하기가 용이하다.
> ㄹ. 프로토타입별로 구현시스템에 대하여 베타테스트를 실시한다.

① ㄱ, ㄴ
② ㄴ, ㄷ
③ ㄷ, ㄹ
④ ㄱ, ㄹ

해설
ㄱ. 설계는 요구사항 분석 및 정의 단계 이후에 진행된다. 마지막 단계는 구현이다.
ㄹ. 베타테스트는 마지막 프로토타입 결과물로 실시한다.

11 소프트웨어 개발을 위한 애자일 기법에 대한 설명으로 옳은 것은?　　　　　　　　　　　　　　　[18년 지방직]

① 소프트웨어를 점증적으로 개발한다.
② 작동하는 소프트웨어보다 포괄적인 문서에 더 가치를 둔다.
③ 계획에 따라 단계적으로 개발하므로 변화에 대응하기 어렵다.
④ 고객과의 협업보다 계약 협상을 더 중요시한다.

해설

애자일 개발방법론에서는 공정과 도구보다 개인과 상호작용을, 포괄적인 문서보다 작동하는 소프트웨어를, 계약 협상보다 고객과의 협력을, 계획을 따르기보다 변화에 대응하기를 가치 있게 여긴다.

12 다음에서 설명하는 객체지향 프로그래밍의 특징은?　　　　　　　　　　　　　　　　　　　[19년 지방직]

- 객체를 구성하는 속성과 메서드가 하나로 묶여 있다.
- 객체의 외부와 내부를 분리하여 외부 모습은 추상적인 내용으로 보여준다.
- 객체 내의 정보를 외부로부터 숨길 수도 있고, 외부에 보이게 할 수도 있다.
- 객체 내부의 세부 동작을 모르더라도 객체의 메서드를 통해 객체의 기능을 활용할 수 있다.

① 구조성
② 다형성
③ 상속성
④ 캡슐화

해설

- 서로의 연관성이 많은 데이터들과 관련된 함수들을 한 묶음으로 처리한다.
- SW의 재사용의 증대 및 정보은닉으로부터 내부 자료에 대한 일관성 유지한다.
- 객체 간의 인터페이스를 이용하여 종속성을 최소화한다.

13 다음에서 설명하는 소프트웨어 개발 방법론으로 옳은 것은? [18년 계리직]

> 프로세스와 도구 중심이 아닌 개발 과정의 소통을 중요하게 생각하는 소프트웨어 개발 방법론으로 반복적인 개발을 통한 잦은 출시를 목표로 한다.

① 애자일 개발 방법론
② 구조적 개발 방법론
③ 객체지향 개발 방법론
④ 컴포넌트 기반 개발 방법론

해설
• 구조적 개발 방법론 : 고전적인 폭포수 모델을 기반으로 하는 순차적 개발 방법론
• 객체지향 개발 방법론 : 객체, 클래스 및 이들 간의 관계를 식별하여 설계 모델로 변환하는 방법론
• 컴포넌트 기반 개발 방법론 : 재사용 가능한 컴포넌트들을 조합하여 생산성 및 품질을 높이는 개발 방법론

14 소프트웨어 개발 프로세스 중 원형(Prototyping) 모델의 단계별 진행 과정을 올바르게 나열한 것은? [20년 국가직]

① 요구 사항 분석 → 시제품 설계 → 고객의 시제품 평가 → 시제품 개발 → 시제품 정제 → 완제품 생산
② 요구 사항 분석 → 시제품 설계 → 시제품 개발 → 고객의 시제품 평가 → 시제품 정제 → 완제품 생산
③ 요구 사항 분석 → 고객의 시제품 평가 → 시제품 개발 → 시제품 설계 → 시제품 정제 → 완제품 생산
④ 요구 사항 분석 → 시제품 개발 → 시제품 설계 → 고객의 시제품 평가 → 시제품 정제 → 완제품 생산

해설
원형(Prototyping) 모델에서 시제품 설계 이후에 시제품 개발이 진행되며, 고객은 시제품 개발 이후에 평가하게 된다.

제 2 절 소프트웨어 설계

01 UP(Unified Process)의 네 단계 중 아키텍처 결정을 위한 설계작업과 분석 작업의 비중이 크고, 시스템 구성에 관련된 위험요소를 식별하고 이를 완화하는 데 중점을 두는 단계는?

[15년 지방직]

① 도입(inception)
② 상세(elaboration)
③ 구축(construction)
④ 이행(transition)

해설

상세(elaboration) : 위험요소 식별 및 완화, 시스템 아키텍처 확립 및 검증
① 도입(inception) : vision, business case, scope 정리
③ 구축(construction) : Iteration으로 구현되며, Iteration 종료 시에 실행 가능한 결과물을 도출해야 함
④ 이행(transition) : Client에게 배포, 시스템 전환 및 사용자 교육

02 〈보기〉는 모듈화를 중심으로 한 소프트웨어 설계방법에 대한 설명이다. 빈칸의 내용을 올바르게 나열한 것은?

[12년 계리직]

보기

- 결합도(coupling)와 응집도(cohension)는 모듈의 (㉠)을 판단하는 기준이다.
- 결합도란 모듈 (㉡)의 관련성을 의미하며, 응집도란 모듈 (㉢)의 관련성을 의미한다.
- 좋은 설계를 위해서는 결합도는 (㉣), 응집도는 (㉤) 방향으로 설계해야 한다.

	㉠	㉡	㉢	㉣	㉤
①	독립성	사이	내부	작게	큰
②	독립성	내부	사이	크게	작은
③	추상성	사이	내부	작게	큰
④	추상성	내부	사이	크게	작은

해설

- 결합도와 응집도는 모듈의 독립성을 판단하는 기준이 된다.
- 결합도는 모듈 사이에서의 관련성을 의미하고, 응집도는 모듈 내부의 관련성을 의미한다.
- 좋은 설계를 위해서는 결합도는 작게, 응집도는 큰 방향으로 설계해야 한다.
- Loosely Coupling을 통해 다른 모듈을 직접적으로 사용하는 의존성을 줄일 수 있다.

03 '인터넷 서점'에 대한 유스케이스 다이어그램에서 '회원등록' 유스케이스를 수행하기 위해서는 '실명확인' 유스케이스가 반드시 선행되어야 한다면 이들의 관계는?　　　　　　　　　　　　　　　　　　[17년 국가직]

① 일반화(generalization) 관계
② 확장(extend) 관계
③ 포함(include) 관계
④ 연관(association) 관계

해설

포함(include) 관계
• 유스케이스가 다른 유스케이스를 포함하는 경우
• 포함되는 유스케이스는 포함하는 유스케이스를 실행하기 위해 반드시 실행되어야 하는 유스케이스

04 개발자가 사용해야 하는 서브시스템의 가장 앞쪽에 위치하면서 서브시스템에 있는 객체들을 사용할 수 있도록 인터페이스 역할을 하는 디자인 패턴은?　　　　　　　　　　　　　　　　　　　　　　　　　[18년 국가직]

① Facade 패턴
② Strategy 패턴
③ Adapter 패턴
④ Singleton 패턴

해설

Facade 패턴 : 서브시스템에 있는 인터페이스 집합에 대해서 하나의 통합된 인터페이스를 제공하는 패턴
② Strategy 패턴 : 동일 계열의 알고리즘군을 정의하고, 각각의 알고리즘을 캡슐화하며, 이들을 상호 교환이 가능하도록 만드는 패턴
③ Adapter 패턴 : 클래스의 인터페이스를 사용자가 기대하는 다른 인터페이스로 변환하는 패턴
④ Singleton 패턴 : 어떤 클래스의 인스턴스는 오직 하나임을 보장하며, 이 인스턴스에 접근할 수 있는 전역적인 접촉점을 제공하는 패턴

05 소프트웨어 모듈 평가 기준으로 판단할 때, 다음 4명 중 가장 좋게 설계한 사람과 가장 좋지 않게 설계한 사람을 순서대로 바르게 나열한 것은?

[18년 국가직]

> • 철수 : 절차적 응집도 + 공통 결합도
> • 영희 : 우연적 응집도 + 내용 결합도
> • 동수 : 기능적 응집도 + 자료 결합도
> • 민희 : 논리적 응집도 + 스탬프 결합도

① 철수, 영희
② 철수, 민희
③ 동수, 영희
④ 동수, 민희

해설

결합도는 숫자가 낮을수록 좋고, 응집도는 높을수록 좋음
• 결합도 : 자료(1), 스탬프(2), 제어(3), 외부(4), 공통(5), 내용(6)
• 응집도 : 우연적(1), 논리적(2), 시간적(3), 절차적(4), 통신적(5), 순차적(6), 기능적(7)

06 ㉠에 들어갈 용어로 옳은 것은?

[18년 계리직]

> (㉠)(은)는 유사한 문제를 해결하기 위해 설계들을 분류하고 각 문제 유형별로 가장 적합한 설계를 일반화하여 체계적으로 정리해 놓은 것으로 소프트웨어 개발에서 효율성과 재사용성을 높일 수 있다.

① 디자인 패턴
② 요구사항 정의서
③ 소프트웨어 개발 생명주기
④ 소프트웨어 프로세스 모델

해설

디자인 패턴
• 프로그래머들이 유용하다고 생각되는 객체들의 일반적인 상호작용 방법들을 모은 목록으로 여러 번 반복하여 사용할 수 있는 문제에 대한 솔루션을 기술한 것
• 재사용 가능한 객체지향 설계를 만들기 위해 유용한 공통의 설계 구조로부터 중요 요소들을 식별하여 이들에게 적당한 이름을 주고 추상화한 것

07 결합도(Coupling)는 모듈 간의 상호 의존 정도 또는 모듈 간의 연관 관계를 의미한다. 아래에 나타낸 결합도를 약한 정도에서 강한 정도순으로 올바르게 나열한 것은? [18년 계리직]

> ㄱ. 내용 결합도(Content Coupling)
> ㄴ. 제어 결합도(Control Coupling)
> ㄷ. 자료 결합도(Data Coupling)
> ㄹ. 공통 결합도(Common Coupling)

① ㄷ - ㄴ - ㄹ - ㄱ
② ㄷ - ㄹ - ㄱ - ㄴ
③ ㄹ - ㄴ - ㄷ - ㄱ
④ ㄹ - ㄷ - ㄱ - ㄴ

해설

결합도는 약할수록 좋다.
결합 : 자료(1), 스탬프(2), 제어(3), 외부(4), 공통(5), 내용(6)

08 객체지향 소프트웨어 개발 및 UML Diagram에 대한 설명이다. ㉠~㉢에 들어갈 내용을 바르게 짝지은 것은? [19년 계리직]

> • (㉠)(은)는 외부에서 인식할 수 있는 특성이 담긴 소프트웨어의 골격이 되는 기본 구조로, 시스템 전체에 대한 큰 밑그림이다. 소프트웨어 품질 요구 사항은 (㉠)을/를 결정하는 데 주요한 요소로 작용한다.
> • (㉡)(은)는 두 개 이상의 클래스에서 동일한 메시지에 대해 객체가 다르게 반응하는 것이다.
> • (㉢)(은)는 객체 간의 메시지 통신을 분석하기 위한 것으로 시스템의 동작을 정형화하고 객체들의 메시지 교환을 시각화한다.

	㉠	㉡	㉢
①	소프트웨어 아키텍처	다형성	시퀀스 모델
②	유스케이스	다형성	시퀀스 모델
③	클래스 다이어그램	캡슐화	상태 모델
④	디자인 패턴	캡슐화	상태 모델

해설

• 소프트웨어 아키텍처 : 시스템의 한 구조나 구조들로 각 요소들과 외부에 보이는 특성들 그리고 그들 간의 관계를 절충하는 활동[SEI]
• 다형성 : 서로 다른 객체가 동일한 메시지에 대해 고유한 방식으로 응답하는 것(overloading, overriding)
• 시퀀스 모델 : 객체와 객체 간의 상호작용을 메시지 흐름으로 표현. Object 사이에 메시지를 보내는 시간 또는 순서를 보여주기 위해 사용

09 다음에서 설명하는 디자인 패턴으로 옳은 것은? [19년 계리직]

> 클라이언트와 서브시스템 사이에 OOO 객체를 세워놓음으로써 복잡한 관계를 구조화한 디자인 패턴이다. OOO 패턴을 사용하면 서브시스템의 복잡한 구조를 의식하지 않고, OOO에서 제공하는 단순화된 하나의 인터페이스만 사용하므로 클래스 간의 의존관계가 줄어들고 복잡성 또한 낮아지는 효과를 가져 온다

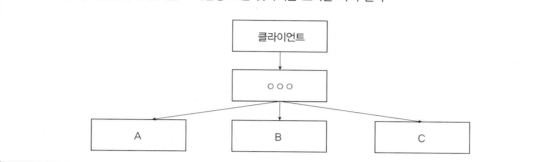

① MVC pattern
② facade pattern
③ mediator pattern
④ bridge pattern

해설
Facade pattern : 서브시스템에 있는 인터페이스 집합에 대해서 하나의 통합된 인터페이스를 제공하는 패턴

10 UML(Unified Modeling Language) 버전 2.0에 대한 설명으로 옳지 **않은** 것은? [21년 지방직]

① 액터(actor)는 사람이 아닌 경우도 있다.
② 클래스(class) 다이어그램은 시스템의 클래스들과 그들 간의 연관을 보여준다.
③ 유스케이스(usecase) 다이어그램은 사용자와 시스템 간의 상호 작용을 보여준다.
④ 시퀀스(sequence) 다이어그램은 시스템이 내부 또는 외부 이벤트에 대해 어떻게 반응하는지 보여준다.

해설
시퀀스 다이어그램 : 문제 해결에 필요한 객체를 정의하고 객체 간 주고받는 메시지 순서를 시간의 흐름에 따라 보여주는 다이어그램

11 UML의 클래스 다이어그램에서 클래스 사이의 관계에 대한 설명으로 옳지 <u>않은</u> 것은? [21년 계리직]

① 일반화(generalization) 관계는 일반화한 부모 클래스와 실체화한 자식 클래스 간의 상속 관계를 나타낸다.

② 연관(association) 관계에서 다중성(multiplicity)은 관계 사이에 개입하는 클래스의 인스턴스 개수를 의미한다.

③ 의존(dependency) 관계는 한 클래스가 다른 클래스를 참조하는 것으로 지역변수, 매개변수 등을 일시적으로 사용하는 관계이다.

④ 집합(aggregation) 관계는 강한 전체와 부분의 클래스 관계이므로 전체 객체가 소멸되면 부분 객체도 소멸된다.

해설
• 집합 관계(Aggregation) : 클래스와 클래스 간의 부분과 전체의 관계를 의미
• 복합 연관 관계(Composition) : 집합 연관 관계와 같이 부분과 전체 관계이나, 전체 클래스 소멸 시 부분 클래스도 소멸하는 관계

12 다음에서 설명하는 소프트웨어 아키텍처의 유형으로 옳은 것은? [21년 계리직]

• 사용자 인터페이스를 시스템의 비즈니스 로직 부분과 분리하는 구조
• 결합도(coupling)를 낮추기 위한 소프트웨어 아키텍처 패턴 구조
• 디자인 패턴 중 옵서버(observer) 패턴에 해당하는 구조

① 클라이언트-서버(client-server) 아키텍처
② 브로커(broker) 아키텍처
③ MVC(Model-View-Controller) 아키텍처
④ 계층별(layered) 아키텍처

해설
MVC(Model-View-Controller) 아키텍처 : 사용자의 뷰 페이지(View)와 데이터 처리(Model), 그리고 이들 상호 간의 흐름을 제어(controller)하는 비즈니스 로직을 분리하여 상호 영향 없이 모듈을 재사용, 확장 가능한 응용 프레임워크의 기반이 되는 구조적 패턴

제 3 절 소프트웨어 테스트

01 소프트웨어 테스트에 대한 설명으로 옳지 않은 것은? [16년 국가직]

① 단위(unit) 테스트는 개별적인 모듈에 대한 테스트이며 테스트 드라이버(driver)와 테스트 스텁(stub)을 사용할 수 있다.

② 통합(integration) 테스트는 모듈을 통합하는 방식에 따라 빅뱅(big-bang) 기법, 하향식(top-down) 기법, 상향식(bottom-up) 기법을 사용한다.

③ 시스템(system) 테스트는 모듈들이 통합된 후 넓이 우선 방식 또는 깊이 우선 방식을 사용하여 테스트한다.

④ 인수(acceptance) 테스트는 인수 전에 사용자의 요구 사항이 만족되었는지 테스트한다.

해설

넓이 우선 방식, 깊이 우선 방식은 통합테스트에서 사용하는 기법이다.

02 소프트웨어 오류를 찾는 블랙박스 시험의 종류로 옳지 않은 것은? [14년 계리직]

① 비교 시험(comparison testing)

② 기초 경로 시험(basic path testing)

③ 동치 분할 시험(equivalence partitioning testing)

④ 원인-효과 그래프 시험(cause-effect graph testing)

해설

기초 경로 시험(basic path testing)은 화이트박스 시험이다.

03 결정 명령문 내의 각 조건이 참, 거짓을 한 번 이상 갖도록 조합하여 테스트 케이스를 설계하는 방법은?

[18년 국가직]

① 문장 검증 기준(Statement Coverage)
② 조건 검증 기준(Condition Coverage)
③ 분기 검증 기준(Branch Coverage)
④ 다중 조건 검증 기준(Multiple Condition Coverage)

해설

조건 검증 기준(Condition Coverage) : 결정 명령문 내의 각 조건이 적어도 한 번은 참과 거짓의 결과가 되도록 수행하는 테스트 케이스
① 문장 검증 기준(Statement Coverage) : 프로그램 내의 모든 명령문을 적어도 한 번 수행하는 테스트 케이스
③ 분기 검증 기준(Branch Coverage) : 모든 분기점에서 참과 거짓에 해당하는 경로를 한 번 이상 실행
④ 다중 조건 검증 기준(Multiple Condition Coverage) : 결정 포인트 내에 있는 모든 개별식 조건의 모든 조합을 고려한 커버리지

04 소프트웨어 테스트에 대한 설명으로 옳지 않은 것은?

[16년 계리직]

① 베타(beta) 테스트는 고객 사이트에서 사용자에 의해서 수행된다.
② 회귀(regression) 테스트는 한 모듈의 수정이 다른부분에 미치는 영향을 검사한다.
③ 화이트 박스(white box) 테스트는 모듈의 내부 규현보다는 입력과 출력에 의해 기능을 검사한다.
④ 스트레스(stress) 테스트는 비정상적으로 과도한 분량 또는 빈도로 자원을 요청할 때의 영향을 감사한다.

해설

• 화이트 박스(white box) 테스트 : 테스트 대상의 내부 구조에 대한 정보를 활용하여 테스팅하는 방법
• 블랙 박스(black box) 테스트 : 테스트 대상의 내부 구조에 대한 정보 없이 입력값과 출력값, 작동 방법 등의 정보를 활용하여 테스팅하는 방법

05 통합 테스팅 방법에 대한 설명으로 옳지 않은 것은?

[21년 국가직]

① 연쇄식(Threads) 통합은 초기에 시스템 골격을 파악하기 어렵다.
② 빅뱅(Big-bang) 통합은 모든 모듈을 동시에 통합하여 테스팅 한다.
③ 상향식(Bottom-up) 통합은 가장 하부 모듈부터 통합하여 테스팅한다.
④ 하향식(Top-down) 통합은 프로그램 제어 구조에서 상위 모듈부터 통합하는 것을 말한다.

해설

연쇄식(Threads) 통합
• 시스템의 중요한 기능을 담당하는 모듈부터 통합
• 어느 정도 기본 기능을 수행하는 모듈로부터 통합
• 초기에 시스템 골격을 보여주고, 사용자의 의견을 받아 수정 가능

제 4 절 프로젝트 관리 or 기타

01 CMMI(Capability Maturity Model Integration)의 성숙도 모델에서 표준화된 프로젝트 프로세스가 존재하나 프로젝트 목표 및 활동이 정량적으로 측정되지 <u>못하는</u> 단계는?
[16년 국가직]

① 관리(managed) 단계

② 정의(defined) 단계

③ 초기(initial) 단계

④ 최적화(optimizing) 단계

해설

• level1 초기(initial) 단계 : 조직이 구조화된 프로세스를 가지고 있지 않음. 임기응변식 대응
• level2 관리(managed) 단계 : 표준화된 프로젝트 프로세스는 존재하나 프로젝트 목표 및 활동이 정량적으로 측정되지 못함
• level3 정의(defined) 단계 : 해당 조직에서 따라야 하는 조직 차원의 표준 프로세스 보유
• level4 정량화(Quantitatively) 단계 : 프로세스들을 통계적이고 정량적으로 관리. 제품, 서비스, 프로세스 성과 등을 통계적으로 이해
• level5 최적화(optimizing) 단계 : 조직에서의 프로세스 성과 변동 중 일반적인 원인에 대한 분석을 통해 지속적으로 개선

02 PMBOK(Project Management Body of Knowledge)에서 제시하는 소프트웨어 프로젝트 관리 영역에 대한 설명으로 옳지 <u>않은</u> 것은?
[17년 지방직]

① 프로젝트 일정 관리(time management)는 주어진 기간 내에 프로젝트를 완료하기 위한 활동에 대해 다룬다.

② 프로젝트 비용 관리(cost management)는 승인된 예산 내에서 프로젝트를 완료하기 위한 활동에 대해 다룬다.

③ 프로젝트 품질 관리(quality management)는 품질 요구를 만족하여 수행 목표를 달성하기 위한 활동에 대해 다룬다.

④ 소프트웨어 조달 관리(procurement management)는 완성된 소프트웨어를 고객에게 전달하기 위한 활동에 대해 다룬다.

해설

소프트웨어 조달 관리 : 프로젝트 수행에 필요한 각종 자원(인력, 장비, 자재 등)을 확보하고 관리

03 〈표〉의 CPM(Critical Path Method) 소작업 리스트에서 작업 C의 가장 빠른 착수일(earliest start time), 가장 늦은 착수일(latest start time), 여유 기간(slack time)을 순서대로 나열한 것은? [12년 계리직]

〈표〉 CPM 소작업 리스트

소작업	선행 작업	소요 기간(일)
A	없음	15
B	없음	10
C	A, B	10
D	B	25
E	C	15

① 15일, 15일, 0일
② 10일, 15일, 5일
③ 10일, 25일, 5일
④ 15일, 25일, 0일

해설
작업 C는 A, B가 선행 작업이므로 가장 빠른 착수일과 가장 늦은 착수일이 15일로 동일하다. 여유시간(slack time)은 '가장 늦은 착수일 - 가장 빠른 착수일'이므로 15 - 15 = 0일이 된다.

04 소프트웨어 규모를 예측하기 위한 기능점수(function point)를 산정할 때 고려하지 <u>않는</u> 것은? [19년 국가직]

① 내부논리파일(Internal Logical File)
② 외부입력(External Input)
③ 외부조회(External inQuiry)
④ 원시 코드 라인(Line Of Code)

해설
FP 구성
• 트랜잭션 기능 : 외부입력(EI), 외부출력(EO), 외부조회(EQ)
• 데이터 기능 : 내부논리파일(ILF), 외부연계파일(EIF)

05 소프트웨어 시스템은 기능 관점, 동적 관점 및 정보 관점으로 분류할 수 있다. 동적 관점에서 시스템을 기술할 때 사용할 수 있는 도구로 옳지 <u>않은</u> 것은?

[20년 지방직]

① 사건 추적도(Event Trace Diagram)
② 자료 흐름도(Data Flow Diagram)
③ 상태 변화도(State Transition Diagram)
④ 페트리넷(Petri Net)

해설

자료 흐름도(Data Flow Diagram) : 자료의 흐름, 변화 과정, 기능을 도형 중심으로 기술한 요구사항 분석

06 어떤 프로젝트를 완성하기 위해 작업 분할(Work Breakdown)을 통해 파악된 다음 소작업(activity) 목록을 AOE(Activity On Edge) 네트워크로 표현하였을 때, 이 프로젝트가 끝날 수 있는 가장 빠른 소요시간은?

[19년 계리직]

소작업 이름	소요시간	선행 소작업
a	5	없음
b	5	없음
c	8	a, b
d	2	c
e	3	b, c
f	4	d
g	5	e, f

① 13   ② 21
③ 24   ④ 32

해설

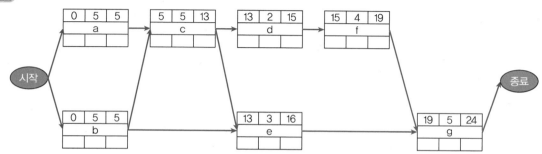

문제에서 소요시간을 물어봤으므로, 소작업 g의 선행작업 중 가장 오래 걸리는 19시간에서 5시간을 더해 24시간으로 계산한다.

07 컴퓨팅 사고(Computational Thinking)에서 주어진 문제의 중요한 특징만으로 문제를 간결하게 재정의함으로써 문제 해결을 쉽게 하는 과정은? [21년 국가직]

① 분해
② 알고리즘
③ 추상화
④ 패턴 인식

해설

추상화는 무엇을 단순화하고 관심을 집중시키기 위해 세부적인 것을 제거하는 과정이며 실제 세계의 문제를 해결 가능한 형태로 표현하기 위한 사고 과정이다.

데이터베이스론

제 **1** 절 **데이터베이스 개요 및 관계형 데이터베이스**

01 관계형 모델(relational model)의 릴레이션(relation)에 대한 설명으로 옳지 <u>않은</u> 것은?   [15년 국가직]

① 릴레이션의 한 행(row)을 투플(tuple)이라고 한다.
② 속성(attribute)은 릴레이션의 열(column)을 의미한다.
③ 한 릴레이션에 존재하는 모든 투플들은 상이해야 한다.
④ 한 릴레이션의 속성들은 고정된 순서를 갖는다.

해설
릴레이션의 속성들은 순서가 무의미하다.

02 데이터베이스 관리 시스템(database management system)을 구축함으로써 생기는 이점만을 모두 고른 것은?

[16년 국가직]

> ㄱ. 응용 소프트웨어가 데이터베이스에 관한 세부 사항에 자세히 관련할 필요가 없어져서 응용 소프트웨어 설계가
> 단순화될 수 있다.
> ㄴ. 데이터베이스에 대한 접근 제어가 용이해진다.
> ㄷ. 데이터 독립성을 제거할 수 있다.
> ㄹ. 응용 소프트웨어가 데이터베이스를 직접 조작하게 한다.

① ㄱ, ㄴ   ② ㄱ, ㄷ
③ ㄴ, ㄹ   ④ ㄷ, ㄹ

해설
ㄷ. 외부/개념/내부의 구조가 변경되더라도 응용 소프트웨어는 영향을 받지 않도록 독립성을 제공해야 한다.
ㄹ. 응용 소프트웨어는 DBMS를 통해 데이터베이스에 접근할 수 있다.

03 데이터베이스 데이터 모델에 대한 설명으로 옳지 <u>않은</u> 것은? [16년 국가직]

① 계층 데이터 모델은 트리 형태의 데이터 구조를 가진다.
② 관계 데이터 모델은 테이블로 데이터베이스를 나타낸다.
③ 네트워크 데이터 모델은 그래프 형태로 데이터베이스 구조를 표현한다.
④ 계층 데이터 모델, 관계 데이터 모델, 네트워크 데이터 모델은 개념적 데이터 모델이다.

[해설]
개념적 데이터 모델 : 데이터베이스 설계 과정에서의 핵심 기법으로 사용자 요구 사항을 분석하고 필요한 데이터 요소를 도출하여 적절한 데이터 구조를 정의 예 Entity-Relationship Model

04 트랜잭션이 정상적으로 완료(commit)되거나, 중단(abort)되었을 때 롤백(rollback)되어야 하는 트랜잭션의 성질은?

[17년 국가직]

① 원자성(atomicity)
② 일관성(consistency)
③ 격리성(isolation)
④ 영속성(durability)

[해설]
원자성(atomicity) : 연산 전체가 성공적으로 처리되거나 또는 한 가지라도 실패할 경우 전체가 취소되어 무결성을 보장(All or Nothing)
② 일관성(consistency) : 트랜잭션이 실행을 성공적으로 완료하면 언제나 모순 없이 일관성 있는 데이터베이스 상태를 보존
③ 격리성(isolation) : 트랜잭션이 실행 중에 생성하는 연산의 중간 결과를 다른 트랜잭션이 접근할 수 없음
④ 영속성(durability) : 성공이 완료된 트랜잭션의 결과는 영구(속)적으로 데이터베이스에 저장됨

03 ④ 04 ① **정답**

05 다음 데이터베이스 스키마에 대한 설명으로 옳지 <u>않은</u> 것은?(단, 밑줄이 있는 속성은 그 릴레이션의 기본키를, 화살표는 외래키 관계를 의미한다)

[15년 지방직]

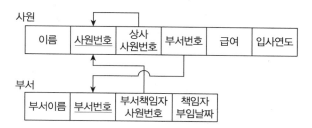

① 외래키는 동일한 릴레이션을 참조할 수 있다.

② 사원 릴레이션에서 부서번호는 부서 릴레이션의 부서번호 값 중 하나 혹은 널이어야 한다는 제약조건은 참조무결성을 의미한다.

③ 신입사원을 사원 릴레이션에 추가할 때 그 사원의 사원번호는 반드시 기존 사원의 사원번호와 같지 않아야 한다는 제약조건은 제1정규형의 원자성과 관계있다.

④ 부서 릴레이션의 책임자부임날짜는 반드시 그 부서책임자의 입사연도 이후이어야 한다는 제약조건을 위해 트리거(trigger)와 주장(assertion)을 사용할 수 있다.

해설

사원번호는 사원테이블의 PK이고, 중복을 허용하지 않는 것은 개체 무결성에 해당하는 제약조건이다.

06 속성 A, B, C로 정의된 릴레이션의 인스턴스가 아래와 같을 때, 후보키의 조건을 충족하는 것은? [16년 지방직]

A	B	C
1	12	7
20	12	7
1	12	3
1	1	4
1	2	6

① (A)
② (A, C)
③ (B, C)
④ (A, B, C)

해설

(A) : 중복값이 존재하여 부적합
② (A, C) : A, C 조합 시에 중복 값이 발생하지 않고, 유일성과 최소성을 만족
③ (B, C) : (12, 7)에서 두 번 중복이 발생하여 유일성을 만족하지 못함
④ (A, B, C) : A, C 조합으로 후보키 구성이 가능하여 대상에서 제외

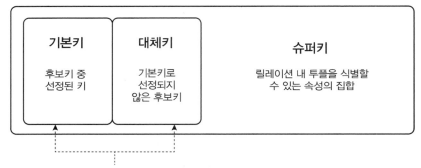

07 관계 데이터베이스 스키마 STUDENT(SNO, NAME, AGE)에 대하여 다음과 같은 SQL 질의 문장을 사용한다고 할 때, 이 SQL 문장과 동일한 의미의 관계대수식은?(단, STUDENT 스키마에서 밑줄 친 속성은 기본키 속성을, 관계대수에서 사용하는 관계대수 연산과 기호 π는 프로젝트 연산자를, σ는 셀렉트 연산자를 나타낸다)

[20년 지방직]

〈SQL 질의문〉
SELECT SNO, NAME
FROM STUDENT
WHERE AGE〉20;

① $\sigma_{SNO,NAME}(\pi_{AGE\rangle20}(STUDENT))$
② $\pi_{SNO,NAME}(\sigma_{AGE\rangle20}(STUDENT))$
③ $\sigma_{AGE\rangle20}(\pi_{SNO,NAME}(STUDENT))$
④ $\pi_{AGE\rangle20}(\sigma_{SNO,NAME}(STUDENT))$

해설
• 셀렉션(SELECT, σ) : 한 릴레이션에서 셀렉션 조건(selection condition)을 만족하는 투플들의 부분 집합을 생성
• 프로젝션(PROJECT, π) : 릴레이션의 열(Column)에 해당하는 어트리뷰트를 추출하는 것이므로 프로젝트 연산을 수직 연산 수행

08 관계형 데이터베이스에 대한 설명으로 옳은 것만을 모두 고르면?

[21년 지방직]

ㄱ. 관계형 데이터베이스 스키마(schema)는 릴레이션 스키마의 집합과 무결성 제약조건(integrity constraint)으로 구성된다.
ㄴ. 개체(entity) 무결성 제약조건은 기본 키(primary key)를 구성하는 모든 속성은 널(null) 값을 가지면 안된다는 규칙이다.
ㄷ. 참조(referential) 무결성 제약조건이란 외래 키(foreign key)는 참조할 수 없는 값을 가질 수 없다는 규칙이다.
ㄹ. 후보 키(candidate key)가 되기 위해서는 유일성(uniqueness)과 효율성(efficiency)을 항상 만족해야 한다.

① ㄱ, ㄴ, ㄷ
② ㄱ, ㄴ, ㄹ
③ ㄱ, ㄷ, ㄹ
④ ㄴ, ㄷ, ㄹ

해설
후보 키(candidate key) : 투플을 유일하게 식별할 수 있는 속성의 최소 집합키의 특성인 유일성과 최소성(Not Null)을 만족하는 키

09 다음 관계 대수 연산의 수행 결과로 옳은 것은?(단, Π는 프로젝트, σ는 실렉트, $\bowtie_N$은 자연 조인을 나타내는 연산자이다) [14년 계리직]

관계 대수 : $\Pi_{\text{고객번호, 상품코드}}(\sigma_{\text{가격} \leq 40}(\text{구매} \bowtie_N \text{상품}))$

구매

고객번호	상품코드
100	P1
200	P2
100	P3
100	P2
200	P1
300	P2

상품

상품코드	비용	가격
P1	20	35
P2	50	65
P3	10	27
P4	20	45
P5	30	50
P6	40	55

①
고객번호	상품코드
100	P1
100	P3

②
고객번호	상품코드
100	P1
200	P1

③
고객번호	상품코드
100	P1
100	P3
200	P1

④
고객번호	상품코드
200	P2
100	P2
300	P2

해설

주어진 관계 대수의 해석 : 구매 테이블과 상품 테이블을 조인하고, 가격이 40 이하인 항목들을 조회한 결과에서 고객번호와 상품코드를 추출

10 〈보기〉의 직원 테이블에서 키(key)와 관련된 설명으로 옳지 <u>않은</u> 것은?(단, 사번과 주민등록번호는 각 유일한 값을 갖고, 부서번호는 부서 테이블을 참조하는 속성이며, 나이가 같은 동명이인이 존재할 수 있다) [16년 계리직]

보기

직원(사번, 이름, 주민등록번호, 주소, 나이, 성별, 부서번호)

① 부서번호는 외래키이다.
② 사번은 기본키가 될 수 있다.
③ (이름.나이)는 후보키가 될 수 있다.
④ 주민등록번호는 대체키가 될 수 있다.

해설

후보키(candidate key)는 투플을 유일하게 식별할 수 있는 속성의 최소 집합키의 특성인 유일성과 최소성(Not Null)을 만족하는 키로, (이름.나이)는 중복의 가능성이 있어 유일성을 만족하지 못하므로 후보키가 될 수 없음

11 학생 테이블에 투플들이 아래와 같이 저장되어 있을 때, 〈NULL, '김영희', '서울'〉 투플을 삽입하고자 한다. 해당 연상에 대한 [결과]와 [원인]으로 옳은 것은?(단, 학생 테이블의 기본키는 학번이다) [18년 계리직]

학번	이름	주소
1	김철희	경기
2	이철수	천안
3	박민수	제주

　　　　　[결과]　　　　　　　　　[원인]
① 　삽입 가능　　　　　무결성 제약조건 만족
② 　삽입 불가　　　　　관계 무결성 위반
③ 　삽입 불가　　　　　개체 무결성 위반
④ 　삽입 불가　　　　　참조 무결성 위반

해설
학번이 기본키이기 때문에 〈NULL, '김영희', '서울'〉을 삽입하려고 하면 개체무결성에 위배되어 삽입이 불가능하다.

12 SQL의 명령을 DDL, DML, DCL로 구분할 경우, 이를 바르게 짝지은 것은? [19년 계리직]

	DDL	DML	DCL
①	RENAME	SELECT	COMMIT
②	UPDATE	SELECT	GRANT
③	RENAME	ALTER	COMMIT
④	UPDATE	ALTER	GRANT

해설
• DDL : CREATE, DROP, ALTER
• DML : INSERT, DELETE, UPDATE, SELECT
• DCL : GRANT, REVOKE

13 참조 무결성에 대한 설명으로 옳지 <u>않은</u> 것은? [19년 계리직]

① 검색 연산의 수행 결과는 어떠한 참조 무결성 제약조건도 위배하지 않는다.

② 참조하는 릴레이션에서 투플이 삭제되는 경우, 참조 무결성 제약조건이 위배될 수 있다.

③ 외래 키 값은 참조되는 릴레이션의 어떤 투플의 기본 키 값과 같거나 널(NULL) 값일 수 있다.

④ 참조 무결성 제약조건은 DBMS에 의하여 유지된다.

해설

참조하는 릴레이션에서는 투플이 삭제되더라도 무결성 제약조건을 위배하지 않지만, 참조되는 릴레이션에서 투플이 삭제되는 경우에는 무결성 제약조건이 위배될 수도 있다.

14 관계데이터베이스 관련 다음 설명에서 ㉠~㉣에 들어갈 용어를 바르게 짝지은 것은? [21년 계리직]

> (㉠) 무결성 제약이란 각 릴레이션(relation)에 속한 각 애트리뷰트(attribute)가 해당 (㉡)을 만족하면서 (㉢)할 수 없는 (㉣) 값을 가져서는 안된다는 것을 말한다.

	㉠	㉡	㉢	㉣
①	참조	고립성	변경	외래키
②	개체	고립성	참조	외래키
③	참조	도메인	참조	외래키
④	개체	도메인	변경	기본키

해설

참조 무결성(Referential Integrity) : 외래키 속성은 참조할 수 없는 값을 지닐 수 없음. 외래키 값은 그 외래키가 기본키로 사용된 릴레이션의 기본키 값이거나 NULL만 허용

제 2 절 데이터 모델링

01 데이터베이스 설계 과정에서 목표 DBMS의 구현 데이터 모델로 표현된 데이터베이스 스키마가 도출되는 단계는?

[15년 국가직]

① 요구사항 분석 단계　　　　　　　② 개념적 설계 단계
③ 논리적 설계 단계　　　　　　　　④ 물리적 설계 단계

(해설)
논리적 설계 단계 : 구축 시스템 업무에 대해 Key, 속성, 관계 등을 정확히 표현하고 재사용성을 높임. 식별자를 확정하고 정규화 수행

02 논리적 데이터 모델에 대한 설명으로 옳지 <u>않은</u> 것은?

[17년 국가직]

① 개체관계 모델은 개체와 개체 사이의 관계성을 이용하여 데이터를 모델링한다.
② 관계형 모델은 논리적 데이터 모델에 해당한다.
③ SQL은 관계형 모델을 따르는 DBMS의 표준 데이터 언어이다.
④ 네트워크 모델, 계층 모델은 레거시 데이터 모델로도 불린다.

(해설)
개체관계(Entity relationship) 모델 : 데이터베이스 설계를 용이하게 하기 위해 피터 첸(Peter Chen)이 제안. 개념적 설계를 위한 모델

03 다음 그림은 스마트폰 수리와 관련된 E-R 다이어그램의 일부이다. 이에 대한 설명으로 옳지 <u>않은</u> 것은?

[21년 지방직]

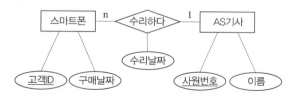

① '수리하다' 관계는 속성을 가지고 있다.
② 'AS기사'와 '스마트폰'은 일대다 관계이다.
③ '스마트폰'은 다중값 속성을 가지고 있다.
④ '사원번호'는 키 속성이다.

(해설)
'고객ID'와 '구매날짜'는 다중 속성이 될 수 없고, E-R 다이어그램에서 다중 속성은 중복된 원으로 표현된다.

제 **3** 절 데이터 정규화

01 보이스 코드 정규형(BCNF : Boyce-Code Normal Form)을 만족하기 위한 조건에 해당하지 <u>않는</u> 것은?

[19년 국가직]

① 조인(join) 종속성이 없어야 한다.
② 모든 속성 값이 원자 값(atomic value)을 가져야 한다.
③ 이행적 함수 종속성이 없어야 한다.
④ 기본 키가 아닌 속성이 기본 키에 완전 함수 종속적이어야 한다.

해설

BCNF : 결정함수 종속성 제거, 릴레이션 R의 모든 결정자가 후보키. 결정자에서 함수적 종속성 관계가 있다면 테이블 분리

02 관계형 데이터베이스 설계에서의 정규화에 대한 설명으로 옳지 <u>않은</u> 것은?

[16년 지방직]

① 질의처리 성능 향상을 위해 비효율적인 릴레이션들을 병합하는 과정이다.
② 데이터 중복을 감소시켜 저장 공간의 효율성을 향상시킨다.
③ 삽입, 삭제, 수정 시 발생할 수 있는 이상(anomaly) 현상을 제거한다.
④ 정규형에는 1NF, 2NF, 3NF, BCNF, 4NF, 5NF 등이 있다.

해설

질의처리 성능 향상을 위해 릴레이션을 병합하는 과정은 반정규화이다.

03 다음은 속성(attribute) A, B, C, D와 4개의 투플(tuple)로 구성되고 두 개의 함수 종속 AB→C, A→D를 만족하는 릴레이션을 나타낸다. ㉠과 ㉡에 들어갈 수 있는 속성 값이 옳게 짝지어진 것은?(단, A 속성의 도메인은 {a1, a2, a3, a4}이고, D 속성의 도메인은 {d1, d2, d3, d4, d5}이다)

[17년 지방직]

A	B	C	D
a1	b1	c1	d1
a1	b2	c2	㉠
㉡	b1	c1	d3
a4	b1	c4	d4

	㉠	㉡
①	d1	a1
②	d1	a2 또는 a3
③	d5	a2 또는 a4
④	d4	a4

해설

A → D가 함수적 종속성 관계이므로 ㉠은 d1이 되어야 하며, ㉡은 a4가 될 수 없다. 그러므로 ㉡ 속성의 값은 a2 또는 a3이 된다.

04 직원 테이블 emp의 모든 레코드를 근무연수 wyear에 대해서는 내림차순으로, 동일 근무연수에 대해서는 나이 age의 오름차순으로 정렬한 결과를 얻기 위한 SQL 질의문은?

[18년 지방직]

① SELECT * FROM emp ORDER BY age, wyear DESC;
② SELECT * FROM emp ORDER BY age ASC, wyear;
③ SELECT * FROM emp ORDER BY wyear DESC, age;
④ SELECT * FROM emp ORDER BY wyear, age ASC;

해설

• ORDER BY 레코드 ASC : 오름차순
• ORDER BY 레코드 DESC : 내림차순
기본은 오름차순으로 정렬되고, ORDER BY wyear DESC, age에서 age ASC는 생략된다.

05 릴레이션 R={A, B, C, D, E}이 함수적 종속성들의 집합 FD={A→C, {A, B}→D, D→E, {A, B}→E}를 만족할 때, R이 속할 수 있는 가장 높은 차수의 정규형으로 옳은 것은?(단, 기본키는 복합속성 {A, B}이고, 릴레이션 R의 속성 값은 더 이상 분해될 수 없는 원자 값으로만 구성된다) [19년 지방직]

① 제1정규형
② 제2정규형
③ 제3정규형
④ 보이스/코드 정규형

해설
제1정규형 : 한 릴레이션을 구성하는 모든 도메인이 원자값(Atomic value)만으로 구성되도록 하는 정규형

06 데이터베이스 설계 시에 양질의 데이터베이스를 구축하기 위하여 데이터베이스 릴레이션을 정규화한다. 이에 고려해야 할 사항과 가장 관련이 없는 것은? [10년 계리직]

① 원하지 않는 데이터의 중복을 제거한다.
② 원하지 않는 데이터의 종속을 제거한다.
③ 한 릴레이션 내의 속성들 간의 관계를 고려한다.
④ 한 릴레이션 내의 투플들 간의 관계를 고려한다.

해설
정규화에서는 데이터의 중복과 적절하지 않은 종속관계를 제거하고, 속성들 간의 관계를 고려하지만 투플들 간의 관계는 고려하지 않는다.

07 어떤 릴레이션 R(A, B, C, D)이 복합 애트리뷰트 (A, B)를 기본키로 가지고, 함수 종속이 다음과 같을 때 이 릴레이션 R은 어떤 정규형에 속하는가?

[14년 계리직]

{A, B} → C, D
B → C
C → D

① 제1정규형
② 제2정규형
③ 제3정규형
④ 보이스-코드 정규형(BCNF)

해설

B → C에서 부분함수 종속이 발견되고, C → D에서 이행함수 종속성이 발견되므로 위의 릴레이션 R는 제1정규형에 속한다.

08 사원(사번, 이름) 테이블에서 사번이 100인 투플을 삭제하는 SQL문으로 옳은 것은?(단, 사번의 자료형은 INT이고, 이름의 자료형은 CHAR(20)으로 가정한다)

[14년 계리직]

① DELETE FROM 사원 WHERE 사번=100;
② DELETE IN 사원 WHERE 사번=100;
③ DROP TABLE 사원 WHERE 사번=100;
④ DROP 사원 COLUMN WHERE 사번=100;

해설

• DELETE : 테이블의 특정 투플(tuple)을 삭제할 때 사용하는 명령어
• DROP : 테이블을 제거하는 명령어

09 〈보기〉는 관계형 데이터베이스의 정규화 작업을 설명한 것이다. 제1정규형, 제2정규형, 제3정규형, BCNF를 생성하는 정규화 작업을 순서대로 나열한 것은? [16년 계리직]

보기

ㄱ. 결정자가 후보키가 아닌 함수 종속성을 제거한다.
ㄴ. 부분함수 종속성을 제거한다.
ㄷ. 속성을 원자값만 갖도록 분해한다.
ㄹ. 이행적 함수 종속성을 제거한다.

① ㄱ → ㄴ → ㄷ → ㄹ
② ㄱ → ㄷ → ㄹ → ㄴ
③ ㄷ → ㄱ → ㄴ → ㄹ
④ ㄷ → ㄴ → ㄹ → ㄱ

해설

- 1NF : 반복되는 속성 제거
  릴레이션 R에 속한 모든 도메인이 원자값(atomic value)만으로 되어 있는 경우
- 2NF : 부분함수 종속성 제거
  릴레이션 R이 1NF이고 릴레이션의 기본키가 아닌 속성들이 기본키에 완전히 함수적으로 종속할 경우. 결정자가 2개 이상일 때, 2개 중에서 하나의 결정자에 의해서만 함수 종속성인 경우
- 3NF : 이행함수 종속성 제거
  릴레이션 R이 2NF이고 기본키가 아닌 모든 속성들이 기본키에 대하여 이행적 함수 종속성(Transitive FD)의 관계를 가지지 않는 경우, 즉 기본키 외의 속성들 간에 함수적 종속적을 가지지 않는 경우. 종속자들 간의 함수 종속성이 있는 경우
- BCNF(Boyce/Codd NF) : 결정자 함수 종속성 제거
  릴레이션 R의 모든 결정자가 후보키일 경우. 결정자들 간의 함수적 종속이 있는 경우

제 **4** 절 데이터베이스 프로그래밍

01 다음 SQL 명령어에서 DDL(Data Definition Language) 명령어만을 모두 고른 것은?

[18년 국가직]

> ㄱ. ALTER
> ㄴ. DROP
> ㄷ. INSERT
> ㄹ. UPDATE

① ㄱ, ㄴ
② ㄴ, ㄷ
③ ㄴ, ㄹ
④ ㄷ, ㄹ

해설

DML 명령어 : SELECT, INSERT, DELETE, UPDATE

02 다음 테이블 인스턴스(Instance)들에 대하여 오류 없이 동작하는 SQL(Structured Query Language) 문장은?

[20년 국가직]

STUDENT

칼럼 이름	데이터 타입	키 타입	설명
studno	숫자	기본키	학번
name	문자열		이름
grade	숫자		학년
height	숫자		키
deptno	숫자		학과 번호

PROFESSOR

칼럼 이름	데이터 타입	키 타입	설명
profno	숫자	기본키	번호
name	문자열		이름
position	문자열		직급
salary	숫자		급여
deptno	숫자		학과 번호

① SELECT deptno, position, AVG(salary)
  FROM PROFESSOR
  GROUP BY deptno;

② (SELECT studno, name
  FROM STUDENT
  WHERE deptno = 101)
  UNION
  (SELECT profno, name
  FROM PROFESSOR
  WHERE deptno = 101);

③ SELECT grade, COUNT(*), AVG(height)
  FROM STUDENT
  WHERE COUNT(*) 〉 2
  GROUP BY grade;

④ SELECT name, grade, height
  FROM STUDENT
  WHERE height 〉 (SELECT height, grade
  FROM STUDENT
  WHERE name = '홍길동');

해설

UNON은 합집합을 의미한다. 2개 이상의 SELECT문 결과 집합을 결합하는 데 사용되며 SELECT문 사이의 중복 행을 제거한다. 해당 쿼리를 실행하게 되면 STUDENT, PROFESSOR 테이블에서 deptno = 101에 해당하는 학생과 교수의 이름, 학생번호/교수번호를 조회할 수 있게 된다.

02 ② 정답

03 제품 테이블에 대하여 SQL명령을 실행한 결과가 다음과 같을 때, ㉠과 ㉡에 들어갈 내용을 바르게 연결한 것은?

[21년 국가직]

〈제품 테이블〉

제품ID	제품이름	단가	제조업체
P001	나사못	100	A
P010	망치	1,000	B
P011	드라이버	3,000	B
P020	망치	1,500	C
P021	장갑	800	C
P022	너트	200	C
P030	드라이버	4,000	D
P031	절연테이프	500	D

〈SQL 명령〉

```
SELECT 제조업체, MAX(단가) AS 최고단가
FROM 제품
GROUP BY ( ㉠ )
HAVING COUNT(*) 〉 ( ㉡ ) ;
```

〈실행 결과〉

제조업체	최고단가
B	3,000
C	1,500
D	4,000

	㉠	㉡
①	제조업체	1
②	제조업체	2
③	단가	1
④	단가	2

해설

• GROUP BY : 데이터를 그룹핑해서 결과를 가져오는 경우 사용
• HAVING : GROUP BY절과 함께 사용되며, 집계함수를 가지고 조건비교를 할 때 사용
제조업체로 그룹핑을 하고, 테이블에 해당 제조업체 투플이 1개보다 많은 조건으로 조회하여 B, C, D만 결과로 도출된다.

04 SQL에서는 데이터베이스 검색의 성능 및 편의 향상을 위하여 내장함수를 제공한다. 다음 중 SQL의 내장 집계함수
(aggregate function)가 <u>아닌</u> 것은? [10년 계리직]

① COUNT
② SUM
③ TOTAL
④ MAX

해설
합계를 구하는 함수는 SUM이다.

05 데이터베이스 관리시스템(DBMS)에서 질의 처리를 빠르게 수행하기 위해 질의를 최적화한다. 질의 최적화 시에
사용하는 경험적 규칙으로서 알맞지 <u>않은</u> 것은? [10년 계리직]

① 추출(project) 연산은 일찍 수행한다.
② 조인(join) 연산은 가능한 한 일찍 수행한다.
③ 선택(select) 연산은 가능한 한 일찍 수행한다.
④ 중간 결과를 적게 산출하면서 빠른 시간에 결과를 줄 수 있어야 한다.

해설
조인연산은 시스템에 부하를 주기 때문에 다른 연산을 먼저 수행한 이후에 중간결과를 적게 산출하고 이후에 조인하는 것이 유리하다.

06 직원(사번, 이름, 입사년도, 부서) 테이블에 대한 SQL 문 중 문법적으로 옳은 것은? [16년 계리직]

① SELECT COUNT(부서) FROM 직원 GROUP 부서;
② SELECT * FROM 직원 WHERE 입사년도 IS NULL;
③ SELECT 이름, 입사년도 FROM 직원 WHERE 이름='최%';
④ SELECT 이름, 부서 FROM 직원 WHERE 입사년도=(2014, 2015);

해설
① GROUP 부서 → GROUP BY 부서
③ 특정 문자열이 포함되어 있는 검색은 LIKE 사용
④ WHERE절에서 일치하길 원하는 컬럼을 조건으로 조회하려면 IN(A, B) 사용

07 고객계좌 테이블에서 잔고가 100,000원에서 3,000,000원 사이인 고객들의 등급을 '우대고객'으로 변경하고자 〈보기〉와 같은 SQL문을 작성하였다. ㉠과 ㉡의 내용으로 옳은 것은? [18년 계리직]

> **보기**
>
> UPDATE 고객계좌
> (㉠) 등급 = '우대고객'
> WHERE 잔고 (㉡) 100000 AND 3000000

	㉠	㉡
①	SET	IN
②	SET	BETWEEN
③	VALUES	IN
④	VALUES	BETWEEN

해설

UPDATE 고객계좌 SET 등급 = '우대고객';
100000 AND 3000000 사이에 해당하는 고객을 우대고객으로 등급 업데이트하기 때문에 BETWEEN을 사용한다.

08 관계형 데이터베이스의 뷰(View)에 대한 장점으로 옳지 <u>않은</u> 것은? [18년 계리직]

① 뷰는 데이터의 논리적 독립성을 일정 부분 제공할 수 있다.
② 뷰를 통해 데이터의 접근을 제어함으로써 보안을 제공할 수 있다.
③ 뷰에 대한 연산의 제약이 없어서 효율적인 응용프로그램 개발이 가능하다.
④ 뷰는 여러 사용자의 상이한 응용이나 요구를 지원할 수 있어서 데이터 관리를 단순하게 한다.

해설

뷰(View)는 하나 이상의 테이블로부터 논리적으로 데이터를 분류한 부분집합이다. 뷰는 삽입, 삭제, 갱신 연산에 제약이 따르며, ALTER문을 이용해 변경이 불가능하다.

제 5 절 데이터 회복과 병행제어

01 데이터베이스의 동시성 제어에 대한 설명으로 옳지 <u>않은</u> 것은?(단, T1, T2, T3는 트랜잭션이고, A는 데이터 항목이다) [18년 국가직]

① 다중버전 동시성 제어 기법은 한 데이터 항목이 변경될 때 그 항목의 이전 값을 보존한다.

② T1이 A에 베타 로크를 요청할 때, 현재 T2가 A에 대한 공유 로크를 보유하고 있고 T3가 A에 공유 로크를 동시에 요청한다면, 트랜잭션 기아 회피기법이 없는 경우 A에 대한 로크를 T3가 T1보다 먼저 보유한다.

③ 로크 전환이 가능한 상태에서 T1이 A에 대한 베타 로크를 요청할 때, 현재 T1이 A에 대한 공유 로크를 보유하고 있는 유일한 트랜잭션인 경우 T1은 A에 대한 로크를 베타 로크로 상승할 수 있다.

④ 2단계 로킹 프로토콜에서 각 트랜잭션이 정상적으로 커밋될 때까지 자신이 가진 모든 베타적 로크들을 해제하지 않는다면 모든 교착상태를 방지할 수 있다.

해설

각 트랜잭션이 정상적으로 커밋될 때까지 자신이 가진 모든 베타 로크들을 해제하지 않는다면 다른 트랜잭션에서 로크를 설정할 수 없기 때문에 교착상태가 발생 가능하다.

02 트랜잭션의 특성과 이에 대한 설명으로 옳지 <u>않은</u> 것은? [12년 계리직]

① 원자성(atomicity) : 트랜잭션은 완전히 수행되거나 전혀 수행되지 않아야 한다.

② 일관성(consistency) : 트랜잭션을 완전히 실행하면 데이터베이스를 하나의 일관된 상태에서 다른 일관된 상태로 바꿔야 한다.

③ 고립성(isolation) : 하나의 트랜잭션의 실행은 동시에 실행 중인 다른 트랜잭션의 간섭을 받아서는 안 된다.

④ 종속성(dependency) : 완료한 트랜잭션에 의해 데이터베이스에 가해진 변경은 어떠한 고장에도 손실되지 않아야 한다.

해설

완료한 트랜잭션에 의해 데이터베이스에 가해진 변경은 어떠한 고장에도 손실되지 않아야 한다는 것은 트랜잭션의 특성인 ACID 중 영속성(durability)에 대한 설명이다.

03 관계데이터베이스의 인덱스(index)에 대한 설명으로 옳은 것의 총 개수는? [21년 계리직]

> ㄱ. 기본키의 경우, 자동으로 인덱스가 생성되며 인덱스 구축 시 두 개 이상의 칼럼(column)을 결합하여 인덱스를 생성할 수 있다.
> ㄴ. SQL 명령문의 검색 결과는 인덱스의 사용 여부와 관계없이 동일하며 인덱스는 검색 속도에 영향을 미친다.
> ㄷ. 데이터베이스의 전체적인 성능을 향상시키기 위해서는 테이블의 모든 칼럼(column)에 대하여 인덱스를 생성해야 한다.
> ㄹ. 인덱스는 칼럼(column)에 대하여 생성되며 테이블 내의 데이터를 순차적으로 접근하여 검색 결과를 제공한다

① 1개   ② 2개
③ 3개   ④ 4개

해설

모든 컬럼에 인덱스를 생성하게 되면 인덱스의 크기가 커져서 성능이 저하될 수 있다.

04 트랜잭션(transaction)의 복구(recovery) 진행 시 복구대상을 제외, 재실행(Redo), 실행취소(Undo) 할 것으로 구분하였을 때 옳은 것은? [21년 계리직]

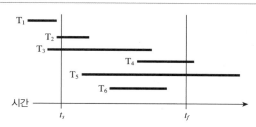

T_1, T_2, T_3, T_4, T_5, T_6 선분은 각각 해당 트랜잭션의 시작과 끝 시점을, t_s는 검사점(checkpoint)이 이루어진 시점을, t_f는 장애(failure)가 발생한 시점을 의미한다.

	제외	재실행	실행취소
①	T_1	T_2, T_3	T_4, T_5, T_6
②	T_1	T_2, T_3, T_6	T_4, T_5
③	T_2, T_3	T_1, T_6	T_4, T_5
④	T_4, T_5	T_6	T_1, T_2, T_3

해설

- t_s 이전에 트랜잭션이 완료된 T_1은 회복에서 제외
- 장애발생 시점인 t_f 이전에 트랜잭션이 완료된 T_2, T_3, T_6는 재실행(Redo) 대상
- 장애발생 시점인 t_f에서 트랜잭션이 완료되지 못한 T_4, T_5는 실행취소(Undo) 대상

자료구조론

제 **1** 절 **선형 자료구조**

01 선형 자료구조에 해당되지 <u>않는</u> 것은? [18년 지방직]

① 큐
② 스택
③ 이진 트리
④ 단순 연결 리스트

해설

선형 자료구조는 순차적으로 원소가 나열된 형태로 1:1의 관계로 구성되며, 선후관계가 1개만 갖는 구조로 스택, 큐, 데크, 선형리스트(배열), 연결 리스트 등이 해당된다.

02 스택의 입력으로 4개의 문자 D, C, B, A가 순서대로 들어올 때, 스택 연산 PUSH와 POP에 의해서 **출력될 수 없는** 결과는? [21년 국가직]

① ABCD
② BDCA
③ CDBA
④ DCBA

해설

스택은 POP 함수에 의해 출력된다. 순서대로 스택에 PUSH된다면 DCBA가 되면서 ABCD가 출력된다. D, C, B가 PUSH된 이후 순서대로 POP하면 BCD가 되며 A를 PUSH한 이후 POP한다면 BCDA가 된다.

03 다음은 배열로 구현한 스택 자료구조의 push() 연산과 pop() 연산이다. ㉠과 ㉡에 들어갈 코가 옳게 짝지어진 것은?

[17년 지방직]

```
#define ARRAY_SIZE 10
#define IsFull() ((top == ARRAY_SIZE−1) ? 1: 0)
#define IsEmpty() ((top == −1) ? 1: 0)
int a[ARRAY_SIZE];
int top = −1;
void push(int d) {
if( IsFull() )
printf("STACK FULL\n");
else

                              ㉠

}
int pop() {
if( IsEmpty() )
printf("STACK EMPTY\n");
else

                              ㉡

}
```

	㉠	㉡
①	a[++top] = d;	return a[−−top];
②	a[++top] = d;	return a[top−−];
③	a[−−top] = d;	return a[++top];
④	a[top−−] = d;	return a[top++];

[해설]

스택에서 PUSH 연산을 위해서는 top를 먼저 1 증가한 후 삽입 수행한다. POP 연산을 위해서는 top이 가리키는 값을 return한 후에 top을 1 감소한다.

• 전위(++n) : 연산자 ++가 피연산자 n보다 앞에 위치할 때를 전위라 하고 1 증가된 값이 연산 결과값
• 후위(n++) : 반대로 연산자 ++가 피연산자 n보다 뒤에 위치할 때를 후위라 하고 1 증가하기 전 값이 연산 결과값

04 〈보기〉는 스택을 이용한 0-주소 명령어 프로그램이다. 이 프로그램이 수행하는 계산으로 옳은 것은?

[12년 계리직]

보기

```
PUSH  C
PUSH  A
PUSH  B
ADD
MUL
POP  Z
```

① Z = C + A * B
② Z = (A + B) * C
③ Z = B + C * A
④ Z = (C + B) * A

해설

스택에서 PUSH는 삽입, POP는 삭제를 의미한다. PUSH를 이용하여 스택에 차례대로 C, A, B를 넣고 ADD(연산자)를 하면 C, A + B가 되고 MUL(연산자)에 의해 C * (A + B)가 계산되어 POP를 통해 값이 계산된다.

05 후위(postfix) 형식으로 표기된 다음 수식을 스택(stack)으로 처리하는 경우에, 스택의 탑(TOP) 원소의 값을 올바르게 나열한 것은?(단, 연산자(operator)는 한 자리의 숫자로 구성되는 두 개의 피연산자(operand)를 필요로 하는 이진(binary) 연산자이다)

[10년 계리직]

$$4\ 5 + 2\ 3 \ * \ -$$

① 4, 5, 2, 3, 6, -1, 3
② 4, 5, 9, 2, 3, 6, -3
③ 4, 5, 9, 2, 18, 3, 16
④ 4, 5, 9, 2, 3, 6, 3

해설

스택에서 피연산자가 PUSH되어, 1_탑(TOP) : 4, 2_탑(TOP) : 5, 3_탑(TOP) : 4 + 5 = 9, 4_탑(TOP) : 2, 5_탑(TOP) : 3, 6_탑(TOP) : 2 * 3 = 6, 7_탑(TOP) : 9 - 6 = 3

06 다음 전위(prefix) 표기식의 계산 결과는?

[19년 국가직]

$$+ - 5 \ 4 \ \times \ 4 \ 7$$

① -19

② 7

③ 28

④ 29

해설

전위 표기식의 연산은 연산자 - 피연산자(데이터) - 피연산자(데이터)로 처리된다.
괄호를 묶어보면 (+ (- 5 4)(x 4 7) = ((5 - 4) + (4 x 7)) = 1 + 28 = 29

07 자료 구조에 대한 설명으로 옳지 않은 것은?

[16년 국가직]

① 큐(queue)는 선입선출의 특성을 가지며 삽입과 삭제가 사로 다른 끝 쪽에서 일어난다.

② 연결 그래프(Connected graph)에서는 그래프 내의 모든 노드 간에 갈 수 있는 경로가 존재한다.

③ AVL 트리는 삽입 또는 삭제가 일어나 트리의 균형을 깨지는 경우 트리 모습을 변형시킴으로써 균형을 복원시킨다.

④ 기수 정렬(radix sort)은 키(key)값이 가장 큰 것과 가장 오른쪽 것의 위치 교환을 반복적으로 수행한다.

해설

키값이 가장 큰 것과 오른쪽 것의 위치를 반복하는 정렬은 선택정렬이다. 기수정렬은 자리수에 따라 버킷에 넣었다가 꺼내면서 정렬한다.

더 알아보기

AVL 트리

- 각 노드에서 왼쪽 서브 트리의 높이와 오른쪽 서브 트리의 높이 차이가 1 이하인 이진 탐색 트리
- 균형 인수(balance factor)=(왼쪽 서브 트리의 높이-오른쪽 서브 트리의 높이)
- 모든 노드의 균형 인수가 ±1 이하이면 AVL 트리
- 이진 탐색 트리에서 균형 상태가 깨지는 경우, 삽입/삭제 연산을 통해 균형을 복원

최초 주어진 그래프	1이 추가될 경우	균형 복원

08 다음 그림과 같은 원형 큐에 한 객체를 입력하는 알고리즘에 대해 의사코드(pseudo code)를 순서대로 바르게 나열한 것은?(단, 객체는 rear 쪽에 입력되고 front 쪽에서 출력되며, M은 큐의 크기를 나타내는 정수이다)

[15년 지방직]

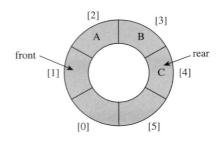

> ㄱ. 큐가 공백 상태인지 검사 : (front == rear)
> ㄴ. front 값을 1 증가 : front = (front+1)%M
> ㄷ. 큐가 포화 상태인지 검사 : (front == rear)
> ㄹ. 객체를 rear 위치에 입력
> ㅁ. rear 값을 1 증가 : rear = (rear+1)%M

① ㄱ - ㄴ - ㄹ
② ㄴ - ㄹ - ㄷ
③ ㄹ - ㅁ - ㄱ
④ ㅁ - ㄷ - ㄹ

해설

원형 큐에서 rear(후단)는 삽입을, front(전단)는 삭제를 위해 사용한다. 삽입 시 rear = (rear + 1) % M 나머지로 rear 값을 수정 후, 포화 상태를 확인하고, 객체를 입력한다. 삭제 시 공백 상태 확인 후, front = (front + 1) % M 나머지로 front 값을 수정하고, 객체를 삭제한다. 포화 상태와 공백 상태는 rear = front로 검사한다.

09 다음과 같은 코드로 동작하는 원형 큐의 front와 rear의 값이 각각 7과 2일 때, 이 원형 큐(queue)가 가지고 있는 데이터(item)의 개수는?(단, MAX_QUEUE_SIZE는 12이고, front와 rear의 초깃값은 0이다) [16년 지방직]

```
int queue[MAX_QUQUE_SIZE];
int front, rear;
void enquque(int item){
  if( (rear + 1) % MAX_QUQUE_SIZE == front){
    printf("quque is full\n");
    return;
  }
  rear = (rear+1) % MAX_QUQUE_SIZE;
  quque[rear] = item;
}
int dequeue(){
  if(front == rear){
    printf("queue is empty\n");
    return -1;
  }
  front = (front+1) % MAX_QUQUE_SIZE;
  return queue[front];
}
```

① 5
② 6
③ 7
④ 8

해설

MAX_QUEUE_SIZE가 12이기 때문에 0부터 시작해서 11까지 12개의 공간이 있다. 원형 큐에서 rear < front라면 원형 큐가 2번 이상 회전한 상태이다. rear는 데이터 값이 있고, front는 데이터 값이 없다.

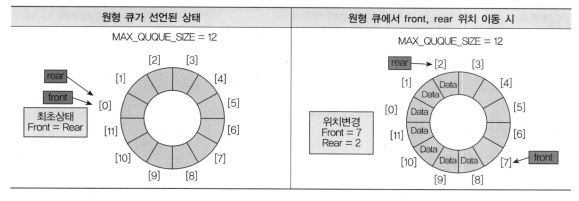

원형 큐가 선언된 상태	원형 큐에서 front, rear 위치 이동 시

10 자료구조에 대한 설명으로 옳지 <u>않은</u> 것은? [18년 국가직]

① 데크는 삽입과 삭제를 한쪽 끝에서만 수행한다.
② 연결리스트로 구현된 스택은 그 크기가 가변적이다.
③ 배열로 구현된 스택은 구현이 간단하지만 그 크기가 고정적이다.
④ 원형연결리스트는 한 노드에서 다른 모든 노드로 접근이 가능하다.

해설

데크는 양쪽에서 데이터 삽입과 삭제가 가능하다.

11 배열(Array)과 연결리스트(Linked List)에 대한 설명으로 옳지 <u>않은</u> 것은? [18년 계리직]

① 연결리스트는 배열에 비하여 희소행렬을 표현하는 데 비효율적이다.
② 연결리스트에 비하여 배열은 원소를 임의의 위치에 삽입하는 비용이 크다.
③ 연결리스트에 비하여 배열은 임의의 위치에 있는 원소를 접근할 때 효율적이다.
④ n개의 원소를 관리할 때, 연결리스트가 n 크기의 배열보다 메모리 사용량이 더 크다.

해설

• 배열은 모든 원소를 표현해야 되나 연결리스트는 연결된 정보만 저장한다.
• 희소행렬(sparse matrix)은 행렬의 값이 대부분 0인 행렬을 의미한다.
• 연결리스트로 표현하면 기억공간 사용이 배열보다 효율적이다.

더 알아보기

그래프 표현	배열 표현					연결리스트 표현		
	행렬	A	B	C	D	**노드가 4개인 그래프**		
	A	0	1	1	0	A	B	(A–B) 1 표현
	B	0	0	0	0	A	C	(A–C) 1 표현
	C	0	0	0	1	C	D	(C–D) 1 표현
	D	0	0	0	0			

12 〈보기〉에 선언된 배열 A 의 원소 A [8][7]의 주소를 행 우선(row-major) 순서와 열 우선(column-major) 순서로 각각 바르게 계산한 것은?(단, 첫 번째 원소 A[0][0]의 주소는 1,000이고, 하나의 원소는 1byte를 차지한다)

[16년 계리직]

> **보기**
>
> char A [20][30];

	행 우선 주소	열 우선 주소
①	1,167	1,148
②	1,167	1,218
③	1,247	1,148
④	1,247	1,218

해설

배열크기(R,C), 배열위치(i,j)의 경우 행 우선 주소는 C * i + j로, 열 우선 주소는 R * j + i 로 계산한다.

주어진 문제에서 배열크기(20,30), 배열위치(8,7)이므로,

- 행 우선 주소 : 30 * 8 + 7 = 247
- 열 우선 주소 : 20 * 7 + 8 = 148

계산 후, 최초 주소 크기가 1,000이기 때문에 행 우선 주소와 열 우선 주소에 1,000을 더해 준다. 따라서 행 우선 주소는 247 + 1,000 = 1,247, 열 우선 주소는 148 + 1,000 = 1,148이다.

13 연결리스트(linked list)의 'preNode' 노드와 그 다음 노드 사이에 새로운 'newNode' 노드를 삽입하기 위해 빈칸 ㉠에 들어갈 명령문으로 옳은 것은? [15년 국가직]

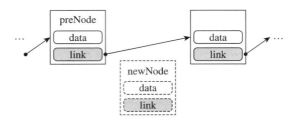

```
...
Node *new Node = (Node*)malloc(sizeof(Node));
```

㉠

```
preNode->link = newNode;

...
```

① newNode → link = preNode;

② newNode → link = preNode → link;

③ newNode → link → link = preNode;

④ newNode = preNode → link;

해설

• 연결리스트에서 새로운 노드 newNode를 삽입하기 위해서 newNode의 포인터(Link 값)를 preNode의 포인터(Link 값)로 연결한다.
  newNode → link = preNode → link;

• 두 번째로 preNode의 포인터(Link 값)에 새로운 노드의 주소인 newNode를 삽입한다.
  preNode → link = newNode;

더 알아보기 📄

구분	구조	소스
삽입	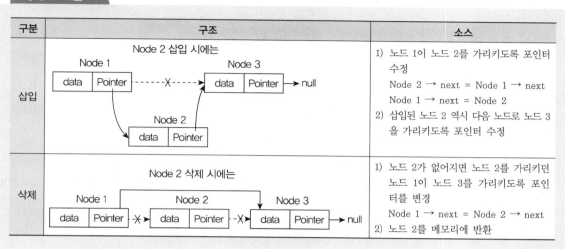	1) 노드 1이 노드 2를 가리키도록 포인터 수정 Node 2 → next = Node 1 → next Node 1 → next = Node 2 2) 삽입된 노드 2 역시 다음 노드로 노드 3을 가리키도록 포인터 수정
삭제		1) 노드 2가 없어지면 노드 2를 가리키던 노드 1이 노드 3를 가리키도록 포인터를 변경 Node 1 → next = Node 2 → next 2) 노드 2를 메모리에 반환

14 노드 A, B, C를 가지는 이중 연결리스트에서 노드 B를 삭제하기 위한 의사코드(pseudo code)로 옳지 **않은** 것은?(단, 노드 B의 메모리는 해제하지 않는다)

[17년 국가직]

① A → next = C;
  C → prev = A;
② A → next = B → next;
  C → prev = B → prev;
③ B → prev → next = B → next;
  B → next → prev = B → prev;
④ A → next = A → next → next;
  A → next → next → prev = B → prev

해설

단일 연결리스트에서는 노드 B를 삭제하면, 노드 A가 포인터를 노드 C로 변경해야 한다. A → next = B → next;를 한 후에 노드 B는 메모리 해제를 하면 된다.

이중 연결리스트로 A → next가 노드 B 삭제 시에 A → next → next로 변경되어 C 주소 저장 후, A → next → next → prev에서 A → next의 값이 C로 연결되는 포인터로 변경되어 A → next는 C를 의미한다. 따라서 A → next → next는 C → next와 동일하고 값이 null이 되므로 A → next → next → prev를 찾을 수 없다.

안심Touch

15 다음 프로그램은 연결리스트를 만들기 위한 코드의 일부분이다.

```
struct node {
    int number;
    struct node *link;
};
struct node first;
struct node second;
struct node tmp;
```

아래 그림과 같이 두 개의 노드 first, second가 연결되었다고 가정하고, 위의 코드를 참조하여 노드 tmp를 노드 first와 노드 second 사이에 삽입하고자 할 때, 프로그램 코드로 옳은 것은?　　　　[20년 국가직]

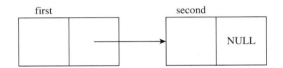

① tmp.link = &first;
　 first.link = &tmp;
② tmp.link = first.link;
　 first.link = &tmp;
③ tmp.link = &second;
　 first.link = second.link;
④ tmp.link = NULL;
　 second.link = &tmp;

해설
연결리스트에서 새로운 노드 tmp를 삽입하기 위해서 tmp의 포인터(Link 값)를 first의 포인터(Link 값)로 연결한다.
tmp → link = first → link;
두 번째는 first의 포인터(Link 값)에 새로운 노드의 주소인 tmp를 삽입한다. first → link = &tmp;

제 2 절 비선형 자료구조

01 최대 히프 트리(Heap Tree)로 옳은 것은?

[19년 지방직]

①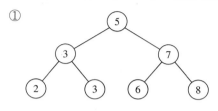

②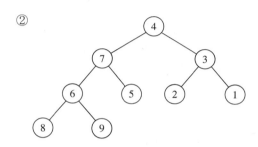

③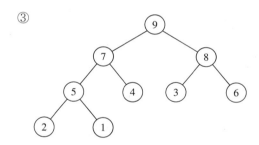

④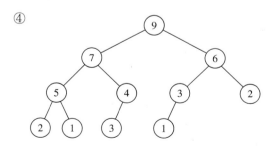

해설

최대 히프 트리는 완전 이진 트리 형태로 부모노드의 값은 자식노드의 값보다 커야 한다. 루트는 최댓값을 가지고 부모노드 값이 자식노드 값보다 큰 완전 이진 트리를 찾으면 된다.

02 노드 7, 13, 61, 38, 45, 26, 14를 차례대로 삽입하여 최대 히프(heap)를 구성한 뒤 이 트리를 중위 순회할 때, 첫 번째로 방문하는 노드는? [21년 지방직]

① 7

② 14

③ 45

④ 61

해설

부모 노드 값이 자식 노드 값보다 크도록 완전 이진 트리를 구성한다.

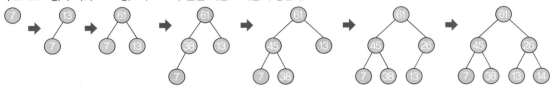

중위 순회는 LTR(왼쪽-부모-오른쪽) 방향으로 왼쪽부터 순회를 한다. 따라서 첫 번째 방문 노드는 7이 된다.

03 300개의 노드로 이진 트리를 생성하고자 할 때, 생성 가능한 이진 트리의 최대 높이와 최소 높이로 모두 옳은 것은?(단, 1개의 노드로 생성된 이진 트리의 높이는 1이다) [21년 국가직]

	최대 높이	최소 높이
①	299	8
②	299	9
③	300	8
④	300	9

해설

• 최대 높이 k : 300개(한 줄로만 연결) – 경사 이진 트리로 구성될 경우 노드 깊이
• 최소 높이 k : 300개 ← 2^k-1 – 포화 이진 트리로 구성될 경우 노드 깊이
• $2^8 = 256$이고 $2^9 = 512$로 계산되어 300보다 큰 값은 k = 9가 된다.
• 최대 노드 수 : 2^k-1, 최소 노드 수 : k

04 노드(node)가 11개 있는 트리의 간선(edge) 개수는? [21년 지방직]

① 10
② 11
③ 12
④ 13

해설
• 노드(node) : 자료를 저장하는 단위. 정점(vertex)
• 간선(edge) : 노드를 연결하는 선. link, branch라고도 부름
• 노드의 개수가 간선의 개수보다 1개 많다. node = edge + 1

05 다음 이진 트리(binary tree)의 노드들을 후위 순회(post-ordertraversal)한 경로를 나타낸 것은? [15년 국가직]

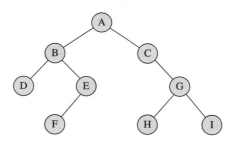

① F → H → I → D → E → G → B → C → A
② D → F → E → B → H → I → G → C → A
③ D → B → F → E → A → C → H → G → I
④ I → H → G → C → F → E → D → B → A

해설
후위 순회는 LRT로 왼쪽-오른쪽-부모로, 왼쪽 서브 트리-오른쪽 서브 트리-루트 방문을 한다. 가장 왼쪽 노드를 제일 먼저 방문(D)하고
루트는 가장 마지막에 방문(A)한다.
후위 순회 경로 : D − F − E − B − H − I − G − C − A

06 다음 이진 트리에 대하여 후위 순회를 하는 경우 다섯 번째 방문하는 노드는? [20년 국가직]

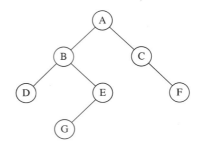

① A
② C
③ D
④ F

해설

후위 순회는 LRT로 왼쪽-오른쪽-부모로, 왼쪽 서브 트리-오른쪽 서브 트리-루트 방문을 한다. 가장 왼쪽 노드를 제일 먼저 방문(D)하고 루트는 가장 마지막에 방문(A)한다. 후위 순회 경로는 D - G - E - B - F - C - A로, 다섯 번째 방문 노드는 F이다.

07 다음 이진 트리의 노드를 전위 순회(preorder traversal)할 경우의 방문 순서는? [18년 지방직]

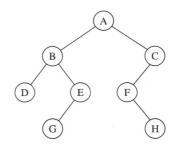

① A - B - C - D - E - F - G - H
② A - B - D - E - G - C - F - H
③ D - B - G - E - A - F - H - C
④ D - G - E - B - H - F - C - A

해설

전위 순회는 TLR로 부모-왼쪽-오른쪽으로, 루트-왼쪽 서브 트리-오른쪽 서브 트리로 방문을 한다. 가장 먼저 루트를 방문(A)하고 루트는 가장 마지막에 오른쪽 노드를 방문(H)한다.
전위 순회 경로 : A - B - D - E - G - C - F - H

08 이진 트리의 순회(traversal) 경로를 나타낸 그림이다. 이와 같은 이진 트리 순회방식은 무엇인가?(단, 노드의 숫자는 순회순서를 의미한다)

[12년 계리직]

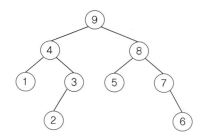

① 병렬 순회(parallel traversal)
② 전위 순회(pre-order traversal)
③ 중위 순회(in-order traversal)
④ 후위 순회(post-order traversal)

해설
전위 순회는 TLR, 중위 순회는 LTR, 후위 순회는 LRT로 순회한다(T : 루트 혹은 부모노드, L : 왼쪽 서브 트리, R : 오른쪽 서브 트리). 왼쪽 서브 트리에서 가장 왼쪽이 1번이고, 루트가 가장 마지막 노드이기 때문에 후위 순회이다.

09 〈보기〉의 이진 트리에 대해 지정된 방법으로 순회한 결과가 옳지 <u>않은</u> 것은?

[16년 계리직]

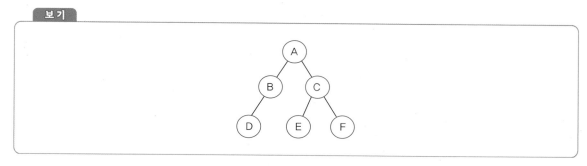

① 중위 순회 : D → B → A → E → C → F
② 레벨 순회 : A → B → C → D → E → F
③ 전위 순회 : A → B → D → C → E → F
④ 후위 순회 : D → B → A → E → F → C

해설
전위 순회는 TLR, 중위 순회는 LTR, 후위 순회는 LRT로 순회한다(T : 루트 혹은 부모 노드, L : 왼쪽 서브 트리, R : 오른쪽 서브 트리).
후위 순회 : D → B → E → F → C → A

10 다음 정수를 왼쪽부터 순서대로 삽입하여 이진 탐색 트리(binary search tree)를 구성했을 때 단말 노드(leaf node)를 모두 나열한 것은?

[21년 계리직]

> 44, 36, 62, 3, 16, 51, 75, 68, 49, 85, 57

① 16, 49, 51, 57, 85
② 16, 49, 57, 68, 85
③ 49, 51, 57, 68, 85
④ 49, 57, 68, 75, 85

해설

이진 탐색 트리는 삽입할 데이터가 루트 노드보다 작다면 왼쪽으로 이동, 크다면 오른쪽으로 이동한다. NULL(데이터 없음)이라면 해당 위치에 삽입되고 데이터가 있다면 작은 지 큰 지 확인하고 이동하는 과정을 반복한다.

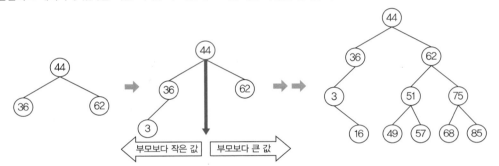

10 ② 정답

제 3 절 알고리즘

01 다음 중 데이터 값의 대소를 비교하여 정렬하는 문제에 대한 가장 빠른 알고리즘의 시간복잡도는?(단, n은 정렬 대상의 입력 데이터 수이다)

[12년 계리직]

① $O(n)$

② $O(\log n)$

③ $O(n\log n)$

④ $O(n^2)$

해설

n = 64라는 가정하에 $O(n)$ = 64, $O(\log n)$ = 8, $O(n\log n)$ = 64 * 8 = 512, $O(n^2)$ = 4096으로, $O(\log n)$ > $O(n)$ > $O(n\log n)$ > $O(n^2)$ 순으로 시간이 오래 걸린다.

02 컴퓨터 알고리즘에 관한 설명으로 옳지 않은 것을 〈보기〉에서 모두 고른 것은?

[18년 계리직]

보기

ㄱ. 힙 정렬(Heap Sort) 알고리즘의 시간 복잡도는 $O(n^2)$이다.

ㄴ. 0/1 배낭(0/1 Knapsack) 문제에 대하여 다항시간(Polynomial time) 내에 해결 가능한 알고리즘이 개발되었다.

ㄷ. 모든 NP(Non-deterministic Polynomial time) 문제는 컴퓨터를 이용하여 다항시간에 해결할 수 없다.

① ㄱ

② ㄱ, ㄴ

③ ㄴ, ㄷ

④ ㄱ, ㄴ, ㄷ

해설

힙 정렬 알고리즘 시간 복잡도는 $O(n\log n)$으로 정답은 쉽게 알 수 있다. 알고리즘의 속도가 다항식(Polynomial)으로 표현되는 문제들을 묶어서 'P(Polynomial)'라고 부르고, 다항식으로 표현될 수 있는지 여부가 알려지지 않은 문제들을 묶어서 'NP(Non-deterministic Polynomial)'라고 부른다.

P(Polynomial)문제 - 결정적 알고리즘
• 다항시간 문제, 즉 다항식 시간복잡도를 가진 알고리즘으로 해결되는 문제
• 입력의 크기가 커지면 다항식으로 복잡도가 증가함
• 다항식 시간에 Yes 또는 No 대답을 할 수 있으면 P 문제에 해당

NP(Non-deterministic Polynomial time)문제 - 비결정적 알고리즘
• 모든 경우의 수를 확인하는 방법 외에 정확한 답을 구할 수 있는 방법이 없는 문제
• 다항식으로 표현이 가능할지 여부를 모르는 비결정성 다항식의 복잡도
• NP 알고리즘은 해를 찾는 알고리즘이 아니라, 해를 다항식 시간에 확인하는 알고리즘

더 알아보기 📋

한 여행가가 가지고 가는 배낭에 담을 수 있는 무게의 최댓값이 정해져 있고, 일정 가치와 무게가 있는 짐들을 배낭에 넣을 때,
가치의 합이 최대가 되도록 짐을 고르는 방법을 찾는 문제

배낭문제는 짐을 쪼갤 수 있는 경우(무게가 소수일 수 있는 경우)와 짐을 쪼갤 수 없는 경우(이 경우 짐의 무게는 0 이상의 정수만
가능) 두 가지로 나눌 수 있는데, 짐을 쪼갤 수 있는 경우의 배낭문제를 분할가능 배낭문제(Fractional Knapsack Problem), 짐을
쪼갤 수 없는 경우의 배낭문제를 0-1 배낭문제(0-1 Knapsack Problem)라 부른다. 쪼갤 수 있는 경우에는 그리디 알고리즘으로
다항 시간에, 쪼갤 수 없는 경우에는 동적계획법(Dynamic Programming) 등으로 의사 다항 시간에 풀 수 있다.

(출처 : 위키백과)

03 다음 과정을 통해 수행되는 정렬 알고리즘의 특징으로 옳지 않은 것은? [21년 계리직]

초기값	15	9	8	1	4
1단계	9	15	8	1	4
2단계	8	9	15	1	4
3단계	1	8	9	15	4
4단계	1	4	8	9	15

① 최악의 경우에 시간 복잡도는 $O(n^2)$이다.
② 원소 수가 적거나 거의 정렬된 경우에 효과적이다.
③ 선택 정렬(selection sort)에 비해 비교연산 횟수가 같거나 적다.
④ 정렬 대상의 크기만큼 추가 공간이 필요하다.

해설

삽입 정렬은 두 번째 자료부터 시작하여 그 앞의 자료들과 비교 후 자료를 삽입하여 정렬하는 알고리즘으로 복잡도는 $O(n^2)$이고, 이상적인
배열에서는 $O(n)$이 된다. 삽입 정렬은 선택 정렬에 비해 비교 연산 횟수가 적거나 같다. 정렬 대상의 크기만큼 추가 공간이 필요한 정렬은
병합 정렬로 왼쪽 자료에 대한 공간, 오른쪽 자료에 대한 공간과 정렬된 자료에 대한 공간이 필요하다.

04 〈보기〉와 같이 수행되는 정렬 알고리즘으로 옳은 것은? [16년 계리직]

> **보기**
>
> 단계 0 : 6 5 8 9 4 2
> 단계 1 : 6 5 8 2 4 9
> 단계 2 : 6 5 4 2 8 9
> 단계 3 : 2 5 4 6 8 9
> 단계 4 : 2 4 5 6 8 9
> 단계 5 : 2 4 5 6 8 9

① 쉘 정렬(shell sort)
② 히프 정렬(heap sort)
③ 버블 정렬(bubble sort)
④ 선택 정렬(selection sort)

해설

선택 정렬은 첫 번째 자료를 두 번째 자료부터 마지막 자료까지 차례대로 비교하여 가장 작은 값을 찾아 첫 번째에 놓는 과정을 반복하는 알고리즘으로 한 번 수행하면 가장 작은 값이 첫 번째 자료에 오거나, 가장 큰 값이 가장 마지막에 오게 된다.
〈보기〉에서 가장 숫자가 큰 9가 가장 먼저 정렬되고, 두 번째는 8이 정렬되고 세 번째는 6이 정렬되기 때문에 선택 정렬이 답이 된다.

05 다음의 인접리스트는 어떤 그래프를 표현한 것이다. 이 그래프를 정점 A에서부터 깊이 우선 탐색(depth first search)할 때, 정점이 방문되는 순서로 옳은 것은? [16년 지방직]

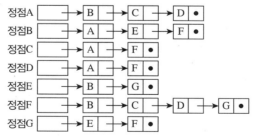

●은 null을 의미함

① A → B → C → D → F → G → E
② A → D → C → B → F → E → G
③ A → B → C → D → E → F → G
④ A → B → E → G → F → C → D

해설

우선 정점을 토대로 그래프로 표현한다. 더 나아갈 길이 보이지 않을 때까지 깊이 탐색한다.

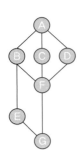

정점	연결 정점
A	B, C, D
B	A, E, F
C	A, F
D	A, F
E	B, G
F	B, C, D, G
G	E, F

깊이 우선 탐색 경로 : A – B – E – G – F– C– D

06 다음 이진 검색 트리에서 28을 삭제한 후, 28의 오른쪽 서브 트리에 있는 가장 작은 원소로 28을 대치하여 만들어지는 이진 검색 트리에서 41의 왼쪽 자식 노드는? [20년 지방직]

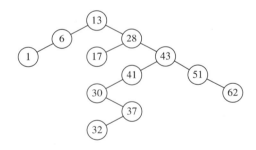

① 13

② 17

③ 32

④ 37

해설

이진 검색은 정렬되어 있는 파일을 탐색할 때 중앙부터 탐색해 범위를 줄여가는 방법이다. 왼쪽 노드 < 부모노드 < 오른쪽 노드의 관계를 갖는다. 삭제 연산 이후 완전 이진 트리로 구성된다.

- 자식 노드가 없는 경우 : 해당 노드 삭제
- 자식 노드가 1개만 있는 경우 : 노드 삭제 후, 부모의 포인터가 자식 노드를 가리키도록 조정
- 자식 노드가 2개 이상인 경우 : 노드 삭제 후, 후속 노드로 대체
- 후속 노드 : 삭제 노드 다음으로 큰 숫자를 가진 노드로 대체

28 노드 삭제 후에는 30으로 대체하여 완전 이진 트리를 구성한다.

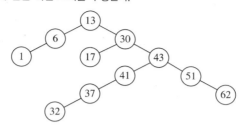

문제에서 노드 41의 왼쪽 자식은 37이 된다.

07 다음 그래프를 너비 우선 탐색(Breadth First Search; BFS), 깊이 우선 탐색(Depth First Search; DFS) 방법으로 방문할 때 각 정점을 방문하는 순서로 옳은 것은?(단, 둘 이상의 정점을 선택할 수 있을 때는 알파벳 순서로 방문한다)

[10년 계리직]

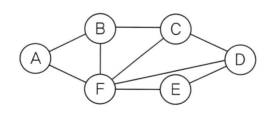

	BFS	DFS
①	A–B–F–C–E–D	A–B–C–D–E–F
②	A–B–C–D–E–F	A–B–F–C–E–D
③	A–B–F–C–D–E	A–B–C–D–E–F
④	A–B–C–D–E–F	A–B–C–D–F–E

해설
• BFS는 너비 우선 탐색으로 인접한 노드를 먼저 방문하는 탐색기법으로 A를 방문하고, 인접한 B, F를 방문한다. B 노드는 C를 방문하고, F 노드는 D, E를 차례로 방문한다.
• DFS는 깊이 우선 탐색으로 한 노드에서 갈 수 있을 때까지 탐색하고 갈 수 없게 되면 가장 가까운 갈림길로 돌아와 다른 방향으로 다시 탐색하는 기법으로 A를 방문 후 노드 B, F 둘 중 하나를 선택할 수 있다. B를 선택한다면 이후 C, D, E, F를 차례로 방문한다.

08 해싱(Hashing)에 대한 설명으로 옳지 <u>않은</u> 것은? [18년 국가직]

① 서로 다른 탐색키가 해시 함수를 통해 동일한 해시 주소로 사상될 수 있다.
② 충돌(Collision)이 발생하지 않는 해시 함수를 사용한다면 해싱의 탐색 시간 복잡도는 O(1)이다.
③ 선형 조사법(Linear Probing)은 연결리스트(Linked List)를 사용하여 오버플로우 문제를 해결한다.
④ 폴딩함수(Folding Function)는 탐색키를 여러 부분으로 나누어 이들을 더하거나 배타적 논리합을 하여 해시 주소를 얻는다.

해설
해싱으로 동일한 주소에 사상되는 것을 충돌이라고 한다. 충돌이 발생하지 않는 경우 시간 복잡도는 O(1)이 된다. 충돌이 발생하는 오버플로어가 발생될 경우 폐쇄주소법은 연결리스트를 사용하는 체이닝을 통해 해결하고 개방주소법은 선형조사법, 이차조사법을 통해 해결한다.

09 해쉬(Hash)에 대한 설명으로 옳지 <u>않은</u> 것은? [21년 국가직]

① 연결리스트는 체이닝(Chaining) 구현에 적합하다.
② 충돌이 전혀 없다면 해쉬 탐색의 시간 복잡도는 O(1)이다.
③ 최악의 경우에도 이진 탐색보다 빠른 성능을 보인다.
④ 해쉬 함수는 임의의 길이의 데이터를 입력받을 수 있다.

해설
해쉬 함수는 입력값의 길이가 달라도 출력값은 언제나 고정된 길이로 반환한다. 또한 동일한 값이 입력되면 언제나 동일한 출력값을 보장한다. 해쉬 함수의 시간 복잡도는 최선의 경우는 O(1) 최악의 경우에는 O(n)이다. 공간 복잡도는 O(n)을 갖는다. 반면 이진탐색트리의 시간 복잡도는 O(logn)이다.

10 해시(hash) 탐색에서 제산법(division)은 키(key) 값을 배열(array)의 크기로 나누어 그 나머지 값을 해시 값으로 사용하는 방법이다. 다음 데이터의 해시 값을 제산법으로 구하여 11개의 원소를 갖는 배열에 저장하려고 한다. 해시 값의 충돌(collision)이 발생하는 데이터를 열거해 놓은 것은?

[10년 계리직]

> 111, 112, 113, 220, 221, 222

① 111, 112

② 112, 222

③ 113, 221

④ 220, 222

해설

해시 탐색에서 해시함수를 통해 동일한 주소를 갖는 경우 충돌이 발생된다. 제산법은 h(k) = k mod M 또는 k % M으로 나머지 값을 비교하여 충돌여부를 확인한다.

111 % 11 = 1, 112 % 11 = 2, 113 % 11 = 3, 220 % 11 = 0, 221 % 11 = 1, 222 % 11 = 2

따라서 동일주소를 갖는 값은 111, 221과 112, 222이며, 충돌이 발생된다.

11 다음 〈조건〉에 따라 입력 키 값을 해시(hash) 테이블에 저장하였을 때 해시 테이블의 내용으로 옳은 것은?

[14년 계리직]

조 건

- 해시 테이블의 크기는 7이다.
- 해시 함수는 h(k) = k mod 7이다(단, k는 입력 키 값이고, mod는 나머지를 구하는 연산자이다).
- 충돌은 이차 조사법(quadratic probing)으로 처리한다.
- 키값의 입력 순서: 9, 16, 2, 6, 20

①

0	6
1	2
2	9
3	16
4	
5	
6	20

해시 테이블

②

0	6
1	20
2	9
3	16
4	
5	
6	2

해시 테이블

③

0	20
1	
2	9
3	16
4	2
5	
6	6

해시 테이블

④

0	20
1	3
2	9
3	
4	16
5	
6	6

해시 테이블

해설

해시 테이블 크기는 7이고 h(k) = k mod 7이기 때문에 저장할 키를 계산한다. 9 % 7 = 2에 키를 저장하면, 16 % 7 = 2이기 때문에 충돌이 발생된다.

이차조사법은 충돌 시 $(h(k) + 1^2)$ % M, $(h(k) + 2^2)$ % M, $(h(k) + 3^2)$ % M 방식으로 계산한다.

16 % 7 = 2로 충돌이 발생되어 $h(k) = 2 + 1^2$ % 7 = 2 + 1 = 3이 된다.

2 % 7 = 2으로 충돌이 발생되어 $2 + 2^2$ % 7 = 2 + 4 = 6이 된다.

6 % 7 = 6으로 충돌이 발생되어 $6 + 1^1$ % 7 = 6 + 1 = 0이 된다.

20 % 7 = 6으로 충돌이 발생했기 때문에 $6 + 1^2$ % 7 = 7로, 7로 나누어 나머지는 0이 되므로 충돌이 발생한다.

$6 + 2^2$ % 7 = 6 + 4 = 10으로, 10 % 7 = 3이 되어 충돌이 발생한다.

따라서 $6 + 3^3$ % 7 = 6 + 2 = 8 % 7 = 1에 키 값을 저장한다.

12 프림(Prim) 알고리즘을 이용하여 최소 비용 신장 트리를 구하고자 한다. 다음 그림의 노드 0에서 출발할 경우 가장 마지막에 선택되는 간선으로 옳은 것은?(단, 간선 옆의 수는 간선의 비용을 나타낸다) [16년 국가직]

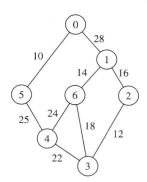

① (1, 2)
② (1, 6)
③ (4, 5)
④ (4, 6)

해설

프림은 시작 정점부터 출발하여 단계적으로 확장하되 작은 노드를 선택한다. Cycle이 발생되는 경우 해당 노드를 제외하고 그 다음 작은 노드를 선택한다.

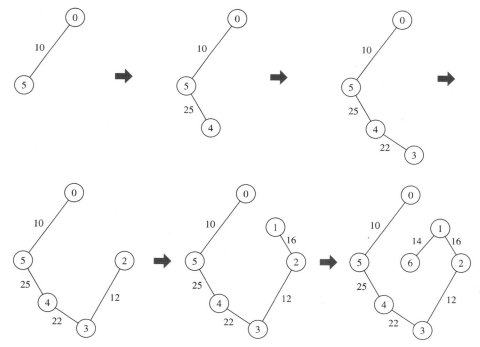

13 다음 그래프를 대상으로 Kruskal 알고리즘을 이용한 최소 비용 신장 트리 구성을 한다고 할 때, 이 트리에 포함된 간선 중에서 다섯 번째로 선택된 간선의 비용으로 옳은 것은? [14년 계리직]

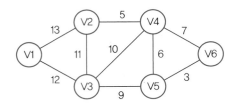

① 9
② 10
③ 11
④ 12

해설

Kruskal 알고리즘은 오름차순으로 정렬하여 정점을 간선으로 연결하되 사이클이 발생되는 경우 해당 노드는 제외하고 다음 정렬 순서에 해당하는 노드를 연결한다.

순서	오름차순 정렬	노드 연결
1	3	V5, V6
2	5	V2, V4
3	6	V4, V5
4	7	V4, V6
5	9	V3, V5
6	10	V3, V4
7	11	V2, V3
8	12	V1, V3
9	13	V1, V2

5번째 간선은 V1, V3이 연결되는 12가 된다.

14 정점의 개수가 n인 연결그래프로부터 생성 가능한 신장 트리(spamming tree)의 간선의 개수는? [16년 계리직]

① n−1

② n

③ n(n−1)/2

④ n²

 해설

신장 트리(Spanning Tree)의 모든 정점은 적어도 하나의 간선으로 연결되고 사이클이 형성되면 안된다. 트리를 구성하는 간선 비용(가중치) 합이 최소인 무방향 그래프이다. 신장 트리를 구하는 방법은 모두 Greedy 기법으로 구현한다. n개 정점에는 n−1개 간선을 갖는다.

15 다음과 같은 압축되지 않은 비트맵 형식의 이미지를 RLE(Run Length Encoding) 방식을 이용하여 압축했을 때 압축률이 가장 작은 것은?(단, 모든 이미지의 가로와 세로의 길이는 동일하고, 가로 방향 우선으로 픽셀을 읽어 처리한다) [19년 지방직]

①

②

③

④

해설

동일한 문자가 연속적 반복될 경우 반복문자(run)과 반복회수(Length)쌍으로 치환하는 무손실 압축기법이다.

• 특징 : 무손실 압축, 엔트로피 부호화, 연속문자반복 패턴에 압축률 비례
• 절차 : 통계 단계(반복문자, 반복회수) → 변환 단계(압축 수행(Run+숫자))
• 사례 : AAAABBBBBCCCCCCCCDEEEE(22byte)
  − 통계 단계 : A＊4＋B＊5＋C＊8＋D＊1＋E＊4
  − 변환 단계 : A4B5C8D1E4(10byte)
  − 압축률 : 10/22 → 45.4% 압축

무수히 작은 픽셀로 표현한다면 직선에 가까워지겠지만 선택지에 대해 도형을 편의상 6×6 픽셀로 표현한다(W : 흰색, B : 검정색).

①						
W	B	B	B	B	B	W1B5
W	W	B	B	B	B	W2B4
W	W	W	B	B	B	W3B3
W	W	W	W	B	B	W4B2
W	W	W	W	W	B	W5B1
W	W	W	W	W	W	W6

W1B5 W2B4 W3B3 W4B2 W5B1 W6
= 총 11문자

②						
B	B	B	B	B	B	
B	B	B	B	B	B	B18
B	B	B	B	B	B	
W	W	W	W	W	W	
W	W	W	W	W	W	W18
W	W	W	W	W	W	

B18 W18
= 총 2문자

③						
B	B	W	W	W	W	B2W4
B	W	W	W	W	W	B1W5
W	W	W	W	W	W	W12
W	W	W	W	W	W	
W	W	W	W	W	B	W5B1
W	W	W	W	B	B	W4B2

B2W4 B1W5 W12 W5B1 W4B2
= 총 7문자

④						
B	B	W	W	W	W	B2W4
B	B	W	W	W	W	B2W4
B	B	W	W	W	W	B2W4
B	B	W	W	W	W	B2W4
B	B	W	W	W	W	B2W4
B	B	W	W	W	W	B2W4

B2W4 B2W4 B2W4 B2W4 B2W4 B2W4 =
총 12문자

따라서 압축률은 ②가 가장 크고, ④가 가장 작다.

16 다음에서 설명하는 알고리즘 설계 기법으로 가장 알맞은 것은?

[18년 계리직]

> 해결하고자 하는 문제의 최적해(Optimal Solution)가 부분 문제들의 최적해들로 구성되어 있을 경우, 이를 이용하여 문제의 최적해를 구하는 기법이다.

① 동적 계획법(Dynamic Programming)
② 탐욕적 알고리즘(Greedy Algorithm)
③ 재귀 프로그래밍(Recursive Programming)
④ 근사 알고리즘(Approximation Algorithm)

해설

동적 계획법	탐욕적 알고리즘	재귀 프로그래밍	근사 알고리즘
주어진 문제를 여러 개의 소문제로 분할하여 각 소문제의 해결로 문제를 해결하는 기법	최적해를 구하는 데 사용되는 근사적인 방법으로 최적에 대한 보장은 불가	함수 안에서 함수 자기 자신을 호출하는 방식	최적화 문제에 대한 최적화된 답은 아니지만 해의 근사값을 구하는 알고리즘

16 ① 정답

프로그래밍 언어 및 최신 기술

프로그래밍 언어

01 다음은 C언어로 내림차순 버블정렬 알고리즘을 구현한 함수이다. ㉠에 들어갈 if문의 조건으로 올바른 것은?(단, size는 1차원 배열인 value의 크기이다)

[15년 국가직]

```
void BubbleSorting(int *value, int size) {
  int x, y, temp;
  for(x = 0; x < size; x++) {
    for(y = 0; y > size − x − 1; y++) {
      if( ㉠ ) {
        temp = value[y];
        value[y] = value[y+1];
        value[y+1] = temp;
      }
    }
  }
}
```

① value[x] > value[y+1]
② value[x] < value[y+1]
③ value[y] > value[y+1]
④ value[y] < value[y+1]

해설

버블정렬 알고리즘은 배열 내 서로 인접한 두 개의 Index를 비교하여, 더 큰 숫자 또는 더 작은 숫자를 뒤로 보내 차곡차곡 쌓아 정렬하는 방법이다. 결론적으로 말하자면 배열의 뒷쪽부터 정렬하는 방법이라고 생각하면 된다.
문제에서 제시하는 코드에서 if문 만족 시 value[y]와 value[y+1]값이 서로 교차되어 정렬되므로, 조건문에 value[y] < value[y+1] 조건이 포함된다.

02 다음 C 언어로 작성된 프로그램의 실행 결과에서 세 번째 줄에 출력되는 것은? [15년 국가직]

```c
#include <stdio.h>
int func(int num) {
    if(num == 1)
        return 1;
    else
        return num * func(num - 1);
}
int main() {
    int i
    for(i = 5; i >= 0; i--) {
        if(i % 2 == 1)
            printf("func(%d) : %d\n", i, func(i));
    }
    return 0;
}
```

① func(3) : 6
② func(2) : 2
③ func(1) : 1
④ func(0) : 0

해설

문제는 재귀함수가 포함되어 있지만, 코드상에서 재귀함수는 사용하지 않는다. 반복문 for i가 5부터 실행하여 -1씩 감소해 if 조건문에서 2로 나눈 나머지의 값이 1일 때 printf를 실행하는 함수이다. 즉, i의 값이 홀수일 때, printf를 실행하고 그중에 세 번째 출력되는 라인을 묻는 문제이다. 5부터 시작하여, 5, 4, 3, 2과 같이 진행하므로 func(3)으로 시작하는 보기가 정답이다.

03 다음 C 프로그램의 출력 값은?

[16년 국가직]

```c
#include <stdio.h>

int func(int n);
int main(void){
    int num;
    printf("%d\n", func(5));
    return 0;
}

int func(int n){
    if (n < 2)
        return n;
    else {
        int i, tmp, current=1, last=0;
        for(i=2; i<=n; i++){
            tmp = current;
            current += last;
            last = tmp;
        }
        return current;
    }
}
```

① 5

② 6

③ 8

④ 9

해설

코드 분석 시 항상 main() 함수에서 시작하여, main() 함수에서 종료한다. main() 함수에서 func(5)를 호출하고, return 받은 결과 값을 출력하는 문제이다. 조건문 if에 맞지 않으므로 else문에서 i가 2부터 시작해서 2, 3, 4, 5까지 반복한다. current 값을 1씩 증가하여 4번 반복한다. 즉, current = 1이고 4를 더하면 5가 된다.

04 다음 C 프로그램의 출력 값은? [16년 국가직]

```
#include <stdio.h>
int main() {
    int a[] = {1, 2, 4, 8};
    int *p = a;

    p[1] = 3;
    a[1] = 4;
    p[2] = 5;

    printf("%d, %d\n", a[1]+p[1], a[2]+p[2]);

    return 0;
}
```

① 5, 9
② 6, 9
③ 7, 9
④ 8, 10

해설
포인터 변수 p에 a배열의 포인터를 배정하기 때문에 둘 간에 참조하는 기억공간은 같다. 즉, a[1] + p[1]은 8, a[2] + p[2]는 10이 출력된다.

05 다음 C 프로그램의 출력 값은?

[17년 국가직]

```c
#include <stdio.h>
void funCount();

int main(void) {

  int num;

  for(num=0; num<2; num++)
    funCount();
    return 0;
  }

  void funCount() {
    int num=0;
    static int count;

    printf("num = %d, count = %d\n", ++num, count++);
  }
}
```

① num = 0, count = 0
  num = 0, count = 1
② num = 0, count = 0
  num = 1, count = 1
③ num = 1, count = 0
  num = 1, count = 0
④ num = 1, count = 0
  num = 1, count = 1

출력 값은 변수 num과 count의 값이다. num이 0과 1일 때 funCount() 함수를 호출하고, 결과 값은 num과 count 값을 두 번 찍는다. funCount에서 num 값이 상관없이 num은 0으로 초기화된다. 그리고 int는 static 변수로 count++로 0과 1이 출력된다.

06 다음 Java 프로그램의 출력 값은?

[18년 국가직]

```java
class Super {
  Super() {
    System.out.print('A');
  }

  Super(char x) {
    System.out.print(x);
  }
}
class Sub extends Super {
  Sub() {
    super();
    System.out.print('B');
  }

  Sub(char x) {
    this();
    System.out.print(x);
  }
}

public class Test {
  public static void main(String[] args) {
    Super s1 = new Super('C');
    Super s2 = new Sub('D');
  }
}
```

① ABCD

② ACBD

③ CABD

④ CBAD

해설

Super 클래스는 부모 클래스이고, Sub 클래스는 Supur 클래스를 상속받은 자식 클래스이다. java는 코드의 재사용성을 높이기 위해 오버로딩(Overloading)을 사용한다. 오버로딩은 함수명은 같으나 매개변수 타입, 매개변수 개수, return 타입이 다른 경우 서로 다른 함수로 볼 수 있다. 여기서 두 개의 Super 클래스와 Sub 클래스에는 같은 이름의 서로 다른 매개변수를 가진, 즉 오버로딩된 메소드들이 있다. s1은 Super, s2는 Sub 객체를 생성하고 각각 C와 D를 초기화한다. 먼저 s1인 C가 출력되고, Sub('D') 호출 시 this() 함수를 호출하면 부모 클래스의 Super 클래스가 호출되어 A를 출력한다. 그리고 Sub() 메소드로 돌아와 super 함수의 B를 출력하고 오버로딩된 Sub(char x) 함수에서 this() 호출하면 부모 클래스인 D가 출력된다.

07 다음 C 프로그램의 출력 값은?

[18년 국가직]

```c
#include <stdio.h>
int a = 10;
int b = 20;
int c = 30;

void func(void)
{
  static int a = 100;
  int b = 200;
  a++;
  b++;
  c = a;
}

int main(void)
{
  func();
  func();
  printf("a = %d, b = %d, c = %d\n", a, b, c);
  return 0;
}
```

① a = 10, b = 20, c = 30
② a = 10, b = 20, c = 102
③ a = 101, b = 201, c = 101
④ a = 102, b = 202, c = 102

해설

숫자형 a, b, c를 10, 20, 30으로 초기화시킨다. 이 문제에서 결과 값은 a, b, c 값을 출력하는 것이다. main 함수에서 func() 함수를 2번 호출하는데, 첫 번째 func 함수에서 a는 100으로 변경되고, 1 증가하여 101이 된다. 동일하게 b는 200으로 변경되고, 1 증가하여 201이 된다. 그리고 c는 a의 값이 대입되어 101이 된다. 두 번째 func 함수를 호출하면 a는 static 변수로 기존의 값 101에서 1 증가하여 102가 되고, b는 동일하게 201이 된다. 그리고 출력 값은 a, b, c 모두 전역변수의 값들이 출력된다. 전역변수 a와 전역변수 b는 바뀐 적이 없으므로 그대로 a = 10, b = 20이 출력되고, c는 바뀐 대로 102의 값이 출력된다.

08 다음 Java 프로그램의 출력 결과는?

```java
class ClassP {
  int func1(int a, int b) {
    return (a+b);
  }

  int func2(int a, int b) {
    return (a-b);
  }

  int func3(int a, int b) {
    return (a*b);
  }
}

public class ClassA extends ClassP {
  int func1(int a, int b) {
    return (a%b);
  }

  double func2(double a, double b) {
    return (a*b);
  }

  int func3(int a, int b) {
    return (a/b);
  }

  public static void main(String[] args) {
    ClassP P = new ClassA();
    System.out.print(P.func1(5, 2) + ", " + P.func2(5, 2) + ", " + P.func3(5, 2));
  }
}
```

① 1, 3, 2
② 1, 3, 2.5
③ 1, 10.0, 2.5
④ 7, 3, 10

해설

부모의 클래스에서 func1은 덧셈, funct2는 뺄셈, func3는 곱셈 값을 리턴하고, 상속받은 자식의 클래스에서는 func1은 나눗셈의 몫, func2는 곱셈, func3은 나눗셈 값을 리턴한다.
이 문제는 상속받은 자식의 클래스에서 오버라이딩되어 자식의 함수를 호출할지, 부모를 호출할지를 결정한다. 여기서 P.func1(5, 2)는 오버라이딩되어 나눗셈의 몫인 1이 출력되고, P.func2(5, 2)는 오버라이딩 되지 않아 부모의 함수를 이용하여 3이, P.func3(5, 2)은 오버라이딩되어 나눗셈의 값인 2가 출력된다.

09 다음 C 프로그램의 출력 결과는?

[19년 국가직]

```
#include <stdio.h>
int main() {
    char msg[50] = "Hello World!! Good Luck!";
    int i = 2, number = 0;

    while (msg[i] != '!') {
        if (msg[i] == 'a' || msg[i] == 'e' || msg[i] == 'i'
        || msg[i] == 'o' || msg[i] == 'u')
        number++;
        i++;
    }

    printf("%d", number);
    return 0;
}
```

① 2
② 3
③ 5
④ 6

해설

msg 배열에 "Hello World!! Good Luck!" 값이 저장되어 있고, 배열 안에 a, e, i, o, u가 몇 개 들어가 있는지 파악하는 문제이다. 단, 조건이 시작되는 index는 2, 종료되는 시점이 !이다. 이는 msg 배열 안에 두 번째 index, 즉 Hello에서 첫 번째 'l'부터 시작해서 종료시점을 계산하면 "llo World"에 한해서 숫자를 파악하는 문제이다. 여기에 o가 2번 들어가 있으므로 답은 2이다.

10 다음 프로그램의 실행 결과로 옳은 것은?

[20년 국가직]

```
#include <stdio.h>

int main(void)
{
  int array[] = {100, 200, 300, 400, 500};
  int *ptr;
  ptr = array;
  printf("%d\n", *(ptr+3) + 100);
}
```

① 200

② 300

③ 400

④ 500

해설

출력되는 *(ptr + 3) + 100에서 *(ptr + 3) = ptr[3] = 400이므로 400 + 100 = 500이 출력된다. array 배열과 포인터 변수 ptr을 초기화하고, 포인터 변수 ptr에 array 배열값을 대입하면 저장 공간이 동일하다. 즉, *(ptr + 3)는 ptr[3]과 동일하므로 ptr의 네 번째 값인 400이고, 100을 더하면 500이 정답이다.

11 다음 C 프로그램의 결과로 옳은 것은?

[20년 국가직]

```c
#include <stdio.h>
int main()
{
  int a, b;
  a = b = 1;

  if (a = 2)
    b = a + 1;
  else if (a == 1)
    b = b + 1;
  else
    b = 10;

  printf("%d, %d\n", a, b);
}
```

① 2, 3
② 2, 2
③ 1, 2
④ 2, 1

해설

이 문제는 연산자를 확인하는 문제이다. 실무에서도 이와 같은 실수로 프로그래밍이 오류가 나는 경우가 종종 발생한다. = 하나는 오른쪽에서 왼쪽으로 값을 대입할 때 사용하는 연산자이고, 조건문에서는 == 2개를 사용한다. 즉, if(a = 2)는 조건문과 무관하게 a에 숫자 2를 대입하고 해당 영역으로 진입 후 b = a + 1을 실행하고 조건문을 빠져나와 a와 b가 출력된다.

12 다음 중 파이썬 프로그래밍 언어에 대한 설명으로 옳은 것만을 모두 고르면? [21년 국가직]

> ㄱ. 변수 선언 시 변수명 앞에 데이터형을 지정해야 한다.
> ㄴ. 플랫폼에 독립적인 대화식 언어이다.
> ㄷ. 클래스를 정의하여 객체 인스턴스를 생성할 수 있다.

① ㄴ
② ㄱ, ㄷ
③ ㄴ, ㄷ
④ ㄱ, ㄴ, ㄷ

해설

파이썬의 가장 변수 또는 함수 선언 시 데이터형을 선언하지 않고 코드의 가독성을 높이고 개발의 유연성을 증대시키는 프로그래밍 언어이다.

13 다음은 어느 학생이 C 언어로 작성한 학점 계산 프로그램이다. 출력 결과는? [21년 국가직]

```
#include <stdio.h>
int main()
{
    int score = 85;
    char grade;
    if (score >= 90) grade='A';
    if (score >= 80) grade='B';
    if (score >= 70) grade='C';
    if (score < 70) grade='F';
    printf("학점 : %c\n", grade);
    return 0;
}
```

① 학점 : A
② 학점 : B
③ 학점 : C
④ 학점 : F

해설

score에 따라 grade를 파악하는 코드이다. 하지만 대부분의 조건문은 if, else를 통해 조건문이 통과되면 조건문을 빠져나오는데, 이번 문제는 else문 없이 if로만 작성되어 조건이 맞으면 계속 조건문을 실행하게 된다. 즉, score가 85점이므로 두 번째 조건문에 부합되어 grade가 'B'가 된다. 하지만 세 번째 조건문에서도 조건문이 부합되어 grade가 'C'로 변경된다.

14 다음 C 프로그램의 출력 값은?

[15년 지방직]

```
#include <stdio.h>
int main()
{
  int darr[3][3] = {{1, 2, 3}, {4, 5, 6}, {7, 8, 9}};
  int sum1, sum2;
  sum1 = *(*darr + 1) + *(*darr + 2);
  sum2 = *darr[1] + *darr[2];
  printf("%d, %d", sum1, sum2);
}
```

① 3, 5
② 5, 5
③ 5, 11
④ 11, 5

해설

크기가 3×3의 2중 배열을 가지고 있는 darr 변수를 초기화한다. 그리고 sum1은 *darr(2의 주소) + *darr(3의 주소)의 값으로 2 + 3이다. sum2에서 *darr[1]는 5, *darr[2]는 7로 11이다.

15 다음 C 프로그램의 출력 값은?

[15년 지방직]

```c
#include <stdio.h>
int recur(int a, int b)
{
  if (a <=1)
    return a * b;
  else
    return a * recur(a-1, b+1) + recur(a-1, b);
}

int main()
{
  int a=3, b=2;
  printf("%d\n", recur(a, b));
}
```

① 24

② 30

③ 41

④ 52

해설

재귀함수에 대한 내용으로 조건문이 만족할 경우 두 값의 곱을 리턴하여 출력하는 문제이다. main함수에서 recur(3, 2)을 호출하고 조건문에 만족하지 못하므로 자신의 함수를 다시 한 번 호출한다. 다시 조건문을 만족하지 못하므로 자신의 함수를 호출하는 방식으로 a의 값이 1 이하일 때까지 반복한다. 즉, 리턴 값은 3 * recur(2, 3) + recur(2, 2)를 계산하는 문제로 33 + 8 = 41이다.

16 입력 안내에 따라 두 사람의 나이를 입력받고 그 합을 구하는 C 프로그램을 작성하려고 한다. 프로그램이 정상적으로 동작 하도록 다음의 코드 조각을 올바른 순서로 나열한 것은? [16년 지방직]

> ㄱ. scanf("%d%d", &age1, &age2);
> ㄴ. result = age1 + age2;
> ㄷ. int age1, age2, result;
> ㄹ. printf("나이의 합은 %d살입니다.₩n", result);
> ㅁ. printf("철수와 영희의 나이를 입력하세요 :");

① ㄷ → ㅁ → ㄱ → ㄴ → ㄹ
② ㄷ → ㄱ → ㄴ → ㅁ → ㄹ
③ ㅁ → ㄱ → ㄷ → ㄹ → ㄴ
④ ㄷ → ㄱ → ㅁ → ㄴ → ㄹ

해설

일반적인 프로그램은 먼저 변수값을 초기화 및 가공 후 입출력하는 순으로 진행한다. scanf 사용자가 직접 입력할 때 사용하는 함수이고, printf는 결과값을 출력할 때 사용하는 함수이다. 일반적인 순서에 따라 ㄷ처럼 변수를 초기화하고 변수값을 가공하기 위해서 ㅁ의 메시지를 표시하고 ㄱ을 통해 사용자에게 입력값을 요구한다. 그리고 ㄴ과 같이 변수값을 가공 후 나이의 합을 표시한다(ㄹ).

17 다음 자바 코드를 컴파일할 때, 문법 오류가 발생하는 부분은? [16년 지방직]

```java
class Person {
  private String name;
  public int age;
  public void setAge(int age) {
    this.age = age;
  }

  public String toString() {
    return("name: " + this.name + ", age : " + this.age);
  }
}

public class PersonTest {
  public static void main(String[] args) {
    Person a = new Person(); // ㉠
    a.setAge(27); // ㉡
    a.name = "Gildong"; // ㉢
    System.out.println(a); // ㉣
  }
}
```

① ㉠   ② ㉡
③ ㉢   ④ ㉣

해설
접근하는 멤버변수 name이 private으로 선언되어 있기 때문에 객체지향의 특징인 캡슐화의 특징으로 name에 직접적으로 접근할 수 없다.

18 프로그램 구현 기법은 컴파일러를 이용한 기법, 인터프리터를 이용한 기법, 하이브리드(hybrid) 기법으로 구분된다. 이에 대한 설명으로 옳지 않은 것은? [17년 지방직]

① 하이브리드 기법에서는 인터프리터가 중간 언어로 번역된 프로그램을 해석하고 실행한다.
② 인터프리터를 이용한 기법에서는 고급 언어 프로그램을 명령문 단위로 하나씩 해석하여 바로 실행한다.
③ 반복문이 많은 프로그램의 실행에서 컴파일러를 이용한 기법이 인터프리터를 이용한 기법보다 효율적이다.
④ 인터프리터를 이용한 기법은 번역된 프로그램을 저장하기 위한 큰 기억 장소를 요구하는 단점이 있다.

해설
번역된 프로그램을 저장하기 위한 큰 기억 장소를 요구하는 단점이 있는 것은 컴파일러이다. 컴파일러는 특정 프로그래밍 언어로 쓰여 있는 문서를 다른 프로그래밍 언어로 옮기는 언어 번역 프로그램을 말한다. 이때 번역하기 위해 추가적으로 기억장소가 필요하다.

19 다음 Java 프로그램의 출력 결과는?

[17년 지방직]

```java
class Foo {
  public int a = 3;
  public void addValue(int i) {
    a = a + i;
    System.out.println("Foo : "+ a + " " );
  }

  public void addFive() {
    a += 5;
    System.out.println("Foo : "+ a + " " );
  }
}

class Bar extends Foo {
  public int a = 8;
  public void addValue(double i) {
    a = a + (int)i;
    System.out.println("Bar : "+ a + " " );
  }

  public void addFive() {
    a += 5;
    System.out.println("Bar : "+ a + " " );
  }
}

public class Test {
  public static void main(String [] args) {
    Foo f = new Bar();
    f.addValue(1);
    f.addFive();
  }
}
```

① Foo : 4, Foo : 9
② Bar : 9, Foo : 8
③ Foo : 4, Bar : 13
④ Bar : 9, Bar : 14

먼저 부모 클래스 Foo와 Foo를 상속받은 Bar 자식 클래스가 존재한다. main함수에서 Foo 객체인 f변수에 Bar 객체를 생성한다. 그리고 오버라이딩된 addValue(1)과 addFive()를 호출하여 결과값을 출력한다. addValue(1)에서 a가 3에서 증가되어 a는 4가 출력되고 addFive()는 자식 클래스를 호출하면 8 + 5인 13이 출력된다.

20 다음 C 프로그램의 출력 결과는? [18년 지방직]

```
#include <stdio.h>
#define SIZE 3
void func(int *m, int *a, int b);

int main(void){
    int num[SIZE] = { 1, 3, 6 };
    int a=10, b=30;

    func(num, &a, b);
    printf("a = %d, b = %d\n", a, b);
    return 0;
}

void func(int *m, int *x, int y){
    int i = 0, n = 0;
    y = *x;
    n = *(m + 1) + (*m + 2);
    *x = ++n;
}
```

① a = 7, b = 10
② a = 7, b = 30
③ a = 10, b = 10
④ a = 10, b = 3

main함수에서 num[3]의 배열과 a, b 를 선언한다. 그리고 func함수 호출 후 a와 b를 출력하는 문제이다. 먼저 func에서 a의 주소값을 넘긴다. func 내부에서 y는 a의 값 10이 대입된다. n = *(m + 1) + (*m + 2)에서 m은 배열 num의 주소로 *(m + 1)은 배열의 두 번째 값으로 3이다. *m은 배열의 첫 번째 요소로 *m + 2는 3으로 n은 6이 대입된다. 마지막 x의 주소값에는 n에 1 증가한 값이 대입되어 a는 7이 된다.

21 다음 Java 프로그램의 출력 결과는?

[18년 지방직]

```java
public class Foo {
  public static void main(String[] args) {
    int i, j, k;

    for (i = 1, j = 1, k = 0; i < 5; i++ ) {
      if ((i % 2) == 0)
        continue;
      k += i * j++;
    }
    System.out.println(k);
  }
}
```

① 5

② 7

③ 11

④ 15

해설

반복문 for에서 i, j, k를 각각 1, 1 ,0으로 초기화하고, i값이 4가 될 때까지 반복하여 k의 값을 구하는 문제이다. for문 안에 조건문 if에서는 i가 2로 나눈 나머지가 0, 즉 짝수일 때는 continue 이후의 로직이 무시되며 다음 for문으로 진행된다. i의 값이 0, 2, 4일 때는 continue로 로직이 무시되고, 1, 3일 때만 k += i * j++;을 계산하면 7이 된다.

22 저급 언어에 해당하는 프로그래밍 언어는?

[19년 지방직]

① 어셈블리어(Assembly Language)

② 자바(Java)

③ 코볼(COBOL)

④ 포트란(Fortran)

해설

저급 언어는 컴퓨터가 이해하기 쉽게 작성하는 언어로 2진수 또는 16진수 등의 숫자로만 표현된다. 보통 기계어와 어셈블리 언어를 의미하고 하드웨어에 직접 제어가 가능하다. 고급 언어는 사람이 이해하기 쉽게 만든 언어이고, 포트란, 코볼, 파스칼, C, Java 등이 있다.

23 다음 Java 프로그램은 3의 배수를 제외한 1부터 10까지 정수의 누적 합이 10을 초과하는 최초 시점에서의 합을 출력하는 프로그램이다. ㉠과 ㉡에 들어가는 내용으로 적절한 것은? [19년 지방직]

```
public class JavaApplication {
  public static void main(String[] args) {
    int i = 0, sum = 0;

    while(i < 10) {
      i++;
      if(i % 3 == 0) ㉠        ;
        if(sum > 10) ㉡        ;
          sum += i;
    }

    System.out.println("sum=" + sum);
  }
}
```

	㉠	㉡
①	break	goto
②	continue	break
③	final	continue
④	return	break

해설

1부터 10까지 3의 배수를 제외한 숫자의 합이므로 3의 배수는 3으로 나눈 후 나머지가 0일 때 continue 명령어를 입력한다. 그리고 10까지이기 때문에 10이 넘어가면 반복문 while을 종료하는 break 명령어를 입력한다.

24 인터프리터(Interpreter) 방식의 언어로 옳지 <u>않은</u> 것은? [20년 지방직]

① JavaScript
② C
③ Basic
④ LISP

해설

인터프리터 방식은 프로그래밍 언어 소스 코드를 바로 실행하는 컴퓨터 프로그램 또는 환경을 말한다. 고급 언어로 작성된 원시코드 명령어들을 한 번에 한 줄씩 읽어 들여서 실행하는 프로그램이다. C언어는 컴파일 언어이다.

25 소프트웨어 개발 언어에 대한 설명으로 옳지 <u>않은</u> 것은?

[20년 지방직]

① C#은 마이크로소프트 닷넷 프레임워크를 지원하는 객체지향 언어이다.

② Python은 인터프리터 방식의 객체지향 언어로서 실행시점에 데이터 타입을 결정하는 동적 타이핑 기능을 갖는다.

③ Kotlin은 그래픽 요소를 강화한 게임 개발 전용 언어이다.

④ Java는 컴파일된 프로그램이 JVM상에서 인터프리터 방식으로 실행되는 플랫폼 독립적 프로그래밍 언어이다.

해설

IntelliJ IDEA의 개발사 JetBrains에서 2011년에 공개한 오픈 소스 프로그래밍 언어. JVM 기반의 언어이며, Java와 유사하지만 더 간결한 문법과 다양한 기능을 추가하였다

26 다음 재귀 함수를 동일한 기능의 반복 함수로 바꿀 때, ㉠과 ㉡에 들어갈 내용을 바르게 연결한 것은?

[20년 지방직]

```
int func (int n) { //재귀 함수
  if (n == 0)
    return 1;
  else
    return n * func (n - 1);
}


int iter_func (int n) { //반복 함수
  int f = 1;
  while ( ㉠ )
      ㉡
  return f;
}
```

	㉠	㉡
①	n < 0	f = f * n--;
②	n < 0	f = f * n++;
③	n > 0	f = f * n--;
④	n > 0	f = f * n++;

해설

func 함수에서 n을 감소시켜 n이 0일 때 func 함수가 종료되는 로직으로 동작한다. 먼저 반복문 while에서 n > 0일 때 n에서 -1한 값을 f에 곱하면 func 함수를 만족할 수 있다.

27 다음은 리눅스 환경에서 fork() 시스템 호출을 이용하여 자식 프로세스를 생성하는 C 프로그램이다. 출력 결과로 옳은 것은?(단, "pid = fork();" 문장의 수행 결과 자식 프로세스의 생성을 성공하였다고 가정한다) [20년 지방직]

```c
#include〈stdio.h〉
#include〈stdlib.h〉
#include〈unistd.h〉
#include〈sys/types.h〉
#include〈errno.h〉
#include〈sys/wait.h〉

int main(void) {
  int i=0, v=1, n=5;
  pid_t pid;
  pid = fork();

  if( pid < 0 ) {
    for(i=0; i<n; i++) v+=(i+1);
    printf("c = %d ", v);
  } else if( pid == 0 ) {
    for(i=0; i<n; i++) v*=(i+1);
    printf("b = %d ", v);
  } else {
    wait(NULL);
    for(i=0; i<n; i++) v+=1;
    printf("a = %d ", v);
  }
  return 0;
}
```

① b = 120, a = 6
② c = 16, b = 120
③ b = 120, c = 16
④ a = 6, c = 1

해설
pid = fork()에서 자식 프로세스 생성을 성공했다고 가정하면 pid값은 0이 된다. 조건문 if에서 pid==0인 else if문을 실행하면 b = 120이 된다. 그리고 다음 else문이 실행되어 a = 6이 출력된다.

27 ① 정답

28 **자바 프로그래밍 언어에 대한 설명으로 옳은 것은?**

[21년 지방직]

① 클래스에서 상속을 금지하는 키워드는 this이다.

② 인터페이스(interface)는 추상 메소드를 포함할 수 없다.

③ 메소드 오버라이딩(overriding)은 상위 클래스에 정의된 메소드와 하위 클래스에서 재정의되는 메소드의 매개변수 개수와 자료형 등이 서로 다른 것을 의미한다.

④ 메소드 오버로딩(overloading)은 한 클래스 내에 동일한 이름의 메소드가 여러 개 있고 그 메소드들의 매개변수 개수 또는 자료형 등이 서로 다른 것을 의미한다.

해설

① 클래스에서 상속을 금지하는 키워드는 final이다.

② 인터페이스는 추상 메소드를 포함할 수 있다.

③ 메소드 오버라이딩은 재정의되는 메소드의 매개변수와 자료형, 개수 등이 모두 동일하다.

29 다음 C++ 프로그램의 실행 결과로 옳은 것은? [21년 지방직]

```cpp
#include <iostream>
using namespace std;

class Student {
public:
  Student():Student(0) {};
  Student(int id):_id(id) {
    if (_id > 0) _cnt++;
  };
  static void print() { cout << _cnt;};
  void printID() { cout << ++_id;};

private:
  int _id;
  static int _cnt;
};

int Student::_cnt = 0;

int main() {
  Student A(2);
  Student B;
  Student C(4);
  Student D(-5);
  Student E;
  Student::print();
  E.printID();
  return 0;
}
```

① 21
② 22
③ 30
④ 31

해설

main 함수에서 Student A(2), Student B를 순차적으로 실행하여 마지막 E.printID 함수를 호출하여 출력하는 문제이다. :: 예약어는 클래스에서 static으로 선언된 변수 및 함수로 별도의 객체를 생성하지 않아도 호출할 수 있다. 순차적으로 호출하고, E.printID(); 호출 시 _id가 0으로 초기화되고, _id가 1 증가하여 출력된다.

30 다음 C 프로그램의 실행 결과로 옳은 것은?

[21년 지방직]

```c
#include <stdio.h>
int main()
{
  int count, sum = 0;

  for ( count = 1; count <= 10; count++) {
    if ((count % 2) == 0)
      continue;
    else
      sum += count;
  }
  printf("%d\n", sum);
}
```

① 10
② 25
③ 30
④ 55

해설

1부터 10까지 홀수의 합을 계산하는 문제이다. 2로 나눈 나머지가 0일 경우 continue를 통해 반복문 처음으로 돌아가기 때문에 홀수인 1 + 3 + 5 + 7 + 9의 값이다.

31 웹 애플리케이션을 개발하기 위한 스크립트 언어 중 성격이 <u>다른</u> 것은?

[10년 계리직]

① Javascript
② JSP
③ ASP
④ PHP

해설

Javascript는 UX, UI 등 클라이언트에서 동작하는 언어이고, JSP, ASP, PHP는 서버 사이드에서 동작하는 서버측 언어이다.

32 웹 개발 기법의 하나인 Ajax(Asynchronous Javascript and XML)에 대한 설명으로 옳지 <u>않은</u> 것은?

[10년 계리직]

① 대화식 웹 애플리케이션을 개발하기 위해 사용된다.
② 기술의 묶음이라기보다는 웹 개발을 위한 특정한 기술을 의미한다.
③ 서버 처리를 기다리지 않고 비동기 요청이 가능하다.
④ Prototype, JQuery, Google Web Toolkit은 대표적인 Ajax 프레임워크이다.

해설

Ajax는 페이지 로딩 없이 화면을 업데이트하는 기술이다. 즉, 사용자와 대화식 웹 애플리케이션을 개발하고, 이를 위해서는 비동기 기능이 포함되어야 한다. 대표적인 Ajax 프레임워크는 Prototype, jQuery 등이 있다.

33 C 프로그램의 실행 결과로 옳은 것은?

[10년 계리직]

```
#define VALUE1 1
#define VALUE2 2
main()
{
  float i;
  int j,k,m;

  i = 100/300;
  j = VALUE1 & VALUE2;
  k = VALUE1 | VALUE2;

  if (j && k || i) m = i + j;
  else m = j + k;
  printf("i = %.1f j = %d k = %d m = %03d\n", i,j,k,m);
}
```

① i = 0.0, j = 0, k = 3, m = 003
② i = 0.3, j = 0, k = 3, m = 000
③ i = 0.0, j = 1, k = 1, m = 001
④ i = 0.3, j = 1, k = 1, m = 001

해설

float 타입으로 i, int 타입으로 j, k, m을 선언한다. i는 float 타입이지만 100과 300은 모두 int형 숫자이기 때문에 0.33이 아닌 int형 0으로 계산된다. j에서 연산자 &는 AND 연산자로 VALUE1과 VALUE2를 각각 bit로 변환하면 0001과 0010이 되고, AND하면 0000이 된다.

34 다음의 Java 프로그램에서 사용되지 <u>않은</u> 기법은?

[10년 계리직]

```java
class Adder {
    public int add(int a, int b) { return a+b;}
    public double add(double a, double b) { return a+b;}
}

class Computer extends Adder {
    private int x;
    public int calc(int a, int b, int c) { if (a == 1) return
        add(b, c); else return x;}
    Computer() { x = 0;}
}

public class Adder_Main {
    public static void main(String args[]) {
        Computer c = new Computer();
        System.out.println("100 + 200 = " + c.calc(1, 100, 200));
        System.out.println("5.7 + 9.8 = " + c.add(5.7, 9.8));
    }
}
```

① 캡슐화(Encapsulation)
② 상속(Inheritance)
③ 오버라이딩(Overriding)
④ 오버로딩(Overloading)

해설

① 캡슐화(Encapsulation)는 데이터 및 클래스를 하나로 묶어 객체 내부에서 필요로 하는 정보를 외부로부터 은닉시키고, 메소드를 통해 접근하여 한 번에 관리 할 수 있게 해준다.
② 상속 (Inheritance)은 상위 클래스에서 정의되어 있는 기능을 하위 클래스에서 물려받아 사용할 수 있다. extends는 상속 키워드이다.
④ 오버로딩(Overloading)은 같은 이름의 메소드에 매개변수를 다르게 정의하여 매개변수에 따라 다른 동작이 실행되도록 하는 기법이다. add는 동일한 이름의 함수가 포함된다.

35 다음 C 프로그램의 실행 결과로 옳은 것은?

[12년 계리직]

```
void main()
{
  int a[4]={10, 20, 30};
  int *p = a;

  p++;
  *p++ = 100;
  *++p = 200;
  printf("a[0]=%d a[1]=%d a[2]=%d\n", a[0], a[1], a[2]);
}
```

① a[0]=10 a[1]=20 a[2]=30
② a[0]=10 a[1]=20 a[2]=200
③ a[0]=10 a[1]=100 a[2]=30
④ a[0]=10 a[1]=100 a[2]=200

해설

숫자형 a배열을 선언하고, 포인터 변수 p에 a를 대입하여 같은 기억공간을 사용한다. 즉, 포인터 변수 p에는 a[0]의 값이 아닌 a[0]의 주소가 저장된다.

*p++ = 100에서 a[1]에 100값을 대입한다. 그리고 *p++ = 200는 a[3]에 200을 삽입하여 a[0] = 10, a[1] = 100, a[2] = 30가 된다.

36 다음 C 프로그램의 실행 결과로 옳은 것은?

[14년 계리직]

```
#include <stdio.h>
int sub(int n)
{
  if(n==0) return 0;
  if(n==1) return 1;
  return (sub(n-1) + sub(n-2));
}

void main()
{
  int a=0;
  a=sub(4);
  printf("%d", a);
}
```

① 0
② 1
③ 2
④ 3

해설

n이 0과 1이 아니면 재귀함수를 반복적으로 실행해서 출력하는 문제이다. sub(4)는 0또는 1이 아니므로 sub(n-1) + sub(n-2)를 실행하여 자신의 함수를 호출한다. sub(4) = sub(2)와 sub(3)이므로 2 + 1 = 3이다.

37 프로그래밍 언어에 대한 설명으로 옳지 않은 것은?

[16년 계리직]

① Objective-C, Java, C#은 객체지향 언어이다.
② Python은 정적 타이핑을 지원하는 컴파일러 방식의 언어이다.
③ ASP, JSP, PHP는 서버측에서 실행되는 스크립트 언어이다.
④ XML은 전자문서를 표현하는 확장 가능한 표준 마크업 언어이다.

해설

Python은 인터프리터 방식의 언어이다. 인터프리터 방식의 언어는 코드를 한 줄씩 읽어 내려가며 실행하는 프로그램으로 컴파일러와는 대조적이며 컴파일러 방식의 언어는 C, C++ 등이 존재한다.

38 다음 C프로그램의 실행 결과로 옳은 것은? [16년 계리직]

```c
#include <stdio.h>

int main() {
  int a=120, b=45;
  while ( a != b ) {
    if ( a > b) a = a - b ;
    else b = b - a;
  }
  printf("%d", a) ;
}
```

① 5
② 15
③ 20
④ 25

해설

a = 120, b = 45로 선언하고, 반복문 while에서 a와 b가 같지 않을 때까지 계속 반복하는 것이다. 첫 번째 루프 시 a가 b보다 크므로 a는 75, b는 45가 되고, 이렇게 마지막 루프에서 a와 b가 15로 같으므로 while을 종료한다.

39 다음 Java 프로그램의 실행 결과로 옳은 것은?

[16년 계리직]

```
class Division   {
  public static void main(String[] args) {
    int a, b, result;
    a = 3;
    b = 0;

    try   {
      result = a / b;
      System.out.print("A");
    }
    catch (ArithmeticException e) {
      System.out.print("B");
    }
    finally {
      System.out.print("C");
    }
    System.out.print("D");
  }
}
```

① ACD
② BCD
③ ABCD
④ BACD

해설

try, catch, finally 예외처리에 대한 문법이다. 먼저 try안에 a/b에서 0으로 나누면 오류가 발생하여 "A"는 화면에 찍히지 않고, catch로 이동하고 "B"가 화면에 찍힌다. 그리고 finally인 "C", 예외 처리문이 벗어나서 "D"가 화면에 찍힌다.

40 Java 프로그램의 실행 결과로 옳은 것은? [18년 계리직]

```java
class Test {
  public static void main(String[] args) {
    int a = 101;
    System.out.println((a)>2) << 3);
  }
}
```

① 0

② 200

③ 404

④ 600

해설

>>는 시프트 명령으로, 변수를 오른쪽으로 이동하라는 의미이다. a)>2는 a를 오른쪽으로 2칸 이동하라는 의미이다. a(101)은 2진수로 01100101이고, 오른쪽으로 2칸 이동하면 00011001이 된다. 그리고 <<3을 통해 왼쪽으로 3칸 이동하면 11001000이 되어 200이 된다.

41 C 프로그램의 실행 결과로 옳은 것은? [18년 계리직]

```c
#include<stdio.h>
int main( )
{
  int i, sum=0;

  for(i=1; i<=10; i+=2) {
    if(i%2 && i%3) continue;
    sum += i;
  }
  printf("%d\n", sum);
  return 0;
}
```

① 6

② 12

③ 25

④ 55

해설

반복문 for를 통해 i가 1에서 10까지 반복하고, 2만큼 증가하는 반복문이다. I % 2에서 2의 배수는 나머지가 0이므로 false에 해당하고, I % 3에서 3의 배수는 나머지가 0이므로 false에 해당한다. 즉, 조건문에 만족하기 위해서는 2의 배수이며 3의 배수일 경우 continue를 실행하여 다음 로직을 실행하지 않고, 그렇지 않을 경우에는 sum에 i를 더하는 로직을 진행한다.

42 C 언어로 작성된 프로그램의 실행 결과로 옳은 것은?

[19년 계리직]

```
#include 〈stdio.h〉

double h(double *f, int d, double x){
  int i;
  double res = 0.0;
  for(i=d-1; i >= 0; i--){
    res = res * x + f[i];
  }
  return res;
}

int main() {
  double f[] = {1, 2, 3, 4};
  printf("%3.1f\n", h(f, 4, 2));
  return 0;
}
```

① 11.0
② 26.0
③ 49.0
④ 112.0

해설

main 함수에서 double형 f배열 선수를 선언한다. 그리고 printf 안에 h 함수를 호출하고 매개변수로 f, 4, 2를 입력한다. h 함수의 반복문 for에서 i값 4에서 0까지를 반복하여 res를 리턴해 출력한다. 처음 4를 입력하지만 반복문에서 -1하여 3부터 진행이 되면 res는 40, i가 2일 경우 res는 11.0, i가 1일 경우 res는 24.0, i가 0일 경우 res는 49.0이다.

43 다음은 숫자를 처리하는 C 프로그램이다. 프로그램에서 ㉠과 ㉡에 들어갈 내용과 3 2 1 4를 입력하였을 때의 출력결과를 바르게 짝지은 것은?(단, 다음 프로그램에 문법적 오류는 없다고 가정한다) [19년 계리직]

```c
#include <stdio.h>
#include <stdlib.h>

void a (int n, int *num) {
  for (int i = 0; i < n; i++)
    scanf("%d", &(num[i]));
  }

void c(int * a, int * b) {
  int t;
  t = *a; *a = *b; *b = t;
}

void b(int n, int *lt) {
  int a, b;
  for (a = 0; a < n-1; a++)
    for (b = a + 1; b < n; b++)
      if (lt[a] > lt[b]) c ( ㉠ , ㉡ ) ;
  }

int main() {
  int n;
  int *num;
  printf("How many numbers?");
  scanf("%d", &n);
  num = (int *)malloc(sizeof(int) * n);
  a(n, num);
  b(n, num);
  for (int i = 0; i < n; i++)
    printf("%d ", num[i]);
}
```

	㉠	㉡	출력 결과
①	lt+a	lt+b	1 2 3 4
②	lt+a	lt+b	1 2 4
③	lt[a]	lt[b]	4 3 2 1
④	lt[a]	lt[b]	4 2 1

해설

입력값 3, 2, 1, 4를 scanf에 차례로 입력하여 결과값을 찾는 문제이다. a(n, num)와 b(n, num)를 차례로 호출한다. b에서 lt[a]는 lt+a와 동일한 의미이다. printf("%d ", num[i])의 결과에 따라 1, 2, 4를 출력한다.

44 Java 프로그램의 실행 결과로 옳은 것은?

[19년 계리직]

```java
public class B extends A {
  int a = 20;
  public B() {
    System.out.print("다");
  }

  public B(int x) {
    System.out.print("라");
  }
}
```

```java
public class A {
  int a = 10;
  public A() {
    System.out.print("가");
  }

  public A(int x) {
    System.out.print("나");
  }

  public static void main(String[] a){
    B b1 = new B();
    A b2 = new B(1);
    System.out.print(b1.a + b2.a);
  }
}
```

① 다라30

② 다라40

③ 가다가라30

④ 가다가라40

해설

class A에 있는 main 함수부터 실행하여 B()와 B(1)를 호출한다. 부모 클래스에서 함수 호출 시 생성 시 A 함수를 호출하여 "가다"가 먼저 출력된다. 그리고 b2 객체 생성 전에 생성자가 호출되어 "가라"가 먼저 출력된다.

45 다음 C 프로그램의 실행 결과로 옳은 것은? [21년 계리직]

```c
#include <stdio.h>
void main(void) {
  int a = 1, b = 2, c = 3;
  {
    int b = 4, c = 5;
    a = b;
    {
      int c;
      c = b;
    }
    printf("%d %d %d\n", a, b, c);
  }
}
```

① 1 2 3
② 1 4 5
③ 4 2 3
④ 4 4 5

해설

a = 1, b = 2, c = 3를 선언하고 실행하면 b가 4로 변경되고 a = b;에서 a에 b가 대입되어 a는 4가 된다. 그리고 b는 이전에 4로 변경되었다. 마지막 c는 3에서 5로 변경되었다.

제 2 절 Excel

01 MS Excel의 워크시트에서 사원별 수주량과 판매금액, 그리고 수주량과 판매금액의 합계가 입력되어 있다. 이때 C열에는 전체 수주량 대비 각 사원 수주량의 비율을, E열에는 전체 판매금액 대비 각 사원 판매금액의 비율을 보이고자 한다. 이를 위해 C2 셀에 수식을 입력한 다음에 이를 C열과 E열의 나머지 셀에 복사하여 사용하고자 한다. C2셀에 입력할 내용으로 옳은 것은?

[10년 계리직]

	A	B	C	D	E
1	사원	수주량	비율	판매금액	비율
2	김철수	78		8,000,000	
3	홍길동	56		7,500,000	
4	김민호	93		13,000,000	
5	나영철	34		10,000,000	
6	최건	80		8,000,000	
7	합계	341		46,500,000	

① =B2/B7*100
② =$B$2/B7*100
③ =B2/$B$7*100
④ =B2/B$7*100

해설

셀을 드래그 또는 복사할 때 일정한 패턴일 경우 무관하나, 다른 패턴이 있을 경우에는 수식에 $ 표시를 해줘야 한다. 예를 들어 셀 표시는 아래와 같이 네 가지가 있다.
- A1 : 가장 일반적으로 사용하는 패턴으로 1씩 또는 동일한 간격으로 입력된다.
- A$1 : 드래그 시 $ 표시가 붙은 숫자는 변하지 않고, 알파벳 A만 증가한다.
- $A1 : 드래그 시 $ 표시가 붙은 알파벳은 변하지 않고, 숫자 1만 증가한다.
- $A$1 : 드래그 및 복사하더라도 복사한 셀에 동일하게 $A$1가 복사된다.

02 엑셀에서는 서로 다른 시트 사이에 셀 참조가 가능하다. 아래 그림에서 Sheet2의 시금치 가격을 VLOOKUP 함수를 사용하여 Sheet1에서 가져오고자 한다. 이를 위해 Sheet2의 B3 셀에 입력할 수식으로 알맞은 것은?

[12년 계리직]

Sheet1

	A	B	C	D
1	상품명	산지	생산자	가격
2	오이	청주	김철수	500
3	배추	울산	황인용	2000
4	무우	김제	김영운	1500
5	시금치	평창	나윤로	1000
6	상추	대전	김윤철	700

Sheet2

	A	B
1	상품명	가격
2	무우	
3	시금치	
4		
5		
6		

① =VLOOKUP(시금치, Sheet1!A2:D6, 4, 0)

② =VLOOKUP(시금치, A2:A6, 5, 0)

③ =VLOOKUP(A3, Sheet1!A2:D6, 4, 0)

④ =VLOOKUP(A3, Sheet1!A2:A6, 5, 0)

해설

- VLOOKUP은 Vertical Lookup의 약자로 수직으로 내려가면서 값을 찾을 때 사용한다. "VLOOKUP(lookup_value,table_array,col_index_num,[range_lookup])" 형태로 입력하고, 범위의 첫 번째 열을 수직으로 내려가면서 키값(lookup_value)을 찾은 다음, 같은 행에 있는 지정된 열(col_index_num)의 값을 반환한다.
- lookup_value : 범위에서 원하는 값을 찾기 위한 키값
- table_array : 값을 찾을 범위
- col_index_num : 값을 찾을 범위에서 가져올 값이 있는 열의 위치
- range_lookup : 일치하는 키값을 찾을 것인지 근사값을 찾을 것인지 결정(TRUE – 근사값, FALSE – 일치하는 값)

03 다음과 같은 데이터가 입력되어 있는 엑셀시트에서 수식 =HLOOKUP(INDEX(A2:C5,2,2),B7:E9,2)를 계산한 결과는?

[14년 계리직]

	A	B	C	D	E
1	학번	과목번호	성적		
2	100	C413	D		
3	200	C123	F		
4	300	C324	C		
5	400	C312	C		
6					
7	과목번호	C123	C312	C324	C413
8	과목번호	알고리즘	자료구조	운영체제	반도체
9	과목번호	90명	80명	75명	70명
10					

① 80명

② 75명

③ 반도체

④ 알고리즘

[해설]

- HLOOKUP은 VLOOKUP과 유사하지만 데이터 입력방식이 가로일 때 사용하는 함수이다. "=HLOOKUP(A2,품목정보!F1:O3,2,FALSE)"의 형태로 입력한다.
- INDEX 함수는 테이블이나 범위에서 값 또는 값에 대한 참조를 반환한다. "INDEX(array, row_num, [column_num])"의 형태로 입력하고 array는 필수 요소로 배열 상수나 셀 범위를 나타낸다. row_num는 필수 요소로 column_num가 없는 경우이다. 값을 반환할 배열의 행을 선택하고 row_num를 생략하면 column_num가 필요하다. 마지막으로 column_num 선택 요소로 값을 반환할 배열의 열을 선택한다. column_num를 생략하면 row_num가 필요하다.
- INDEX 안에 수식이 먼저 실행되어 C123이 리턴된다. 이제 HLOOKUP("C123", B7:E9, 2) 수식에서 B7에서 E9에서 첫 행에 C123을 값을 검색한다. 그리고 C123이 포함된 열에서 두 번째 행의 값인 알고리즘이 리턴된다.

04 다음은 3년간 연이율 4%로 매월 적립하는 월 복리 정기적금의 만기지급금을 계산한 결과이다. 셀 C2에 들어갈 수식으로 옳은 것은?(단, 만기지급금의 10원 단위 미만은 절사한다) [16년 계리직]

	A	B	C
1	성명	월적립액	만기지급금
2	김**	₩ 30,000	₩ 1,145,440
3	이**	₩ 50,000	₩ 1,909,070

① =ROUNDDOWN(FV(4%, 3*12, -B2), -1)

② =ROUNDDOWN(FV(4%, 3*12, -B2), -2)

③ =ROUNDDOWN(FV(4%/12, 3*12, -B2), -1)

④ =ROUNDDOWN(FV(4%/12, 3*12, -B2), -2)

해설

복리계산에 적용되는 공식은 "=FV(rate, nper, pmt, [pv],[type])"이다. rate는 이자율을 의미하고, nper는 기간, pmt는 적립투자금액, pv는 거치투자금액을 의미한다. 먼저 rate에서 매월 받는 이자이기 때문에 4%/12이고, nper은 기간이므로 3년(3×12개월)을 의미한다.

05 다음에 제시된 입력 데이터를 엑셀 서식의 표시 형식 코드에 따라 출력한 결과로 옳은 것은? [19년 계리직]

입력 데이터 : 1234.5
표시 형식 코드 : #,##0

① 1,234

② 1,235

③ 1,234.5

④ 1,234.50

해설

#은 숫자의 한 자리수를 표시하고 무효의 0은 표시하지 않는다(빈셀). 그리고 0은 숫자의 한 자리수를 표시하고, 무효의 0은 0으로 표시한다. 표시 형식은 4자리, 입력 데이터는 5자리이므로 4자리를 맞추기 위해 반올림을 하여 1235를 변환한다. 이때 1235는 모두 유효한 숫자이므로 1,235로 변환된다.

04 ③ 05 ② 정답

06 엑셀 시트를 이용해 수식을 실행한 결과, 값이 나머지와 다른 것은?

	A
1	3
2	7
3	5
4	3
5	0
6	1

① =GCD(A1, A6)

② =MEDIAN(A1:A6)

③ =MODE(A1:A6)

④ =POWER(A1, A6)

해설

GCD는 최대 공략수를 계산하는 함수로 결과값은 1이다.
② MEDIAN은 중간값을 계산하는 함수로 결과값은 3이다.
③ MODE는 최빈값을 계산하는 함수로 결과값은 3이다.
④ POWER는 거듭 제공을 계산하는 함수로 결과값은 3이다.

07 다음 워크시트에서 [D1] 셀에 =$A$1+$B2를 입력한 후 [D1] 셀을 복사하여 [D5] 셀에 붙여넣기 했을 때 [D5] 셀에 표시될 수 있는 결과로 옳은 것은?

	A	B	C	D
1	1	2	3	
2	2	4	6	
3	3	6	9	
4	4	8	12	
5	5	10	15	
6				

① 1   ② 7

③ 9   ④ 15

해설

- D5 셀 수식은 $A$1+$B6으로 1 + 0이 되어 결과값은 1이다.
- 셀을 드래그 또는 복사할 때 일정한 패턴일 경우 무관하나, 다른 패턴이 있을 경우에는 수식에 $ 표시를 해줘야 한다. 예를 들어 셀 표시는 아래와 같이 4가지가 있다.
- A1 : 가장 일반적으로 사용하는 패턴으로 1씩 또는 동일한 간격으로 입력된다.
- A$1 : 드래그 시 $ 표시가 붙은 숫자는 변하지 않고, 알파벳 A만 증가한다.
- $A1 : 드래그 시 $ 표시가 붙은 알파벳은 변하지 않고, 숫자 1만 증가한다.
- $A$1 : 드래그 및 복사하더라도 복사한 셀에 동일하게 $A$1가 복사된다.

08 다음 워크시트에서 수식 =VLOOKUP(LARGE(C4:C11,3), C4:F11, 4, 0)에 의해 표시될 수 있는 결과로 옳은 것은?

[21년 계리직]

	A	B	C	D	E	F
1	2021년 1월 판매현황 분석					
2						
3	상품명	판매단가	초과/부족수량	목표수량	판매수량	판매금액
4	공기청정기	150	10	100	110	16,500
5	김치냉장고	85	13	15	28	2,380
6	드럼세탁기	90	−5	35	30	2,700
7	스마트TV	150	13	45	58	8,700
8	의류건조기	230	5	20	25	5,750
9	인덕션오븐	120	20	30	50	6,000
10	무선청소기	70	8	30	38	2,660
11	식기세척기	150	−10	40	30	4,500

① 58

② 2,380

③ 8,700

④ 16,500

해설

- VLOOKUP은 Vertical Lookup의 약자로 수직으로 내려가면서 값을 찾을 때 사용한다. "VLOOKUP(lookup_value,table_array, col_index_num,[range_lookup])" 형태로 입력하고, 범위의 첫 번째 열을 수직으로 내려가면서 키값(lookup_value)을 찾은 다음, 같은 행에 있는 지정된 열(col_index_num)의 값을 반환
- lookup_value : 범위에서 원하는 값을 찾기 위한 키값
- table_array : 값을 찾을 범위
- col_index_num : 값을 찾을 범위에서 가져올 값이 있는 열의 위치
- range_lookup : 일치하는 키값을 찾을 것인지 근사값을 찾을 것인지 결정(TRUE – 근사값, FALSE – 일치하는 값)
- LARGE함수는 데이터 영역 중에서 N번째로 큰 값을 구하는 함수이다. 선택한 영역 중에서 2번째 큰 값을 구한다거나, 세 번째 큰 값, 열 번째 큰 값 등 원하는 N번째 큰 값을 구할 수 있다.
- 먼저 LARGE(C4:C11,3)는 C4:C11에서 3번째로 큰 값을 구하는 함수로 13이다. 그리고 = VLOOKUP(13, C4:F11, 4, 0)이 되어 선택한 C4:F11 중 네 번째 열에서 13을 조건으로 찾아 리턴한다.

제 3 절 IT 신기술

01 클라우드 컴퓨팅 서비스 모델과 이에 대한 설명이 바르게 짝지어진 것은?(순서대로 IaaS, PaaS, SaaS)

[15년 국가직]

> ㄱ. 응용소프트웨어 개발에 필요한 개발 요소들과 실행 환경을 제공하는 서비스 모델로서, 사용자는 원하는 응용
> 소프트웨어를 개발할 수 있으나 운영체제나 하드웨어에 대한 제어는 서비스 제공자에 의해 제한된다.
> ㄴ. 응용소프트웨어 및 관련 데이터는 클라우드에 호스팅되고 사용자는 웹 브라우저 등의 클라이언트를 통해 접속하
> 여 응용소프트웨어를 사용할 수 있다.
> ㄷ. 사용자 필요에 따라 가상화된 서버, 스토리지, 네트워크 등의 인프라 자원을 제공한다.

	IaaS	PaaS	SaaS
①	ㄷ	ㄴ	ㄱ
②	ㄴ	ㄱ	ㄷ
③	ㄷ	ㄱ	ㄴ
④	ㄱ	ㄷ	ㄴ

해설
- IaaS : 서비스 제공자가 서버, 스토리지, 네트워크 등의 하드웨어 자원을 서비스로 제공하는 모델이다. PU, 메모리, HDD, 네트워크 등의 물리적 자원을 논리적으로 가상화하여 탄력적으로 제공한다.
- PaaS : 사용자에게 소프트웨어 개발에 필요한 플랫폼을 임대 및 제공하는 서비스이다. 개발자가 자신의 어플리케이션을 개발, 테스트, 실행할 수 있는 컴퓨팅 플랫폼을 제공한다.
- SaaS : 이용자가 원하는 소프트웨어를 임대 및 제공하는 서비스이다. 소프트웨어/어플리케이션을 제공하는 목적으로 만들어진 모델로 표준화된 어플리케이션 프로세스를 제공하는 서비스이다.

02 다음에서 설명하는 이미지 파일 형식(format)으로 옳은 것은? [16년 국가직]

> • 컴퓨서브사에서 이미지 파일 전송 시간을 줄이기 위해 개발한 이미지 파일 압축 형식이다.
> • RLE(Run Length Encoding) 방식을 응용한 압축 방법을 사용한다.
> • 사용 가능한 색이 256색으로 제한된다.

① JPEG
② MPEG
③ TIFF
④ GIF

해설

GIF는 하나의 파일에 여러 비트맵을 저장하여 다중 프레임 애니메이션을 구현할 수 있는 이미지 포맷이다. 특히 투명 이미지를 지원하고, 애니메이션을 특별한 플러그인 없이 여러 환경에서 쉽게 적용할 수 있으나, 8비트 256색으로 제한된다는 단점이 있다.

03 유비쿼터스 컴퓨팅에 대한 설명으로 옳지 않은 것은? [16년 국가직]

① 감지 컴퓨팅은 컴퓨터가 센서 등을 이용하여 사용자의 행위 또는 주변 환경을 인식하여 필요 정보를 제공하는 기술이다.
② 노매딕(nomadic) 컴퓨팅은 현실 세계와 가상 화면을 결합하여 보여주는 기술이다.
③ 퍼베이시브(pervasive) 컴퓨팅은 컴퓨터가 도처에 편재되도록 하는 기술이다.
④ 웨어러블(wearable) 컴퓨팅은 컴퓨터 착용을 통해 컴퓨터를 인간 몸의 일부로 여길 수 있도록 하는 기술이다.

해설

현실 세계와 가상 화면을 결합하여 보여주는 기술은 증강현실 또는 혼합현실이다. 노매딕(nomadic) 컴퓨팅은 노마드(nomad)에서 유래하여 선과 연결의 제약을 없애고 네트워킹의 이동성을 극대화하여 특정장소가 아닌, 어디에서나 컴퓨터를 사용할 수 있게 하는 기술이다.

04 인공신경망에 대한 설명으로 옳은 것만을 모두 고른 것은?

> ㄱ. 단층 퍼셉트론은 배타적 합(Exclusive-OR) 연산자를 학습할 수 있다.
> ㄴ. 다층 신경망은 입력 층, 출력 층, 하나 이상의 은닉 층들로 구성된다.
> ㄷ. 뉴런 간 연결 가중치(Connection Weight)를 조정하여 학습한다.
> ㄹ. 생물학적 뉴런 망을 모델링한 방식이다.

① ㄱ, ㄴ, ㄷ
② ㄱ, ㄴ, ㄹ
③ ㄱ, ㄷ, ㄹ
④ ㄴ, ㄷ, ㄹ

해설

ㄱ. 퍼셉트론의 종류에는 단층 퍼셉트론과 다층 퍼셉트론이 있고, 단층 퍼셉트론은 간단한 선형 문제를 해결할 수 있으나 복잡한 XOR 연산자를 학습할 수 없다는 문제가 있다.

05 가상 머신(Virtual Machine)에 대한 설명으로 옳지 않은 것은?

① 단일 컴퓨터에서 가상화를 사용하여 다수의 게스트 운영체제를 실행할 수 있다.
② 가상 머신은 사용자에게 다른 가상 머신의 동작에 간섭을 주지 않는 격리된 실행환경을 제공한다.
③ 가상 머신 모니터(Virtual Machine Monitor)를 사용하여 가상화하는 경우 반드시 호스트 운영체제가 필요하다.
④ 자바 가상 머신은 자바 바이트 코드가 다양한 운영체제 상에서 수행될 수 있도록 한다.

해설

가상 머신(Virtual Machine)은 하나의 서버에서 Hypervisor를 통해 CPU, 메모리, 디스크 등의 하드웨어 자원을 가상화하여 서비스 형태로 제공하는 방식이다. 가상 머신은 Docker와 달리 OS를 각각 설치할 수 있어 개별적으로 다양한 OS를 지원한다.

06 이메일, ERP, CRM 등 다양한 응용 프로그램을 서비스 형태로 제공하는 클라우드 서비스는? [19년 국가직]

① IaaS(Infrastructure as a Service)

② NaaS(Network as a Service)

③ PaaS(Platform as a Service)

④ SaaS(Software as a Service)

해설

SaaS는 이용자가 원하는 소프트웨어를 임대 및 제공하는 서비스이다. 예를 들어 이메일 서비스, iCloud, Dropbox, Google Docs, One note 등이 있다.

① IaaS는 CPU, 메모리, HDD, 네트워크 등의 물리적 자원을 논리적으로 가상화하여 탄력적으로 제공한다. 예를 들어 Amazon EC2, S3 등이 있다.

③ PaaS는 개발자가 자신의 어플리케이션을 개발, 테스트, 실행할 수 있는 컴퓨팅 플랫폼을 제공한다. 예를 들어 Linux, Apache, PHP, MySQL, MS-Azur, Google-Apps 등이 있다.

07 응용프로그램 제작에 필요한 개발환경, SDK 등 플랫폼 자체를 서비스 형태로 제공하는 클라우드 컴퓨팅 서비스 모델은? [20년 국가직]

① DNS

② PaaS

③ SaaS

④ IaaS

해설

PaaS는 개발자가 자신의 어플리케이션을 개발, 테스트, 실행할 수 있는 개발 플랫폼을 제공한다. 예를 들어 Linux, Apache, PHP, MySQL, MS-Azur, Google-Apps 등이 있다.

③ SaaS는 이용자가 원하는 소프트웨어를 임대 및 제공하는 서비스이다. 예를 들어 이메일 서비스, iCloud, Dropbox, Google Docs, One note 등이 있다.

④ IaaS는 CPU, 메모리, HDD, 네트워크 등의 물리적 자원을 논리적으로 가상화하여 탄력적으로 제공한다. 예를 들어 Amazon EC2, S3 등이 있다.

08 합성곱 신경망(CNN, Convolutional Neural Network) 처리 시 다음과 같은 입력과 필터가 주어졌을 때, 합성곱에 의해 생성된 특징 맵(Feature Map)의 ㉠에 들어갈 값은?

[21년 국가직]

1	1	0	0
1	1	1	1
0	1	0	0
1	1	0	1

입력

1	0	0
0	1	1
1	1	1

필터

(㉠)	

특징 맵

① 3
② 4
③ 5
④ 6

해설

생물의 시신경이 동작하는 원리를 이용해 convolution, pooling 반복하여 이미지 데이터 처리에 적합한 구조로 만들어진 딥러닝 알고리즘이다. CNN은 고양이가 특정 이미지를 보는 데서 착안하여 고양이가 화면을 볼 때 위치에 따라 자극 받는 뇌의 위치가 다른 것을 보고 개발하였다. 즉, image 전체를 보는 것이 아니라 부분을 보는 것이 핵심이다. 문제에서 전체는 '입력' 영역을 가리키고, 고양이가 보는 부분을 '필터'라고 한다. 입력값 4×4, 필터 3×3과 문제에서 제시하지 않았지만 stride가 1로 한 칸씩 움직여 입력과 필터값의 곱들을 모두 합하게 되면 '특징 맵'의 값이 결정된다.

09 컴퓨터 이미지에 대한 설명으로 옳지 <u>않은</u> 것은?

[15년 지방직]

① 벡터 방식은 이미지의 크기가 커지면 저장 용량도 커진다.
② GIF와 JPG는 비트맵 방식의 파일 형식이다.
③ 상세한 명암과 색상을 표현하는 사진에 적합한 방식은 비트맵 방식이다.
④ 벡터 방식은 이미지를 확대, 축소, 회전하더라도 이미지의 품질에 영향을 주지 않는다.

해설

벡터 방식은 점과 점이 이루는 선분과 면에 수학적 연산으로 만들어지기 때문에 이미지를 확대해도 해상도가 깨지거나 용량이 커지지 않는다.

10 IoT(Internet of Things)기기의 확산 등으로 예상되는 인터넷 주소의 고갈 문제를 해결하기 위한 것은?

[15년 지방직]

① HTTPS
② IPv4
③ IPv6
④ Common Gateway Interface

해설

① HTTPS는 웹상에서 안전한 통신을 하기 위해서 사용하는 보안 프로토콜이다.
② IPv4는 컴퓨터 주소를 나타내는 프로토콜로 각 컴퓨터마다 유일하게 주어지며, IoT 디바이스 증가 등에 따라 IP가 추가로 요구되어 있어, IPv6 프로토콜 사용이 요구되고 있다.

11 QR코드에 대한 설명으로 옳지 <u>않은</u> 것은?

[16년 지방직]

① 'Quick Response' 코드의 약자로 일본에서 개발되었다.
② 가로와 세로를 활용하는 2차원 형태로 이루어져 있다.
③ 기존 바코드보다 많은 양의 데이터를 넣을 수 있다.
④ 오류 정정(error correction) 기능이 없다.

해설

QR코드는 중국에서는 활성화되었으나, 국내에서는 활성화가 저조하다. 하지만 제로페이 또는 백신패스 인증으로 인해 국내에서도 QR코드는 활성화되었다. QR코드의 장점은 격자무늬의 일부 코드가 변형이 되었다고 하더라도 오류 정정 기능이 있어 복원할 수 있다.

12 IT 기술에 관한 설명으로 옳지 <u>않은</u> 것은?

[16년 지방직]

① IoT(Internet of Things)는 각종 사물에 센서와 통신 기능을 내장하여 인터넷에 연결하는 기술이다.
② 공용 클라우드(public cloud)는 한 기업의 정보 보안을 위해 내부 데이터 센터의 기능을 강화한 형태이다.
③ 빅데이터는 수집ㆍ저장된 대량의 정형 또는 비정형 데이터 집합으로부터 가치를 추출하고 결과를 분석하는 기술이다.
④ 가상현실은 가상의 공간과 사물을 컴퓨터에서 만들어, 인간 오감을 활용한 작용으로 현실 세계에서는 경험하지 못하는 상황을 간접적으로 체험할 수 있도록 해준다.

해설

한 기업의 정보 보안을 위해 내부 데이터 센터의 기능을 강화한 형태는 사설 클라우드(private cloud)에 대한 설명이다.

13 다음에서 설명하는 기술은?

[17년 지방직]

> • 자동차를 기반으로 각종 정보를 주고받을 수 있는 자동차용 원격정보 서비스 기술
> • 교통정보, 차량안전 및 보안, 차량진단, 생활정보 등의 서비스를 제공

① 텔레매틱스(Telematics)
② USN(Ubiquitous Sensor Network)
③ 증강현실(Augmented Reality)
④ 와이브로(WiBro)

해설

② USN : 유비쿼터스 센서 네트워크라고 불리는 무선 센서 네트워크이다. USN은 근거리 무선 통신 기능을 포함하고 있는 소형의 센서 장치들이 결합하여, 산불 감시, 하천 범람, 건물 내 온도 분포 등 특정 장소의 상태 및 환경 변화 정보를 종합적으로 수집하여 관리하기 위한 기술이다

③ 증강현실 : 실세계와 가상정보를 seamless하게 실시간으로 합성하여 사용자에게 보다 향상된 몰입감과 현실감을 제공하는 기술이다.

④ 와이브로 : 대한민국 삼성전자와 한국전자통신 연구원이 개발한 무선 광대역 인터넷 기술이다.

14 빅데이터에 대한 설명으로 옳지 않은 것은?

[17년 지방직]

① 빅데이터의 특성을 나타내는 3V는 규모(Volume), 속도(Velocity), 가상화(Virtualization)를 의미한다.
② 빅데이터는 그림, 영상 등의 비정형 데이터를 포함한다.
③ 자연어 처리는 빅데이터 분석기술 중의 하나이다.
④ 시각화(visualization)는 데이터 분석 결과를 쉽게 이해할 수 있도록 표현하는 기술이다.

해설

빅데이터는 3V 특성을 가지고 있고, 3V는 데이터의 양(Volume), 데이터 생성 속도(Velocity), 형태의 다양성(Variety)을 의미한다.

15 사용자가 인터넷 등을 통해 하드웨어, 소프트웨어 등의 컴퓨팅 자원을 원격으로 필요한 만큼 빌려서 사용하는 방식의 서비스 기술은? [18년 지방직]

① 클라우드 컴퓨팅
② 유비쿼터스 센서 네트워크
③ 웨어러블 컴퓨터
④ 소셜 네트워크

해설

② 유비쿼터스 센서 네트워크 : 유비쿼터스 센서 네트워크라고 불리는 무선 센서 네트워크이다. USN은 근거리 무선 통신 기능을 포함하고 있는 소형의 센서 장치들이 결합하여, 산불 감시, 하천 범람, 건물 내 온도 분포 등 특정 장소의 상태 및 환경 변화 정보를 종합적으로 수집하여 관리하기 위한 기술이다.
③ 웨어러블 컴퓨터 : 웨어러블 디바이스로 불리는 착용 컴퓨터는 안경, 시계, 의복 등과 같이 착용할 수 있는 형태로 된 컴퓨터를 말한다.
④ 소셜 네트워크 : 웹상에서 개인 또는 집단 간 관계 및 구조를 말한다.

16 유비쿼터스를 응용한 컴퓨팅 기술에 대한 설명으로 옳지 <u>않은</u> 것은? [19년 지방직]

① 엑조틱 컴퓨팅(Exotic Computing)은 스스로 생각하여 현실세계와 가상세계를 연계해 주는 컴퓨팅 기술이다.
② 노매딕 컴퓨팅(Nomadic Computing)은 장소에 상관없이 다양한 정보기기가 편재되어 있어 사용자가 정보기기를 휴대할 필요가 없는 컴퓨팅 기술이다.
③ 디스포절 컴퓨팅(Disposable Computing)은 컴퓨터가 센서 등을 통해 사용자의 상황을 인식하여 사용자가 필요로 하는 정보를 제공해 주는 컴퓨팅 기술이다.
④ 웨어러블 컴퓨팅(Wearable Computing)은 컴퓨터를 옷이나 안경처럼 착용할 수 있게 해줌으로써 컴퓨터를 인간의 몸의 일부로 여길 수 있도록 하는 컴퓨팅 기술이다.

해설

컴퓨터가 센서 등을 통해 사용자의 상황을 인식하여 사용자가 필요로 하는 정보를 제공해 주는 컴퓨팅 기술은 감지 컴퓨팅(Sentient computing)에 대한 내용이다. 디스포절 컴퓨팅(Disposable Computing)은 1회용 종이처럼 컴퓨터의 가격이 저렴하여 모든 사물에 컴퓨터 기술이 활용된다는 의미이다.

17 전자상거래 관련 기술 중 고객의 요구에 맞춰 자재조달에서부터 생산, 판매, 유통에 이르기까지 공급사슬 전체의 기능통합과 최적화를 지향하는 정보시스템은?

[20년 지방직]

① ERP(Enterprise Resource Planning)
② EDI(Electronic Data Interchange)
③ SCM(Supply Chain Management)
④ KMS(Knowledge Management System)

해설

① ERP : 생산, 판매, 자재, 인사, 회계 등 기업의 전반적인 업무 프로세스를 하나의 체계로 통합 및 재구축하여 관련 정보를 서로 공유하고 이를 통해 신속한 의사결정 및 업무 수행이 가능하도록 도와주는 전사적 자원관리 시스템이다.
② EDI : 거래 당사자가 인편이나 우편에 의존하는 종이서류 대신 전자문서를 통해 업무에 활용할 수 있도록 하는 새로운 정보를 전달하는 방식이다.
④ KMS : 조직이나 기업에서 축적하고 있는 개별적인 지식을 체계화하여 공유함으로써 경쟁력을 향상시키기 위한 기업 정보 시스템이다.

18 IT 기술에 대한 설명으로 옳지 <u>않은</u> 것은?

[21년 지방직]

① IoT는 각종 물체에 센서와 통신 기능을 내장해 인터넷에 연결하는 기술이다.
② ITS는 기존 교통체계의 구성 요소에 첨단 기술들을 적용시켜 보다 안전하고 편리한 통행과 전체 교통체계의 효율성을 높이는 시스템이다.
③ IPTV는 인터넷을 이용하여 방송 및 기타 콘텐츠를 TV로 제공하는 서비스 방식이다.
④ GIS는 라디오 주파수를 이용한 비접촉 인식 장치로 태그와 리더기로 구성된 자동 인식 데이터 수집용 무선 통신 시스템이다.

해설

라디오 주파수를 이용한 비접촉 인식 장치로 태그와 리더기로 구성된 자동 인식 데이터 수집용 무선 통신 시스템은 RFID에 대한 설명이다. GIS는 데이터를 맵에 연결하고 위치 데이터 모든 유형의 설명 정보와 통합 및 매핑하는 시스템이다.

안심Touch

19 가상 기계(virtual machine)에 대한 설명으로 옳지 <u>않은</u> 것은? [21년 지방직]

① 가상 기계 모니터 또는 하이퍼바이저(hypervisor)는 가상 기계를 지원하는 소프트웨어이다.
② 가상 기계 모니터는 호스트 운영체제 위에서만 실행된다.
③ 데스크톱 환경에서 Windows나 Linux와 같은 운영체제를 여러 개 실행하기 위해 사용되기도 한다.
④ 가상 기계가 호스트 운영체제 위에서 동작할 때, 이 기계 위에서 동작하는 응용 프로그램은 처리 속도가 느려질 수 있다.

해설
가상 기계 모니터는 하나의 서버에서 hypervisor를 통해 CPU, 메모리, 디스크 등의 하드웨어 자원을 가상화하여 서비스 형태로 제공하는 방식이다. 가상 기계는 docker와 달리 OS를 각각 설치할 수 있어 개별적으로 다양한 OS를 지원한다.

20 가상화폐와 관련이 가장 <u>적은</u> 것은? [21년 지방직]

① 채굴(mining)
② 소켓(socket)
③ 비트코인(bitcoin)
④ 거래(transaction)

해설
가상화폐는 채굴을 통해 가상화폐, 즉 비트코인을 보상으로 받는다. 이때 채굴을 통해 발생된 이벤트를 거래(transaction)라고 하고 이는 블록에 저장된다.

21 다음 설명에 해당하는 기술은? [21년 지방직]

> 실제 환경에 가상 사물을 합성해 원래 존재하는 사물처럼 보이도록 하는 기술이다.

① MPEG(Moving Picture Experts Group)
② AI(Artificial Intelligence)
③ AR(Augmented Reality)
④ VOD(Video On Demand)

해설
MPEG는 동영상 압축 기술이고, AI는 인간의 뇌를 모방해 인간처럼 사고하고 행동할 수 있는 기술이다. VOD는 영상 컨텐츠를 사용자들에게 제공하는 기술 또는 서비스이다.

22 〈보기〉의 설명에 해당하는 기술로 가장 적절한 것은? [16년 계리직]

> **보기**
>
> • 서비스 모델은 IaaS, PaaS, SaaS로 구분한다.
> • 필요한 만큼 자원을 임대하여 사용할 수 있다.
> • 가상화 기술, 서비스 프로비저닝(Provisioning) 기술, 과금 체계 등을 필요로 한다.

① 빅데이터(bigdata)
② 딥 러닝(deep learning)
③ 사물 인터넷(internet of things)
④ 클라우드 컴퓨팅(cloud computing)

해설
① 빅데이터는 수십 테라바이트(TB) 이상 대량의 정형 또는 비정형 데이터 세트 및 이러한 데이터로부터 가치를 추출하고 결과를 분석하는 기술이다.
② 딥 러닝은 2016년 3월 바둑 두는 기계인 '알파고(AlphaGo)'가 대한민국의 이세돌 9단에게 승하면서 널리 알려졌다. 딥 러닝은 머신 러닝의 한 방법으로, 인공 신경망으로서 예시 데이터에서 얻은 일반적인 규칙을 독립적으로 학습하는 기법이다. 알고리즘은 CNN, RNN 등이 존재한다.
③ IoT는 인간, 사물, 서비스를 포함하는 인간 주변 환경(ambient environment)에 센서와 통신 기능을 내장하여 인터넷에 연결하는 기술이다. 즉, 각종 사물 간 무선 통신을 통해 연결하는 기술을 의미한다.

23 다음에서 설명하는 용어로 가장 옳은 것은? [18년 계리직]

> 프랭크 로젠블라트(Frank Rosenblatt)가 고안한 것으로 인공신경망 및 딥러닝의 기반이 되는 알고리즘이다.

① 빠른 정렬(Quick Sort)
② 맵리듀스(MapReduce)
③ 퍼셉트론(Perceptron)
④ 디지털 포렌식(Digital Forensics)

해설
① 빠른 정렬(Quick Sort) : 분할 정복 알고리즘의 하나, 평균적으로 매우 빠른 수행 속도를 자랑하는 정렬 방법이다.
② 맵 리듀스(Map Reduce) : 구글에서 대용량 데이터 처리를 분산 병렬 컴퓨팅에서 처리하기 위한 목적으로 개발한 오픈소스 프레임워크이다.
④ 디지털 포렌식(Digital Forensics) : 디지털 증거물을 분석하여 수사에 활용하는 과학 수사 기법을 의미한다.

24 ㉠과 ㉡에 들어갈 용어로 바르게 짝지은 것은? [19년 계리직]

> (㉠)은/는 구글에서 개발해서 공개한 인공지능 응용프로그램 개발용 오픈소스 프레임워크이다. 이 프레임워크를 사용할 때 인공지능 소프트웨어가 이미지 및 음성을 인식하기 위해서는 신경망의 (㉡) 모델을 주로 사용한다.

	㉠	㉡
①	텐서플로우	논리곱 신경망
②	알파고	퍼셉트론
③	노드레드	인공 신경망
④	텐서플로우	합성곱 신경망

해설

텐서플로우는 인공지능 개발 위해 구글에서 오픈소스로 공개하였다. 다양한 라이브러리와 커뮤니티가 제공되어 초기 인공지능 개발 시 진입장벽이 낮아지는 데 큰 도움주며 이미지 또는 음성 인식을 위해서는 합성곱신경망을 주로 사용한다.

25 유비쿼터스 컴퓨팅 기술에 대한 설명으로 옳지 않은 것은? [21년 계리직]

① 노매딕 컴퓨팅(nomadic computing)은 사용자가 모든 장소에서 사용자 인증 없이 다양한 정보기기로 동일한 데이터에 접근하는 기술이다.

② 엑조틱 컴퓨팅(exotic computing)은 스스로 생각하여 현실세계와 가상세계를 연계하는 컴퓨팅을 실현해 주는 기술이다.

③ 감지 컴퓨팅(sentient computing)은 센서가 사용자의 상황을 인식하여 사용자가 필요한 정보를 제공해 주는 기술이다.

④ 임베디드 컴퓨팅(embedded computing)은 사물에 마이크로칩을 장착하여 서비스 기능을 내장하는 컴퓨팅 기술이다.

해설

노매딕(nomadic) 컴퓨팅은 노마드(nomad)에서 유래하여 선과 연결의 제약을 없애고 네트워킹의 이동성을 극대화하여 특정 장소가 아닌, 어디에서나 컴퓨터를 사용할 수 있게 하는 기술이다.

26 구매 방법에 따른 소프트웨어 분류에 대한 설명으로 옳은 것은? [19년 지방직]

① 프리웨어(Freeware)는 라이선스 없이 무료로 배포되어, 영리목적 기관에서도 자유롭게 배포할 수 있는 소프트웨어이다.
② 라이트웨어(Liteware)는 상용 소프트웨어의 일부 기능만을 사용할 수 있도록 하여, 낮은 가격에 판매되는 소프트웨어이다.
③ 오픈소스 소프트웨어(Open Source Software)는 프로그램 소스가 공개되어 있으나, 저작권자의 동의 없는 임의 수정은 불가능하다.
④ 셰어웨어(Shareware)는 시범적으로 사용자에게 무료로 제공한 후 일정 기간이 지나면, 유용성에 따라서 구매하도록 하는 소프트웨어이다.

해설

① 프리웨어(Freeware)는 용어에서 알 수 있듯이 무료로 배포되는 소프트웨어는 맞지만, 라이선스가 있으며 저작권 보호도 받는 소프트웨어이다.
② 라이트웨어(Liteware)는 핵심 기능은 제거하고 일부 기능만 사용할 수 있게 하여 배포하는 무료 소프트웨어이다.
③ 오픈소스 소프트웨어(Open Source Software)는 프로그램 소스가 공개되어 있으며 누구나 자유롭게 수정 및 재배포가 허용된 소프트웨어이다.

27 HTML5의 특징에 대한 설명으로 옳지 않은 것은? [17년 국가직]

① 플러그인의 도움 없이 음악과 동영상 재생이 가능하다.
② 쌍방향 통신을 제공하여 실시간 채팅이나 온라인 게임을 만들 수 있다.
③ 디바이스에 접근할 수 없어서 개인정보 보호 및 보안을 철저히 유지할 수 있다.
④ 스마트폰의 일반 응용프로그램도 HTML5를 사용해 개발할 수 있다.

해설

HTML5는 HTML의 새로운 버전으로, 클라이언트와 서버와의 통신이 가능하며 이에 대한 부가 기능을 제공함으로써 다른 외부 Active-X와 같은 plug-ins를 사용하지 않고도 웹 서비스를 제공할 수 있을 정도로 많은 기능을 갖는다.
HTML5는 개인정보 보호 및 보안과 관련이 없다.

28 데이터의 종류 및 처리에 대한 설명으로 옳지 <u>않은</u> 것은? [20년 지방직]

① 크롤링(Crawling)을 통해 얻은 웹문서의 텍스트 데이터는 대표적인 정형 데이터(Structured Data)이다.
② XML로 작성된 IoT 센서 데이터는 반정형 데이터(Semistructured Data)로 분류할 수 있다.
③ 반정형 데이터는 데이터 구조에 대한 메타 데이터(Meta-data)를 포함한다.
④ NoSQL과 Hadoop은 대규모 비정형 데이터(Unstructured Data) 처리에 적합하다.

해설

웹 페이지를 그대로 가져와 데이터를 추출해 내는 행위이다. 크롤링하는 소프트웨어는 크롤러(crawler)라고 부른다. 이때 크롤링을 통해 얻은 웹문서의 텍스트 데이터는 대표적인 반정형 데이터(Semi-structured data)라 할 수 있다.

29 전자상거래 관련 기술 중 고객의 요구에 맞춰 자재조달에서부터 생산, 판매, 유통에 이르기까지 공급사슬 전체의 기능통합과 최적화를 지향하는 정보시스템은? [20년 지방직]

① ERP(Enterprise Resource Planning)
② EDI(Electronic Data Interchange)
③ SCM(Supply Chain Management)
④ KMS(Knowledge Management System)

해설

① ERP : 전사적 자원 관리로, 기업 활동을 위해 쓰이는 기업 내 모든 인적, 물적 자원을 효율적으로 관리하여 기업의 경쟁력을 강화시켜 주는 역할을 하게 되는 통합 정보시스템을 의미한다.
② EDI : 컴퓨터를 이용하여 전자문서 등을 업무에 활용할 수 있도록 하는 새로운 정보전달 방식이다.
④ KMS : 조직이나 기업의 인적 자원이 축적하고 있는 개별적인 지식을 체계화하여 공유함으로써 경쟁력을 향상시키기 위한 기업 정보시스템이다.

부록

최종모의고사

제1회　　최종모의고사
제2회　　최종모의고사
제1~2회　정답 및 해설

전산직/계리직/군무원 **컴퓨터일반**

01 CPU에서 명령어를 처리하는 단계 중 주기억장치로부터 수행할 명령어를 CPU로 가져오는 단계는 무엇인가?

① 연산결과 저장(write back)
② 실행(execution)
③ 명령어 해독(instruction decode)
④ 명령어 인출(instruction fetch)

02 대칭키 암호화 방식에 대한 설명으로 옳지 <u>않은</u> 것은?

① 암호화 키와 복호화 키가 동일하다.
② 사용자 수가 증가하면 관리해야 할 키의 수가 증가하여 키 변화의 빈도가 높다.
③ 공개키 암호 방식에 비하여 암호화 속도가 빠르다.
④ 공개키 암호 방식에 비하여 키관리가 안전하다.

03 직접 메모리 기법인 DMA(Direct Memory Access)에 대한 설명으로 옳은 것은?

① DMA 제어기에 의한 입·출력이 수행되는 도중에 CPU는 다른 작업을 수행할 수 없다.
② 주기억장치와 입·출력장치 사이에 대량의 데이터를 고속으로 전송 시, 인터럽트 방식이 DMA 방식보다 효율적이다.
③ DMA에 의해 데이터 전송 시, DMA 제어기는 버스 마스터(master)로 동작한다.
④ 단일 컴퓨터 시스템에 오직 한 개의 DMA 제어기만 존재할 수 있다.

04 다음 후위(postfix) 표기법을 중위(infix) 표기법으로 바꾼 것은?

$$9\ 2\ 7\ *\ +\ 2\ 4\ 5\ -\ *\ +$$

① (9 + 2) * 7 + 2 * (4 - 5)
② 9 + (2 * 7) * 2 + (4 - 5)
③ 9 + (2 * 7) + 2 * (4 - 5)
④ 9 + (2 * 7) + 2 - (4 * 5)

05 OSI 7계층 중 리피터(Repeater)가 신호 감쇠를 보완하기 위해 수신된 신호를 증폭하고 다음 구간으로 재전송하기 위해 동작하는 계층은?

① 물리 계층
② 데이터 링크 계층
③ 네트워크 계층
④ 전송 계층

06 −52를 2의 보수(2's Complement)로 변환하면?

① 11001101
② 11001110
③ 10001100
④ 11001100

07 다음에서 설명하는 보안공격 방법은?

> 게시판이나 웹 메일 등에 악의적인 스크립트를 삽입하여 비정상페이지를 보이도록 함으로써 사용방해나 쿠키 및 기타 정보를 특정사이트로 전송하는 해킹기법이다.

① 키로거(Key Logger)
② DDoS(Distributed Denial of Service)
③ XSS(Cross Site Scripting)
④ 스파이웨어(Spyware)

08 컴퓨터 구조에 대한 설명으로 옳지 <u>않은</u> 것은?

① 일반적으로 RISC에서 작성된 프로그램이 CISC에서 작성된 프로그램보다 더 많은 명령어로 구성되어 있다.
② 병렬처리방식 중 하나인 SIMD는 하나의 명령어를 처리하기 위해 다수의 처리장치가 동시에 동작하는 다중처리기 방식이다.
③ RISC 구조는 CISC 구조에 비해 명령어의 종류가 적고 고정 명령어 형식을 취한다.
④ RISC는 CISC에 비해 레지스터 수가 부족하여 속도가 늦다.

09 다음에서 설명하는 네트워크 구조는?

> • 포인트 투 포인트 방식으로 회선을 연결한다.
> • 각 단말장치들은 허브 역할을 하는 중앙 컴퓨터(서버)를 통해 데이터를 교환한다.
> • 단말 장치의 추가 및 제거가 쉽고, 하나의 노드가 고장나도 다른 노드는 영향 없다.
> • 중앙 컴퓨터가 고장나는 경우 전체 통신망에 문제가 발생한다.

① 링(Ring)형
② 망(Mesh)형
③ 버스(Bus)형
④ 성(Star)형

10 다음 중 블랙박스 테스트의 유형이 <u>아닌</u> 것은?

① 결정조건 테스트
② 동등분할 테스트
③ 경계값 분석
④ 상태전이 테스트

11 다음 중 데이터 모델링 절차에 해당하지 <u>않는</u> 활동은?

① 개념적 모델링
② 논리적 모델링
③ 물리적 모델링
④ 프로세스 모델링

12 아래 테이블에서 발생할 수 있는 이상현상이 <u>아닌</u> 것은?

아이디	이벤트번호	당첨 여부	이름	등급
espresso	0001	Y	홍길동	diamond
espresso	0005	Y	홍길동	diamond
espresso	0010	N	홍길동	diamond
lungo	0002	N	김연우	gold
lungo	0005	N	김연우	gold
latte	0003	Y	이선우	silver
latte	0007	Y	이선우	silver
ristretto	0004	N	이훈정	gold

① 삽입 이상현상
② 갱신 이상현상
③ 참조 이상현상
④ 삭제 이상현상

13 다음 중 스크럼 미팅의 유형이 <u>아닌</u> 것은?

① 스프린트 계획 미팅
② 일일 스크럼 미팅
③ 스프린트 리뷰
④ 인스펙션

14 다음과 같은 원형 큐에서 새로운 값을 삽입하기 위한 명령어로 맞는 것은?(단, MAX_QUEUE_SIZE는 6이고, front와 rear의 초깃값은 0이다)

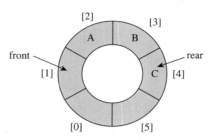

```
/* 데이터 삽입 */
void enQueue(Queue *que, element data) {
  if (isFull(que)) {
    printf("\n Full Queue \n");
    return;
  }
  else {
    ┌──────────────────────────────┐
    │            ㉠                 │
    └──────────────────────────────┘
  que → data[que → rear] = data;
  }
  return;
}
```

① que → front
   = (que → front + 1) % (MAX_SIZE);
② que → rear
   = (que → rear + 1) % (MAX_SIZE);
③ que → rear +1
   = (que → rear) % (MAX_SIZE);
④ que → rear
   = (que → rear + 1) % (MAX_SIZE+1);

15 다음 구조체를 갖는 이중 연결 리스트에서 B를 삽입하기 위한 명령으로 옳은 것은?

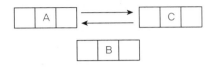

```
void  InsertNode(  Node*  Current,  Node*
NewNode )
{
   NewNode → NextNode = Current → NextNode;
   NewNode → PrevNode = Current;

   if ( Current → NextNode != NULL )
   {
   ┌──────────────────────────────┐
   │              ㉠               │
   └──────────────────────────────┘
      Current → NextNode = NewNode;
   }
}
```

① Current → NextNode → PrevNode = NewNode;

② Current → PrevNode → NextNode = NewNode;

③ Current → NextNode = NewNode → PrevNode;

④ Current → PrevNode = NewNode → NextNode;

16 다음과 같은 노드를 가지는 최대힙(Heap) 트리가 있다. 삭제 연산을 2번 수행한 후 결과로 옳은 것은?

20 5 34 40 8 3 35 25

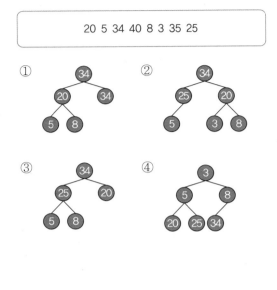

17 이진트리에서 깊이가 k일 때 트리가 가질 수 있는 최대 노드 수와 최소 노드 수를 더한 값은?

① $2^{k-1} + k - 1$

② $2^{k-1} + k + 1$

③ $2^k + k - 1$

④ $2^k + k + 1$

18 다음 C 프로그램의 실행 결과로 옳은 것은?

```c
#include <stdio.h>

int main() {
    int a = 70;
    int b = 15;
    while( a != b ) {
        if (a > b) {
            a = a - b;
        } else {
            b = b - a;
        }
    }
    printf("%d", a);
}
```

① 5
② 10
③ 15
④ 20

20 다음 Java 프로그램의 실행 결과로 옳은 것은?

```java
public class JavaProject {
    public static void main(String[] args) {
        int a, b, c;

        for (a = 1, b = 1, c = 0; a < 8; a++ ) {
            if ((a % 2) == 0)
                continue;
            c += a * b++;
        }
        System.out.println(c);
    }
}
```

① 16
② 24
③ 48
④ 50

19 Python에 대한 설명으로 옳지 <u>않은</u> 것은?

① 머신러닝(Machine Learning) 개발언어에 적합하다.
② 다양한 Library가 제공된다.
③ 오픈소스 언어가 아닌 상업용 언어로 가격이 비싸다.
④ 직관적 코드로 구현되어 이해하기 쉽다.

01 다음 중 소프트웨어 개발 생명주기에 대한 설명으로 옳지 <u>않은</u> 것은?

① 폭포수 모델은 요구사항 도출이 용이하며, 문제점을 초반에 발견할 수 있다.
② 프로토타이핑 모델은 시스템의 핵심기능을 만들어서 고객과 의사소통 및 요구사항 도출에 사용한다.
③ 나선형 모델은 폭포수 모델과 프로토타이핑 모델의 장점에 위험분석을 추가한 모델이다.
④ 반복적 모델은 시스템을 여러 번 나누어 릴리스하는 모델이다.

02 다음 중 데이터 무결성의 종류로 옳지 <u>않은</u> 것은?

① 개체 무결성은 기본키의 유일성을 보장하는 것으로 NULL을 허용할 수 있다.
② 속성 무결성은 컬럼이 지정된 데이터 형식을 반드시 만족하는 값만 포함하는 무결성이다.
③ 키 무결성은 한 릴레이션에 같은 키 값을 가진 튜플들은 허용하지 않는 무결성이다.
④ 사용자 정의 무결성은 업무규칙 관련한 무결성으로 Trigger, Check, Default Value 등의 제약조건이 있다.

03 캐시 메모리에 대한 설명으로 옳은 것을 모두 고른 것은?

> ㄱ. 적중률(hit ratio)이 높을수록 캐시 성능이 높으며 메모리 용량이 커질수록 가격이 비싸다.
> ㄴ. 캐시 쓰기 정책 중에 write-back 기법은 캐시와 메인 메모리에 동시에 쓰기 동작이 일어난다.
> ㄷ. 메인 메모리가 캐시 메모리보다 성능이 뛰어나다.
> ㄹ. 성능 향상을 위해 시간 지역성, 공간 지역성을 고려한다.

① ㄱ, ㄹ
② ㄷ, ㄹ
③ ㄱ, ㄷ
④ ㄴ, ㄷ

04 운영체제에서 교착상태(Deadlock)가 발생할 필요 조건으로 알맞지 <u>않은</u> 것은?

① 순환 대기(circular wait) 조건으로 각 프로세스는 순환적으로 다음 프로세스가 요구하는 자원을 가지고 있다.

② 상호 배제(mutual exclusion) 조건으로 프로세스들은 필요로 하는 자원에 대해 배타적인 통제권을 갖는다.

③ 점유와 대기(hold and wait) 조건으로 프로세스는 할당된 자원을 가진 상태에서 다른 자원을 기다린다.

④ 선점(preemption) 조건으로 프로세스가 소유하고 있는 자원은 다른 프로세스에 의해 선점될 수 있다.

05 다음과 같이 수행되는 정렬 알고리즘으로 옳은 것은?

1단계	5	3	8	1	2	7
2단계	1	3	8	5	2	7
3단계	1	2	8	5	3	7
4단계	1	2	3	5	8	7
5단계	1	2	3	5	8	7
6단계	1	2	3	5	7	8

① 쉘 정렬(shell sort)
② 히프 정렬(heap sort)
③ 버블 정렬(bubble sort)
④ 선택 정렬(selection sort)

06 다음 논리회로의 출력 X는?

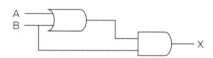

① X = A
② X = B
③ X = A + B
④ X = A * B

07 SR(Selective-Reject) ARQ 프로토콜에서 6번째 프레임까지 전송한 후 네 번째 프레임에서 오류가 있음을 알았을 때, 재전송 대상이 되는 프레임의 개수는?

① 1개
② 2개
③ 3개
④ 6개

08 디지털 콘텐츠의 사용자 정보를 삽입함으로써 사후 발생할 수 있는 콘텐츠의 불법복제자를 추적 가능한 기술은?

① 디지털 사이니지
② 디지털 워터마킹
③ 디지털 핑거프린팅
④ 콘텐츠 필터링

09 〈보기〉는 공개키 암호 방식을 통해 키교환을 하기 위해 A가 B에게 비밀키를 전송 하는 과정에 대한 설명이다. ㉠, ㉡에 들어갈 내용으로 옳은 것은?

> **보기**
>
> (1) A와 B는 개인키와 공개키 쌍을 각각 생성한다.
> (2) A는 (㉠)를 사용하여 암호화한 메세지를 B에게 전송한다.
> (3) B는 (㉡)를 사용하여 수신된 메시지를 해독한다.

	㉠	㉡
①	A의 개인키	A의 공개키
②	A의 개인키	B의 공개키
③	A의 공개키	B의 개인키
④	B의 공개키	B의 개인키

10 프로세스 5가지 상태 중 생성, 준비, 실행, 대기를 설명할 때 각 상태에 대한 설명으로 옳지 <u>않은</u> 것은?

① 생성 – 프로세스 작업공간이 생성되고 각 프로세스의 실행정보를 관리하는 프로세스 제어 블록(PCB)이 만들어진다.

② 준비 – CPU 할당을 기다리는 상태로, 한 개 이상의 프로세스가 동시에 동일 상태에 있을 수 있다.

③ 실행 – CPU를 할당받아 작업을 수행하고 있는 상태이다.

④ 대기 – 프로세스가 작업 수행을 끝낸 상태로, 프로세스에 할당된 모든 자원을 부모 프로세스에게 돌려준다.

11 다음 엑셀 내용은 세미나 참가자에 대한 명단이다. 세미나 참가자 명단 총 숫자에 대한 엑셀 수식으로 올바른 것은?

	A	B
1	이름	나이
2	김모군	20
3	이모군	30
4	박모군	
5	최모양	23
6	유모양	29
7	박모양	33

① =COUNT(A2:A7)

② =COUNTA(A2:A7)

③ =COUNTIF(A2:A7)

④ =COUNTBLANK(A2:A7)

12 다음 정렬 알고리즘 중 시간 복잡도가 가장 <u>낮은</u> 것은?

① 쉘 정렬 (shell sort)

② 히프 정렬(heap sort)

③ 버블 정렬(bubble sort)

④ 선택 정렬(selection sort)

13 다음 그래프에서 최소 비용 신장 트리의 총 가중치 합은?

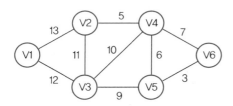

① 30
② 35
③ 40
④ 41

14 다음 Sheet1를 참조하여 Sheet2에서 상품에 대한 가격을 가져올 때 Sheet2의 B2에 들어갈 서식으로 올바른 것은?

Sheet1

	A	B	C	D
1	상품평	주소	담당자	가격
2	노트북	용산	김모군	2,000,000
3	데스크탑	을지로	이모군	1,800,000
4	모니터	충무로	최모군	200,000
5	프린터	용산	박모양	430,000
6	복사기	을지로	윤모양	750,000

Sheet2

	A	B
1	상품평	가격
2	모니터	용산
3	프린터	을지로

① =VLOOKUP(A3,Sheet1!$A$2:$D$6,4,0)
② =VLOOKUP(A3,Sheet1!A2:A6,5,0)
③ =VLOOKUP(모니터,Sheet1!A2:D6,4,0)
④ =VLOOKUP(모니터,A2:A6,5,0)

15 다음 중 애자일 방법론에 대한 설명으로 옳지 <u>않은</u> 것은?

① 고객은 개발 프로세스 전체에 긴밀하게 참여하여 새로운 시스템 요구 사항을 개발하고 우선순위를 결정한다.
② 소프트웨어는 각 증분에 포함될 요구사항을 명세화하여 고객에게 점증적으로 인도됨
③ 애자일에서는 동작하는 소프트웨어보다 산출물의 규격화가 더 중요하다.
④ 시스템 요구사항이 변경될 것으로 예상하여 이 변경들을 수용하도록 시스템을 설계해야 한다.

16 다음에서 설명하는 정보는?

다른 정보와 결합해도 특정 개인을 식별할 수 없는 정보

① 가명정보
② 익명정보
③ 간접식별정보
④ 민감정보

17 다음 이진트리는 중위 순회를 하는 경우 ㉠에 들어갈 명령어로 맞는 것은?

```
// 중위순회
inorder( TreeNode*root ){
  if ( root ){

            ㉠

  }
}
```

① inorder(root → left);
  inorder(root → right);
  printf("%d", root → data);
② inorder(root → left);
  printf("%d", root → data);
  inorder(root → right);
③ printf("%d", root → data);
  inorder(root → left);
  inorder(root → right);
④ inorder(root → right);
  printf("%d", root → data);
  inorder(root → left);

18 다음 중 트랜잭션의 특징으로 맞지 <u>않은</u> 것은?

① 원자성은 연산 전체가 성공적으로 처리되거나 또는 한 가지라도 실패할 경우 전체가 취소되어 무결성을 보장하는 성질이다.
② 일관성은 연산 전체가 성공적으로 처리되거나 또는 한 가지라도 실패할 경우 전체가 취소되어 무결성을 보장하는 성질이다.
③ 고립성은 트랜잭션이 실행 중에 생성하는 연산의 중간 결과를 다른 트랜잭션이 접근할 수 없음을 보장하는 성질이다.
④ 영속성은 완료된 트랜잭션의 무결성을 보장하는 성질이다.

19 다음 중 퍼셉트론 설명으로 옳지 <u>않은</u> 것은?

① 단층 퍼셉트론은 은닉층을 통해 XOR 문제를 해결할 수 있다.
② 퍼셉트론은 단층 퍼셉트론과 다층 퍼셉트론 유형이 있다.
③ 퍼셉트론은 하나의 샘플이 어떤 클래스에 속해 있는지 예측 및 분류하는 데 주로 사용하는 알고리즘이다.
④ 퍼셉트론은 인공 신경망 모형의 하나이기 때문에 내부 구조나 구성하는 요소들이 거의 동일하다.

20 다음 중 활성화 함수 설명으로 옳지 <u>않은</u> 것은?

① 활성화 함수는 다양한 유형이 존재한다.
② 어떤 활성화 함수를 사용하느냐에 따라 그 결과값이 달라지기 때문에, 적절한 활성화 함수를 사용하는 것이 매우 중요하다.
③ ReLu함수 사용 시 Vanishing Gradient 문제가 발생하여 Sigmoid 함수를 사용한다.
④ 활성화 함수는 Noise에 강한 모델을 만들기 위해 사용한다.

제 1 회

01	02	03	04	05	06	07	08	09	10
③	④	③	③	①	④	③	④	④	①
11	12	13	14	15	16	17	18	19	20
④	③	④	②	①	③	③	①	③	④

01 정답 ③

CPU에서 명령어 처리 단계는 명령어 인출(IF) – 명령어 해독(ID) – 실행(EX) – 메모리 접근(MEM) – 저장(WB)이다. 명령어 인출 (Instruction fetch)은 주기억장치로부터 수행할 명령어를 CPU 로 가져오는 단계로 명령어 처리 단계 중 첫 번째에 위치한다.

02 정답 ④

비밀키 암호화는 사용자의 관계마다 암호가 필요하기 때문에 N(N–1)/2가 필요하다.
• 공개키는 사용자마다 개인키와 공개키 한 쌍씩 필요하다.(2N)
• 비밀키 암호화는 암·복호화 과정에서 같은 암호를 사용하기 때문에 대칭키 암호화다.
• 공개키 암호화 개인키와 공개키로 암호화, 복호화를 수행하여 키관리가 안전한 반면, 비밀키(대칭키) 암호화에 비해 복잡하 기 때문에 처리속도가 느리다.

03 정답 ③

버스 마스터는 주변 기기를 관리하는 컨트롤러이면서, CPU를 통하지 않고 직접적으로 버스상의 다른 주변 기기들과 통신할 수 있게 하는 버스 기기이다.

04 정답 ③

후위 표기법(피연산자 – 피연산자 – 연산자)에서 중위표기법 (피연산자 – 연산자 – 피연산자)로 바꾸기 위해서는 연산자 순 서에 따라 변환한다.

단계	9	2	7	*	+	2	4	5	–	*	+
1단계	9	(2 * 7)			+	2	(4 – 5)			*	+
2단계	9 + (2 * 7)					2 * (4 – 5)					+
3단계	9 + (2 * 7) + 2 * (4 – 5)										

05 정답 ①

물리 계층(1계층) – [허브, 리피터], 데이터링크 계층(2계층) – [브리지, 스위치], 네트워크 계층(3계층) – [라우터], 전송 계층 (4계층) – [게이트웨이]

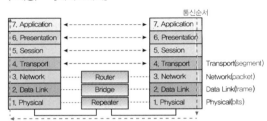

06 (정답) ④

52를 이진수로 표현하면 00110100이다. 이를 1의 보수로 변환하면 11001011, 2의 보수로 변환하면 11001100이다.

07 (정답) ③

- 키로거는 사용자의 키보드 입력을 추적하여 기록하여 타깃 사용자의 패스워드, 금융정보, 개인정보 등을 탈취하는 도구이다.
- DDoS는 공격자는 여러 대의 좀비 컴퓨터를 분산 배치하여 가상의 접속자를 만든 후 처리할 수 없을 정도로 매우 많은 양의 패킷을 동시에 발생시켜 시스템을 공격한다.
- XSS는 게시판이나 웹 메일 등에 악의적인 스크립트를 삽입하여 비정상페이지를 보이도록 함으로써 사용방해나 쿠키 및 기타 정보를 특정사이트로 전송하는 해킹기법이다.
- 스파이웨어는 다른 사람의 컴퓨터에 잠입하여 개인정보를 빼내거나 광고용으로 사용되는 소프트웨어이다.

08 (정답) ④

RISC 구조는 CISC에 비행 많은 명령어를 가지고 있으며 이에 따라 많은 범용 레지스터를 보유하고 있다.

09 (정답) ④

성형은 중앙에 허브 역할을 하는 중앙 컴퓨터가 있고, 이를 중심으로 단말장치가 연결되는 중앙 집중식 네트워크이다. 각 노드는 중앙 허브를 통해 데이터가 교환되어 중앙 장치에 문제가 발생하는 경우 장애가 발생한다.

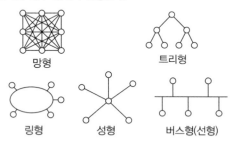

| 망형 | 트리형 |
| 링형 | 성형 | 버스형(선형) |

10 (정답) ①

결정조건 테스트는 화이트박스 테스트의 유형이다.

11 (정답) ④

데이터 모델링은 요구사항 정의 이후에 개념 → 논리 → 물리 모델링으로 진행된다.

12 (정답) ③

정규화가 필요한 이상현상에는 삽입, 삭제, 갱신이 있다.

13 (정답) ④

저자가 아닌 훈련된 중재자에의 한 진행 및 제어로 주로 동료 검사 역할이 정의되어 있고 메트릭을 수집하고 활용하는 리뷰이다.

14 (정답) ②

front는 가만히 있고, rear가 움직이면서 데이터를 삽입한다. 큐는 rear에서 삽입이 이루어지기 때문에 rear에서만 작업이 수행된다. 데이터 삽입 시에는 큐의 rear 변수가 먼저 한 칸 움직이고 나서 데이터를 삽입한다. 그러므로 데이터 삽입 전에 rear를 업데이트 해주어야 한다. 0 → 5까지 가는 데는 단순히 q → rear++; 처리 시 5 다음 0으로 업데이트는 불가능하다. 즉 원형 큐의 핵심 개념은 5 다음 업데이트가 0으로 되어야 한다.

15 (정답) ①

Current는 삽입할 부분의 앞 노드(A)를 의미한다. B를 삽입할 때 다음 노드인 C가 존재하기 때문에 Current(A)의 NextNode의 PreveNode에 새로 삽입할 노드의 주소를 넣는다. 이후, Current(A)의 NextNode를 새로 만든 노드값으로 넣는다.

16 정답 ③

최대힙 트리는 루트에 최댓값을 갖도록 완전 이진 트리로 구성을 한다.

트리 구성	삭제연산	1단계 (트리 구성)	2단계 (트리완성)
	삭제 1번 (40 삭제 이후 트리)	루트에 하위 노드로 변경	
	삭제 2번 (35 삭제 이후 트리)	루트에 하위 노드로 변경	

17 정답 ③

깊이가 k인 이진트리가 가질 수 있는 최대 노드 수(완전 이진 트리)는 2^k-1 개이고 깊이가 k인 이진 트리가 가질 수 있는 최소 노드 수(경사 트리)는 k개이다.

18 정답 ①

반복문과 조건문, 연산자에 대한 이해가 필요하다. 정수형 변수 a, b를 초기화하고 a와 b가 같을 때까지 반복하여 정수형 값 a를 출력하는 소스이다. 문제는 간단하나 차례로 디버깅을 하며 a와 b의 값의 변화를 따라가야 한다.

19 정답 ③

Python 언어는 오픈소스 언어로, 다양한 Library가 제공된다.

20 정답 ④

Java Project라는 Class에서 a, b, c를 생성한다. 반복문 for에서 조건식에 a, b, c값을 대입하고, 한 번 반복할 때마다 a를 1 증가시킨 후, a가 8보다 작을 때까지 반복한다. 그리고 a를 2로 나눈 나머지가 0일 때, 즉 짝수일 때는 연산을 실행하지 않고 건너 띄면서 홀수일 경우에만 "c + = a * b++;" 계산한다.

제 2 회

01	02	03	04	05	06	07	08	09	10
④	①	①	④	④	②	①	③	④	④
11	12	13	14	15	16	17	18	19	20
②	②	③	①	③	②	②	③	①	③

01 정답 ④

폭포수 모델은 요구사항 도출이 어렵고, 문제점이 후반부에 발견되는 단점을 가지고 있다.

02 정답 ①

개체 무결성에서 기본키는 반드시 값을 가져야 하며, NOT NULL의 제약조건이 있다.

03 정답 ①

캐시는 고속 메모리로 용량이 커질수록 일반 메모리에 비해 가격이 비싸며, 적중률이 높을수록 처리속도가 빨라진다. 캐시(cache)메모리 적중률(hit ratio)향상을 위해 시간 지역성, 공간 지역성을 고려하여 설계된다.

04 정답 ④

비선점(no preemption) 조건으로 프로세스가 소유하고 있는 자원은 다른 프로세스에 의해 선점될 수 없다.

05 정답 ④

선택 정렬은 첫 번째 자료를 두 번째 자료부터 마지막 자료까지 차례대로 비교하여 가장 작은 값을 찾아 첫 번째에 놓는 과정을 반복하는 알고리즘으로 한 번 수행하면 가장 작은 값이 첫 번째 자료에 오거나, 가장 큰 값이 가장 마지막에 오게 된다.

06 정답 ②

$X = (A + B)B = AB + BB = AB + B = (A + 1)B = 1B = B$

07 정답 ①

- Go-Back-n ARQ는 손상/분실된 프레임 이후의 프레임을 모두 재전송하고, SR(Selective-Repeat) ARQ는 손상/분실된 프레임만을 재전송한다.
- 네 번째 프레임부터 오류가 있으므로 네 번째 프레임 1개의 프레임이 재전송 대상이다.

08 정답 ③

③ 디지털 핑거프린팅 : 디지털 콘텐츠의 사용자 정보를 삽입함으로써 사후 발생할 수 있는 콘텐츠의 불법복제자를 추적 가능한 기술
① 디지털 사이니지 : IT 기술을 활용하여 영상이나 문자 등 다양한 정보를 대형 디스플레이로 표시하고 네트워크를 통해 원격으로 관리하는 안내판
② 디지털 워터마킹 : 사진이나 동영상 등의 디지털 콘텐츠에 저작권자나 판매자 정보를 삽입하여 원본의 출처 정보를 제공하는 기술
④ 콘텐츠 필터링 : 적절하지 않은 콘텐츠를 걸러내어 사용자에게 적합한 콘텐츠만 제공하는 기술

09 정답 ④

비밀키 교환을 위해 공개키를 사용하는 경우 A는 B의 개인키로만 복호화가 되게 하기 위해서 B의 공개키로 암호화하여 B에게 전송하고, 데이터를 수신하는 B는 B의 개인키로 비밀키를 복호화한다.

10 정답 ④

대기 상태는 프로세스가 어떤 이벤트가 일어나기를 기다리는 상태로, 프로세스의 실행 과정에서 여러 번 이 상태에 속하게 된다.

11 정답 ②

② COUNTA 함수는 범위에서 비어있지 않은 셀의 개수를 구하는 함수이다.
① COUNT 함수는 범위에서 숫자가 포함된 셀의 개수를 구하는 함수이다.
③ COUNTIF 함수는 범위 내에서 조건에 맞는 셀의 개수를 구하는 함수이다.
④ COUNTBLANK 함수는 범위에서 비어있는 셀의 개수를 구하는 함수이다.

12 정답 ②

힙 정렬은 최악의 경우에도 $O(n\log 2n)$ 복잡도를 갖는다. 다른 정렬은 모두 최악의 경우 $O(n^2)$을 갖는다.

13 정답 ③

정점의 개수가 6개로 사이클 없는 간선을 5개 선택한다. 프림 또는 크루스칼로 최소 비용 신장 트리를 구성할 수 있다.
크루스칼 알고리즘은 오름차순으로 정렬하여 정점을 간선으로 연결하되 사이클이 발생되는 경우 해당 노드는 제외하고 다음 정렬 순서에 해당하는 노드를 연결한다.

순서	오름차순 정렬	노드 연결
1	5	E, F
2	6	D, E
3	7	D, F
4	8	B, D
5	9	C, E
6	10	C, D
7	11	C, B
8	12	A, C
9	15	A, B

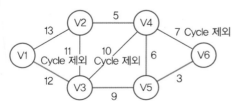

간선을 합하면 된다(5 + 6 + 8 + 9 + 12 = 40).

14 정답 ①

VLOOKUP은 Vertical Lookup의 약자로 수직으로 내려가면서 값을 찾을 때 사용한다.
"VLOOKUP(lookup_value,table_array,col_index_num,[range_lookup])"의 형태로 입력하고, 범위의 첫 번째 열을 수직으로 내려가면서 키값(lookup_value)을 찾은 다음, 같은 행에 있는 지정된 열(col_index_num)의 값을 반환한다.
• lookup_value : 범위에서 원하는 값을 찾기 위한 키값
• table_array : 값을 찾을 범위
• col_index_num : 값을 찾을 범위에서 가져올 값이 있는 열의 위치
• range_lookup : 일치하는 키값을 찾을 것인지 근사값을 찾을 것인지 결정(TRUE – 근사값, FALSE – 일치하는 값)

15 정답 ③

애자일에서는 산출물보다 동작하는 소프트웨어가 더 중요하다.

16 정답 ②

가명정보란 '개인정보를 가명처리함으로써 원래의 상태로 복원하기 위한 추가 정보의 사용·결합 없이는 특정 개인을 알아볼 수 없는 정보를 말한다. 다른 정보와 결합해서 특정 개인을 식별할 수 있으면 간접식별정보에 해당하고, 다른 정보와 결합해도 특정 개인을 식별할 수 없으면 익명정보에 해당한다.

17 정답 ②

중위 순회는 Left → Root → Right 순으로 방문한다. 우선 왼쪽 서브 트리를 순회하여 노드를 방문하고 오른쪽 서브 트리로 순회한다.

18 정답 ③

영속성 : 성공이 완료된 트랜잭션의 결과는 영구(속)적으로 데이터베이스에 저장된다.

19 정답 ①

단층 퍼셉트론은 은닉층이 존재하지 않고, XOR 문제가 발생하여 다층 퍼셉트론이 등장하였다.

20 정답 ③

Sigmoid 함수 사용 시 Vanishing Gradient 문제가 발생하여 ReLu 계열의 활성화 함수를 사용한다.

좋은 책을 만드는 길
독자님과 함께하겠습니다.

도서나 동영상에 궁금한 점, 아쉬운 점, 만족스러운 점이
있으시다면 어떤 의견이라도 말씀해 주세요.
시대고시기획은 독자님의 의견을 모아 더 좋은 책으로 보답하겠습니다.

www.sidaegosi.com

2022 전산직/계리직/군무원 컴퓨터일반 단원별 기출문제집

초 판 발 행	2022년 02월 07일 (인쇄 2021년 12월 30일)
발 행 인	박영일
책 임 편 집	이해욱
저 자	이우성 · 김준삼 · 김유성 · 공수재 · 조성준
편 집 진 행	정은진 · 정유진
표지디자인	박종우
편집디자인	김경원 · 박서희
발 행 처	(주)시대고시기획
출 판 등 록	제 10-1521호
주 소	서울시 마포구 큰우물로 75 [도화동 538 성지 B/D] 9F
전 화	1600-3600
팩 스	02-701-8823
홈 페 이 지	www.sidaegosi.com
I S B N	979-11-383-1466-4 (13000)
정 가	26,000원

계리직 시험, 현명한 선택을 원한다면?

나는 시대고시기획이 준비한 계리직 시리즈로 합격했다!

01 _ 기본서

과목별 탄탄한 기본기를 다진다!

철저한 출제영역 분석을 바탕으로 한 알짜 기본서

• 한국사 / 우편 및 금융상식 / 컴퓨터일반

PLUS+ 제공 계리직 8회차 기출 무료특강 제공

▶ 유료 동영상 강의   sdedu.co.kr

02 _ 문제집

출제경향에 맞춰 선별 구성!

문제풀이로 실력을 향상시키는 단원별 문제집

• 한국사 단원별 문제집 / 우편 및 금융상식 단원별 문제집 /
  컴퓨터일반 단원별 문제집 / 기초영어·상용한자 유형별 문제집

PLUS+ 제공 계리직 8회차 기출 무료특강 제공

※ 도서의 이미지 및 구성과 특징은 변경될 수 있습니다.